全国高职高专物流管理专业规划教材

配送管理实务

主　编　石纲芳　姜小明
副主编　余建海　余名宪

人民邮电出版社
北　京

图书在版编目（ＣＩＰ）数据

配送管理实务 / 石纳芳，姜小明主编. —北京：
人民邮电出版社，2011.2
全国高职高专物流管理专业规划教材
ISBN 978-7-115-24706-3

I. ①配… II. ①石… ②姜… III. ①物流—配送中
心—企业管理—高等学校：技术学校—教材 IV. ①F253

中国版本图书馆CIP数据核字（2010）第253723号

内容提要

本书从配送活动的微观运作和操作实务角度出发，围绕"配"与"送"两个基本职能，以配送中心为依托，系统地对配送作业与管理进行了全面介绍，内容涉及配送概述、配送中心与配送网络、储位管理与库存控制、进货作业与订单作业处理、拣选管理等8章内容，在每部分内容的编写过程中均采用了定量分析与定性分析相结合、理论与实务相结合的方法，实用性、针对性较强。

本书可作为高职高专物流管理及相关专业的教材，同时也可供相关企业工作人员作为自学或培训的参考书使用。

全国高职高专物流管理专业规划教材

配送管理实务

◆ 主　　编　石纳芳　姜小明
　　副 主 编　余建海　余名宪
　　责任编辑　王莹舟
　　执行编辑　王楠楠

◆ 人民邮电出版社出版发行　　　北京市崇文区夕照寺街14号
　　邮编　100061　电子函件　315@ptpress.com.cn
　　网址　http://www.ptpress.com.cn
　　大厂聚鑫印刷有限责任公司印刷

◆ 开本：787×1092　1/16
　　印张：18.5　　　　　　　　　2011年2月第1版
　　字数：350千字　　　　　　　2011年2月河北第1次印刷

ISBN 978-7-115-24706-3

定　价：32.00元

读者服务热线：（010）67129879　印装质量热线：（010）67129223
反盗版热线：（010）67171154

总 序

产业调整将是我国"十二五"经济发展的核心任务，而物流产业的发展是当前经济发展的一个制高点。随着各行业对物流人员需求的日益迫切，以及对从事物流工作人员素质和技能水平的要求越来越高，如何培养出更多的能适应当前工作需求的物流人员，无疑是当前以及今后一段时间职业教育所面临的挑战。

我国高职高专教育经过示范性改革和骨干校建设，已取得了丰硕的成果，授课教师和相关人员在不断总结教学与实践经验的基础上，逐渐形成了对当前高职高专职业人才培养模式的共识，即以培养高素质的应用型、技能型人才为高职高专教育的主要任务。同样，作为重要教学载体的高职高专教材也面临着相应的改革。

人民邮电出版社组织众多教学一线的教师，围绕"以能力为本位，以应用为主旨"的指导思想，及时地打造出了这套体现教学改革理念的"全国高职高专物流管理专业规划教材"。其鲜明的特色和科学合理的体例结构，得到众多专家的一致肯定和教学一线老师的认可。

首先，本套教材打破了高职高专教材原有学科课程的模式。传统教材沿用学科课程的模式，强调某一门学科体系的系统性和完整性，这种课程模式已经不能适应目前我国高等职业教育对技能型人才培养的需求和趋势。新形势下的高等职业教育应以培养高素质的应用型、技能型人才为己任，以为社会和企业输送职业技能型人才为目的。高等职业教育培养出来的人才应该具备基本的职业技能，以及解决实际工作中各种问题的能力，因此高等职业教育必须打破原有学科课程的束缚，兼顾学生就业的针对性与学生发展的适应性，建立起符合应用型、技能型人才培养需要的作业导向课程模式，并将这一模式很好地运用到日常的教学设计以及教材的编写中去。本套教材的编写充分地体现了这一新的高职教育理念——根据作业导向课程模式的要求组织教材内容，按照物流工作流程搭建教材框架，最大程度地满足高职教育培养高素质的应用型、技能型人才的需要。

其次，本套教材的结构与体例模式经过精心设计，与高职高专教学培养应用型、技能型人才目标充分对接。在具体的教材编写过程中，参与编写的老师和专家按照"依流程的需要确定能力培养目标、选取章节内容"的思路搭建体例框架，真正在教学过程中实现了"以学生为主体、以教师为引导（即以学生动手做为主、教师讲为辅），循序渐进地提高学生的职业应用技能"的教学培养目标。为了增加本套教材的可用性、可读性，巩固教学内容，保证教学质量，本套教材按物流作业流程的先后顺序组织内容，在语言上力求精练、简洁，尽量避免学术化的表达方式，让学生"看了能懂、懂了会做、做了能拓"。每章都附有丰富的案例和习题，学生可以通过学习与实践进一步掌握目标技能。

　　本套教材的编委会成员均为高职高专院校物流专业教学一线的老师，他们拥有丰富的实践经验和教学经验，知识体系全面，了解实际教学中最需要什么样的教材，知晓教材与实际教学目标之间如何充分地衔接，因此本套教材由他们来编写十分恰当。

　　希望本套教材的出版可以为高职高专物流管理及相关专业的教学工作增添几分特色，为促进物流人员的培养尽一份绵薄之力。

海峰

中国物流学会副会长

前　言

配送是现代物流的核心功能要素之一，不仅影响到物流产业最终成果的实现，而且很大程度上决定着物流产业社会化服务的水平。随着经济的发展，配送已被提升为一种新型的商业流通模式和特殊的物流形态。尽快培养适应现代社会发展需要的、具有较强动手能力的应用型配送管理人才，已成为决定我国配送行业能否快速、健康发展的重要因素之一，也是我国物流产业和社会经济发展的要求。本书从配送活动的微观运作和操作实务角度出发，围绕"配"与"送"两个基本职能，以配送活动的典型设施——配送中心为依托，系统地对配送作业与管理进行了全面介绍。

本教材以培养物流管理专业高技能应用型人才为目标、以配送流程要素为主线，介绍了配送管理的基本知识，重点讲述了配送的各功能要素，包括相应的知识和技能。通过学习，学生可以了解配送管理的基本知识，掌握不同的配送管理岗位所需要的基本技能，具备从事配送管理的基本素质，从而为今后走向配送管理相关工作岗位奠定扎实的基础。

本书的写作特色如下。

• 定量分析和定性分析相结合，理论与实务相结合；
• 兼顾行业发展现状，编写的内容以现代配送技术为主，同时还涉及传统配送方式；
• 兼顾行业标准、操作惯例、岗位知识与技能知识点，体现了全书内容的可操作性；
• 每章的学习目标与要求明确，练习题和案例分析针对性强。

全书共分为8章，第一、第二章系统地阐述了配送的概念、类型、组织运作方式等基本理论，第三章至第七章比较系统地研究了配送作业的基本操作与管理方法，第八章对配送运作的成本进行了比较详尽的探讨，从成本管理方面验证了配送运作的效率。其中，第一、第五章由石纳芳老师编写，第二、第三章由余建海老师编写，第四、第七章由姜小明老师编写，第六、第八章由佘名宪老师编写。另外，何玲辉、王文青、吴庆红、吕丽珺、魏巧米、蒋玲玲、陈静然、吴永生、耿进锋等老师参与了教材的资料搜集与整理工作。

本书可作为高职高专物流管理及其相关专业的教材使用，也可供企业相关人员作为自学或培训的参考书。为了教学之需，作者在写作过程中参考了大量有关资料和研究成果，由于篇幅有限，无法一一注明，在此特向上述文献的作者们表示衷心的感谢。

因编者水平有限，书中难免有不妥之处，敬请广大读者批评指正。

目　录

第一章　配送概述

学习
目标

1. 理解配送的含义和特点
2. 了解配送的类型
3. 掌握配送的服务方式
4. 掌握配送的运行模式
5. 熟悉配送的流程

【案例导入】

世博园物流配送专线

2010年4月8日，世博园区物流配送专线正式开通。此专线由上海大众交通集团的物流公司和海程邦达国际货运代理有限公司共同运营，主要负责世博园区浦西片和浦东中国馆等场所的物流配送任务以及相应的园区外运输服务。其中，大众物流提供自身具有优势的资源：配置液压尾板、GPRS的箱式货车、专业装卸人员、浦东机场海关监管的冷冻仓库和集货仓库，并利用大众的"96811"货运调度电话作为世博期间的物流热线。海程邦达则负责客户的业务预约和调派，通过系统配对，运用优化配送方案完成准确、及时、高效的物流服务。

世博会的布展期、展出期、撤展期里都必须有强大的物流体系提供保障。布展期要将全球各地的工程材料和展览品等运输至展区内；撤展期，除中轴线的几个建筑外，其余的也将全部拆除运出展区，这两项的工作量十分巨大。另外，展出期内生活用品（例如饭菜、饮料等）的保障物流量也是非常大的。

上海世博会设有19家推荐物流服务商，其中，上海大众交通集团的大众物流公司是惟一一家运输类企业，而海程邦达是家外资企业，有密集的全球物流网络，特别是从2001年起，其在北京、上海、广州等城市迅速发展了会展物流运输业务。两家物流商自愿结对，联手开展世博园区内的夜间配送和园区外的日间配送两大类业务。

资料来源：改编自"人民网"相关文章。

第一节　配送的内涵

社会生活中有许多配送现象，例如，面向学校、写字楼的纯净水配送；面向居民的液化气、粮油配送；连锁经营的零售业总部对各个加盟连锁店铺的物品配送；生产企业的原材料、零件、部件、组件的配送等。有关配送的定义，在不同的国家和地区，在理论界、企业界都有着不同的描述。

一、配送的概念

我国物流界对配送的定义是：按用户的订货要求（时间要求、产品要求、数量要求、地点要求），在物流据点（仓库、商店、货运站、物流中心、配送中心等）进行分拣、加工和配货、包装等作业后，再将配好的货物以最合理的方式送交客户的一种经济活动。由此可见，配送的内涵体现在两个方面：一是配，二是送。即配送是"配"和"送"的有机结合，是一项特殊的物流活动，是现代物流的重要职能之一。

2001年，中国物流与采购联合会组织部分专家编写了《物流术语》一书，并作为国家标准（GB/18354—2001）于2001年4月颁布，于2001年8月1日起正式实施。其中，将配送的概念规范为：配送（Distribution）即"在经济合理的区域范围内，根据用户需求，对物品进行拣选、加工、包装、分割、组配等作业，并按时送达指定地点的活动"。

二、配送的特点

（一）配送是一种"特殊"的送货形式

配送作为一种送货形式，其特殊性表现为：一是从事送货的是专职流通企业，而不是生产企业；二是配送通常是"中转"型送货，而一般送货，尤其从工厂至用户的送货往往是直达型的；三是一般送货是有什么送什么，配送则是需要什么送什么；四是送货只是企业的一种偶然的推销手段，而配送则是实现企业物流战略的重要组成部分，有固定的形态，甚至可以说是一种有确定组织和确定渠道、有一整套装备和管理力量、技术力量，并且有自己的一套制度的机制形式。

（二）配送是短距离的末端运输

配送一般以中转形式出现，范围大多局限在一个区域（城市）范围内，通常是一种短距离、小批量、高频率的末端运输形式，与长距离的大量货物的运输有着本质的区别。如果单从运输的角度来看，配送是对干线运输的一种补充和完善，属于末端运输、支线运输。它以服务为目标，以尽可能满足客户要求为优先。

（三）配送是各种物流活动的有机结合

配送不单纯是短距离的运输，除运输之外还由其他物流作业共同构成，是以配为重点的物流活动组合体，是备货、储存、分拣、配货、配载、包装、装卸等物流作业在小范围内的整合。配送活动利用有效的分拣、配货等理货工作，使送货达到一定的规模，以利用规模优势取得较低的送货成本。如果不进行分拣、配货，有一件运一件，需要一点送一点，那就会大大增加动力消耗，所以，要追求整个配送的优势，分拣、配货等项工作必不可少，由此配送也有"小物流"之称。

（四）配送是一种送货到户的服务式商品供应制度

在现代供给全球一体化的环境下，企业的竞争不再是单个企业间的竞争，而是核心企业产品供应链同其他企业产品供应链的整体竞争。企业间的商品供应关系不单纯是买卖关系，还是一种相互合作的战略同盟关系。为提升供应链上各企业的核心竞争力，社会企业间或企业内部的专业分工越来越细，专业化的商品供应实体服务活动不仅仅停留在"门到门"的送货服务上，通常还以一定的制度形式长期固定下来，形成一个商业运行机制或企业内部管理模式——配送制度，即配送在"商物分离"的商品供应环境下是一种"门到门"的高水平的"送货"服务，在"商物合一"的商品供应环境下，它是一种供给者送货到户的服务式商品供应制度（商业制度）。

（五）配送体现"客户至上、共同受益"的原则

在配送的概念中强调必须"按客户的订货要求"，这说明了客户的主体地位。因此配送企业或组织在观念上必须明确"客户第一"、"质量第一"的思想，从客户的利益出发、按客户的要求进行配送活动。也就是说，配送组织者不能光从本企业的利益出发而不考虑客户的利益，而应以客户利益作为配送服务的出发点，在满足客户利益的基础上取得本企业的利益。特别是专职的配送企业不能利用配送损害和控制客户，更不能利用配送作为部门分割、行业分割、割据市场的手段。在配送过程中，配送企业需完全按照客户的要求（品种、数量、时间、地点等）进行配送，并且以最合理的方式满足客户的要求，在经济利益上体现"客户至上、共同受益"的原则，达到配送方与需求方的双赢。

（六）配送实现的是资源优化配置和成本节约

配送企业通过其确定的经营组织、稳定的商品供应渠道、现代化的装备力量、专业化的管理水平和技术力量，与客户之间形成一种战略合作伙伴关系，并以一套制度的形式固定下来，为顾客提供的是一种专业化、定制化的商品供应服务。其服务质量、服务水平比客户自行运作更有优势，其优势主要体现在资源优化利用上，即通过集中备货、库存、分拣、配货，合理配装，充分利用运力，优化运输路线与时间来实现接近顾客的最终资源配置，实现其增值服务，并取得规模效率与规模效益，从而大大降低物流营运成本，提高服务水平与质量。从某种程度上讲，配送是一种高水平、技术含量较高的送货。

（七）商品配送全过程有现代化技术和装备作保证

配送过程中，大量采用了先进的信息技术和各种传输及分拣机电装备，这使得配送作业就像工业生产中广泛应用的流水线一样令流通工作工厂化，从而大大提高了商品流

转的速度，使物流创造"第三利润"变成了现实。可以说，配送不仅仅是市场经济的产物，也是科技进步的产物。

现代配送的特点及其与一般送货业务的区别如表1-1所示。

表1-1　现代配送的特点及其与一般送货业务的区别

项目	现代配送	一般送货业务
工作内容	对货物进行分类、配组、分装整理	没有分类、配组等理货作业
工作效率	（1）充分利用运力，考虑货物的配载 （2）重视运输线路优化，强调短距离，用一辆卡车向多处运送	（1）不考虑车辆配载 （2）不考虑科学制定运输规划、优化运输路线，卡车一次向一地单独运送货物
时间要求	送货时间准确，计划性强	时间不一定准确，计划性差
成本费用	最优	存在运力浪费，成本费用高
与其他物流环节的关系	备货、储存、流通加工、分拣、送货等作业环节统一管理	备货、储存、流通加工、分拣、送货等作业环节分割进行
市场性质	以市场需求为导向，客户需要什么送什么，以满足客户需求为前提，是一项增值服务	有什么送什么，只能满足客户的部分需求，只是销售工作的一个普通服务项目
目的	是实现企业战略的重要组成部分，是提升企业竞争力的重要手段	只是企业的一种推销手段，通过送货上门服务提高销售量
组织管理	有专职的企业物流部门（公司）或物流企业组织作为保障，组织管理水平高，有完善的信息管理系统	在生产企业中只是一项附带业务
基础设施	必须有完善的交通运输网络和设施，有将分货、配货、送货等活动有机地结合起来的专业配送中心	没有具体要求
技术装备	全过程有现代化物流技术装备的保证，在规模、水平、效率、速度、质量等方面占优	技术装备简单
行为性质	是一种定制化的长期、固定的服务，并且供需双方形成的是一种战略伙伴关系	是企业销售活动中的短期促销行为，是一种偶然行为

从配送的定义与特点来看，现代配送是在发运、送货等业务活动基础上发展而来的，其内涵随着市场经济的发展而发生变化。生产力的发展，使商品日益丰富，消费需求日趋多样化、个性化，为适应新的市场环境，客户需求什么就送什么的现代配送活动应运而生，配送概念的演化反映了企业战略思想的转变，说明企业物流战略已成为企业的核心战略之一，为广大企业所接受。

拓展阅读：某花店的配送单

配送单				流水号：	
收货信息		配送服务		付款方式（用"√"标记）	
姓名		订单编号		预付（由订花人）	√
性别		配送区或		到付（由收花人）	
电话		定时服务		到付（由订花人）	
手机		送货时间		应收金额（元）	
地址		特殊要求			
留言					
商品信息					
商品序号	商品名称	商品编号	数量	单价	合计
1					
2					
3					
送花人					
注意事项： ____日 ____时 ____分			签收人	送达时间	__日__时__分
1. 签单前请检查鲜花是否有枯萎现象，是否准时送达；配送单一经签收，我们将默认被派送的鲜花是符合订花人要求的。					
2. 网站图片上的鲜花仅供参考，由于地域、习俗或季节性供应等原因，有些花材将由当地的插花师视具体情况作出调整。					

三、配送与物流的关系

配送是由集货、配货和送货三大部分有机结合而成的。每个物流过程都要经过一系列的准备过程，将物品和服务通过"配送"送达需求者。正是通过提供令人满意的配送服务，漫长的物流过程最终体现了其自身价值，物流需求者如愿以偿，物流业务经营者因此获得了利润。从实质上说，配送是一种物流，但"物流"与"配送"毕竟是两个概念，它们之间存在着区别与联系。

（一）配送是物流的基本功能要素之一

2001年4月正式颁布的国家物流标准术语（GB/18354—2001）对物流的定义是："物流（Logistics）是指物品从供应地向接收地的实体流动过程。根据实际需要，将运输、储存、装卸搬运、包装、流通加工、配送、信息处理等基本功能实施有机结合。"从这个定义我们可以看出，配送是物流的基本功能要素之一，是物流活动的作业环节之一。

（二）配送是物流活动在小范围内的整合与集成

配送是物流的功能之一，既是大物流系统的一个组成部分，也是物流活动在小范围内的整合。就大的物流系统来说，在经过了一系列的运输、储存、包装、装卸搬运和流通加工环节之后，最终到达配送环节面向客户。因此，配送只是物流系统的终端，占着很小的部分。然而，一次配送活动，从接受并处理订单之后，也要经过集货、配货和送货等作业，这使之又相对处于一个独立的物流过程。物流的装卸、包装、保管、运输、流通加工、物流信息等功能要素都能在配送活动中得以体现，并通过这一系列的物流活动实现货物快速、安全、可靠、准确、低费送达客户的目的。因此，配送的实质是一个局部物流，是大物流在小范围内的缩影，是物流活动在小范围内的体现，我们可以从配送与物流系统图直观地看出两者的关系，具体如图1-1所示。

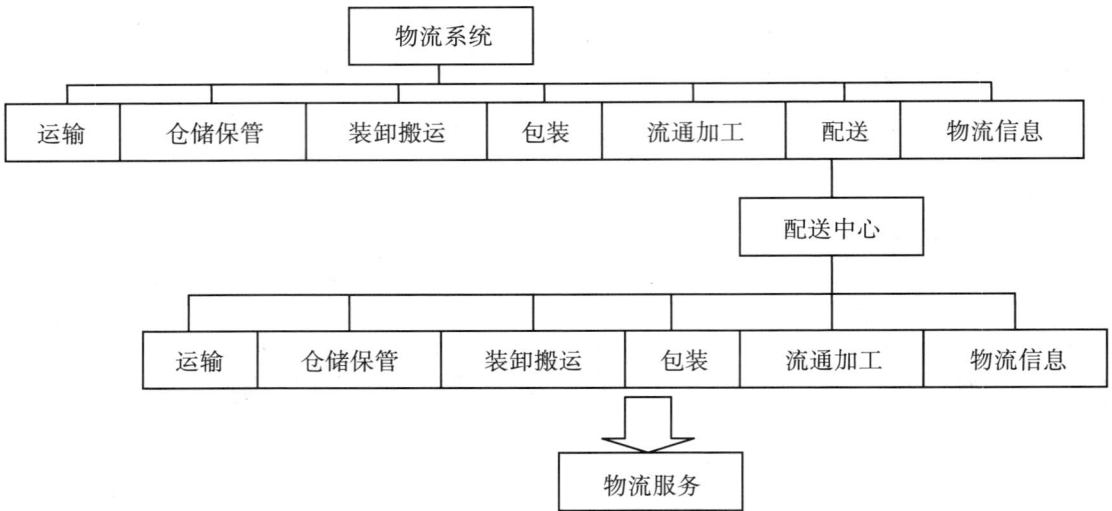

图1-1 配送与物流系统

（三）配送是物流过程的成果体现

配送是末端运输，是物流活动在小范围内的整合，是大物流的缩影，同时它也有自己的特点。相对于整个物流系统而言，配送是物流系统的终端，是直接面对服务对象的物流活动。配送功能完成的质量好坏及其达到的服务水平，直观而具体地体现了物流系统对需求的满足程度。

在社会经济生活中，物流涉及社会生产与人们生活的方方面面。从战略高度来看，物流是国民经济的命脉与支柱，是连接生产与消费的桥梁和纽带；从我们平时的日常生活来看，或大或小、或简或繁的物流过程，每时每刻都在我们身边延续，正是它们维持着社会生产与生活的正常运转，并将各种可能和方便送到每个人的面前。不管物流对社会生产与消费是多么重要，整个物流系统的意义和价值的体现，最终还是完全依赖于其终端——配送来实现。也就是说，无论多么庞大、复杂的物流过程，最终与服务对象（或者物流服务需求者）"见面"的也就是那一小段配送。物流服务对象对物流服务的满意与否，即对整个物流过程认同与否，只是通过对配送服务的直观感受来作出评价的。因此，配送是物流成果的综合体现，这一关系如图1-2所示。

物流信息

生产　　包装　　装卸搬运　　运输　　储存　　流通加工　　配送　　消费

物流过程

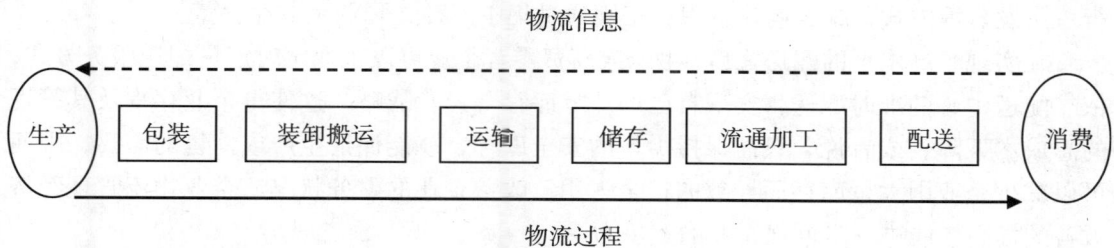

图1-2　配送在物流过程中的地位

（四）配送是一种具有自己特色功能的综合物流活动

首先，从物流活动来讲，配送几乎包括了所有的物流功能要素，是物流的一个缩影或在某个小范围中物流全部活动的体现。一般的配送集订单处理、备货、进货验收、装卸搬运、保管仓储、库存控制、拣选、加工、分割、组配、包装和运输于一身，通过这一系列活动完成送达货物的目的。特殊的配送则还要以加工活动为支撑，所以覆盖的面更广。但是，配送的主体活动与一般的物流有所不同，一般的物流侧重运输及保管，所以，有人说运输与保管是物流的两大支柱；而配送则更注重分拣、配货及运送。分拣、配货是配送的独特要求，也是配送中具有特点的活动，而以送货为目的短距离运输则是最后实现配送的主要手段。因此，将配送简化地看成运输中的一种，是不太确切的。从配送独特的分拣、加工、分割、组配等作业环节来看，把配送理解为一种特殊的、综合的物流活动更为妥当。

（五）配送是最能反映"商物合一"和"商物分离"辩证关系的物流活动

一般来讲，物流是商物分离的产物，但从商流角度来看，配送和一般意义上的物流有所不同。虽然配送在具体实施时，以商物分离的形式实现，但在宏观运作上也可通过商物合一的形式出现，即配送可作为一种商业制度形式的运行模式，也就是我们通常所讲的商品配送制度。

从目前配送的发展趋势来看，商流与物流越来越紧密地结合起来。在国家提倡的"要大力发展连锁经营、电子商务、物流配送等新型流通模式"中所讲的物流配送就是一种"商物合一"的商业运行模式，配送既包含了商流活动，也包含了物流活动，是商流和物流的集成，只不过其中的物流活动的价值要比传统商业模式下的物流活动价值的分量大得多。

四、配送的作用与意义

配送与运输、储存、装卸、流通加工、包装和物流信息一起，构筑了物流系统的功能体系，其有以下几个方面的作用。

（一）提高企业物流系统运行的经济效益

采取配送方式，一则通过统一订货，增大订货经济批量、降低进货成本；二则通过将顾客所需的各种商品配备好集中发货，或将多个客户所需的小批量商品集中在一起进行一次发货等方式，减少运输费用；三则通过集中库存，降低企业库存量。

在实现了高水平的配送之后，生产或商贸零售企业可以采取定时定量配送服务方式，依靠配送中心的准时配送，实现自己的"零库存"经营战略。这使得企业存货及其管理的总成本下降，或者说，只需保持少量的安全库存，就能保证生产或销售的需要，因而可以减少企业因大量库存而导致的资金占用，改善企业的财务状况。企业物流管理经济效益的提高，能进一步增强企业的竞争力。

另外，配送环节的建立，为大型企业集团统一采购、集中库存创造了良好的条件，使得大型企业集团的规模经济优势得以充分实现。例如，连锁超市的统一配送制度就形成了超市价廉物美的商品卖点。

（二）简化手续，方便客户

采用配送方式，客户只需向一个企业订购，就可订购到以往需向许多企业订购才能订到的货物，接货手续也可简化，因而大大减轻了客户的工作量，既节省了开支，又方便了客户，从而提高了物流服务的质量。客户分散订货与配送供货的比较如图1-3所示。

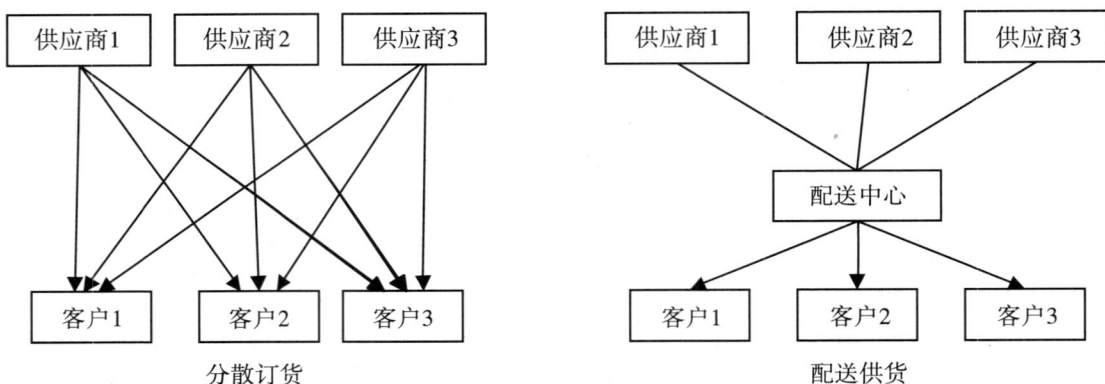

图1-3　客户分散订货与配送供货的比较

（三）提高物料、商品供应或销售的保证程度

由企业自己保持库存、维持生产或销售，由于受到库存成本的制约，商品的供应或销售保证程度很难得以提高。而在物料或商品供应方面采取配送方式，由于配送中心比任何单独企业的储备量都要大得多，但相对整体社会库存来说又很小，具有集中库存、相互调剂的统筹优势，因而对每个企业而言，由于缺货而影响生产的风险便相对减少。在商品销售方面，商品配送服务可以及时满足客户多样化、个性化的需求，可以大大提升企业的销售竞争力。

在电子商务时代，很多企业开展了B2B、B2C网络营销和网上采购，这时配送就显得更重要，可以说它是电子商务的平台。电子商务若没有物流配送作支撑就成为一句空话，网络经济也将是泡沫。在连锁经营中，企业内部集配体系的核心技术同样是配送。

五、配送发展的趋势

在20世纪70年代，人们将配送理解为"送货"，许多人将之看成"无法回避、令人讨厌、费力低效的活动，甚至有碍企业的发展"。80年代以后，人们对配送的认识开始发生了深刻的变化，企业界普遍认识到配送是企业经营活动中主要的组成部分，它能给企业创造更多赢利，是企业增强自身竞争能力的重要手段。随着人们对配送活动的重视，配送方式和手段也有了很大的发展，尤其反映在以下几个方面。

（一）配送共同化

初期送货是以单独的企业为主体，为满足客户的配送要求，出现了配送企业车辆利用率低、不同配送企业之间的货物交错运输、迂回运输现象严重等情况，同时配送车辆的增加也造成了城市道路交通拥挤，给社会带来了诸多不便。

例如，日本于20世纪60年代开始的"共同配送"，就是在各个公司配送效率低、难以解决运力浪费的情况下被采用的。如果本公司就能建立起合理化的配送系统，也就没有必要考虑共同配送了。特别是经过近十年的发展，物流系统已上升到从大范围考虑配送合理化的问题了，并注重推行整个城市所有企业的共同配送。

> **延伸阅读：共同配送**
>
> 西安有A、B、C三家连锁商业企业。A企业在西安北部的未央区、B企业在西安南部的雁塔区、C企业在西安中部的莲湖区都有各自的配送中心，并面向西安市内本系统的店铺实施商品配送。在这种情况下，A连锁企业的配送中心在向雁塔区分店配送商品时，要穿过市中心繁华地带；B、C连锁企业要在未央区开设分店，也要从雁塔区或莲湖区的配送中心穿过市中心繁华地带，向未央区分店配送商品。这样，三家连锁企业都可能存在"重复运输"过程。
>
> 请问三家连锁企业如何进行商品配送，才会减少或消除"重复运输"？

（二）配送计划化

初期配送强调即时较多，即完全按顾客要求办事，而不是按顾客的合理要求办事，也就是说配送企业并没有站在本企业经济效益的角度来考虑配送问题。而计划配送则是站在客户要求与本企业经济效益的角度综合考虑配送问题，是通过制订科学、合理的计划而不是完全按照顾客要求进行配送的，是配送管理的进一步深化。计划配送有效地促进了配送合理化，不仅降低了配送成本、提高了企业的配送效率，同时，也适时地满足了顾客的需求，减少了客户配送费用的支出，深受客户的欢迎。

（三）配送区域化、网络化

近些年，配送已突破了一个城市范围在更大的范围中显示了优势。美国已开展了全球物流配送。例如，美国的可口可乐公司、沃尔玛公司在全世界范围建立了自己的物流配送体系。日本也有不少配送活动是在全国范围或很大区域范围进行的。例如，日本东京的三味株式会社配送系统、日本Asica配送系统、日本资生堂配送系统等都是日本全国性的配送系统。我国的一些大企业集团，如海尔、联想等也开始在全国范围内建立强大的配销网络体系。

（四）配送直达化

不经过物流基地中转，在有足够批量且不增加客户库存的情况下，配送在"直达"领域中也找到了优势，因而突破了配送原有的概念且有了新的发展。对于生产资料而言，直达配送具有应用价值。

（五）配送管理电子化

随着配送规模的扩大和计算机多媒体技术、计算机网络技术、计算机数字通信技术等高科技的应用与发展，配送运行与管理电子化取得了很大的进展，这个进展突出表现在以下三个方面。（1）信息传递与处理，例如，EDI、GPS、GIS、ITS等系统的建立，Barcode、RF等技术的应用。（2）计算机辅助决策管理，例如，辅助进货决策、辅助配货决策、辅助选址决策等。例如，美国IBM公司率先建立的配送车辆计划和配送路线的计算机软件系统，目前各企业广泛应用的EOS、POS、DRP、ERP系统等。（3）计算机与其他自动化装置的操作控制，例如，无人搬运车，配送中心的自动分拣系统等。

（六）配送技术装备现代化

配送技术装备作为支撑配送的生产力要素，发展非常迅速。到20世纪80年代，发达国家的配送已普遍采用了计算机系统、自动搬运系统、自动存储系统、自动分拣系统、光电识别系统、条形码、专用搬运车等新技术，这些使得某些领域的工效提高了5~10倍。一篇名为《日本制造行业配送系统变革》的文章有关"配送领域技术条件的核心，就是信息系统和建立在该系统上的分拣系统"一句话反映了配送发展的核心条件是信息技术与自动化机械技术的应用。

（七）多种配送方式的形成

近十几年来，配送的显著进展之一就是在各自领域出现了各种各样的配送优化方式。由于流通过程、流通对象及流通手段复杂，优化配送方式是多种多样的。例如，对30公斤以下货物应用的"宅急便"和"宅配便"式配送、小批量快递系统、准时供应系统、分包配送、托盘配送系统、日配系统、分销配送、柔性配送系统、往复式配送系统、巡回服务时间表方式（定时路线配送）等。前面提到的共同配送系统、直达配送系统也属此列。

（八）配送集约化程度提高

20世纪70年代以后，随着西方企业兼并风潮的兴起，配送也形成了自己的规模效益，集约化程度不断提高。例如，英国GRP公司，1986年有送货点3.5万个，到了1988年合并成1 800个，只有以前的1/20，但是营业额却显著提高；美国通用食品公司新建了20个配送中心，取代了以前的100个仓库，通过集中批量取得优势；美国赫马克公司以一个自动化水平较高且采用计算机管理的配送中心，取代了原来的18座老式仓库，总费用显著下降，第一年就为公司节省了400万美元。这些例子明显地反映出发达国家配送集约化程度的提高，同时，配送系统的处理能力（单位产出）也得到了很大提高。较先进的配送中心，人均作业率达每小时500个托盘，配送分拣能力已达每小时1.45万个。日本资生堂配送系统每天可完成对管区4 200个商店的配送，由于采用了先进的方式，配送的精确度和配送质量也大幅度提高。

第二节 配送的类型

不同的市场需求、产品特性及物流环境对配送服务的要求是不一样的，为促进企业提高物资（商品）供应水平，促进产品销售，实施企业物流战略以及提升企业产品竞争力，我们有必要对配送的类型进行了解，以便能合理地开展物流配送，或对配送服务的运作进行创新。

根据企业经营环节及企业配送货物种类、数量、作业场所和作业内容等的不同，可以把配送划分为多种形式。

一、按企业经营环节分类

（一）分销配送

分销配送是在企业经营活动中为落实企业销售战略而进行的促销型配送。其特点是：配送的货物种类、数量往往不固定，客户已经常因销售情况而发生变化，配送物流量的大小依企业对市场的占有情况而定，企业市场经营状况是配送活动开展的前提，配送是提升企业销售竞争力的重要手段。由于分销配送是以送货服务为前提的，因而受到了客户的欢迎。一般情况下，配送随机性较强而计划性较差，多应用于大型生产企业与商业企业领域。

（二）供应配送

供应配送是指企业为了自己的物资（商品）供应需要而采取的配送服务方式。配送的主要目的是保证生产或销售，提高商品或生产物资的供应能力；同时，通过集中采购和大批量进货，取得批量价格的优惠；通过集中库存实现内部客户单位零库存，从而达到降低物资供应成本的目的。配送的依据是生产计划或门店分销订货需求计划，一般由企业自身或客户企业集团总部组建配送据点，统一备货、集中库存，然后依据生产计划或门店分销订货需求，向本企业各分厂、车间、工段、班组、工序，或分店及本企业内若干单位进行及时配送。这种配送方式在大型生产型企业，或企业集团，或商业连锁超市集团的企业物流中采用较多。

二、按配送商品的种类和数量分类

（一）单品种、大批量配送

对于企业需求量较大的商品，例如，单独一个品种或几个品种就可达到较大输送量的，可实行整车运输，这种商品往往不需要再与其他商品搭配，可直接由生产企业或专业性很强的配送中心来进行配送。由于配送量大、品种单一或较少，可使车辆满载并使用大吨位车辆，以提高车辆利用率。针对此种商品，配送中心内部设置、组织、计划等工作也较简单，因此这种配送的成本较低。在生产领域，由于许多生产企业的产品品种不多、生产批量大，故采用单品种、大批量直接配送方式往往有更好的效果，例如钢铁厂、棉纺厂等。在商业贸易领域，对少数的标准化大批量产品采用这种配送形式的企业也比较多，例如建材销售企业。

（二）多品种、小批量、多批次配送

多品种、小批量、多批次配送是指按客户要求，将所需的各种物品（每种需要量不大）配备齐全，凑整装车后由配送据点送达客户。

在市场竞争日益激烈的今天，经济高度发展、产品日益丰富，人们的消费需求日趋多样化、个性化。同时，生产企业为适应市场要求，努力实现生产柔性化、产品销售快速化。在新的市场环境下，各销售企业为提高市场份额不得不对自己的产品进行异化、多样化、个性化处理，并广泛采用多品种、小批量、多批次的柔性配送方式，以提高本企业的产品竞争力。

这种配送形式往往具有多客户、多品种、多批次、数量少的特点，因此这种配送的频率较高、配送作业水平要求高、配送分拣设备复杂、配货送货计划难度相对较大，要求有高水平的组织工作予以保证和配合。在配送类型中，这是一种高水平、高技术的配送方式。多品种、小批量、多批次配送适用于企业销售和供应领域。特别是在电子商务B2C模式下，多品种、小批量、多批次配送是支持消费配送的高效物流平台。

三、按实施配送作业的场所分类

（一）配送中心配送

这一类型配送活动的作业场所是专职配送中心。配送中心一般配送规模较大，并且为保证配送需求，往往储存大量的各种类别的商品。也有的配送中心专职于配送，储存量较小，货源靠附近的仓库补充。配送中心配送是配送的重要形式。

从实施配送较为普遍的国家来看，配送中心配送是配送的主体形式，不但在数量上占主导，而且是某些小配送据点的总据点，因而发展较快，是物流社会化趋势的重要表现。

配送中心的配送专业性较强，因为和客户有固定的配送关系，往往实行计划配送。另外，需配送的商品有一定的库存量，一般很少出现超越自己经营范围的情况。配送中心的配送覆盖面较宽，属大规模配送，因此，必须有大规模实施配送的配套设施，如配送中心建筑、车辆、路线等。由于是专业配送，有专门的配送设备和设施，所以，配送中心的配送能力强、配送距离远、配送品种多、配送数量大。配送中心的设施及工艺流程是根据配送需要专门设计的，投资建设费用比较高，并且一旦建成便很难改变。因此，灵活机动性较差，有一定的局限性，但可以承担工业生产所用主要物资的配送及向商店

实行补货性配送。

（二）仓库配送

仓库配送是以一般仓库为据点的配送形式，它是利用原仓库的收发货场地、交通运输线路等储存设施及能力实现配送的。由于仓库配送只是在保持仓库原功能的前提下，增加一部分配送职能，并不是专门按配运中心要求设计和建立的，所以投资费用较少、上马较快，但配送规模较小、配送的专业化较差，是中等规模的配送可选择的配送形式。

四、按加工程度的不同分类

（一）加工配送

加工配送是配送和流通加工相结合的一种配送形式，常常是在配送据点中设置流通加工环节，或是将流通加工中心与配送中心建立在一起。流通加工和配送相结合，使得流通加工更有针对性，减少了盲目性，配送企业不但可以依靠送货服务、销售经营取得收益，还可通过加工增值取得收益。当社会上现成产品不能满足客户需要，或是客户根据本身工艺要求需要使用经过某种初加工的产品时，配送据点可以按照客户要求对某产品加工后进行分拣、配货再送货到户。

（二）集疏配送

集疏配送是集货与配送相结合的一和配送形式，例如，大批量进货后的小批量、多批次发货及零星集货后以一定批量送货等。这种配送只改变产品数量组成形态而不改变产品本身的物理、化学性态，一般与采购、集货或干线运输相配合，适用于农产品等需先集货后分配的产品以及商业领域、企业内部物资、商品的供应等。

五、按配送企业专业化程度分类

（一）综合配送

综合配送是指配送商品种类较多、对不同种类的产品在一个配送网点中组织对客户的配送。这一类配送由于综合性较强，故被称为综合配送。通过综合配送，客户可减少组织全部所需物资进货的负担，而只需与少数配送企业联系，便可解决多种需求的配送。因此，这是一种对客户服务较强的配送形式。

由于产品性能、形状差别很大，综合配送在组织时技术难度较大，一般只是在性状相同或相近的不同类产品方面实行综合配送，对差别过大的产品难以综合化。

（二）专业配送

专业配送是按产品性状不同适当划分专业领域的配送方式。专业配送并非越细分越好，实际上在同一性状而类别不同的产品方面，也是有一定综合性的。专业配送可按专业的共同要求优化配送设施、优选配送机械及配送车辆、制定适用性强的工艺流程，从而大大提高配送各环节的工作效率。配送作业效率高是专业配送的重要优势。

现在已形成的专业配送形式，主要应用在以下几类商品配送领域。

（1）中、小件杂货配送。此类配送大部分是按标准规格包装的不同类别的中、小产品，由于包括的领域较广也被视为一种综合性配送，是当前开展较广泛的一种配送类型。

中、小件杂货包括：各种百货产品、家电产品、小机电产品、轴承、工具、标准件、中小零件、中小包装的化工产品、中小包装的建材产品、土产品、书籍、仪器仪表、电工器材等。

（2）基础性工业生产资料、建筑材料的配送。其中包括各种金属材料及金属制品、燃料煤和煤制品、各种包装形式的水泥、燃料油及其成品、原木及加工木、平板玻璃及制品、各种液体及固体化工产品等。

（3）生鲜食品的配送。其主要应用于对各种保质期较短的副食品及生禽肉类食品的配送，这类配送需要专用的冷藏或保温设备。

（4）家具及家庭用具的配送。这类配送是指对各种家具及家用大件用具的配送。

第三节　配送服务方式及策略

一、配送的服务方式

配送是物流服务的主要内容之一，它在物流过程中处于市场的最前端，直接面对客户或者消费者，其服务水平的高低将直接影响到企业物流战略的实施。因此，配送企业应在满足客户需求的基础上，根据不同的市场环境和物流条件，并同时考虑成本费用、产品特性，采取不同的配送服务方式。根据配送的数量、时间、客户要求等条件的不同，配送运作企业或组织开展的配送服务有以下几种基本方式。

（一）定时配送服务方式

按规定的时间间隔进行配送，如数天或数小时一次等，每次配送的品种及数量可按计划执行；也可以在配送之前以商定的联络方式（如电话、计算机终端输入等）通知。

这种配送方式由于时间固定，对于配送企业来讲，易于安排工作计划和计划使用车辆，对客户来讲，也易于安排接货力量（如人员、设备等）。但是，配送物品种类变化会导致配货、装货难度加大；在配送数量变化较大时，也会使配送运力安排出现困难。

定时配送又有以下两种具体形式。

1. 日配（当日配送）

日配是定时配送中运用较广泛的方式，尤其在城市内的配送中占有较大比例。日配的时间要求大体上是：上午的配送订货，下午送达，下午的配送订货，第二天早上送达，送达时间在订货的24小时之内；或者是客户下午的需要，保证当日上午送到；上午的需要，保证前一天下午送到。总之，日配要确保在实际投入使用前24小时之内送达。日配方式适用于以下几种情况。

（1）配送的商品是消费者追求新鲜的诸多食品，如水果、点心、肉类、蛋类、蔬菜等；

（2）配送的商品是消费者需求易受冲动影响的商品，如服装、小电器等；

（3）配送客户是多个小型商店，追求周转快、随进随售，因而需要采取日配形式快速周转；

（4）配送客户是连锁商店；

（5）配送客户的条件有限，不可能保持较长时期的库存，例如，采用零库存方式的生产企业、商店位居黄金码头或缺乏储存设施（如冷冻设施）的客户。

2. 时配

即1小时配送，指在接到配送订货要求之后，在1小时之内将货物送达。这种配送服务方式主要适用于一般消费者突发的个性化需求所产生的配送服务要求，也经常被视为配送系统中应急的配送方式。在B2C电子商务中，在同一城市内，经常采用1小时配送服务方式。

（二）准时配送（JIT）服务方式

准时配送（Just in Time，缩写为JIT）是按照双方协议的时间，准时准点将货物配送到客户的一种服务方式。

这种配送方式与时配、日配不同，时配、日配是面向社会普遍承诺的配送服务方式，针对的是社会上不确定的、随机性的需求。准时配送方式则是双方的协议，往往是根据客户的生产节奏、销售进度，按指定的时间将货物送达，这种方式比日配、时配更精确。利用这种方式，客户的微量库存——保险储备也可以取消，绝对可实现客户企业"零库存"的目标。由于准时配送服务方式是通过协议确定的，而企业之间的协议相对比较稳定、计划性较强，所以准时配送服务一般可以通过看板方式来实现，特别是在企业内部供应配送上，采用看板管理是落实准时配送服务的一种主要方式。

【例】某生产企业内部供应配送的看板和传递方式如图1-4、图1-5所示。

看板编号：9号 零件编号：010002 零件名称：邮箱座 零件规格：A435 盛装容器：2型（黄色）货箱 供应数量：20件 需用时间：3月6日08时40分	供方工作地 6#油漆点	需方工作地 3#装配点
	出口存放处号 No.3	入口存放处号 No.12
看板编号：9号 零件编号：010002 零件名称：邮箱座 零件规格：A435 盛装容器：2型（黄色）货箱 供应数量：20件 需用时间：3月6日08时40分	供方工作地 6#油漆点	需方工作地 3#装配点
	出口存放处号 No.3	入口存放处号 No.12

图1-4　某企业内部供应配送传递看板（1）

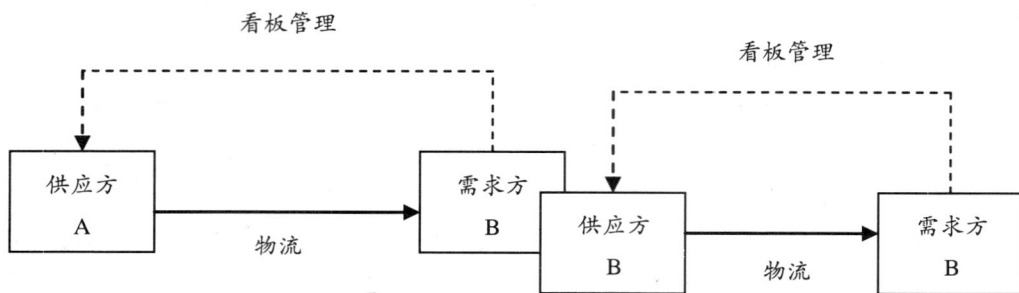

图1-5 某企业内部供应配送看板传递（2）

准时配送方式要求有很高水平的配送系统来实施，由于客户要求独特，并且要求配送反应迅速，不大可能对多客户实行周密的共同配送计划。这种配送方式比较适合于装配型重复大量生产的客户，因为这类客户所需配送的物资是重复、大量且变化不大的，因而往往需要一对一的配送。

（三）定量配送服务方式

定量配送服务方式是指根据协议，按规定的批量在一个指定的时间范围内进行配送。这种方式数量固定、备货工作较为简单，可以按托盘、集装箱及车辆的装载能力规定配送的定额，因此，能有效利用托盘、集装箱等的装载量，做到整车配送，配送效率较高。

由于时间不严格限定，可以将不同客户所需物品凑成整车后配送，这能使运力利用率最大化，并且利于科学管理。对于客户来讲，每次接货都处理同等数量的货物，也有利于其人力、物力的准备。

定量配送服务适合于对库存的控制不十分严格、有一定的仓储能力、不实行"零库存"、采用经济批量法进货的企业客户。对从配送地点到客户间的路线保证程度低、难以实现准时供应要求的配送，也可以采用定量配送方式。

（四）定时定量配送服务方式

定时定量配送是按照规定的配送时间和配送数量进行配送服务的方式。它兼有定时配送和定量配送两种方式的优点，是一种精益的物流配送服务方式。

定时定量配送的特点是：计划难度大、要求管理严格、服务水平高、服务成本高。所以，适合的服务对象不多，很难实行共同配送等物流资源共享的配送方式，一般只在客户有特殊要求时采用，不是一种普通适用的方式。这种方式的管理和运用，一般靠配送供求双方事先的协议来进行，此外，常常也采用"看板方式"来决定配送的时间和数量。但在交通与信息技术高度发达的环境下，特别是企业计算机联网后，企业采用内部电子数据交换系统（EDI）、电子订货系统（EOS）、销售时点系统（POS）时，可以在局部区域内应用定时定量配送服务方式。在城市物流与企业内部供应物流中，定时定量配送是一种理想的配送服务方式，是企业配送服务努力发展的方向和配送管理追求的目标。

目前，从定时定量配送实际应用情况来看，在大量而且生产相对稳定的汽车制造、家用电器、机电产品等物料供应领域效果比较好。

（五）定时定路线配送服务方式

定时定路线配送服务方式是指配送企业按规定的运行路线制定配送车辆到达的时间表，再按运行时间表进行配送，客户可以按照配送企业规定的路线及规定的时间到指定的位置接货，是一种高水平的配送服务方式。

对于配送企业而言，采用这种方式有利于配送企业安排车辆及驾驶人员，可以依次对多个客户实行共同配送，无须每次都决定配送路线、配车计划等问题，因而配送过程比较容易监控管理，配送成本费用也相对较低。对于客户而言，这种配送方式使其可以在确定的路线上按确定的时间表接货，可以有计划地安排接货的机器及人员，虽然配送路线可能与客户还有一段距离，但由于成本较低，客户也乐于接受这种服务方式。但这种配送方式对配送线路的交通环境、硬件设施要求较高，并且定时运送易造成车辆装载量不足等浪费。

这种配送方式比较适合于对铁路沿线的工商企业进行物资（商品）配送。铁路货运部门可以通过开展此项配送业务，向第三方物流企业转变。另外，在一个城市区域内，对商业集中区的商品零售企业也可开展此项配送服务，以缓解街道狭窄、交通拥挤与货物需求的矛盾。

（六）即时应急配送服务方式

即时应急配送服务方式是指完全按客户突然提出的配送要求和指定的时间、数量随即进行配送的方式，是一种极具灵活性的应急服务形式。采用这种方式可使客户企业完全取消保险储备，从而实现企业的零库存。

但这种配送服务成本很高，难以作为经常性的服务，只能是对已确定长期固定关系的配送服务的补充和完善，其实质是配送企业配送应急能力的体现。

即时应急配送服务方式一般在事故、灾害、生产计划突然变化或销售预测失误而导致销售即将断线的情况下采用。

（七）成套、配套配送服务方式

成套、配套配送服务方式是按企业生产需要，尤其是装配型企业生产需要，将生产每一台（件）产品所需全部零部件配齐，按生产进度及节奏定时送达生产企业，生产企业可根据生产进度计划按时将此成套零部件送入生产装配线进行产品组装的一种配送方式。在这种配送方式中，配送企业承担了生产企业大部分的供应工作，使生产企业专注于生产。其配送效果与多品种、小批量配送方式相同，主要在生产制造领域使用。

（八）代存代供配送服务方式

代存代供配送服务方式是客户将属于自己的货物委托配送企业代存、代供，有时还委托代订，然后由代理配送企业组织对客户企业配送的方式。这种配送服务，在实施时不发生商品所有权的转移，配送企业只是客户的委托代理人，商品所有权在配送前后都属于客户所有，所发生的仅是商品物理位置的转移，配送企业仅从代存、代送中获取收益，而不能获得商品销售的经营性收益。

二、配送服务策略

配送策略是在上述配送类型和服务方式的基础上，为了既满足客户需求，又不增加太多的成本而采取的具体措施。可供选择的主要策略有转运策略、延迟策略和集运策略等。

（一）转运策略

转运是为了满足应急需要，在同一层次的物流中心之间进行的货物调度运输。这通常是因为预测不准确而需在配送时临时调整，是零售层次上通常采用的办法。

（二）延迟策略

延迟是一种能减小预测风险的策略。在传统的物流管理中，库存量的确定较多地依据预测，生产都要适当提前以保证一定的库存量。如果需求变得完全确定，那么产品的制造可以被推迟到最后进行，过早的生产和不恰当的库存都能够被减少甚至消除。延迟可分为生产延迟和物流延迟两种。

1. 生产延迟

生产延迟的基本原理是准时化，即在获得客户的确切需求和购买意向之前，不过早地做准备工作或采购零部件，不提前、不过量，严格按订单生产合格的产品。

一般的生产延迟手段是，尽量使产品保持在半成品状态。当得到订单后立即完成最后的装配工序。这样做的好处是，以较大的批量生产标准化的零部件，获取生产规模的经济性；最后工序按订单需求装配可以满足需求的多样性和缩短交货期。

2. 物流延迟

物流延迟是地理上的延迟，它的基本概念是，根据预测结果在物流网络中的几个主要的中央仓库存储必要的物品，不考虑过早地在消费地点存放物品，一旦接到客户的订单即从中央仓库处启动物流程序，把物品运送到客户所在地的仓库或直接快运给客户。

这样做的好处是，每个消费地点都不需要冒预测的风险保持过多的库存，既可将物品存放在中央仓库层次上又可以获得规模经济优势，结果是以较少的总体库存投资提高了服务水准。这种策略特别适合重点、高价值的物品配送。

（三）集运策略

在配送中，由于规模经济性与客户需求多样性之间存在矛盾，许多情况下不得不采用小量甚至单件运输的方式，但是在有些场合下采取集中运输的策略能够获得更好的效果。从操作形式来看有三种基本的集中运输方式。

1. 区域化集中运输

区域化集中运输是把运往某个区域的不同客户的货物集中起来进行运输，其能否实现的前提条件是是否有足够的客户运量。有时为了克服客户运量不足的矛盾，可以区别不同情况采取不同办法。

当最终消费区域的客户运量不足时，可以集中几个区域的运输量运到某个集散地，再从那儿分送到各自的目的地；当每天的运输量不足，但需求又比较稳定时，可以计划运输间隔期，集中几天的运输量一次运送。

2. 预定送货

预定送货是指由于在预定期内有可能集中到较大的运输量，因此与客户商定一个运送计划，保证按时送到。采用这一方式需要事先与客户进行沟通，强调集运的互利性。由于一项特定的运输服务具有高成本，运输公司必然会采取溢价的收费方式。而预定送货的集运方式可使客户得到经济实惠，只要时间允许客户就会选择预定送货的方式。

3. 联营送货

这是一种更加灵活的送货方式，即由第三方提供运输服务。专业运输公司的服务对象比较广泛，具备把多个货主分散的货物集中起来的条件，比较容易实现集中运送。

第四节 配送模式

配送是物流过程的终端环节，从物流本身的运行规律来看，尽管各类配送服务作业的内容是一致的，但由于物流运作组织的主体和服务对象不同，相应的配送运行方式也就不同，因此，就会产生不同的配送模式。根据目前配送运行的情况，配送模式主要有企业自营、第三方物流和厂商共同配送三种。

一、企业自营配送模式

企业自营配送是指企业为了满足生产或销售的需要，独自出资建立自己的物流配送系统，对本企业所生产或所销售的产品进行配送活动。其配送活动根据其在企业经营管理中的作用一般分为两个方面：一是企业的分销配送；二是企业的内部供应配送。

（一）企业的分销配送

企业的分销配送，根据其服务对象又可分为企业对企业的分销配送和企业对消费者的分销配送两种形式。

1. 企业对企业的分销配送

这种配送活动发生在完全独立的企业与企业主体之间，基本上属于社会开放系统的企业之间的配送供给与配送需求。配送服务的组织者或供给方是企业；配送服务的需求方即服务对象，基本上有两种情况：第一种是生产企业，为配送服务的最终需求方；第二种是商业企业即中间商，在接受配送服务之后还要对产品进行销售。

企业对企业的配送，从实施的主体来看，组织配送活动的目的是实施营销战略。特别是在电子商务B2B模式中，企业对企业的配送是国家大为推广的配送模式。其配送量大、渠道稳定、物品标准化，是电子商务发展的切入点。企业对企业的分销配送，其运行管理一般由销售部门来运作，而随着社会分工的专业化水平不断提高，为发挥物流系统化管理的优势，最好是由企业成立专职的物流部门或分公司来运作。

以生产企业为例，企业对企业的分销配送运行方式如图1-6所示。

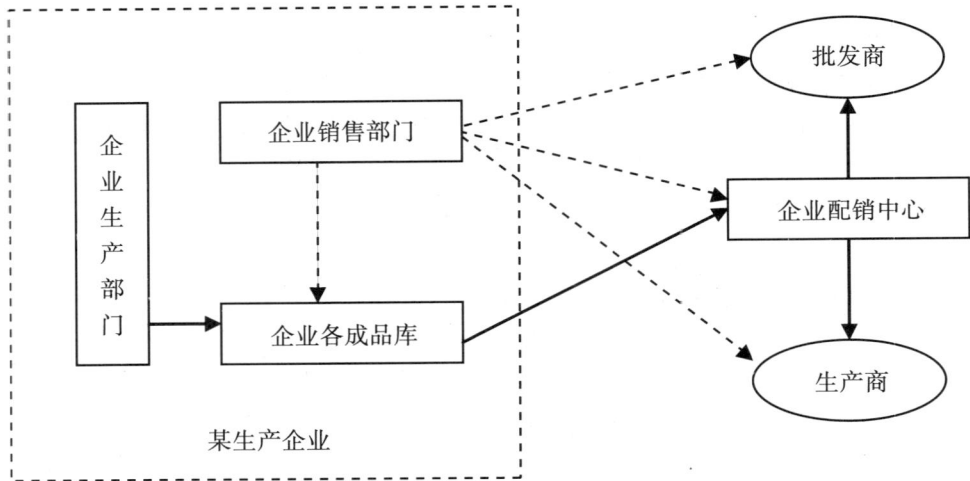

注：—— 物流；----- 信息流

图1-6   企业对企业的分销配送运行方式

对于生产企业，尤其是进行多品种生产的生产企业的配送，直接由本企业进行配送，这样能够避免经商业部门的多次物流中转，可以使企业的产品保持一定的优势。但是，生产企业，尤其是现代生产企业，往往进行的是大批量、低成本的生产，产品品种较单一，不能像社会专业配送中心那样依靠产品凑整运输取得规模优势，所以生产企业的配送存在一定的局限性。

生产企业的配送在生产地方性较强的产品的企业中应用较多，例如，就地生产、就地消费的食品、饮料、百货等。在生产资料方面，生产某些不适于中转的化工商品及地方建材的企业也多采取这种配送模式。

2. 企业对消费者的分销配送

企业对消费者的分销配送主要是指商业零售企业对消费者的配送。由于企业对消费者的分销配送是在社会化的开放系统中运行的，因而其运行难度比较大。虽然零售配销企业可以通过会员制、贵宾制等方式锁定一部分消费者，但在多数情况下，消费者是一个经常变换的群体，需求的随机性大，要求的服务水平高，配送供给与配送需求之间的差距难以弥合，所以配送的计划性差。而且若消费者需求的数量小、地点分散，配送成本会相对较高。

这种配送模式是电子商务B2C发展的支撑与保证。这里我们以商店配送为例介绍其运行方式。一般来说，商店配送有以下两种形式。

（1）兼营配送形式

兼营配送形式是指商店在进行一般的零星销售的同时兼行配送的职能。兼营商店配送，其组织者是承担商品零售的商业或物资企业的门市网点。这些网点的规模一般不大，但具备一定的铺面条件，而且经营品种较齐全，除日常零售业务外，还可根据客户的要求将商店经营的品种配齐，或代客户外丁外购一部分本商店平时不经营的商品，和商店经营的品种一起配齐送给客户。

尽管这种配送组织者实力有限，往主只从事小量、零星商品的配送，且所配送的商品种类繁多、客户需要量小，有些商品也只是偶尔有需求，很难与大配送中心建立计划配送关系，但其商业及物资零售网点数量较多、配送半径较小，所以比较灵活机动，可承担生产企业非主要生产物资的配送及消费者个人的配送。这种配送是配送中心配送的辅助及补充形式，通过将日常销售与配送相结合，商店可取得更多的销售额。

（2）专营配送形式

商店不进行零售销售而专门进行配关。一般情况是商店的位置不好，不适于门市销售，而商店又有某方面的经营优势及渠道优势，因此可采取这种方式，例如，现在流行的"宅急便"配送等。

（二）企业的内部供应配送

企业的内部供应配送是为了保证企业的生产或销售供给所建立的企业内部配送机制，其实质是企业集团、零售商集团等内部的共同配送。

由于企业内部配送大多发生在巨型企业之中，有统一的计划、指挥系统，因此，集团系统内部可以建立比较完善的供应配关管理信息系统，这可以使得企业内部需求和供应达到同步，具有较强的科学性。

企业的内部供应配送一般有两种情况：一是大型连锁商业企业的内部供应配送；二是巨型生产企业的内部供应配送，其组织运作如图1-7所示。

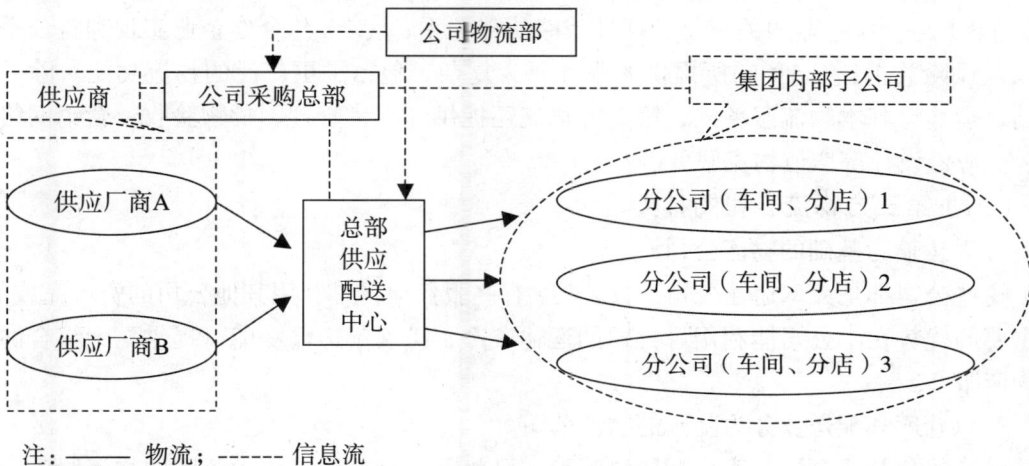

注：———　物流；------　信息流

图1-7　巨型生产企业的内部供应配送

1. 大型连锁商业企业的内部供应配送

大型连锁商业企业各门店经营的商品、经营方式、服务水平、价格水平相同，配送是支持连锁经营的平台。连锁商业企业通过统一采购、统一配送、统一企业形象、统一营销策略、统一定价、统一核算取得分散化经营的集约规模效益。

连锁配送的主要优势是：在一个封闭的营运系统中运行，随机因素的影响比较小、计划性比较强，因此，容易实现低成本、精细高效的配送。

2. 巨型生产企业的内部供应配送

由专职的物流管理部门统一物资采购，实行集中库存，根据车间或分厂的生产计划组织配送，从而实现企业下属公司或车间分厂原材料、零部件的零库存，从而降低物流成本费用。

二、第三方物流配送模式

（一）第三方物流的概念

第三方物流（Third Party Logistics），也叫物流服务提供者（Logistic Service Provider），是世界上发达国家中广泛流行的物流新概念，是指专门从事商品运输、库存保管、订单处理、流通加工、包装、配送、物流信息管理等物流活动的社会化的物流系统。它的基本功能是设计执行及管理商务活动中的物流要求，利用现代物流技术与物流配送网络，依据与第一方（供应商）或第二方（需求者）签订的物流合同，以最低的物流成本，快速、安全、准确地为客户在特定的时间段、按特定的价格提供个性化的系列物流服务。另外，合同物流、物流外协、全方位物流服务公司、物流联盟等，也基本能表达与第三方物流相同的概念。

（二）第三方物流的特征

第三方物流一般有如下几个特征：（1）有提供现代化、系统化物流服务的企业素质；（2）可以向物流需求方提供供应链物流在内的全过程物流服务和定制化物流服务；（3）与合作企业的关系是长期性战略伙伴关系；（4）与合作企业实现利益公平分享以及风险共担；（5）它所提供的服务更为复杂，包括了更广泛的物流功能。除一些仓储、运输等基本物流服务外，第三方物流还提供如存货管理、货物验收、营销网络规划、供应链设计等增值物流服务。

（三）第三方物流公司的种类

1. 以运输为基础的物流公司

这些公司都是大型运输公司的分公司，有些服务项目是利用其他公司的资产完成的。其主要的优势在于公司能利用母公司的运输资产，扩展其运输功能，提供更为综合的一套物流服务。

2. 以仓库和配送业务为基础的物流公司

传统的公共或合同仓库与配送物流商，已将业务延伸到了更大范围的物流服务，它们以传统的业务为基础，已介入采购供应、存货管理等物流活动。

3. 以货代为基础的物流公司

这些公司一般无资产，非常独立，并与许多物流服务供应商有合作关系。它们具有把不同的物流服务项目进行组合，以满足客户需求的能力。这类公司已从货运中间人角色转为更广范围的第三方物流服务公司。

4. 以托运人和管理为基础的物流公司

这一类型的公司是从大公司的内部物流组织演变而来的。它们将原来在母公司从事物流管理的经验、专业知识和享有的物流资源，用于第三方物流服务。

5. 以财务或信息管理为基础的物流公司

此类公司是由能提供如运费支付、审计、成本控制、采购、货物跟踪和存货管理等管理工具的公司转化而来的。

（四）第三方物流配送给企业带来的利益

一是企业通过社会物流资源的共享，不仅可以避免企业"小而全、大而全"的宝贵资源的浪费，为企业减少物流投资和营运管理费用，降低物流成本，而且可以避免自营物流所带来的投资和营运风险。

二是企业将其非优势所在的物流配送业务外包给第三方物流来运作，不仅可以享受到更为精细的专业化的高水平物流服务，而且可以将精力专注于自己擅长的业务，充分发挥其在生产制造领域或销售领域方面的专业优势，增强其主业务的核心竞争力。

归纳起来，第三方物流在信息、网络、专业、规模、装备等方面所表现出来的优势，带来的不仅是企业的物流效率与效益的提高，其最终实现的是物流供需双方的双赢以及全社会物流成本的降低。

（五）第三方物流的配送运作模式

第三方物流的配送运作模式有以下几种类型。

1. 企业销售配送第三方物流化配送模式

企业销售配送第三方物流化配送模式是指企业将其销售物流业务外包给独立核算的第三方物流公司或配送中心运作。企业采购供应物流配送业务仍由企业供应物流管理部门承担，其销售配送运作模式如图1-8所示。

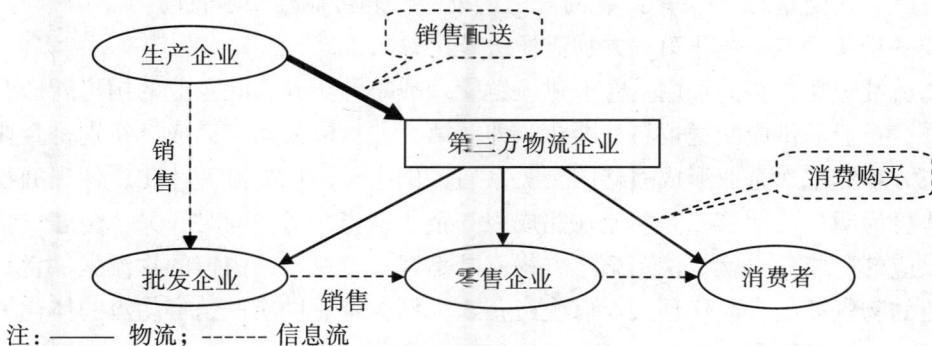

注：——物流；------信息流

图1-8　企业销售物流配送第三方运作模式

2. 企业供应配送第三方物流化配送模式

这种配送组织管理方式，是由社会物流服务商对某一企业或者若干企业的供应需求实行统一订货、集中库存、准时配送或采用代存代供等其他配送服务的方式。企业供应配送第三方物流化配送运作模式如图1-9所示。

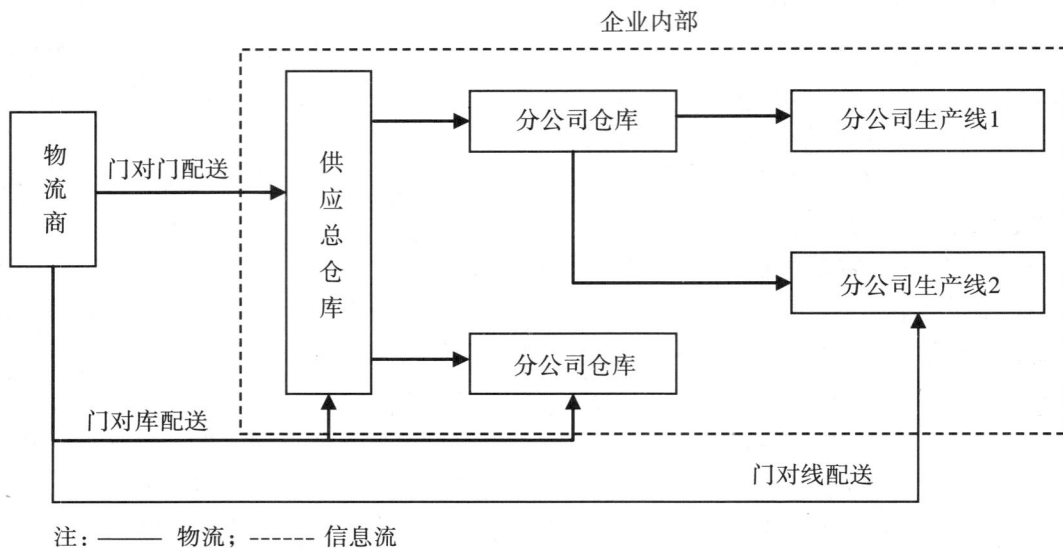

图1-9　企业供应配送第三方物流化配送运作模式

这种供应配送按客户送达要求的不同可以分为以下几种形式。

（1）"门到门"配送供应，即由配送企业将客户的供应需求配送到客户"门口"，以后的事情由客户自己去做。这种配送模式有可能在客户企业内部进一步延伸成企业内的配送。

（2）"门对库"配送供应，由配送企业将客户的供应需求直接配送到企业内部各个环节的仓库。

（3）"门到线"配送供应，由配送企业将客户的供应需求直接配送到生产线。显然，这种配送可以实现企业的"零库存"，对配送的准时性和可靠性要求较高。

3. 供应—销售物流一体化第三方物流配送模式

随着物流社会化趋势的加剧及企业供应链管理战略的实施，除企业的销售配送业务社会化以外，企业的供应配送也将社会化，即由第三方物流公司来完成。特别是企业和专职的第三方物流配送企业形成战略同盟关系后，供应—销售物流一体化所体现的物流集约化优势更为明显。即第三方物流在完成服务企业销售配送的同时，又承担客户物资商品内部供应的职能。也就是说，第三方物流既是客户企业产品销售的物流提供者，又是客户企业的物资商品供应代理人。以生产企业为例，企业供应—销售物流一体化第三方物流配送运作模式如图1-10所示。

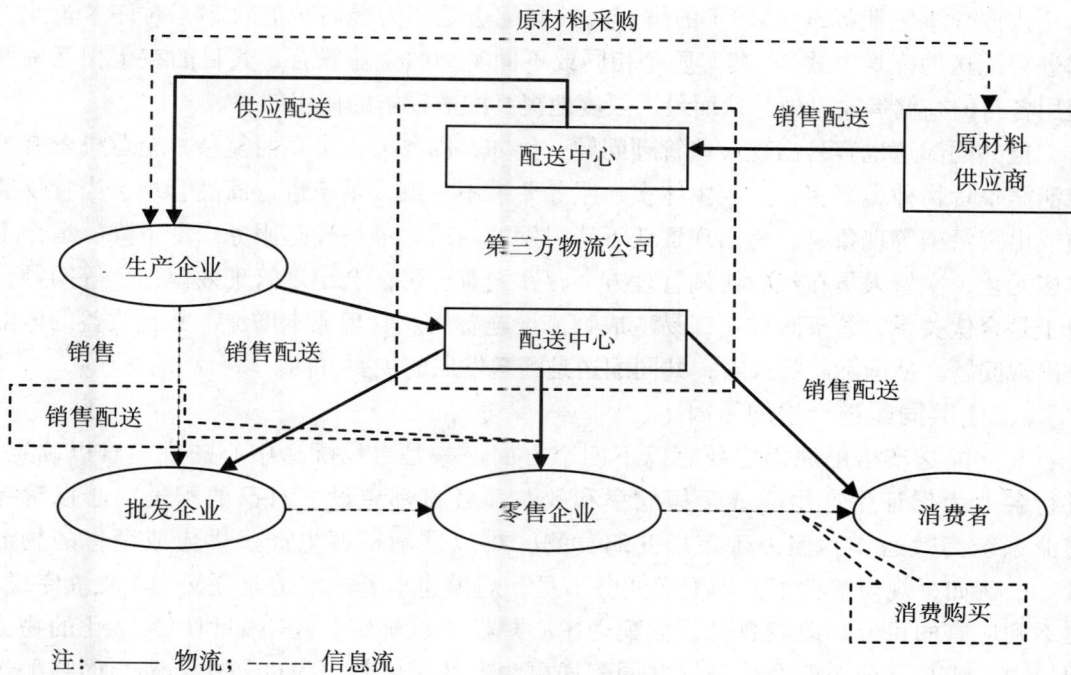

注：——— 物流；------ 信息流

图1-10　企业供应—销售物流一体化第三方物流配送运作模式

这种供应—销售物流一体化的第三方物流配送模式是配送经营中的一种重要形式，它不仅有利于形成稳定的物流供需关系，而且更有利于工商企业专注于生产、销售等核心业务的拓展。同时，长期稳定的物流供需关系，还有利于实现物流配送业务的配送中心化、配送作业计划化和配送手段的现代化，从而保持物流渠道的畅通、稳定和物流配送运作的高效率、高效益、低成本。因此，供应—销售物流一体化第三方物流配送模式备受人们关注。当然，超大型企业集团也可自己运作供应和销售物流配送，但对于中小企业来说，物流配送走社会化之路，是绝对有利于降低供应成本、提升企业竞争力的。

三、共同配送模式

共同配送是企业追求配送合理化，经长期的发展和探索优化出的一种配送形式，也是现代社会中采用较广泛、影响面较大的一种配送模式。

（一）共同配送的定义

简单来讲，共同配送是两个或两个以上有配送业务的企业相互合作对多个客户共同开展配送活动的一种物流模式。一般采取由生产、批发或零售、连锁企业共建一家配送中心来承担他们的配送业务，或共同由一家物流企业的配送中心承担他们的配送业务的运作方式，以获取物流集约化规模效益，从而解决个别配送效率低下的问题。其配送业务可以是生产企业生产所用物料、商业企业所经销商品的供应，也可以是生产企业生产的产品和经销企业的商品的销售。具体根据商家参与共同配送的目的而定。

按照日本工业标准（JIS）的解释，共同配送是"为提高物流效率，对许多企业一起进行配送的配送方式"。其实质是相同或不同类型的企业联合，其目的在于相互调剂使用各自的仓储运输设施，从而最大限度地提高配送设施的使用效率。

但共同配送也容易出现一些管理问题，例如，因参与人员多而复杂，企业机密有可能泄露；货物种类繁多、产权主体多，服务要求不一致，难于进行商品管理；当货物破损或出现污染等现象时，易出现责任不清引发的纠纷，最终导致服务水准下降；运作主体多元化，主管人员在经营协调管理方面存在困难，可能会出现管理效率低下等问题；由于是合伙关系，管理难控制，易造成物流设施费用及管理成本增加，并且收益的分配易出现问题。从国际趋势来看，共同配送是配送发展的主要方向。

（二）共同配送产生的原因

共同配送产生的原因主要有以下四个方面。一是自设配送中心的规模难以确定。各行各业为保证生产供应或销售效率和效益，各自都想设立自己的配送中心以确保物流系统高效运作，但由于市场变幻莫测，难以准确把握生产、供应或销售的物流量——例如，规模建大了，则配送业务不足。规模建小了，配送业务又无法独立完成，达不到应有的目标。既然自己设立配送中心规模难以确定，还不如利用社会化的物流配送中心或与其他企业合建开展共同配送更为有效。二是自设配送中心都会面临配送设施严重浪费的问题。在市场经济时代，每个企业都要开辟自己的市场和供销渠道，因此，不可避免地要分别建立自己的供销网络体系和自己的物流设施，这样一来，便容易出现在客户较多的地区设施不足，在客户稀少的地区设施过剩，从而造成物流设施的浪费，或不同配送企业重复建设配送设施的状况。况且配送中心的建设需要大量的资金投入，对众多的中小企业来说，其经营成本也是难以消化的，并且还存在着投资风险。因此，从资源优化配置的角度考虑，共同配送自然成为最佳的选择。三是大量的配送车辆集中在城市商业区，导致严重的交通问题。近些年准时送达的配送方式采用得越来越多，因此，送货或客户车辆的提运货额度很高，这也在一定程度上引发了交通拥挤、环境噪声及车辆废气污染等一系列社会问题。采取共同配送方式，可以以共同配送使用的一辆车，代替原来的几辆或几十辆车，自然有利于缓解交通拥挤、减少污染。四是企业追求利润最大化。企业配送的目的就是追求企业利润最大化。共同配送通过严密的计划安排，提高了车辆和设施的使用效率以减少成本支出、增加利润，是企业追求利润最大化的有效途径。

企业已逐渐意识到了共同配送的重要性，开始大力开展社会化横向共同配送。共同配送是企业在以上的社会经济背景下，为了适应企业生存发展的需要而形成的一种重要的配送模式。

（三）共同配送的具体形式

共同配送的目的主要是利用物流资源，因此根据物流资源利用程度，共同配送大体上可分为以下几种具体形式。

1. 系统优化型的共同配送

这种共同配送是指由一个专业物流配送企业综合各家客户的要求，对各个客户统筹安排，在配送时间、数量、次数、路线等诸方面作出系统、最优的安排，在客户可以接受的前提下，全面规划、合理地进行配送。这种方式不但可满足不同客户的基本要求，而且有利于配送企业有效地进行分货、配货、配载、选择运输方式、选择运输路线以及合理地安排送达数量和送达时间等。这种对多家客户的配送，可充分发挥科学计划、周密计划的优势，实行起来较为复杂，但却是共同配送中水平较高的形式。

2. 车辆利用型共同配送

车辆利用型共同配送又分为车辆混载运送型共同配送、利用客户车辆型共同配送和返程车辆利用型共同配送三种形式。

（1）车辆混载运送型共同配送。车辆混载运送型共同配送是一种较为简单易行的共同配送方式，在送货时尽可能安排一个配送车辆上实行多货主货物的混载。这种共同配送方式的优势在于，以一辆较大型的且可满载的车辆代替了以往多货主分别送货或客户各自提运货物的多辆车，并且克服了多货主、多辆车且都难以满载的弊病。

（2）利用客户车辆型共同配送。这种类型的共同配送利用客户采购零部件或采办原材料的车进行产品的配送。

（3）返程车辆利用型共同配送。为了不跑空车，让物流配送部门与其他行业合作，装载回程货或与其他公司合作进行往返运输。

3. 接货场地共享型共同配送

接货场地共享型共同配送是多个客户联合起来，以接货场地共享为目的的共同配送。一般是由于客户相对集中，并且客户所在地区交通、道路、场地较为拥挤，各个客户单独准备接货场地或货物处置场地有困难，因此多个客户联合起来设立配送的接收点或货物处置场所，这样不仅解决了场地的问题，也大大提高了接货水平，加快了配送车辆的运转速度，而且接货地点集中，利于集中处置废弃包装材料、减少接货人员的数量。

4. 配送中心、配送机械等设施共同利用型的共同配送

在一个城市或一个地区中有数个不同的配送企业时，为节省配送中心的投资费用，提高配送运输的效率，多家企业共同出资合股建立配送中心进行共同配送或多家企业共同利用已有的配送中心、配送机械等设施，对不同配送企业客户共同实行配送。

第五节　配送作业流程

配送作业流程及其内容的设计是配送活动开展的前提，它直接关系到配送物流系统的运作效率与服务水平，因此，我们在开展配送业务时，必须对配送活动的基本功能要素和不同类型配送的作业流程有个初步的了解。

一、配送活动的基本功能要素

配送活动一般主要由备货、储存、订单处理、分拣配货、车辆配装、输送运输、送达服务、配送加工和车辆回程几个基本功能要素组成，其具体工作内容如下。

（一）备货

不管配送活动是在配送中心进行，还是在仓库、商店、工厂等物流据点进行，配送的前置作业环节即第一道作业环节就是备货，它完成的是配送的集货功能。如果没有备货，不能筹措配送所需货品，配送就成了无源之水。特别是在配送中心，备货环节是必不可少的作业环节。

在生产企业的销售配送中，备货工作一般由企业的销售部门或企业的配销中心负责，供应配送一般由采购部门完成。在专业的社会物流配送企业中，则由配送中心完成备货职能。由于配送组织主体与运行方式不同，配送备货工作内容也不一样。

一般备货工作包括客户需求测定、筹集货源、订货或购货、集货、进货及有关货物的数量质量检查、结算交接等。在第三方物流配送企业，其备货需求预测与采购进货管理非常重要，可以说是配送业务成功与否的关键。这是因为，配送的优势就是可以集中不同客户的实际需求进行一定规模的备货，即通过集中采购，使进货批量扩大，商品交易价格降低，同时，进货运输装卸成本费用分摊，减少了备货费用，取得了集中备货的规模优势。如果备货成本太高，则会大大降低配送的效益，配送的功能也会大打折扣。因此，对于有采购职能的配送备货，商品采购管理必须坚持以下几个原则：一是在满足配送需要的情况下，编制好分销需求计划和采购进货计划；二是选择好供应商并与供应商建立良好的商品供应关系；三是充分发挥规模化的备货优势，降低商品交易价格与进货费用；四是做好市场调研，使采购的商品价廉物美、适销对路，为后续的配送奠定基础；五是加强采购过程的物流管理，尽量使采购费用、运输费用、库存费用之和最低，为配送运行成本的降低创造条件。

（二）储存

配送储存是按一定时期的配送经营要求，形成的对配送的资源保证。不管是企业配送，还是物流企业配送，一般都采取集中储存的形式。其主要目的是集分散库存于一体，在保证服务对象——客户绝对或相对实现"零库存"取得集中规模效益的同时，降低配送企业物资商品的整体库存水平，减少库存商品占压的流动资金以及为这部分占压资金所支付的利息和费用，降低物资商品滞销压库的风险，从而提升配送服务企业的经济效益。

在货物配送的储存环节，也应做好相应的库存管理工作。配送储存阶段的库存管理包括：进货入库作业管理、在库保管作业管理及库存控制三大部分。

1.进货入库作业管理

进货入库作业是实现商品配送的前置工作。一旦商品入库，配送部门就要担负起商品完整的责任，所以，在商品入库前按照单据上所列的商品数量、品种规格等内容，确认即将入库的商品有无损坏，数量种类是否正确，这是对进货人员最基本的工作要求。

同时，进货人员要随时掌握企业（或客户）计划中或在途中的进货量、可用的库房空储仓位、装卸人员等情况，并适时与企业总部、客户、仓储保管人员、装卸人员进行沟通。此外，现场验收进货与填写相关单据等，都是例行性的工作内容与要求，要尽可能实现验收后直接组织配送货物（减少储存环节）。

2. 在库保管作业管理

对于储存商品的在库保管作业来说，除要加强商品养护、确保储存商品质量安全、最大限度地保持商品在储存期间的使用价值和减少商品的保管损失外，还要加强储位合理化工作和储存商品的数量管理工作。储位即商品的储存位置，应对商品储存做到定置管理。商品储位可根据商品的属性、周转率、理货单位等因素来确定。对储存商品的数量管理必须依靠健全的商品财务制度和盘点制度，商品账务必须以合法的进出仓凭证为依据。存放在流转性仓库的发送商品，由于其储存期比较短，要做好发送和待送商品的统计工作。

3. 库存控制

一般来说，配送仓库和配送中心是配送系统集中库存所在地，在保证配送服务的前提下，控制库存货品数量和保证库存储备量是库存控制的两项主要工作。

配送中的储存有储备及暂存两种形态。储备形态的储备量较大，储备结构也较完善，可视货源及到货情况有计划地确定周转储备及保险储备的结构和数量。配送的储备保证有时可在配送中心附近单独设库解决。

由于总体储存效益取决于储存总量，所以，暂存数量只会对工作方便与否造成影响，而不会影响储存的总效益，因而对其数量的控制并不严格。

还有一种形式的暂存，是指分拣、配货之后，形成的发送货物的暂存，这种暂存主要是为了调节配货与送货的节奏，一般暂存时间不长。这种暂存虽不是储存库存控制的范畴，但也应加强管理，以免占用暂存空间，影响配送作业。

（三）订单处理

订单处理是指配送企业从接受客户订货或配送要求开始到货物发运交客户为止，整个配送作业过程中有关订单信息的工作处理。具体包括接受客户订货或配送要求，审查订货单证，核对库存情况，下达货物分拣、配组、输送指令，填制发货单证，登记账簿，回应或通知客户办理结算、退货处理等一系列与订单密切相关的工作活动。

（四）分拣配货

分拣配货是配送不同于其他物流形式而特有的功能要素，也是确保配送成功的一项重要的支持性工作，是完善送货、支持送货的准备性工作，是不同配送企业在送货时进行竞争和提高自身经济效益的必然延伸。所以，也可以说是送货向高级形式发展的必然要求。分拣及配货可大大提高送货服务水平，它是决定整体配送系统水平的关键要素。

（五）车辆配装

单个客户配送数量不能达到车辆的有效载运负荷时，就要集中不同客户的配送货物进行搭配装载，以充分利用运能、运力，这时就需要进行配装。和以往送货不同之处在于配装送货可以大大提高送货水平、降低送货成本，所以，配装是配送系统中有现代特点的功能要素，也是现代配送不同于以往送货的重要区别所在。

（六）输送运输

输送运输，即配送运输，它属于运输中的末端运输、支线运输，和一般的运输形态有很大区别，主要表现在：配送运输是较短距离、较小规模、频度较高的运输形式，一般使用卡车做运输工具；并且配送运输的路线选择是一般干线运输所没有的，干线运输的干线是惟一的运输路线，而配送运输的运输路线是多条的、复杂的，在城市内小区域比较多。

由于配送客户多，一般城市交通路线又较复杂，如何组合成最佳路线、如何根据客户要求的运送方向和运送地点将车辆配装与运输路线进行有效搭配等，是配送运输的特点，也是难度较大的工作。配送运输管理的重点是合理做好配送车辆的调度计划。

（七）送达服务

配送过程中会出现不协调，如客户认为所送的货物与要求的存在差异等，这会使配送前功尽弃。因此，要圆满地实现运到之后的移交，有效地、方便地处理相关手续并完成结算，就必须提高配送管理水平，严格执行订单的有关要求。同时，还应讲究卸货地点、卸货方式等送达服务工作，特别在对消费者配送大件家电产品和向工矿企业配送机电仪器设备时，可能还要负责对设备进行安装调试等工作。在市场经济环境下，强调配送业务的送达服务也是非常必要的，这是配送与运输的主要区别之一。

（八）配送加工

在配送中，配送加工这一功能要素不具有普遍性，但是往往却具有重要的作用。其主要原因是配送加工可大大提高客户的满意度。

配送加工是流通加工的一种，但配送加工有它不同于一般流通加工的特点，即配送加工一般只取决于客户要求，其加工的目的较为单一。

（九）车辆回程

在执行完配送工作之后，车辆返回。一般情况下，车辆回程往往是空驶，这是影响配送效益、增加配送成本的主要因素之一。为提高配送效率及效益，配送企业在规划配送路线时，回程路线应当尽量缩短，在进行稳定的计划配送时，回程车可将包装物、废弃物、次品运回集中处理，或将客户的产品运回配送中心作为配送中心的配送货源，也可以在配送服务对象所在地设立返程货物联络点，顺路带回货物，尽量减少空车返回，提高车辆的利用率。

二、配送的一般作业流程

配送的一般作业流程只能说是配送活动的典型作业流程模式。在市场经济条件下，客户所需要的货物大部分都由销售企业或供需企业某一方委托专业配送企业进行配送服务，货物、商品的特性不一样，配送服务的形态也各式各样。一般认为随着商品的日益丰富，消费需求个性化、多样化，多品种、小批量、多批次、多客户的配送服务方式，最能有效地实现流通终端的资源配置，也是当今最具时代特色的典型配送活动形式。由于各种类型配送的服务对象繁多、配送作业流程复杂，一般将这种配送活动作业流程确定为通用、标准的流程。

配送的一般作业流程如图1-11所示。

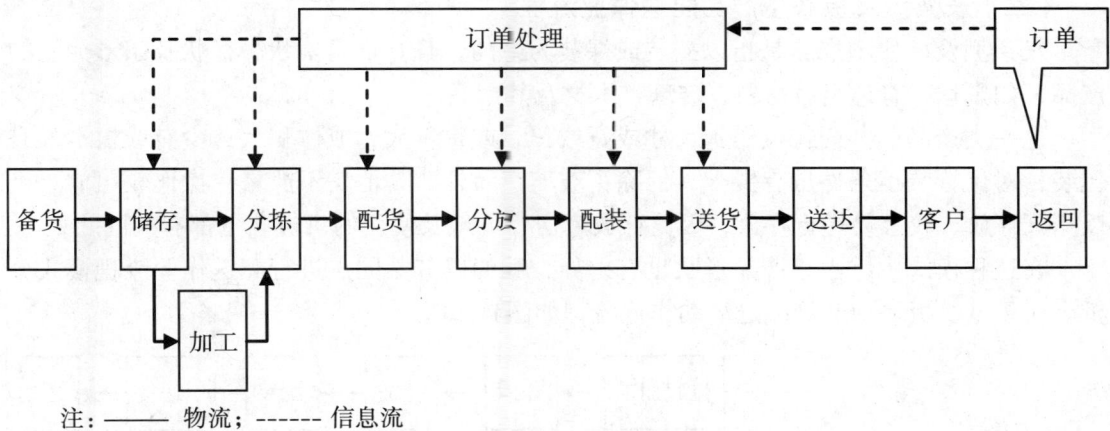

注：—— 物流；------ 信息流

图1-11 配送的一般作业流程

三、不同类型产品的配送作业流程模式

不同的产品因其性质、形态、包装不同，采用的配送方法和配送作业流程也不一样。有些产品的配送作业不存在配货、分放、配装问题，如燃油料；有些产品则需要进行分割、捆扎等流通加工，如木材、钢材等。不同的产品有不同的配送作业流程模式，配送活动作业环节不可能千篇一律，都有各自比较特殊的流程装备工作方法。根据产品特性，我们可以归纳出六大类型货物的配送作业流程模式。

（一）中小件杂货型产品的配送作业流程

中小件杂货型产品是指各种包装形态及非包装形态的、能够混存混装的、种类、品种及规格复杂多样的中小件产品，如日用百货、小件机电产品、五金工具和书籍等。

这一类产品的共同特点是可以通过外包装改变组合数量，可以以内包装直接放入配送箱、盘等工具中；由于有确定的包装，可以混载到车辆上、托盘上，若相差尺寸都不大，可以大量存放于单元货格式等现代仓库之中。它们的配送活动作业流程如图1-12所示。

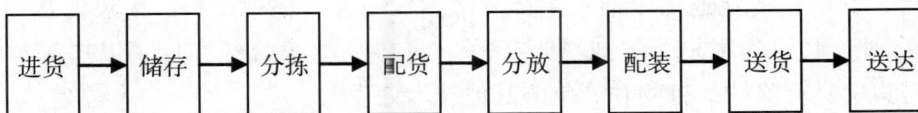

图1-12 中小件杂货型产品的配送作业流程

其配送作业过程基本符合标准流程，没有或少有流通加工环节。其流程的特点是分

拣、配货的难度较大。这一类产品的种类、品种、规格复杂多样，一般属于多品种、小批量、多批次的配送类型，其配送频率高，需求的计划性不太强，表现为配送客户配送量、配送路线不稳定，甚至每日配送都要对配装路线作出选择，往往需要根据临时的订货协议组织配送，因此，这类产品经常采用定时配送服务方式，而客户企业依靠强有力的定时配送方式可以实现"零库存"。

（二）长条型及板块型产品配送作业流程

长条型及板块型产品是指以捆装或裸装为主的，且基本是块状、板状及条形为主的产品，如黑丝、有色金属材料、玻璃、木材及其制品。

这一类产品的共同特点是：尺寸或宽或长，或重量大，或体积大；少有或根本没有包装；对保管装运条件虽有要求，但除了玻璃产品外，其他均不严格；操作较粗放，可以露天存放，较容易进行存放，因此存放库房、场地及使用的机械装备都有共同之处。

在这种模式中，由于产品形状也有差异，我们以其共同点进行配送作业流程模式分析。长条型及板块型产品配送活动作业流程如图1-13所示。

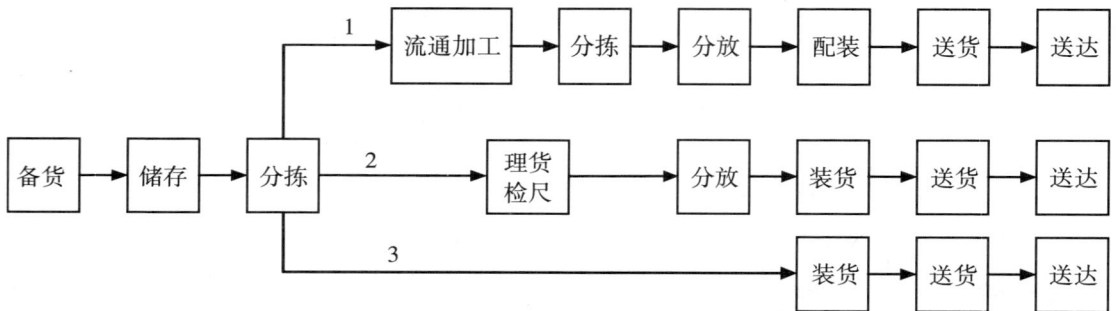

图1-13　长条型及板块型产品配送作业流程

长条型及板块型产品配送对一些有着多品种、小批量需求的客户来说，尚有一定的简单分拣、配货工作。一般情况下，由于客户是生产企业，其消耗量比较大，经常一个客户的需要量就可以达到车辆的满载，而不需图1-14中的第2条配送作业流程。有些则经过理货检尺环节后，由配送车辆直接开到存放场地装载并送至客户处，例如，进行多客户的配装，也不需要事前分拣、配货，配送车辆可直接开到存放场地装货，例如，图1-14中的第3条配送作业流程。但在对生产企业内部供料进行配送时，则要经过中间的流通加工环节后，再分拣、配货送至各工序、工段，如图1-14中的第1条配送作业流程，其配送的流通加工形式主要有两种：一种是集中下料、定尺切裁或集中进行整形处理，取消各客户下料或整形工序，将坯料配送给各客户，以提高材料利用率；二是集中进行除锈、打刺和简单的其他技术处理。

长条型及板块型产品配送量一般大于杂货，因产品自身体积、重量的特点，大多数产品属于少品种、大批量配送类型，例如，木材加工后规格较多，客户对每种规格要求的数量有限，就属多品种、小批量配送类型。该类产品一般对与配送相配套和衔接的机械装备要求较高，因此，适于采用计划配送方式，适于与客户建立较为稳定的配送业务关系，也有利于承担配送业务的配送企业与客户之间建立集团，实行配送企业销售与供应一体化的合作配送模式。为了准备接货机械和接货人力，配送企业可以采取定时配送、定量配送及共同配送的服务方式。根据配送资源的特点，该类产品配送业也可以采取代存代供配送服务方式。

（三）粉状类产品的配送作业流程

粉状类产品是指粉末和以散状形态存在的物品及其制品，例如，完全无包装的、批量大且易散失、风蚀、自燃的各种煤及煤制品，散状或袋装易受潮变性的水泥及与水泥性状相近的石灰等粉状材料等。

这类产品的共同特点是产品本身的介格比较低，存放条件虽有要求但容易创造。适用于这类产品的仓库、站场、运输车辆、装卸工具专业性颇强，很难与其他产品的混用。对生产企业而言，一般来说，这类产品的配送总量大、消耗较均衡稳定，客户也较固定、随机性要求很少。这样一来，由于数量大、配送频率高，许多环节可力求简化，产品本身也无须复杂包装，散状、简单的袋装即可。但对于客户需求量不大也不稳定的该类产品的配送，例如，机关、工厂、家庭的维修性需求水泥、家庭生活用煤等，可采取设立配送网点的形式解决。在报关、装卸、搬运、运输过程中要具体根据产品的特点，采取防雨、防潮、防散失措施，并根据其散装或不同包装形态对配送机械装备、建筑设施、装卸方式、运输方式等进行选择。粉状类产品的配送作业流程如图1-14所示。

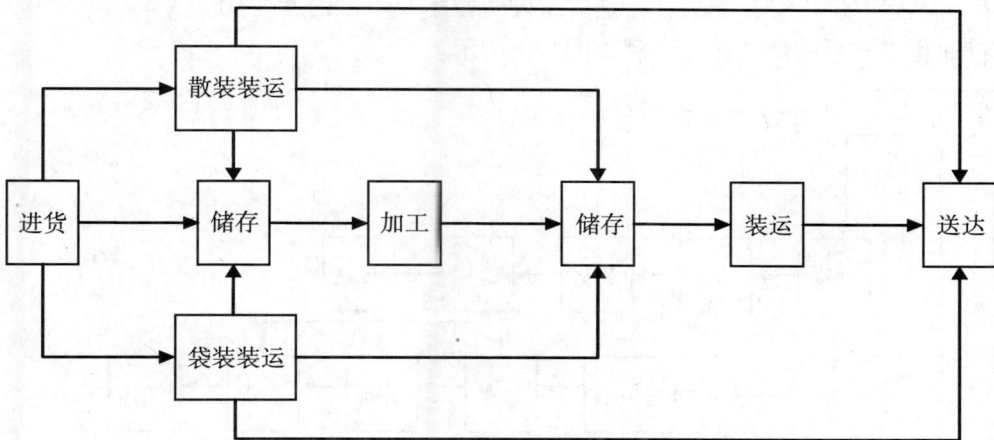

图1-14 粉状类产品的配送作业流程

从图1-14我们可以看出，粉状类产品一般有袋装和散装两种运送形态，这一类产品有三种不同的配送作业路线。第一种作业路线是散装或袋装进货直接运送至客户；第二种作业路线是散装或袋装进货经储存后再装运送至客户；第三种作业路线是经储存加工后再运送至客户，这种情况一般是在配送中心或配送中心附近设置加工环节，例如，配煤及成型煤加工。

配送作业流程因进货、需求形态及数量的不同，而采取不同的配送流程模式。但是作业流程的一个重要特点是配送产品的批量、品种、规格较单一，且单一品种就能满足整车装运要求，因此，基本上不需像配送中小件杂货那样进行复杂的分拣配货工作，也不需要进行多种类产品的配装，送货车辆可直接到库或货位去装货。至于个别客户用量较小时，则可以集中多个客户的需求送货，通常也很少与其他产品配装。

由于粉状类产品配送一般品种少，可采用大批量的配送方式。此外，因其品种较单一，批量大且需求稳定均衡，因而计划水平较高，便于科学规划配送路线，可采取定时、定量配送服务方式，也可采取集团或联合形式和共同服务方式，实行销售—供应一体化。对于临时性需要还可以采用即时配送的服务方式。

（四）石油与化工产品的配送作业流程

石油产品主要是指石油制成品，如汽油、柴油、机油等液体燃料和易燃、易爆的液化石油等气体状产品。

化工产品种类多、形态复杂，所以其配送流程也有差别，有一些类型的化工产品无毒、无害、无危险又有良好的包装，可以作为中小件杂货与百货及其他产品一起进行综合性配送，此部分的配送流程模式可不包括在这一类产品中。

这里讲的化工产品主要指有一定毒腐危险的块状、粉状固体化工产品与大量使用的液体酸碱等产品，如硫酸、盐酸、液碱等。

这一类产品的共同特点是具有一定的危害性且产品形态特殊，因此，不能与其他产品混存、混运或进行综合配送，特别要求配送技术及手段的专业化。

石油化工产品的配送作业流程如图1-15所示。

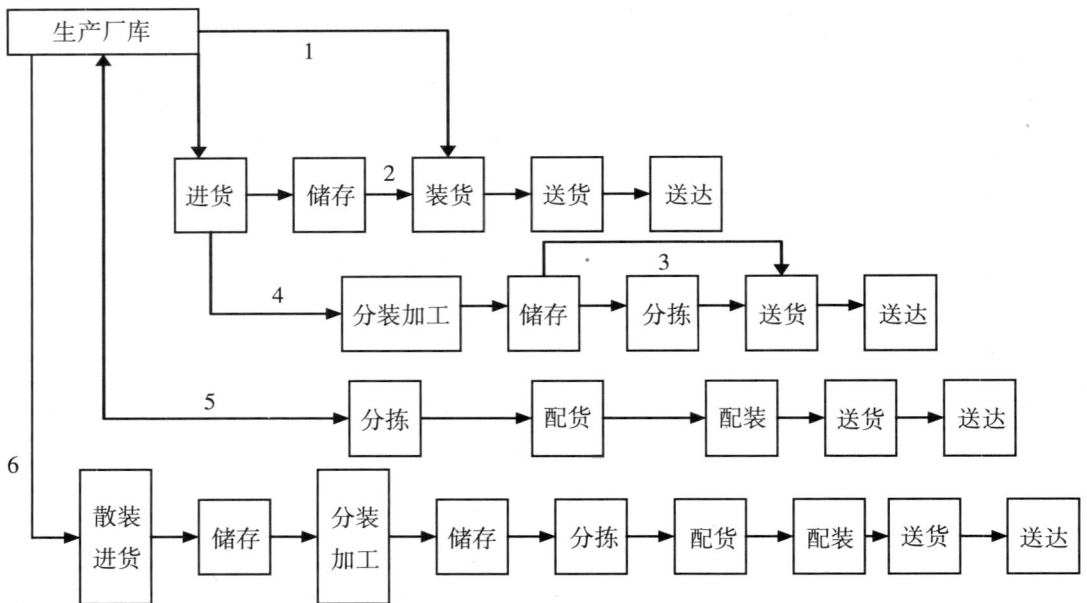

图1-15 石油化工产品的配送作业流程

1. 燃料油

燃料油的配送活动作业流程比较简单，但是专业很强，配送客户多数为生产用油的小企业或服务运输用油的加油站。这种作业的重要特点是送货油车直接开抵生产厂储存场所装油，然后分送各客户，一般采用的是上图中路线1的配送流程模式。对于需求量小的一般客户，例如，家庭汽车、企事业单位汽车用油等，一般由客户开车到加油站自取。

对于使用油类燃料的大企业，一般采用直送或直取，很少采用配送方式。直送是由炼油厂通过管道或油罐车直接送到工厂油库中，对耗油很大的生产企业来说，这种方法最为经济。

2. 液体酸碱等化工产品

这类产品具有毒腐性，其运送、储存均有危险性，但对于企业生产使用量较大的产品，其包装形态一般采用专用集装罐车、陶瓷罐等，有时也分装成小量的瓶装。对这类产品有三种不同的配送模式：一是工厂配送，即对工厂附近或较远的大客户，由工厂直接送货，如图1-16中的路线1。二是分装加工配送，主要有两种形式：一种是配送中心集中进货后，按客户要求进行小规格的分装加工，装成坛、罐等，形成客户可接受的数量，然后采取一般的配送流程送达客户；另一种是散装大量进货，再小规模装运分解成小规模装运，这种加工配送的类型，如图1-16中的路线4。三是原包装形态大量进货转化为小批量、多批次送货，这种形式和一般配送形式相同，如图1-16中的路线2。

3. 固体化工产品

在配送作业流程中，各种包装的一般化工产品大都采取一般配送流程，如图1-16中的路线5。大量散装或大包装进货的固体化工产品，与一般产品在配送工艺上稍有区别，往往是分装成小包装后，再采用一般配送流程送货，如图1-16中的路线6。固体化工产品配送模式的特点是分拣、配货及配送加工较为突出。

4. 液化石油气等压缩气体

配送作业流程有两条工艺路线，一条是按照客户的消费量要求，对已在工厂装好瓶、罐的产品集中进货，然后分运到各个客户，如图1-16中的路线2；另一条是由生产企业用大罐、管道等大量进货，在配送中心进行装罐、装瓶的加工，再采取一般方式送达客户。由于产品的种类、规格单一，所以这一类产品配送流程模式中的分拣、配货工序不甚明显，工艺特点是压缩装瓶罐加工，对设备及技术要求较高，如图1-16中的路线3。

工厂直送及配送中心配送是石油与化工产品的主要配送方式，对于工业企业用油、加油站用油来说，由于这两类客户需求量较大且稳定（加油站又是多个客户集合）、配送品种较单一，因而适于采用少品种、大批量的配送，对其可采用计划水平较高的定时、定量或定时定量配送服务方式。油类是危险品，运送专业化程度又高，因此，配送企业、加油站等往往结合成一定的集团形式，或隶属某大型企业。对于用油的工业企业来说，其适于采用长期计划协议形式建立起配送企业与自身的稳定的供需关系，实行销售—供应一体化。对于社会零星车辆用油，可设立加油站进行集中库存，形成配送网络中的一个网点，利用车辆能运动的优势就近加油。

由于各种化工产品都具有危险性，因此特别强调专业配送。同时，为减少其可能对外界的损害，要求供、需双方都有很强的计划性，并且最好不过多储存这一类产品。因此，对其应采用各种计划性较强的配送方式。

对石油化工产品中的液、气产品的包装管理有特殊要求，即采取"一程送货一程回运包装"的办法，这样可使包装周而复始地使用，免去了客户在处理包装内残余物品时可能受到的危害。此外，对于毒腐危险化工产品应尽量减少其流通环节，降低这类产品的危害。因此，工厂直接配送也是有效的方式。

（五）生鲜食品、副食品的配送作业流程

生鲜食品、副食品种类非常多，形态也很复杂，对外界流通条件的要求差别很大，因此，这类产品的配送流程不是简单一个模式可概括的。但按食品性状及对流通条件要求的不同，可将其分为以下几类：一是有一定保质期的、包装较为完善、可靠的食品，如酒类、粮食类、糖果类、罐头类食品；二是无小包装、保质期较短的、需尽快送达客户的食品，如点心类、散装饮料类、酱菜熟食类；三是需特殊条件保鲜保活的鲜鱼、水产物、肉类等；四是新鲜果蔬等数量较大、保质期较短的食品。

这一大类产品的共同特点是对流通环境条件要求较高，尤其对卫生条件要求较高，且都容易发生变质、降质等损失。同时，随着商品的日益丰富，生鲜食品的品种、规格、花色等越来越复杂，而且经常变化。另外，随着人们生活水平的提高，人们对这类产品的质量要求也越来越高，保质是其配送模式中要解决的重要问题。生鲜食品的配送活动作业流程如图1-16所示。

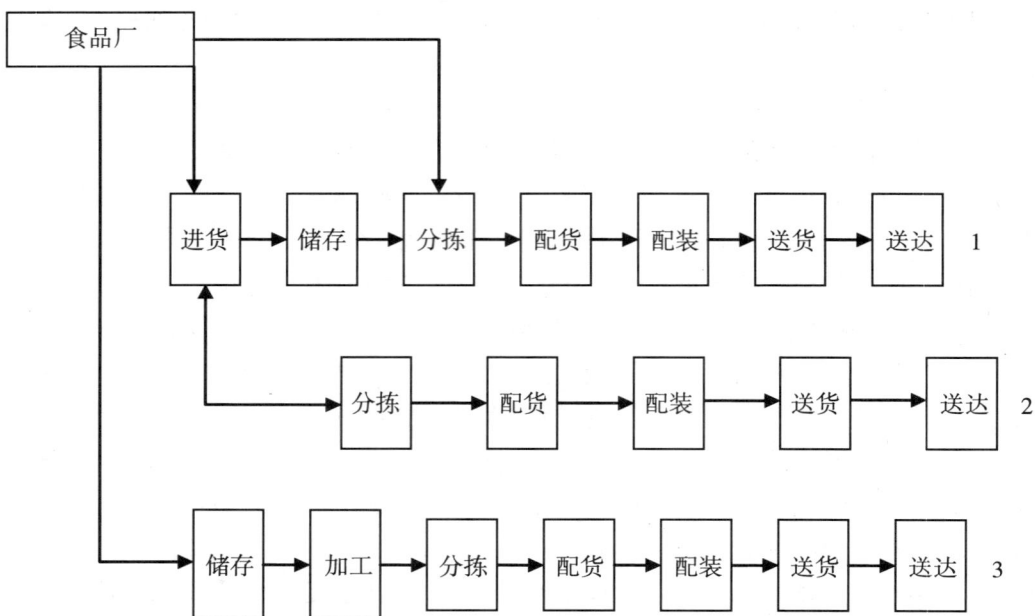

图1-16　生鲜食品的配送作业流程

食品配送基本上有以下三条配送作业流程路线。

（1）第一条作业流程路线，主要适用于有一定保质期的食品。一般是在大量进货后，先利用固有的储存能力进行集中储备，然后采取通常的分拣、配货配送工艺完成送达客户的任务。由于食品的品种、花样非常多，所以，分拣、配货任务较重，如图1-17中的路线1。

（2）第二条作业流程路线，主要适用于对保质、保鲜要求较高的、需快速送达客户的食品。一般是进货之后基本不经储存，最多只是暂存便很快进入分拣、配货，实现送达客户的快速配送。这一工艺路线基本没有停顿环节，在不停运转中很快完成了从进货到送达的全部工作。这一路分拣、配货任务也较重，如图1-17中的路线2。

（3）第三条作业流程路线是加工配送路线，如图1-17中的路线3。

食品加工配送有以下几种主要形式。

一是分装加工。即将散装或大包装的用小包装分装，例如，酒、饮料分装，粮食分装，鱼肉分装等。

二是分级分等加工。即将混级混等产品按质量、尺寸、等级分选，例如，水果分级、鱼类分级、肉类分级等。

三是去杂加工。即将食品的无用部分或低质部分去除，例如，蔬菜去根、须、老叶，鱼类去头、尾、内脏、鳞等，这种加工方式提高了产品的档次并方便了客户。

四是半成品加工。即将各种原料配制成半成品，例如，鱼丸、肉馅、饺子、春卷、配菜等。

由于食品配送特别强调快速配送，并特别强调在销售时间内配送到位，所以，广泛采用定时快速配送方式。为满足客户要求，也采用即时配送服务方式。一般配送企业与客户之间通常会建立长期协作关系，这有利于稳定配送作业流程和优选配送路线。通常配送企业与客户之间可以建立各种形式的联合，甚至实现集团化。

（六）家庭大件家电、家具等用具的配送作业流程

家庭大件家电、家庭用具是体积、重量相对较大的家庭用品。这类产品的共同特点是，对家庭来讲，由于属于耐用消费品，因此，购买一次之后短期内便不再形成新的需求。由于客户没有一个确切的需求时间与数量，因此这种需求不是确定的连续性需求，而是随机性需求。大件家电、家具等用具的配送作业流程如图1-17所示。

图1-17 大件家电、家具等用具的配送作业流程

这类商品的配送作业流程较为单一。虽然有一定的品种、花色，但较杂货或化工产品而言则简单得多，所以分拣、配货工作几乎没有。由于是大件产品，即使一个客户需用几种，一般事先也不好配货，而多是由汽车直接进行装货。

这类商品的个性化趋势较强，所以常采用在商场展示的方法，经顾客逐个挑选后，按其订单装货和送达客户，所以，配送据点一般是各种类型的商场仓库。商店进货和柜台展示是这类产品配送作业流程模式的突出环节。

四、不同配送中心的配送作业流程

配送中心配送是现代化配送的一种主要形式，由于配送中心侧重的服务功能不一样，其配送作业流程也就不同，下面主要介绍四种基本类型的配送中心的配送作业流程。

（一）存储型配送中心的配送作业流程

存储型配送中心为保证货物配送而设有专门的货物储存区，各类商品均保持一定数量的存储量，并且货物种类也较多。一般存储型配送中心理货、分类、配货、配装的功能较强，大多以中小件杂货配送为主要配送对象，一般来讲，很少有流通加工功能。其配送作业流程如图1-18所示。

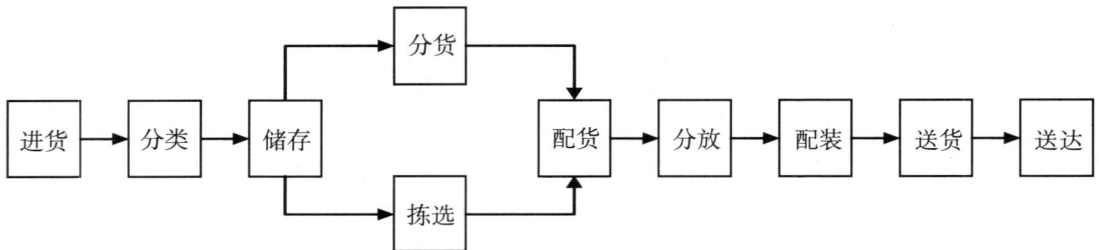

图1-18　存储型配送中心配送作业流程

这种流程也可以说是配送中心的典型作业流程，其主要特点是有较大的储存场所，分货、拣货、配货场所及装备也较大。

固定化工产品、小型机电产品、水暖卫生材料、百货以及有保质期要求的食品等配送中心一般也采取这种配送作业流程。

（二）不带储存库的配送中心配送作业流程

有的配送中心专以配送为职能，而将储存场所尤其是大量储存场所转移到配送中心指定的其他地点，配送中心只为一时配送备货提供暂时储存，而无大量的货物储存。货物暂时储存设在配货场地中，在配送中心不单设储备区。其配送流程如图1-19所示。

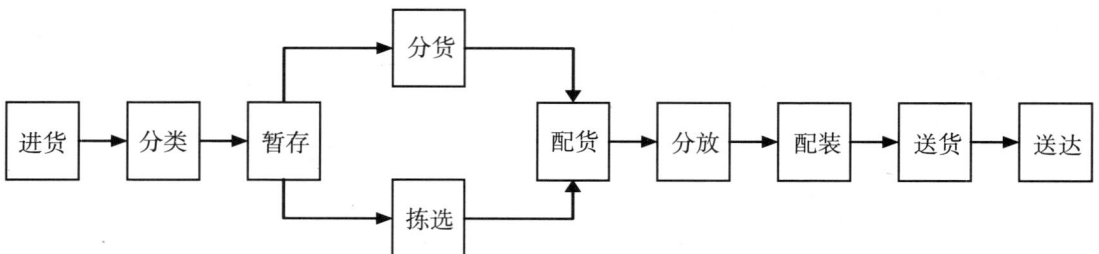

图1-19　不带储存库的配送中心作业流程

这种配送中心和第一种类型配送中心的流程大致相同，主要工序及主要场所都用于理货、配货，区别只在于大量的储存在配送中心外部而不在其中。

（三）加工配送型配送中心作业流程

加工配送型配送中心也不只是一种模式，随着加工方式不同，配送中心的作业流程也有区别。典型的加工配送型配送中心的作业流程如图1-20所示。

进货 → 储存 → 加工 → 分放 → 配装 → 送货 → 送达

图1-20　加工配送型配送中心作业流程

以平板玻璃为例，这种配送中心作业流程的特点是进货大量、品种单一，因而分类的工作不重或基本上无须分类存放。储存后一般是按客户要求进行加工，无特定加工标准。由于货物加工后便直接按客户进行分放、配货，所以，这种类型的配送中心有时不单设分货、配货和拣货作业。也就是说，有时加工、分货、配货和拣货环节合并为一道工序。对于加工配送型配送中心来说，加工是主要环节，配送中心加工场地以及加工后存放货物的暂存区占较大面积。

（四）批量转换型配送中心作业流程

批量转换型配送中心一般是将批量大、品种单一的产品进货转换成小批量发货的配送中心。在这类配送中心，产品换装、分包是主要作业环节。例如，不经配煤成型、煤加工的煤炭配送和不经加工的水泥、油料配送的配送中心大多属于这种类型。这种配送中心的作业流程如图1-21所示。

进货 → 储存 → 车辆换装 / 分包 → 发货 → 送达

图1-21　批量转换型配送中心作业流程

这种配送中心流程十分简单，基本不存在分类、拣选、分货、配货、配装等工序。但由于是大量进货，其储存能力较强，储存及装货作业是主要的配送作业环节。上述是四种基本类型的配送中心的配送作业流程。由于不同配送中心服务水平的目标定位及其装备设施条件存在差异，因此，配送中心的配送作业流程就不可能有固定的流程模式。在实际配送业务中，配送中心的作业流程应根据具体情况进行设计，但总的原则应是有利于实现如下两个目标：一是降低企业的物流总成本；二是缩短补货时间，提供更好的服务。

【案例学习】

苏宁大力发展物流配送

店面直接与消费者接触，显示的是一个"看得见的苏宁"。而在苏宁店面改变的背后是几十个物流基地，可谓是"看不见的苏宁"。

在过去的发展历程中，苏宁电器已经历经了空调专营店、综合电器店、3C旗舰店和3C+旗舰店四代店面经营模式，其中前三代主要着眼于产品结构的调整和扩充，第四代3C+模式，开始将重心集中到消费者体验上来，而第五代自建店模式，最大的特点在于完全以顾客为导向，并且在经营标准以外加入了更加适合家电连锁经营的建筑设计标准。

物流基地的建设使苏宁连锁店的物流配送能力得以提高。而物流能力的发展使填补市场空白成为可能。以家电下乡为例，目前，家电下乡产品在苏宁家电下乡门店品类销售中占比高达30%，并且保持着40%~50%的增长速度。

资料来源：改编自"中国物流与采购网"相关文章（http://www.chinawuliu.com.cn）。

??? 问题与思考

1. 简述配送的概念和特点，它与传统送货有什么区别？
2. 配送服务方式有哪些？各有什么特点？各适用于什么场合？
3. 配送服务策略有哪些？原理有哪些？
4. 配送运行模式有哪几种？各有何优劣？
5. 配送的功能要素有哪些？

第二章 配送中心与配送网络

学习
目标

1. 掌握配送中心与配送网络的概念
2. 了解有哪些模式的配送中心
3. 理解如何进行配送中心的设计与规划

【案例导入】

　　沃尔玛之所以能取得成功，其中有一点是非常重要的，也就是它会先设置配送中心，围绕着配送中心一天车程的运输半径，再设计门店的选址；沃尔玛总是要求供应商先送货到沃尔玛的配送中心，再由配送中心派送到各门店，这是沃尔玛历来的开店策略。并且沃尔玛的物流配送中心是全天候24小时不间断地工作，它们与供货厂商和门店两边都约好时间，按照运行的时间表来进行，货即使晚上送到，也能立即卸货，这样可以对时间很好地进行管理，进而节省时间、提高效率。由此可见，建立一个高效、合理、现代化的配送中心是多么的重要。

　　资料来源：改编自"物流"网相关文章（http://logistic.nstl.gov.cn）。

第一节　配送中心概述

一、配送中心的定义

　　一般地说，配送中心就是专门从事商品配送业务的物流基地，是通过转运、分类、保管、流通加工和信息处理等作业，根据客户的订货要求备齐商品并能迅速、准确和廉价地进行配送的物流场所或组织。

　　日本《市场用语词典》对配送中心的解释是："一种物流节点，它不以储藏仓库的这种单一的形式出现，而是发挥配送职能的流通仓库，也称作基地、据点或流通中心。""配送中心的目的是降低运输成本、减少销售机会的损失，为此建立设施、设备并开展经营、管理工作。"

　　日本1991年版《物流手册》对配送中心的定义是："从供应者手中接收多种大量的

货物，进行倒装、分类、保管、流通加工和情报处理等作业，然后按照众多需要者的订货要求备齐货物，以令人满意的服务水平进行配送的设施。"

我国物流学者李京文等在《物流学及其应用》一书中给配送中心下的定义是："从事货物配备（集货、加工、分货、拣选、配货）和组织对客户的送货，以高水平实现销售或供应的现代流通设施。"

这个定义的要点如下。

其一，"货物配备"工作是配送中心主要的、独特的工作。

其二，配送中心有的是完全承担送货，有的是利用社会运输企业完成送货。从我国国情来看，在开展配送的初期，客户自提的可能性是不小的，所以，对于送货而言，配送中心主要是组织者而不是承担者。

其三，强调了配送活动和销售或供应等经营活动的结合，是经营的一种手段，以此排除了这是单纯的物流活动的看法。

其四，强调配送中心是"现代流通设施"，着眼于它和以前的诸如商场、贸易中心、仓库等流通设施的区别。在这种流通设施中，以现代装备和工艺为基础，不仅处理商流而且处理物流，是兼有商流、物流全功能的流通设施。

2001年8月1日起实施的我国国家标准《物流术语》（GB）对配送中心的定义是：从事配送业务的物流场所或组织，并认为其应基本符合以下要求：主要为特定的客户服务；配送功能健全；完善的信息网络；辐射范围小；多品种、小批量；以配送为主，储存为辅。

在实际生活中，配送和其他经济活动一样，通常也是由专业化的组织来进行安排和操作的。简单地说，配送中心指从事配送业务的场所和组织。

作为物流活动枢纽的配送中心，要发挥其集中供货的作用，首先必须采取各种方式（如零星集货、批量进货）去组织货源，其次必须按照客户的要求及时分拣（分装）和配备各种货物。为了更好地满足客户需要及提高配送水平，配送中心必须有较强的加工能力以开展各种形式的流通加工。从这个意义上讲，配送中心实际上是将集货中心、分货中心和流通加工中心合为一体的现代化的物流基地，也是能发挥各种功能作用的物流组织。

现代的配送中心与普通仓库及传统的批发、储运企业相比，已经有质的不同。仓库仅仅是储存商品，而配送中心绝不是被动地接受委托存放商品，它还起到集配作用，具有多样化的功能。和传统的批发、储运企业相比，配送中心在服务内容上由商流、物流分离发展到商流、物流、信息流有机结合，在流通环节上由多个流通环节发展到一个中心完成流通全过程，在经销方式上由层层买断发展到代理制，在工商关系上由临时的、随机的关系发展到长期、固定的关系，这些特点在社会化的共同配送中心上表现得尤为突出。

二、配送中心的形成与发展

配送中心的形成与发展是有其历史原因的。在我国，追溯历史，很多学者认为配送中心是在仓库基础上发展起来的。几千年来，仓库都是作为保管物品的设施，我国近年出版的《现代汉语词典》把仓库解释成'储藏大批粮食或其他物资的建筑物"，完全是一个静态的过程。有些专业词典多少作了些动态的解释，例如，《中国物资管理词典》把仓库解释成"专门集中储存各种物资的建筑物和场所，专门从事物资收发保管活动的单位和企业"，就从收、发两方面赋予了仓库一定的动态。但是，这些定义完全没有包含配送的本质内涵，有不少学者把配送中心直接解释成仓库显然是不妥当的。在社会不断发展的过程中，由于经济的发展、生产总量的逐步扩大，仓库的功能也在不断地演进和分化。在我国，早在闻名于世的中华大运河进行自南向北的粮食漕运时期，就已经出现了以转运职能为主要目的的仓库设施。明代出现了有别于传统的以储存、储备为主要功能的新型仓库，并且冠以所谓"转搬仓"之名，其主要职能已经从"保管"转变为"转运"。在新中国建立以后，我国出现了大量以衔接流通为职能的"中转仓库"。随着中转仓库的进一步发展和这种仓库业务能力的增强，出现了相当规模、相当数量的"储运仓库"。

在外国，仓库的专业分工促成了仓库的两大类型，一类是以长期储藏为主要功能的"保管仓库"；另一类是以货物的流转为主要功能的"流通仓库"。流通仓库以保管期短、货物出入频率高为主要特征，这和我国的中转仓库有类似之处。这一功能与传统仓库相比，有很大区别。货物在流通仓库中处于经常运动的状态，停留时间较短，有较高的进出库频率。流通仓库的进一步发展，使仓库和连接仓库的流通渠道形成了一个整体，起到了对整个物资渠道的调节作用。为了和仓库进行区别，越来越多的人开始将流通仓库称为"流通中心"或"配送中心"。现代社会中产业的复杂性、需求的多样性和经济总量的空前庞大，决定了流通的复杂性和多样性，这种状况又决定了流通中心的复杂性和多样性。流通中心各有侧重职能，再加上各个领域、各个行业自己的习惯用语和相互间的用语不规范等缘故，也就决定了各种各样叫法的出现，例如，集运中心、配送中心、存货中心、物流节点、物流基地、物流团体等。日本经济新闻社的《输送的知识》一书，认为配送中心的出现是物流系统化和规模化的必然结果。《变革中的配送中心》一文则指出："由于客户在货物处理的内容上、时间上和服务水平上都提出了更高的要求，为了顺利地满足客户的这些要求，就必须引进先进的分拣设施和配送设备，否则就不可能建立正确、迅速、安全、廉价的作业体制。因此，在运输业界，大部分企业都建造了正式的配送中心。"

可见，配送中心是基于物流合理化和拓展市场两个需要而逐步发展起来的。配送中心是在物流领域中社会分工、专业分工进一步细化之后产生的。

三、配送中心的主要功能

（一）商品进销功能

要让商品从市场上流通到消费者手中，势必要通过商品的交易买卖来达成，而商品销售可以说是一切配送中心的起源，配送中心的商品进销功能可概括为以下三个方面。

1. 订单的处理

买卖交易的达成，必须经由订单的接受到商品处理出货，交到客户手中才算完成。订单处理作业包括：由客户处理接受订单；对现有库存商品及各项配送资源是否以此提供订单出货的查询；订单资料的建档及维护；订单数目统计；订单出货日期及出货批次安排；统计商品需求数量，检查库存水平，以便定期结账和催款单据的制作；经催款至账款入账为止才可算是买卖交易的完全结束。除了这些基本的交易内容之外，还有一些作业是随着配送中心作业内容的不同而不同的，例如，跨国交易的配送中心就必须考虑加工进出口押汇、报关等作业功能，在系统设计时考虑多币种报价、定价系统；如果对外接受订单的方法或信息传达方式有多种时，则应考虑信息的转换和标准化，例如，转化通过EDI传来的订单信息，或经由FAX传来的订单信息，或经由因特网传来的订单信息等。如果配送中心属于批发商品而且销售的对象较为复杂，例如有大中小商盘、零售店及消费者时，其信息系统就要考虑加强报价管理系统，针对不同的订单及客户定位予以严格的记录与管理。

2. 市场的开发、规范和管理

目前，大多数配送中心扮演的角色已经由"成本中心"向"利润中心"转变。因此，市场的开发、规范和管理成为商品进销功能不可或缺的组成部分。在实际的商品销售作业之外，还要考虑如何推广商品，从而让消费者了解各项商品的特色，并帮助企业从客户处取得客户、扩大市场份额。而市场的推广开拓可以考虑以下系统功能，例如，销售预测分析、现有销售资料分析、商品管理、客户管理等。对于销售多品牌、多品种的经销商或批发商而言，商品管理系统的需求最为迫切，其中包含了对畅销和滞销商品的分析、商品周转率分析、商品获利能力分析，以及市场此类商品的需求动态分析等。

另外，随着客户要求的提高和市场竞争的加剧，在开发市场时必须将退货事宜作为商品销售的必要组成部分加以考虑。由于退货作业本身较为复杂，而且作业工作量较大，除退货商品的检验、退货数量的审核外，还必须将可用商品再入库，将可修补的商品送往流通加工区处理，将不能用的商品予以报废，并且统计各项送修、报废数量，以便于统计库存、出货、流通加工、配送过程的损耗，因此商品退货作业的处理更应该得到信息系统设计者的高度重视。

3. 商品采购

相对于商品的销售，商品必须先购入才能出货，对于以零售商为主体的配送中心而言，需多方询价，统计订购数量；另外，还可通过供应厂商管理来建立厂商管理系统，对供货的价格、货品的品质、交货日期的状况等加以管理控制。

（二）仓储功能

商品交易完成后，除直接送货外，均需经过商品实际入库、保管、流通加工、包装后出库等程序，因此，配送中心需有仓储保管的功能。仓储保管功能分为有形的仓库管理作业和无形的仓库管理作业。一般来讲，在买方市场下，企业产品销售需要有较大的库存支持，其配送中心可能有较强的储存功能；在卖方市场下，企业原材料、零配件供应商要有较大的库存支持，这种供应配送中心也有较强的储存功能。大范围配送的配送中心需要有较大的库存。我国目前拟建的一些配送中心，都采用集中库存的形式，库存比较大，多为储存型。瑞士GIBA-GEIGY公司的配送中心拥有规模居于世界前列的储存库，可储存4万个托盘；美国赫马克配送中心拥有一个有16.3万个货位的储存区，由此可见其存储能力之大。配送中心的仓储功能主要体现为以下两个方面。

1. 仓库保管作业功能

仓库保管作业包括商品从入库到出库之间的装卸、搬运、流通加工、区域规划等一切与商品实务操作、设备、人力资源相关的作业。其中，入库作业要考虑预定入库的数量输入、入库厂商、车次调度（即月台的使用调度），入库商品装卸计划、入库商品检验、入库商品数据输入、商品搬移上架时搬运工具及人力规划、货位批示与管理等。商品在储存状态中的作业内容包括货位的调整、搬运、捆扎数量清点、库存跟踪等。接收客户订单并确认发货日期后，配送中心安排拣选，按照客户要求加以分类、流通加工、包装等作业，并将出货商品堆叠在出货待装区，然后打印送货单据。配送中心若采用自动机具设备，则需有自动机具设备与控制计算机之间信息的传输、转换与控制系统；对包装容器需要容器组合选用系统；物品装卸托盘时需有物品摆放规划等，同时还需包括仓库的规划布置系统，例如，仓储区的规划，如果是大批出货、托盘出货，只需将商品按仓储区分类存放，以方便拣取，这些都需纳入库存区域规划管理系统。有些配送中心因为各项品种进出库单位不同而需采用合并托盘作业，这就需要在入库时作合并托盘记录，出库时跟踪取货作业；在流通加工区、包装区、拣货区的规划布置中，也要根据各项作业所需要的设备特性，为节省人力搬运、方便人力拣取等，规划设备的摆放、操作人力的配置及操作方法的制定等系统。

2. 库存管理功能

库存管理作业除了商品入库的各项实际作业外，库存量的变化显示着配送中心资金积压的状况，另外，商品进出量的准确性也影响着库存损失金额，因此配送中心需做好库存管理。其作业包括产品分类、经济采购批量及订购时点的确定、库存盘点作业、商品周转率分析与货位使用率分析等。

（三）装卸搬运功能

这是为了加快商品在配送中心的流通速度必须具备的功能。公共型配送中心应该配备专业化的装载、卸载、提升、运送、码垛等装卸搬运机械，以提高装卸搬运作业效率，减少对商品造成的损毁。

（四）包装功能

配送中心包装作业的目的不是要改变商品的销售包装，而是通过对销售包装进行组合、拼配、加固，形成适合于物流和配运的组合包装单元。

（五）配送功能

商品经拣取包装处理好后，需要由运输设备送达客户手中，故商品配送时需包括派车计划及出货路线选择、装车调度等。其中，派车计划包括该批次出货商品所需配送的车辆品种及数量，计算机管理系统应根据路线选择系统来决定配送顺序，装车人员还可据此顺序装载商品。

（六）运输功能

配送中心需要自己拥有或租赁一定规模的运输工具，有竞争优势的配送中心不是一个点，而是一个覆盖全国的网络。因此，配送中心首先应该负责为客户选择满足客户需要的运输方式，然后具体组织网络内部的运输作业，在规定的时间内将客户的商品运抵目的地。除了在交货点交货需要客户配合外，整个运输过程包括最后在市内配送，都应由配送中心负责组织，以尽可能方便客户。

（七）集散功能

在配送中心，为了做好送货的编组准备，需要采取零星集货、批量进货等种种资源搜集工作和对货物的分整、配备等工作，因此，配送中心也具有集货中心、分货中心的职能。多个企业的货物先集中到配送中心再进行发运，以提高卡车的满载率，降低占用成本。

在物流实践中，配送中心凭借其特殊的地位和拥有的各种先进设施与设备，能够将分散的各个生产企业的产品（即货物）集中到一起，然后，经过分拣、配装向客户分运。与此同时，配送中心也可以做到把各个客户所需的多种货物有效地组合（或配装）在一起，形成经济、合理的货载批量。配送中心在流通实践中表现出的这种功能即（货物）集散功能，也有人称它为"配送、分放"功能。

集散功能是配送中心所具备的一项基本功能。实践证明，利用配送中心来集散货物，可以提高卡车的满载率，并由此降低物流成本。

（八）流通加工功能

配送中心的流通加工作业包括：分类、过磅、拆箱改包装、贴标签等。为适应这些作业需求，计算机管理系统的设计可包括：工具、设备、人力的选用及调派系统，组合商品的搭配选用系统，包装容器的选用系统，包装方法的规划设计系统等。

（九）信息处理与提供功能

除进销、配送、流通加工、储存保管等功能外，配送中心还能提供各种信息，为配送中心的经营管理、政策制定、商品开发、商品销售政策的制定提供重要的参考依据。这些信息主要包括三个方面：绩效管理、经营规划、配送资源计划。

1. 绩效管理

配送中心可为经营业务绩效管理与各项管理政策的制定提供参考依据。绩效评估可包括：商品销售绩效管理、作业处理绩效管理、仓库保管效率管理、配送效率管理、机具设备使用管理等。绩效管理所提供的信息有如下内容。

　　——商品销售绩效管理，包括：① 商品毛利的计算；② 商品周转率、周转时间的计算；③ 商品销售总数的计算；④ 各种商品所占经营比例；⑤ 各种商品总销售额利润的分布情况；⑥ 退货订单统计；⑦ 退货金额与总销售额比率分析；⑧ 退货商品与销售商品数量比率分析；⑨ 退货商品排行；⑩ 退货原因分析。

　　——作业处理绩效管理，包括：① 作业人员促销量统计；② 作业人员负责进销订单与退货订单金额比率分析；③ 作业人员及销售金额比率分析；④ 作业人员账款回收期期长短分析；⑤ 订单处理人员失误率分析；⑥ 订单处理人员每日订单处理数量统计；⑦ 出货人员失误率分析；⑧ 出货人员每日订单处理数量统计；⑨ 客户人员联络费用统计。

　　——仓库保管效率管理，包括：① 保管容量效率（保管容量/仓库总容量）；② 渠道、货物处理容量比率〔（渠道+货物处理容量）/仓库总容量〕；③ 每人每月的容量处理比率（月出、入、存放容量/货物处理人数）；④ 保管效率分析（库存现金/仓库面积）；⑤ 库存周转量（营业额/平均库存金额）；⑥ 库存月差比率（高峰月份的月底库存/低谷月份的月底库存）；⑦ 合同库存利用率（自有、寄销、租借仓库使用面积/仓库总面积）；⑧ 单位出入库的装卸费用（装卸费/总出入库商品数量）；⑨ 入库人员生产力评估〔（进货金额/投入人员）×日数〕；⑩ 仓库使用容量高低峰比率。

　　——配送效率管理，包括：① 单位时间配送量；② 空车率（空车行走距离/配送总距离）；③ 输送率〔装载重量×行走距离/（该车可载重量×可行走距离）〕；④ 配送次数管理（总配送次数/配送次数）。

　　——机具设备使用管理，包括：① 码头使用率〔进货车次装卸停留总时间/（码头月台数×工作天数×每日工作时数）〕；② 码头高峰率（码头车数/码头月台数）；③ 搬运设备使用率（总搬运设备使用时间/该月总工作时间）；④ 流通加工所产生的商品报废率；⑤ 流通加工使用材料金额统计；⑥ 包装容器使用率；⑦ 包装容器损坏率；⑧ 包装容器损坏率分析（机具设备损坏维修时间/总可用时间）。

　　2. 经营规划

　　由各种实体配送活动及作业所产生的各项信息，足以为经营规划人员提供参考，例如：根据现行机器设备使用率及使用需求比率，为是否需要配备自动化机具、是否需要租用某些机具（如叉车）及其使用成本和效益是否合理提供依据；根据现有商品销售量分析或客户反映的商品需求，为及时调整商品品种或开发新商品的可能性提供依据；根据现有人力分配及使用状况，来拟订未来的人力资源计划；参考自有车、租赁车比率及所需费用制定租赁管理条例；统计分析现有各项活动所需费用，以作为运费、仓库保管费、支出预算成本控制的依据。

　　3. 配送资源计划

　　为多库配送中心的配送资源规划提供参考，包括多库配送中心的产品线规划分析、多库调货计划及执行、人力资源的规划配置、机具设备的需求分析、实际配送的运作规划。

（十）增值性功能

从一些发达国家配送中心的具体实际来看，配送中心还具有以下增值性功能。

1.结算功能

配送中心的结算功能是配送中心对物流配送功能的一种延伸。配送中心的结算不仅仅是物流费用的结算，在从事代理、配置的情况下，配送中心还要替货主向收货人结算货款等。

2.需求预测功能

自有型配送中心经常要根据配送中心的商品进货、出货信息，来预测未来一段时间内的商品出入库量，进而预测市场对商品的需求。

3.物流系统设计咨询功能

公共型配送中心要充当客户物流专家，因而必须为客户设计物流系统，代替客户选择和评价运输商、仓储商及其他物流服务供应商。国内有些专业物流公司正在进行这项尝试，这是一项增加价值、增加公共配送中心竞争力的服务。

4.物流教育与培训功能

配送中心的运作需要客户的支持与理解，通过向客户提供物流培训服务，可以培养客户与配送中心经营管理者间的认同感，可以提高客户的物流管理水平，可以将配送中心经营管理者的要求传达给客户，也便于确立物流作业标准。

四、配送中心的类型

随着市场经济的不断发展以及商品流通规模的日益扩大，配送中心的数量也在不断增加。由于各自的服务对象、组织形式和服务功能不尽一致，按照不同的划分依据可以把配送中心分成若干类型。

（一）按配送中心的经济功能分类

1.供应型配送中心

供应型配送中心是专门向某些客户供应货物、充当供应商角色的配送中心。其服务对象主要是生产企业和大型商业组织（超级市场或联营商店），它们配送的货物以原料、器件和其他半成品为主，客观上起着供应商的作用。这些配送中心类似于客户的后勤部门，故属于供应型配送中心。在物流实践中，那些接受客户委托、专门为生产企业配送零部件以及专为大型商业组织供应商品的配送中心，均属于供应型配送中心。例如，我国上海地区六家造船厂共同组建的钢板配送中心、服务于汽车制造业的英国斯温登本田汽车配件中心、美国洛杉矶铃木汽车配件中心，以及德国马自达汽车配件中心等物流组织，就是这种配送中心的典型代表。

由于供应型配送中心担负着向多家客户供应商品（其中：包括原料、材料和零配件等）的任务，因此，为了保证生产和经营活动能正常进行，这种类型的配送中心一般都建有大型的现代化仓库并储存有一定数量的商品，占地面积一般都比较大。以欧美汽车制造业的配送中心为例，成立于1987年3月的英国斯温登本田汽车配件中心占地面积约为15万平方米，总建筑面积7 000平方米，经营的配件有6万种，该配件中心存储货物的能力，大型配件可达1 560间格、小型配件为5万箱左右；位于美国洛杉矶的铃木汽车配件中心占地面积4万平方米，总建筑面积8 200平方米，经营的汽车配件达1万种。

2. 销售型配送中心

销售型配送中心是指以销售商品为主要目的、以开展配送为手段而组建的配送中心。在竞争日趋激烈的市场环境下，许多生产者和商品经营者为了扩大自己的市场份额（即提高商品的市场占有率），采取了各种降低流通成本和完善其服务的办法与措施，其中包括代替客户（或消费者）理货、加工和送货，为客户提供系统化、一体化的后勤服务（包括销前和销后服务）等。与此同时，改造和完善了物流设施（例如，改造老式仓库），组建了专门从事加工、分货、拣货、配送等活动的配送组织——配送中心。很明显，上述配送中心完全是围绕着市场营销（销售商品）而开展配送业务的。从本质上看，这种配送中心所从事的各种物流活动是服务（或从属）于商品销售活动的。

因隶属单位不同，销售型配送中心又可细分成三种。

（1）生产企业（或称制造商）为了直接销售自己的产品及扩大自己的市场份额而建立的销售型配送中心。国外这种类型的配送中心数量很多。

（2）专门从事商品销售活动的流通企业为了扩大销售而自建或合作建立起来的销售型配送中心。近几年，在我国一些试点城市正在建立的生产资料配送中心，多属于这种类型的物流组织。

（3）流通企业和生产企业联合建立的销售型配送中心。这种配送中心类似于国外的"公共型"配送中心。

3. 储存型配送中心

这是一种有很强储存功能的配送中心。实践证明，储存一定数量的物资（包括原料和成品）乃是生产和流通得以正常进行的物资保障。从商品销售的角度来看，在买方市场条件下，由于企业在销售商品（包括生产企业自销其产品）的过程中，不可避免地会出现迟滞现象，因此，客观上需要有储存环节予以支持；而从生产的角度看，在卖方市场条件下，生产企业常常要储存一定数量的生产资料，以保证生产连续运转和应付急需。在这种情况下，同样需要设立储存环节予以支持。再从物流活动本身来看，大范围、远距离、高水平地开展配送活动，客观上也要求配送组织储存一定数量的商品。在实际生活中，有一些大型配送中心是在发挥储存作用的基础上组织、开展配送活动的，这样的配送中心多起源于传统的仓库。例如，中国物资储运总公司天津物资储运公司唐家港仓库即是国内储存型配送中心的雏形，而瑞士GIBA-GEIGY公司所属的配送中心、美国福来明公司的食品配送中心则是国外储存型配送中心的典型。

（二）按物流设施的归属分类

1. 自有型配送中心

这种类型的配送中心指的是包括原材料仓库在内的各种物流设施和设备归一家企业或企业集团所有，作为一种物流组织，自有型配送中心是企业或企业集团的一个有机组成部分。自然，这种隶属于某一个企业集团的配送中心只服务于集团内部的各个企业，通常是不对外提供配送服务的。例如，美国沃尔玛商品公司的配送中心，就是公司独资建立、专门为本公司所属的连锁店提供商品配送服务的自有型配送中心。目前，随着经济的发展，很多自有型配送中心都已转化成为公共型配送中心。

2. 公共型配送中心

顾名思义，这类配送中心是面向所有客户提供后勤服务的配送组织（或物流设施）。只要支付服务费，任何客户都可以使用这种配送中心。从归属的角度看，这类配送中心一般是由若干家生产企业共同投资、共同持股和共同管理的经营实体。在国外，也有个别的公共型配送中心是由私人（或某个企业）投资建立和独资拥有的。此外，据有关资料介绍，在美国，有的公共型配送中心的土地属于某一方，而设施的兴建和经营管理工作是由专门的经营公司来承担的。

公共型配送中心的数量很多，在配送中心总量中，这种配送组织占相当大的比例。据介绍，在美国约有250家公共型配送中心，有的已经形成了网络体系。

3. 合作型配送中心

这种配送中心是由几家企业合作兴建、共同管理的物流设施，多为区域性配送中心。合作型配送中心可以是企业之间联合发展的，如，中小型零售企业联合投资兴建，实行配送共同化；也可以是系统或地区规划建设，达到本系统或本地区内企业的共同配送；或者是多个企业、系统、地区联合共建，形成辐射全社会的配送网络。另外，还可以对原有不规范、无规模、无效率的配送中心进行联合重组，向规模化发展，赋予其新的生命力。

（三）按服务范围和服务对象分类

1. 城市配送中心

城市配送中心是只能向城市范围内的众多客户提供配送服务的物流组织。由于城市范围内货物的运距比较短，因此，这类配送中心在从事（或组织）相关送货活动时，一般都使用载货汽车。又由于使用汽车配送物资时机动性强、供应快、调度灵活，因此，在实践中依靠城市配送中心能够开展小批量、多批次、多客户的配送活动，也可以开展"门到门"式的送货业务。由于城市配送中心的服务对象多为城市圈里的零售商、连锁店和生产企业，所以一般来说，它的辐射能力不太强。在流通实践中，城市配送中心多是采取与区域中心联网的方式运作的，例如，北京食品配送中心、无锡市各专业物资配送中心等。

2. 区域配送中心

这是一种辐射力较强、活动范围较大，可以跨市、跨省甚至跨国进行配送活动的物流中心。美国沃尔玛公司下属的配送中心、荷兰NEDLLOYD集团所属的"国际配送中心",以及欧洲其他国家批发公司所属的配送中心(例如,瑞典DAGAB公司所属乔鲁德市布洛配送中心)就是这种性质的物流组织。

区域配送中心有三个基本特征:其一,经营规模比较大,设施和设备齐全,并且数量较多、活动能力强。如前所述,美国沃尔玛公司的配送中心,建筑面积约12万平方米,投资约7 000万美元,每天可为分布在6个州的100家连锁店配送商品,经营的商品有4万种;其二,货物批量比较大而批次较少。例如,有的区域配送中心每周只为客户配送三次货物,但每次配送的货物都很多。其三,在配送实践中,区域配送中心虽然也从事零星的配送活动,但这不是其主要业务。很多配送中心常常向城市配送中心和大的工商企业配送商品,因而,这种配送中心是配送网络或配送体系的支柱结构。

(四)按运营主体的不同分类

1. 以制造商为主体的配送中心

制造商为主体的配送中心配送自己生产制造的商品,制造商设置配送中心目的是降低流通费用、提高售后服务质量,及时将预先配齐的成组元器件运送到规定的加工和装配工位。从商品的制造到生产出来后条码和包装的配合等多方面都较易控制,所以按照现代化、自动化的配送设计比较容易,但往往不具备社会化的要求。

2. 以批发商为主体的配送中心

传统的流通过程中有一个环节叫批发,一般是按部门或商品类别的不同,把每个制造厂的商品集中起来,然后以单一品种或搭配形式向消费地的零售商进行配送。这类配送中心的商品来自各个制造商,其所进行的一项重要活动便是对商品进行汇总和再销售,而它的全部进货和出货都是社会配送的,社会化程度高。

3. 以零售商为主体的配送中心

零售商发展到一定规模后,就可以考虑建立自己的配送中心,为专业商品零售店、超级市场、百货商店、建材商场、粮油食品商店、宾馆、饭店等服务,其社会化程度介于以批发商为主体的配送中心和以制造商为主体的配送中心之间。

4. 以运输业务为主体的配送中心

这种配送中心最强的是运输配送能力,且其地理位置优越(例如,港湾、铁路和公路枢纽),可迅速将到达的货物配送给客户。它提供仓储货位给制造商或供应商,而配送中心的货物仍属于制造商或供应商所有,配送中心只是提供仓储管理和运输配送服务。这种配送中心的现代化程度往往较高。

五、配送中心的作用

从上述配送中心的功能可以看出,配送中心在区域经济发展和企业经营业务中的作用十分明显,具体来说可以归纳为以下几个方面。

(一)使供货适应市场需求的变化

各种商品的市场需求在不同的时间、季节存在很大的随机性,而现代化生产、加工无法完全通过工厂、车间来满足和适应这种情况，必须依靠配送中心来调节，以适应生产与消费之间的矛盾与变化。

（二）经济高效地组织储运

从工厂企业到销售市场之间有着复杂的储运环节，要依靠多种交通、运输、库存手段才能满足。传统的以产品或部门为单位的储运体系明显存在不经济和低效率的问题，因此建立区域、城市的配送中心，能批量进发货物，能组织成组、成批、成列直达运输和集中储运，有利于降低物流系统成本，提高物流系统效率。

（三）提供优质的保管、包装、加工、配送、信息服务

现代物流活动中物资的物理、化学性质复杂多样，交通运输具有多方式、长距离、长时间、多起终点的特点，地理与气候具有多样性，这些都对保管、包装、加工、配送、信息提出了很高的要求。只有集中建立了配送中心，才有可能提供更加专业化、更加优质的服务。

（四）促进地区经济的快速增长

配送中心同交通运输设施一样，是经济发展的保障，是吸引投资的环境条件之一，也是拉动经济增长的内部因素，配送中心的建设可以从多方面带动经济的健康发展。

（五）是连锁经营实现规模效益的关键

连锁经营商品供应配送中心化，不仅可以帮助连锁店减少交易费用、库存费用，使连锁经营企业的流通费用降低，实现规模经营效益，同时，统一配送还使分店专心于店铺销售额和利润的增长，不断开发外部市场、拓展业务。此外，还加强了连锁企业与供方的关系。

（六）有助于生产企业降低成本、提升销售竞争力

对于大型生产企业集团，开展原材料供应配送可以降低企业总的库存水平，降低原材料供应成本，有效保证生产供应；开展销售配送，不仅有利于降低销售成本、改善销售服务，提高企业产品的销售竞争力，更为重要的是可降低产品需求企业的商品库存与进货成本，实现零库存，进而与产品需求企业形成供应链合作战略伙伴关系，提高企业销售竞争力乃至企业综合竞争能力。

第二节　配送网络与配送中心区域布局模式

为构筑有效的物流配送服务体系，必须形成通畅的物流实体网络体系，这个物流实体网络体系的物流节点通常表现为配送中心的形式。也就是说，以向客户提供配货和送货等服务为职能的配送中心，在物流配送活动中起着非常重要的作用，是构筑物流网络的主力军。配送中心的区域布局情况以及所形成的网络结构对整个物流业务运作往往有着深远的影响。

一、配送中心与配送网络结构

综观发达国家配送中心的组织结构和布局情况，其配送服务网络体系主要有如下几种类型。

（一）多级、多层次的配送网络体系

这种网络体系是由中央级配送中心、区域性配送中心、基层配送中心和有配送功能的批发商、客户构建成的，其中，中央级配送中心在网络体系中处于主导地位，区域性配送中心处于被辐射地位，而基层配送中心则是网络体系的基础结构，具体如图2-1所示。

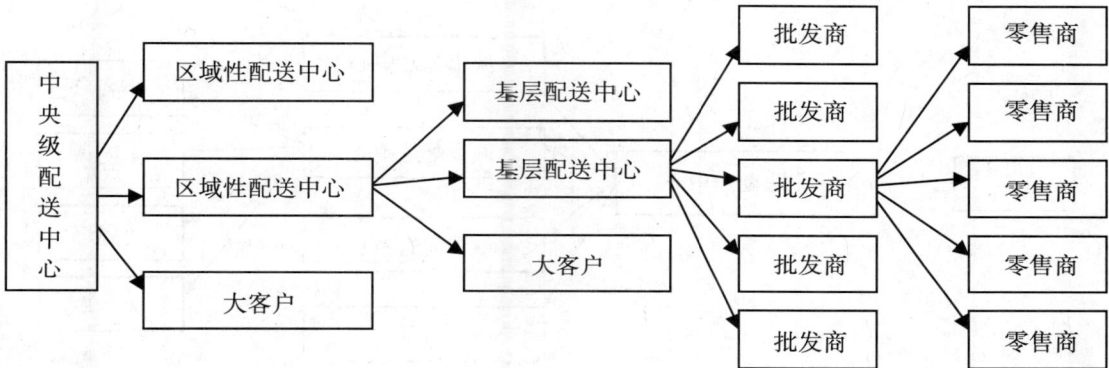

图2-1　多级、多层次的配送网络体系

上面所说的中央级配送中心，实际上是指那些在行业内部影响面很大的大型或超大型配送组织。这类配送组织的数量相对来说不太多，但它的活动能量很大。通常，这种级别的配送中心都设在资源集中的产地或处在枢纽城市（例如，大港口城市、大批量货物的集散地）中。其特点是：配送的货物批量较大，其服务对象主要是大中型工商企业（大客户）；辐射能力很强，能够在全国乃至国际范围内进行配送；占地面积大，拥有的物流设备和设施齐全、先进。

由于中央级配送中心的经营规模比较大，并且其配送的货物批量大，因此，它不可能对社会上所有的客户提供配送服务，尤其是那些需求零散、要求以"小批量、多批次"方式配送多品种商品的客户，是很难和中央级配送中心建立业务关系的。对于这些客户，实践中是由基层配送中心或区域性配送中心来配送货物的。

此处所讲的区域性配送中心和基层配送中心，相对于中央级配送中心来说，是经营规模略小的配送组织。在一般情况下，这种配送中心只为地区范围内的客户配送商品，其特点是：活动范围较小；以小批量送货为主；配送方式灵活，既可直接向客户配送物资，也可把货物配送给批发商店；该类配送中心数量较多，分布的地域广阔。

以上几种配送组织在实际运作时，既各自为政，展现出"独立配送"的形态；同时，相互之间又有交叉，呈现出"相同配送"的运行状态。此外，上述这些不同规模、不同层次的配送中心，有时又常常按照一定的原则自上而下地逐级配送货物，从而呈现出梯

级结构和放射状态（如图2-1）。

（二）两级或双层次配送网络体系

这是由两个层面的配送中心——中央配送中心和城市配送中心组成的配送体系，也是目前最常见的配送中心网络。在配送范围比较广而客户又比较多且很分散的情况下，自然地会形成这样的网络体系。从布局和结构上看，在由两级配送中心构成的网络中，数量较多、分布很广的配送中心是那些主要为城市范围内的中小客户提供服务的城市配送中心，它们是上述配送网络、体系的基础结构。

两级或双层次配送网络体系如图2-2所示。

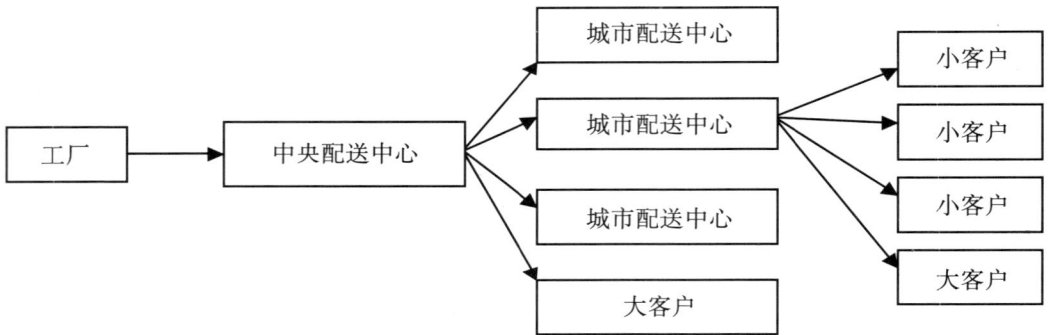

图2-2　两级或双层次配送网络体系

（三）单层次的配送网络体系

配送中心网络或体系基本上是由一种（或一级）配送中心构成的，被称为单层次网络。我国在推行配送制的过程中所建立的配送中心及其所构成的网络基本是这样的结构，当资源和客户都很分散时，以及在推行配送制的初期，常常会形成一级性配送中心（城市配送中心）和单层次的配送体系（或配送网络）。在单层次的网络体系中，配送中心一般只进行近距离的配送，但是借助于"共同配送"，这种配送中心也可以超越城市范围向远距离客户配送货物。

单层次的配送网络体系结构如图2-3所示。

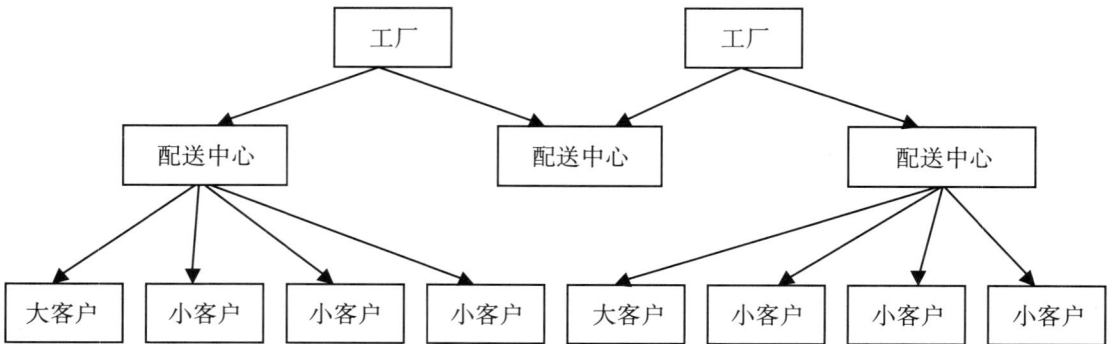

图2-3　单层次的配送网络体系结构

上面简要地叙述了配送中心的网络、体系和组织结构。需要指出的是，无论哪一种网络体系，其本身都是人们根据生产发展需要和市场预期，经过科学规划和合理布局而形成的。从某种意义上说，配送中心网络体系的构成，是特定历史时期内经济和市场发展状况的客观反映。无数事实证明，只有按照经济发展的客观要求组建配送中心，并且科学合理地进行布局，才能充分地发挥其功能和作用。

二、配送中心区域布局模式

（一）辐射型布局模式

辐射型布局如图2-4所示。配送中心位于许多客户的某一居中位置，产品从此中心向各方向的客户进行运送，形成辐射。如果客户较为固定，则此配送中心所处位置与各客户距离之和应为各待选位置与各客户距离之和中的最低者。

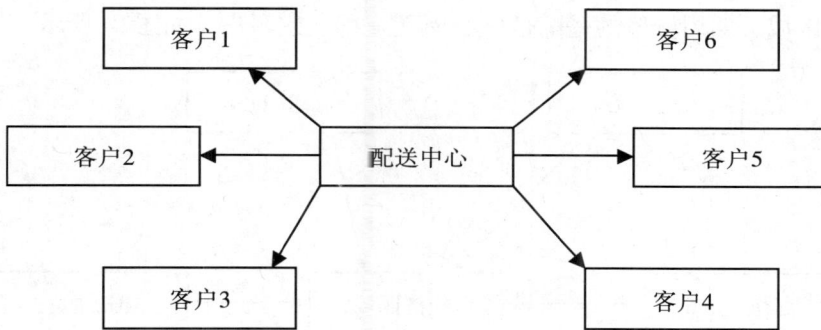

图2-4 辐射型配送中心布局

这种配送中心在以下两种条件下才有优势。

（1）配送中心附近是客户相对集中的经济区域，其辐射面所覆盖的客户对于配送中心的货物只起吸收作用。这种形式对于辐射区内的客户来讲，形成了单向物流配送中心。

（2）配送中心是主干输送线路中的一个转运站，通过干线输送的货物到达配送中心后，从配送中心开始，采取终端输送或配送形式将货物分送至各个客户。在这种情况下，逆干线输送方向的终端输送或配送，必须考虑不同运送方式的对流问题，只有距上一个配送中心过远，终端输送不经济时，才可依靠这一中心进行辐射。

（二）吸收型布局模式

配送中心位于许多货主的某一居中位置，货物从各个产点向此配送中心运送，形成吸收状，如图2-5所示。同样，此物流中心所处位置也应为各待选位置中的总运费最低者。这种配送中心大多属于集货中心。

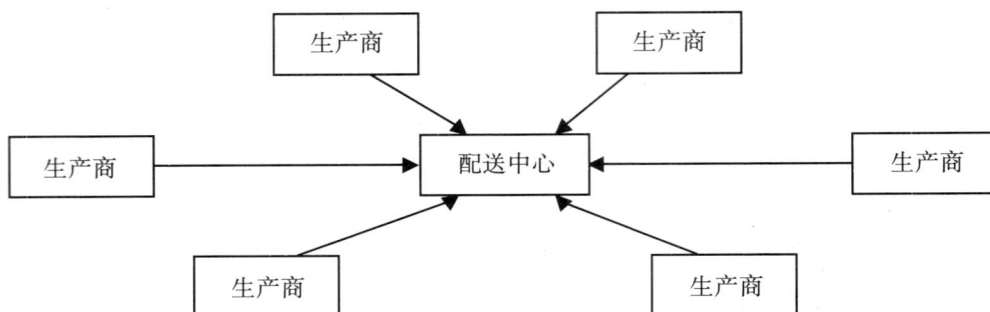

图2-5　吸收型配送中心布局

（三）聚集型布局模式

聚集型布局模式类似吸收型，但处于中心位置的不是配送中心，而是一个生产企业密集的经济区域，四周分散的是配送中心而不是货主或客户，如图2-6所示。

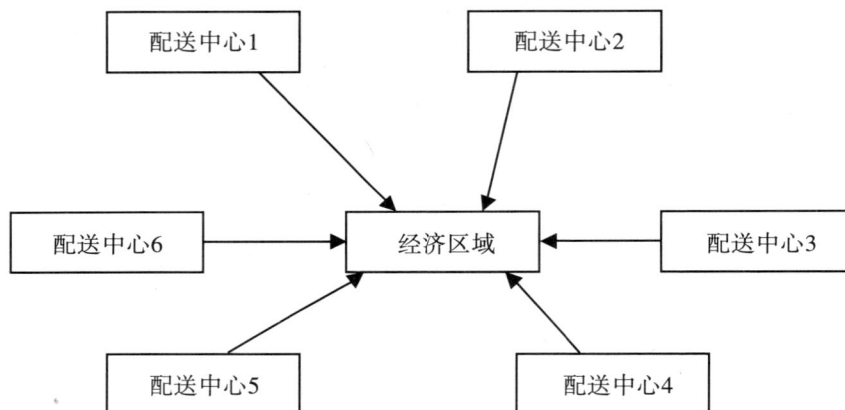

图2-6　聚集型配送中心布局

这种形式的布局，往往是因为经济区域中生产企业十分密集，不可能设置若干配送中心，或是受交通条件所限，无法在生产企业密集区域中再设中心，这样，就在周围地区，尽可能靠近生产企业集中的地区设置若干配送中心。如果这一经济区域比较大，配送中心可考虑进行合作和分工，以达到各自最优的供应区域。

（四）扇型布局模式

产品从配送中心向一个方向运送的单向辐射为扇型布局，如图2-7所示。其布局形式的特点是产品有一定的流向，配送中心位于干线的中途或终端，配送中心的辐射方向与产品在干线上的运动方向一致。

在运输主干线上，配送中心距离较近，例如，下一配送中心的上风向区域，恰好是上一配送中心的合理运送区域时，适合采取这种布局形式。

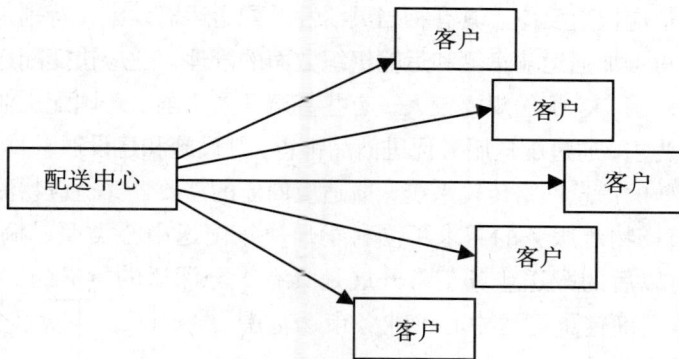

图2-7 扇型配送中心布局

第三节 配送中心的经营定位与规模数量决策

在物流服务体系中，配送中心既可以是企业内部开展配送业务活动的作业场所，也可以作为区域物流网络的一个重要的物流节点，是供应链物流服务体系的一部分。因此，配送中心必须根据市场需求和自己的自身条件，准确确定自己在企业或市场中的位置并进行合理的规划设计，以确保企业总体战略目标的实施。一般来说，配送中心要对自身的业务功能、配送商品范围、服务区域范围等方面进行全面定位并科学合理地规划其经营规模与数量。

一、配送中心的经营定位

（一）经营定位的内容

1. 服务功能的定位

配送中心的功能是根据其开展的配送服务的内容和相应的配送作业环节来确定的，根据配送作业的基本环节和作业流程，一般配送中心都具有采购、储存、加工、分拣、配货、配送运输等多项功能。但不同类型的配送中心其核心功能不完全相同，因此，配送中心的建设和规划，从设施建设到平面布局，以及组织管理等方面，也会有所不同。

储存型配送中心以储存功能为主，以尽可能降低服务对象的库存为主要目标，须具有较强的库存调节能力，在其建设中应规划有较大规模的仓储空间和设施；流通型配送中心以快速转运为核心，大批进货、快速分装或组配，并及时将货物分发到各客户指定的地点，在其建设中应配备适应货物高速流转的设施；加工型配送中心以对商品进行如拆包、分解、整理、再包装等流通加工为主，在其规划建设中应考虑到适应加工的需要，配备必要的加工设施、场地，引进相应的加工技术；专业型配送中心主要针对商品特性体现出处理专项商品的技术与特色，其规划建设中必须配置特定商品的处理设施，并开发适用特定商品的物流技术；综合型配送中心的技术和设施必须具备适应处理多类商品的通用性；在城市范围内或面向城市区域配送的配送中心，一般需将商品直接送到消费者手中，实现"门到门"服务，这要求该类中心配备适应快速反应、具有相当灵活性的配送运输设施，特别是在形成公路配送运输网的基础上，重点加强运输车辆和运输组织方面的管理，适应快捷配送的需要；跨区域型配送中心其辐射范围广、配送规模较大，有些甚至开展全国、跨国配送业务，这类配送中心通常以销售功能为主，通过配送服务促进商品销售，其设施和建设通常具备多种流通功能，特别是必须具有高效的信息网络传输系统，既适应商流的需要，又适应物流的需要。

因此，根据市场物流服务的需求不同科学地决策配送中心类型、搞好配送中心建设前的功能定位，对以后的配送业务正常开展是具有十分深远的意义的。可以说，配送中心的功能定位基本上确定了配送中心的业务市场范围。

2. 配送商品的定位

一般配送中心的功能设计要与商品的特性相吻合，配送中心能处理的商品种类总是有一定限制的，例如，国外有专门的服装配送中心、电器配送中心、食品配送中心、干货配送中心、生鲜商品配送中心、图书配送中心等，有的甚至是专门处理某一更小类别商品的配送中心。试图建立一个满足所有商品物流需要的配送中心是不切实际的，因为不同的商品配送所需的配送作业场地、设施设备是不一样的，作业流程也有很大区别。一个配送中心没有必要也不可能配备能处理所有商品的物流设施和设备，哪怕是公共型配送中心现在也有分工越来越细的趋势。设施设备的配置除了要考虑需求外，还要考虑物流的平均价格及作业批量等因素。

配送商品的定位大多数情况下主要是根据企业使命、市场需求来确定的。一般商业连锁体系通常以经营一般消费品为主，其配送中心主要是负责连锁体系内大部分商品的内部供应配送，并以统一采购、统一库存、统一配送形成规模效应，获得规模经济效益，最终形成销售商品的低价优势。一些由传统批发机构改组形成的配送中心，通常以其批发经营的传统商品为主，开展专业配送业务，其品种较为单一，批量较大。例如，英国的香蕉流通主要由三大公司控制，它们不仅积累了丰富的香蕉养护与流通的技术和经验，而且通过几十年的配送实践，能高效地进行香蕉配送，满足不同客户的需要。对于生产企业来说，其配送服务的目的不同，配送中心的定位也不一样，如果配送服务对象需要的是生产所需的初始原材料，则配送中心的定位是集中储存型配送中心，此时减少库存、降低成本是开展配送活动的基本前提；如果是产成品销售配送，那么，对于配送中心来说，加快产品进入市场的传输速度、完善对客户的服务、提高销售竞争力、建立高效流通型配送中心才是搞好配送的精髓所在。

3. 配送区域的定位

配送区域是指配送中心辐射的范围。以某一点为核心建立配送中心，其配送的距离和区域的大小不仅关系到配送中心的投资规模，也影响到配送中心的运作方式。

通常对于连锁商业体系来说，其零售店铺的分布范围和数量的多少，决定了配送中心的辐射区域和配送能力。连锁商业体系可以根据商圈范围内顾客分布、分店数量与配送中心等的适当比例，确定配送中心的位置、规模与数量。有些连锁体系则按照商品类别来建立不同的配送中心，例如，有些零售公司，在组建配送中心时，就根据商品的不同类别建立了衣料和杂货配送中心、电器和家具配送中心、食品配送中心等，由这些根据商品类别不同分别设置的不同的专业配送中心负责商品的配送。对于生产企业的自营供应配送，这种配送中心数量有限，配送区域也主要在生产厂区。生产企业的销售配送首先要根据客户分布的远近、销售量的大小及其运行的成本来综合考虑是自营还是外包，如果是自营配销中心，还要再考虑配送服务区域的大小，分别决策配送中心的级别与规模。

　　无论何种形式的配送中心，其区位的确定，都是以其服务对象所形成的区域为基本前提，在一定的市场、商圈、服务范围内选址的。一般来说，配送中心建设规模越大，其经营能力越强，辐射范围越广，服务的范围也越大。在配送中心的区位选择中，除了考虑配送商品的种类与数量外，对交通运输条件、用地条件等问题也应该进行详细的分析和论证，以确定配送的区域和范围。

　　（二）确定配送中心的经营定位时立考虑的因素

　　1. 配送中心在产品供应链中的地位

　　供应链是指在生产及流通过程中，通过将货物或服务提供给最终消费者而创造价值的，上游到下游所有企业形成的组织网络。为了提高效率、降低成本，供应链中的物流活动应该按照专业化原则进行组织，以配送中心为基础组织物流就是这种专业要求的具体体现。原材料供应商、制造商、分销商、零售商、专业物流业都需要配送中心，他们也可以自己建设配送中心，由于在供应链中所处的位置不同，他们所需要的配送中心的功能也不完全相同。

　　原材料供应商需要配送中心将原材料配送给工厂，配送中心的客户主要是工厂，配送中心处理的对象主要是生产商品所需的原材料、零部件，原材料与零部件的数量之间有固定的比例关系，原材料与零部件的品种数会随着产品种类的增加而快速增加，配送中心的功能应该强调原材料的配套储存、分拣、及时配送、加工和预处理等方面。

　　制造商需要的配送中心有两种：一种是为制造活动提供支持的配送中心，功能要求与原材料供应商需要的配送中心相同；另一种是为制造商的产品分销提供支持的配送中心。国内外的例子都表明，制造商自己直接建立分销网络的情况越来越普遍，大的制造商还建立了中央级配送中心（National Distribution Center，缩写为NDC）——区域级配送中心（Regional Distribution Center，缩写为RDC）结构，这类配送中心的市场覆盖面要广、分销能力要强、市场信息的收集与传递要及时，因此要求短时间内在区域市场上运输和配送商品的能力要很强，需求及订单处理功能要完善。

　　分销商一般从事专业批发业务，物流作业具有大进大出、快进快出的特点，它强调的是批量采购、大量储存、大最运输的能力。另外，分销商属于中间商，需要与上游、下游进行频繁的信息交换，因此，需要具备与上游、下游有良好的信息接口的高效信息网络。

　　作为供应链的末端机构，零售商，尤其是采用连锁组织形式的零售商，需要配送中心提供订单处理、采购、分拣、选拣、配送、包装、加工、退货等全方位的服务，其功能要求比较复杂。

第三方物流服务商利用配送中心这一载体向客户提供物流服务，它所需要的配送中心可以是具有某一方面功能（如仓储、运输、配送）的专业物流组织，也可以是具有综合功能的配送中心，还可以是集商流、物流、信息流及其他延伸的增值服务于一体的物流中心，它提供的物流服务必须高度专业化。

在产品供应链中，一条供应链可能由几个配送中心组成，因此，必须清楚要建设的配送中心在供应链中处于哪个环节，要满足的客户到底是哪些，进而才能决定到底需要哪些功能才能满足目标客户的需求。

2. 是建立公共型配送中心还是只为本企业服务的自有型配送中心

与自有型配送中心相比，公共型配送中心面对的客户更加广泛，供应链中的任何成员均可成为客户。由于不同的供应链成员的物流需求各不相同，并且无论从物流服务需求方来说还是从提供方来说，对提供的每一项物流服务都要用专业水准来衡量，这决定了公共型配送中心经营管理的复杂性。公共型配送中心需要的物流一般应有一定规模，从功能设计上可以只提供一种或少数几种具有明显竞争优势的主要物流服务，也可以提供综合性的配套物流服务，大型配送中心的功能必须具有综合性和配套性的特点。我国目前就非常需要公共型配送中心，它不仅可以提高物流专业水平，而且有利于提高物流行业的资源效率。

目前的实际情况是，原材料供应商、制造商、分销商、零售商纷纷建立了自有型配送中心，造成了重复建设和资源浪费。另外需要承认的是，我国目前经营最好的配送中心并不是公共型配送中心，而是自有型配送中心，这说明在我国建设公共型配送中心具有广泛的市场潜力。

二、配送中心建设规模的确定

通常配送中心的规模越大，其服务能力越强，但同时，规模越大，投资成本也越大。从"成本—收益"的角度来分忻，配送中心建设规模与其服务能力和单位配送成本之间存在密切的相关关系，如图2-8所示。

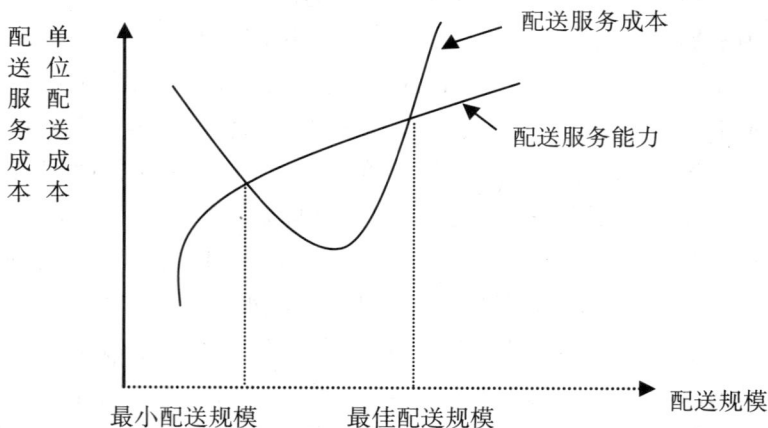

图2-8　配送规模与服务能力、单位配送成本的关系

"配送规模"与"单位配送成本"之间的关系是：在一定配送规模范围内，随着投资建设规模的不断扩大，单位配送成本随之不断降低，而当规模扩大到一定程度时，单位配送成本则会开始随规模的扩大而上升，规莫不经济开始发生作用；"配送规模"与"服务能力"之间的关系则表现为：随着配送规模的扩大，配送中心的服务能力不断增强，但当规模扩大到一定程度时，其服务能力受规模的影响不断减弱，也就是说，配送中心的建设和经营规模并不是越大越好，从理论上说，其规模最好在"服务能力曲线"与"单位配送成本曲线"的两个交点内决策，这样才可能在最佳规模范围内获得较低的配送成本和较高的服务能力及服务水平，若再进一步扩大规模则可能引起规模不经济。也就是说，过分强调配送服务能力而不注意单位配送成本，认为配送中心规模越大越好的思想是不正确的；同时，过分偏重单位配送成本的降低，而忽视配送能力的思想也是不可取的。

在明确了配送中心总规模的基本原则之后，再来进一步探讨确定配送中心总规模的具体方法。确定配送中心总规模的方法　可以参照运输及仓库规模的确定方法，具体步骤如下：

1. 测定配送及储存商品总量

配送中心的配送量和商品储存量直接受客户商品需求总量的影响。商品需求量越大，所需要的配送中心规模就越大。以连锁配送为例，商品需求量一般与店铺面积有着正相关关系，所以连锁店铺总面积与配送中心总规模也呈正相关关系。例如，某外资连锁集团的一个2万平方米的配送中心负责20家左右超市的商品配送任务。这20家超市的店铺总面积为20万平方米左右，即配送中心与店铺总面积的规模比为1：10。应该着重指出的是，连锁店铺总面积与配送中心规模的比例因业态不同、流转速度的不同而不同。因而，在借鉴已有经验数据的同时，也必须充分考虑企业自身的条件，以确保决策无误。此外，在测定商品配送及储存商品总量的同时，还需掌握配送储存的具体品种及相应的数量情况和包装等。

2. 推算平均配送量

这个配送量既包括平均吨千米数，也包括平均储存量，前者决定运输规模，后者决定仓储规模。由于商品周转速度直接影响商品在配送中心停留的时间，速度慢就意味着占据配送中心空间的时间长，需要配送中心的规模就大；反之，则需要相对较小的配送中心。同时，从厂商直达客户的商品越多，要求配送中心仓库的面积越小。所以，在推算平均配送量时，应引入商品平均周转速度，计算公式如下：

$$Q=D/N或Q=D\ T/360（按一年360天计算）$$

式中：Q——平均商品储存量；

　　　D——年商品总储存量；

　　　N——平均周转次数；

　　　T——平均商品储存天数。

值得注意的是，某些季节性商品各个时期的储存量将有非常大的变动。在这种情况下，平均储存量将不能反映其正常的诸存空间需要量，必须进一步分析商品储存量在全年各个时期的分布情况，特别是储存高峰时期商品储存空间的需要情况。

3. 计算储存空间需要量

由于不同商品的容量及包装不同，因而在储存过程中所占仓库的空间也不同。这就使得储存的商品和其所用的空间这二者之间有一个换算关系，这个换算关系用"仓容占用系数"来表示。有些商品的储存量按重量计算，有些商品的储存量按金额计算，仓容占用系数是指单位重量或金额商品所占空间的大小，储存空间需要量计算公式如下：

$$M=Q \cdot K$$

式中：M——储存空间需要量；

K——平均仓容占用系数。

4. 计算仓库的储存面积

存储空间一定的条件下，所需储存面积的大小取决于仓库允许商品的堆码高度。影响仓库允许堆码高度的因素有：商品性能、包装、仓库建筑构造和设备的配备等。根据仓库存放商品的特点和仓库设计等方面的条件，应合理地确定堆码商度及仓库的储存面积，仓库储存面积的计算公式如下：

$$S_T = M/H$$

式中：S_T——仓库的储存面积；

H——商品平均堆码高度。

5. 计算仓库的实际面积

仓库的实际面积要大于上面计算的储存面积，这是因为仓库不可能都用来储存商品。为了保证商品储存安全和适应库内作业的要求，需要留有一定的墙距、垛距、作业通道以及作业区域等。仓库库房面积的利用率是储存面积与实际使用面积之比，这取决于商品保管要求、仓库建筑结构、仓储机械化水平、库房布置和仓库管理水平等多种因素，应根据新建仓库的具体条件，确定仓库面积利用系数，并据其对仓库面积作最后的调整，仓库实际面积的计算公式为：

$$S=S_T \cdot U$$

式中：S——仓库的实际面积；

U——仓库面积利用系数。

6. 确定仓库的面积

仓库的全部面积为仓库实际面积与辅助面积之和。应根据仓库本身的性质以及实际的需要，确定辅助面积所占比重，进而确定仓库的全部面积。

三、配送中心数量的决策

（一）决策方法

一般来说，配送中心的数量取决于配送商品的类别和客户的分布状态。由此得出确定配送中心数量的两种方法：商品功能法和适当比例法。

1. 商品功能法

这种方法是按照商品类别来设立配送中心的，有利于根据商品的自然属性来安排储存和运输。例如，法同的安得玛谢超市集团即采用此法设置配送中心，43家配送中心按商品分类设置。日本大荣公司也是如此　分别建立了衣料和杂货配送中心、电器和家具配送中心、食品配送中心等。

2. 适当比例法

这种方法是按客户分布状态或空间特征设立配送中心的，其优点是利于配送距离及效益达到理想状态。

例如，意大利的G.S超市连锁集团，其超市门店的分布状况是：北部58家、中部23家、南部11家，配送中心的分布与其相适应，在北部、中部、南部各设立一个配送中心；日本的家庭市场连锁用物流半径为30千米，在半径为30千米的面积内设有70家店铺，由一个配送中心负责配货。一个配送中心拥有四五辆货车，按照总部送货单送货，一辆车一次为10~15家店铺送货，先装距离最远店铺的货物，后装最近店铺的货物，送货时先送最近店铺的货物，后送最远店铺的货物。事实上，许多连锁企业通常综合上述两种方法进行配送中心的设置——既按商品类别划分配送中心，又按店铺分布来安排位置。目前，有些大型百货商店四面开花式地建立分店，分散于各个区域，配送中心的效果很难体现。配送中心要求连锁店铺分布有相对的集中性，一个配送中心至少能满足几家店铺的需要。

（二）单个配送中心的规模决策

在这个问题上，主要应消除一个认识上的误区，即单个配送中心的规模就是配送中心总规模的平均数。实际上，企业在发展过程中，常常是逐个建立配送中心，因此配送中心总规模常常是全部单个配送中心累积的结果，而不是先确立总规模后再向各个配送中心进行分配。

例如，上面提到的意大利G.S公司中部配送中心负责对23家超市的供应，设有面积为2.3万平方米的仓库，而北部、南部的仓库则不同，或大或小。也就是说，一个配送中心规模的大小，是根据实际商品周转量确定的。

第四节　配送中心的选址规划

一、配送中心规划与设计概述

（一）配送中心规划与设计的含义

配送中心规划是对拟建配送中心的长远的、总体的发展计划。"配送中心规划"与"配送中心设计"是两个不同但容易昆淆的概念，二者有密切的联系，却也存在着重大的区别。在配送中心建设的过程中，如果将规划工作与设计工作相混淆，必然会给实际工作带来许多不应有的困难。因此，比较配送中心规划与配送中心设计的异同、阐明二者的相互关系，对正确理解配送中心规划的含义，在理论和实践上都具有重要意义。

建设项目管理中，将项目设计分为高阶段设计和施工图设计两个阶段。

高阶段设计又分为项目决策设计和初步设计两个阶段。项目决策设计阶段包括项目建议书和可行性研究报告。通常也将初步设计和施工图设计阶段统称为狭义的二阶段设计。对于一些工程，在项目决策设计阶段中即进行总体规划工作，以作为可行性研究的一个内容和初步设计的依据。因此，配送中心规划属于配送中心建设项目的总体规划，是可行性研究的一部分；而配送中心的设计则属于项目初步设计内容的一部分。

配送中心规划与配送中心设计的相同之处在于：一是配送中心的规划工作与设计工作都属于项目的高阶段设计过程，内容上不包括项目施工图纸等的设计；二是理论依据相同，基本方法相似。配送中心规划与设计工作都是以物流学原理为理论依据，运用系统分析的观点，采用定量与定性相结合的方法进行的。

配送中心规划与配送中心设计的不同之处在于：一是目的不同。配送中心规划是关于配送中心建设的全面长远的发展计划，是进行可行性论证的依据；配送中心设计是在一定的技术与经济条件下，对配送中心的建设预先制订的详细方案，是项目施工图设计的依据。二是内容不同。配送中心规划强调宏观指导性，配送中心设计则强调微观可操作性。

（二）配送中心规划的形式与特点

配送中心规划可以分为两类：一类是新建配送中心的规划，另一类是原有物流组织（企业）向配送中心转型的改造规划。新建配送中心规划又可以分为单个配送中心规划和多个配送中心网络规划两种形式。表2-1列出了这几种规划形式的特点和内容。

表2-1　配送中心规划的形式与特点

类型	新建		改造
	单个	多个	
委托方	新型企业、跨国企业、政府部门		大多为老企业
规划目的	高起点、高标准、低成本	成为企业、区域的新经济增长点或支柱产业	实现传统物流组织向现代配送中心的转变
关键点	配送中心选址	系统构造、网点布局	进行作业流程、企业重组，充分利用现有设施
规划内容	物流功能规划、场址选择、作业流程规划、信息系统规划	物流功能规划、物流系统规划、物流网络信息规划、物流网点布局规划、物流设施布置规划	企业发展战略研究、物流功能设计、作业流程规划、物流设施规划
规划原理与方法	物流学、统计学、物流系统分析、管理信息系统	物流学、统计学、物流系统分析、管理信息系统、生产布局学、城市规划	物流学、统计学、物流系统分析、管理信息系统、企业发展战略

（三）配送中心规划设计的程序与内容

配送中心规划是一件复杂的工作，大体上可以按照以下的程序进行。

1. 前期准备

前期准备工作主要是为配送中心规划提供必要的基础资料，其主要内容包括：收集配送中心建设的内、外部条件及潜在客户的信息；分析配送中心经营商品的品种、货源、流量及流向；物流服务的供需状况调研与现场调研等。

前期准备工作主要采用调研的方法，包括网上调研、图书资料调研与现场调研等。

2. 明确目标及原则

确定配送中心的建设目标是配送中心规划的第一步，主要是依据前期准备工作的资料，确定配送中心建设的近期、中期和远期目标。

配送中心建设的原则一般是根据物流学原理及项目的实际情况确定的。

3. 物流功能要素规划

功能要素规划是指将配送中心作为一个整体的物流系统来考虑，依据确定的目标和经营定位，规划配送中心为完成业务而应该具备的物流功能。配送中心作为一种专业化的物流组织，不仅需要具备一般的物流功能还应该具备适合不同需要的特色功能。对配送中心进行功能规划，首先要对配送中心的运输、配送、保管、包装、装卸搬运、流通加工、物流信息等功能要素进行分析，然后综合物流需求的形式、配送中心的发展战略等因素选择配送中心应该具备的功能。

4. 选址规划

配送中心拥有众多建筑、构筑物以及固定的机械设备，一旦建成就很难搬迁，如果选址不当，将付出长远代价，因此，对配送中心的选址规划需要给予高度重视。选址规划主要包括以下内容：分析约束条件（如客户需求、运输条件、用地条件、公用设施及相关法规等）；确定评价标准；选择选址方法（根据实际情况，一般采用定性与定量相结合的方法得出选址结果）。

5. 作业流程规划与设计

作业流程规划是配送中心规划的重要步骤，决定了配送中心作业的详细要求，例如，设施配备、场所分区等，对后续的建设具有重要的影响，是传统物流企业向现代配送中心转型的重要途径。不同类型的配送中心，其作业流程也有很大的不同，在实际规划设计中，应根据配送中心的功能，结合商品特性与客户需求进行必要的调整。

6. 信息系统规划与设计

信息化、网络化、自动化是配送中心的发展趋势，信息系统规划与设计是配送中心规划设计的重要组成部分。配送中心的信息系统规划设计，既要考虑满足配送中心内部作业的要求，有助于提高物流作业的效率；也要考虑同配送中心外部的信息系统相连，方便配送中心及时获取和处理各种经营信息。一般来讲，信息系统规划设计包括两部分：一是配送中心内部的管理信息系统分析与设计，二是配送中心的网络平台架筑。

7. 设施设备规划与布局

配送中心的设施设备是保证配送中心正常运作的必要条件，设施设备规划涉及建筑模式、空间布局、设备安置等多方面问题，需要运用系统分析的方法求得整体优化，最大限度地减少物料搬运、简化作业流程，创造良好、舒适的工作环境。在传统物流企业的改造中，设施设备规划与布局要注意企业原有设施设备的充分利用与改造等工作，这样可以尽可能地减少投资。配送中心的设备设施规划布局一般包括以下几个方面的工作：一是原有设施设备分析；二是配送中心的功能分区；三是设施的内部作业区域布局；四是设备规划布局；五是公用设施规划布局。

二、配送中心选址规划

选择地址时，首先要明确建立配送中心的目的和必要性，以及建立配送中心的基本条件。

（一）选址应考虑的基本条件

1. 需求条件

考虑配送对象的地址和数量，包括对现在和未来分布情况的了解和预测，以及配送作业量的大小和配送的区域范围。

2. 运输条件

配送中心应该接近交通运输枢纽，如靠近铁路货运站、公共汽车站、港口等运输节点。

3. 配送服务条件

根据供货时间的要求，计算从客户到配送中心的距离及范围；客户对到货时间、发送频率等的要求。

4. 用地条件

即考虑是利用现有的土地还是重新征地；地价是高还是低；允许范围的用地分布情况等。

5. 法规制度

根据有关的法规制度，判断哪些地区不允许建造仓库和配送中心。

6. 管理与信息职能条件

考虑配送中心与业务主管部门是否需要靠近；以及管理人员、计算机设施情况等。

7. 流通职能条件

考虑商流与物流是否要分开；是否在配送中心中进行加工、包装等作业。

8. 其他条件

不同商品类别有不同的需要和物流设施，例如，有些商品为了保证质量需要保温和冷冻、防震、危险品保管等设施；对地址有些什么特殊要求，以及是否有满足这种条件的地区。

在选择地址时，要将上述各种条件进行比较，经反复论证，再圈定选址范围和备选地址。

（二）选址需要的信息

在评价和论证各种方案时，需对其业务量、成本等进行大量的计算对比，这样才能作出正确的分析和判断。因此，必须掌握选择地址所需的各种信息。

1. 业务信息

业务信息主要包括：① 供货企业和配送中心的运输量；② 向客户配送的商品数量；③ 配送中心储存的商品数量；④ 在配送路线上的其他业务量，例如，分拣、加工、包装等业务工作量。

上述这些信息在不同时期（季、月、周）会发生波动，所以要对所采用的数据进行分析研究，既要分析现实的业务量数据，也要根据环境的变化预测未来的业务量数据。同时，还必须满足这些业务量的使用设施的预测值。

2. 成本信息

成本信息主要包括：① 供货地至配送中心间的运输成本；② 配送中心至客户的配送成本；③ 与设施、土地有关的费用以及人工费、管理费等。

3. 其他信息

其他信息主要包括：① 各备选地址的配送路线和距离；② 需要的车辆数、作业人员数等；③ 装卸方式、装卸机械费用等。

（三）配送中心选址的基本程序

配送中心是利用各种现代物流设施和管理技术与手段，以尽可能低的成本，为客户提供优质、高效的配送服务的物流机构。配送中心的建设规划特别是地址的选择，直接影响着配送中心各项经济活动的成本，同时也关系到配送中心的正常运作和发展。配送中心建成后还必须适应市场环境的变化，不断调整自身的活动方式。因此，配送中心的选址和布局必须在充分调查分析的基础上综合考虑自身经营特点、商品特性、竞争形势、交通状况等方面的因素，在详细分析现状并对未来变化进行预测的基础上使配送中心的建设具有相当程度的柔性，以提高其对市场变化的适应能力。

配送中心的选址通常必须通过外部条件的论证、内部业务量的预测、地址的选定三个基本过程，如图2-9所示。

1. 外部条件的论证

（1）交通运输条件。运输是物流的核心，配送活动必须依靠各种运输方式所具有的安全性、准时性、高速性，综合组织成最有效的运输系统，以及时、准确地将商品送交给各门店与顾客。所以，配送中心的选址应尽可能接近交通运输枢纽，例如，高速公路、主要干道、其他交通运输站港等，以提高配送效率、缩短配送运输时间。

（2）土地使用条件。配送中心建设必须具备相应的土地资源，土地的来源、地价、可利用程度及有关土地规划和法规等方面的因素都必须予以充分考虑并落实。

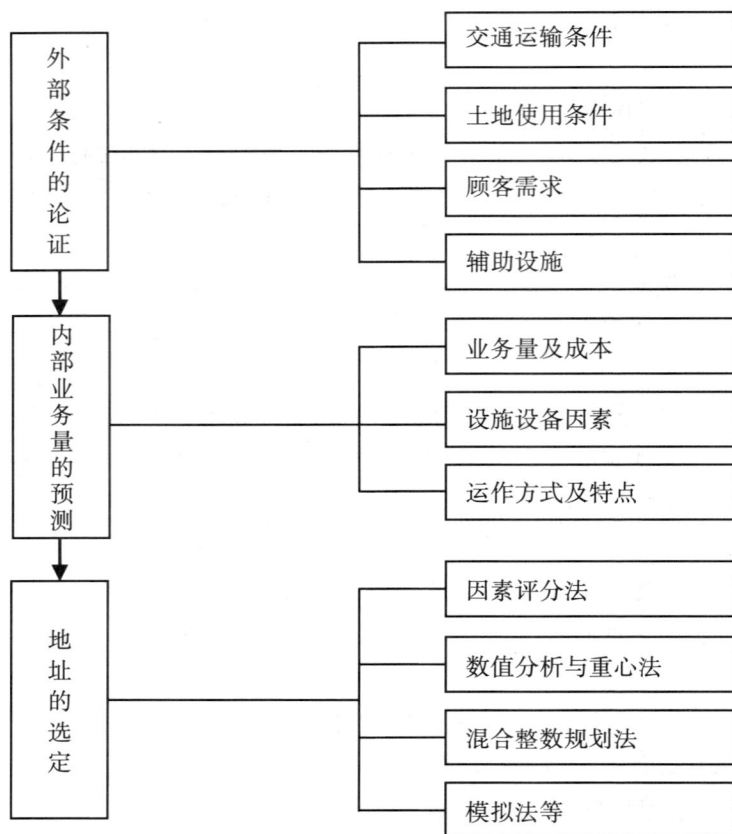

图2-9 配送中心选址的基本程序

（3）顾客需求。配送中心服务对象的分布，经营配送的商品及顾客对配送服务的要求等是配送中心选址时首先必须考虑的，对这些方面因素的分析必须在对现有数据和信息进行充分分析的基础上，预测其一定时间内的发展变化。因为，顾客分布状况的改变、配送商品数量的增加和顾客对配送服务要求的提高都会对配送中心的经营与管理带来影响。

（4）辅助设施。配送中心周围的辅助服务设施也是必须考虑的因素之一，例如，外部信息网络技术条件，水电及通信等辅助设施，北方地区的供暖保温设施，防止公害或危险品保管等特殊设施和条件都直接影响到配送中心的选址。

2. 内部业务量的预测

（1）业务量及成本分析。配送中心的业务量及成本主要来自以下几个方面：配送中心从供应商处集货的总运量及相应成本；配送中心将商品配送给客户的总运量及相应配送成本；配送中心储存保管的商品量及相应的管理费用；配送中心流通加工、包装、拣选等的业务量及发生的费用和成本；其他管理费用。

（2）设施及设备因素分析。配送中心根据自身定位确定相应的设施，选购配置相应的设备，例如，配备适宜的车辆类型和恰当的数量等。设施的结构特征、设备特点和相应的投资成本，也会给配送中心的选址带来影响。

（3）运作方式及特点。配送中心运作过程中采取的运作模式、具体的配送方法、配送路线以及作业人员的人数和管理方式等因素与信息，也会影响到配送中心地址的选定。

3. 地址的选定

配送中心的选址是指在明确配送中心自身定位的基础上，对以上各类条件和因素进行充分论证与分析，然后采用一定的技术方法选择地址。单一配送中心的选址可以采用因素评分法或重心法来确定；多个配送中心的选址可以采用混合整数规划法来确定。

三、配送中心地址的选定方法

（一）单一配送中心的选址

单一配送中心的选址是指在计划区域内设置惟一的配送中心的选址问题。

1. 因素评分法

因素评分法在常用的选址方法中是使用最广泛的一种，它以简单易懂的模式将各种不同的因素综合起来，每一个备选地点都按因素计分，在允许的范围内给出一个分值，然后将每一地点各因素的得分相加，求出总分后加以比较，得分最多的地点中选。

使用因素评分法选址的步骤如下。

① 给出备选地点；② 列出影响选址的各个因素；③ 给出每个因素的分值范围；④ 由专家对各个备选地点就各个因素进行评分；⑤ 将每一地点各因素的得分相加，求出总分后加以比较，得分最多的地点中选。

表2-2给出了某项目选址时影响选址的每个因素及其分值范围。

表2-2　影响选址的每个因素及其分值范围

影响因素	分值范围
区域内货物需求量大小	0~400
周围的辅助服务设施	0~330
交通运输情况	0~200
配送服务辐射区域范围	0~100
生活条件	0~100
用地条件	0~50
劳动力环境	0~10
气候	0~50
供应商情况	0~200
税收政策和有关法律法规	0~50

这种简单的因素评分法存在的一个最大的问题是：没有将每种因素所关联的成本考虑在内。例如，对于某个影响因素来说，最好的和最坏的地址之间只有几百元的区别，而对于另一个影响因素来说，好坏之间可能就有几千元的差别。第一个因素可能分值最

高，但对选址决策帮助不大；第二个因素分值不高，但能反映各个地址的区别。为了解决这个问题，可根据权重对每一个因素的分值进行确定，而权重则要根据成本的标准差来确定，而不是根据成本值来确定。这样就把相关的成本考虑进来了。

2. 重心法

重心法将配送系统的资源点与需求点看成是分布在某一平面范围内的物体系统，将各资源点与需求点的物流量分别看成是物体的重量，将物体系统的重心作为配送中心的最佳设置点。

3. 数值分析法

数值分析法是指由坐标和费用函数求出配送中心至顾客之间配送成本最小的地点的方法。

（二）多个配送中心的选址

在我们现实的物流系统中，单个配送中心的选址规划是很少的，大量存在的是多个配送网点的选址问题，即在某计划区域内设置多个物流配送中心进行货物配送。多个配送中心的选址问题，一般采用整数规划法来解决。多个配送中心（网点）选址的方法可以分为两种类型，一类是配送中心（网点）无限制的情况，另一类是配送中心（网点）有限制的情况。实际上，配送中心（网点）有限制的情况只需要在模型中增加一个配送中心（网点）数目的限制约束就可以了。

第五节　配送中心内部结构与作业设施

一、配送中心的内部结构与布局

（一）配送中心的内部结构

配送中心虽然是在一般中转仓库基础上演化和发展起来的，但配送中心内部结构及布局和一般仓库有较大的不同。一般配送中心的内部工作区域结构配置如图2-10所示。

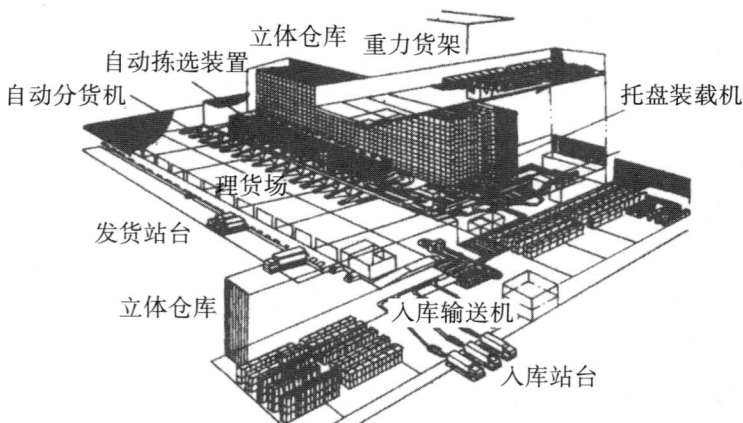

图2-10　配送中心各工作区域结构示意图

1. 接货区

在这个区域里完成接货及入库前的工作，如接货、卸货、清点、检验、分类、入库准备等。接货区的设施主要是：① 进货铁路或公路；② 装卸货站台；③ 暂存验收检查区域。

2. 储存区

在这个区域里储存或分类储存所进的物资。由于这是个静态区域，进货要在这个区域中有一定时间的放置，所以和不断进出的接货区比较，这个区域所占的面积较大。在许多配送中心中，这个区域往往占总面积的一半左右。

3. 理货、备货区

在这个区域里进行分货、拣货、配货作业，以及为送货作准备。这个区域的面积依配送中心的不同而有较大的变化。例如，对多客户、多品种、小批量、多批次商品进行配送（如中、小件杂货）的中心，要进行复杂的分货、拣货、配货工作，这部分区域占了配送中心很大一部分面积。

4. 分放、配装区

在这个区域里，按客户需要将配好的货暂放暂存等待外运，或根据每个客户货堆状况决定配车方式、配装方式，然后直接装车或运到发货站台装车。这个区域对货物是暂存的，时间短、周转快，所以所占面积相对较小。

5. 外运发货区

在这个区域将准备好的货装入外运车辆发出。外运发货区结构和接货区类似，有站台、外运线路等设施。有时候，外运发货区和分放配装区还是一体的，被分好的货物就直接通过传送装置进入装货场地。

6. 加工区

有许多类型的配送中心还设置有配送加工区域，在这个区域进行分装、包装、切裁、下料、混配等各种类型的流通加工。加工区在配送中心所占面积较大，但设施装备随加工种类不同而有所区别。

7. 管理指挥区（办公室）

这个区域可以集中于配送中心的某一位置，有时也分散设置于其他区域。其主要功能是营业事务处理场所、内部指挥管理场所、信息场所等。

（二）配送中心的内部布局与配送流程的关系

配送流程是指配送中心的活动过程和运动时所形成的基本工作顺序。配送中心作业流程一般表现为：进货→进货验收→入库→存放→拣取→包装→分类→出货→检查→装货→送货。因此，为保证配送作业有序进行，在对配送中心的内部分区进行规划时必须根据物流作业量的大小和作业工艺流程的合理性确定内部各作业区域的位置和面积，具体如图2-11所示。

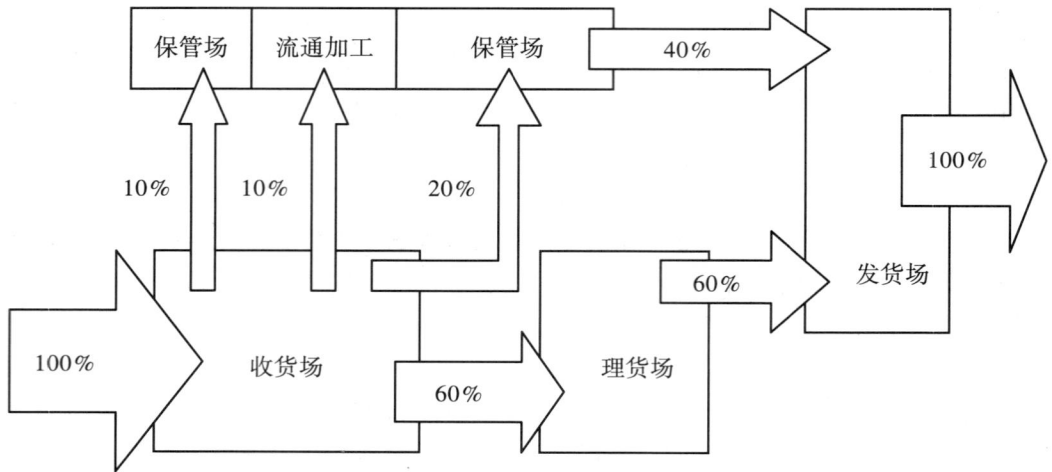

图2-11　配送中心一般流程与配送中心内部布局

二、配送中心厂区、装卸货区及停车站台

（一）厂区

配送中心整个厂区包括仓库建筑物、停车场和道路等的布局，其规划原则是必须注重提高空间利用率及车辆进出的安全性。

厂区空间各种建筑的布局，必须在允分利用地形、地质和地理位置的基础上，既能满足商品进出业务的需要，又能满足防火、安全的要求。随着集装箱技术的应用和发展、配送业务量的增加，特别是社会化共同配送的发展，利用集装箱货柜车运输商品的机会急速增加，因此，在配送中心厂区空间规划中，要注意留有足够的空间，供货柜车进出厂。

厂区道路布局的首要问题是考虑人流物流的合理分流；其次是符合道路技术标准和安全标准；最后要结合厂区环境建设，合理布局主次干道和支道。

厂区出入口是最容易发生危险的地方，特别是建设在高速公路和其他干线公路附近的配送中心，厂区与公路间衔接口的设计非常重要。厂区出入口的设计可以采用"Y"字形辅助道路形式，这种设计方式不仅可以保证安全，而且还可以提高车辆进出的速度。

（二）站台

1. 站台空间布局

整个站台平台一般包括三个主要区域，图2-12为站台空间布局示意图。第一个区域是站台内侧的接货区与发运区，在这一区域可以对商品进行拆、装、理货、检验或暂存，以待入库，并在出货前进行包装、检查或暂存待运；第二个区域是装卸搬运设施所占的空间，这一空间的大小随各类设施所占空间而定；第三个区域是确保搬运车辆及人员能顺畅进出而规划的通道，通道的宽度也必须根据搬运车辆及作业的需要而定，人力搬运作业时的通道宽度一般为2.5~4米。

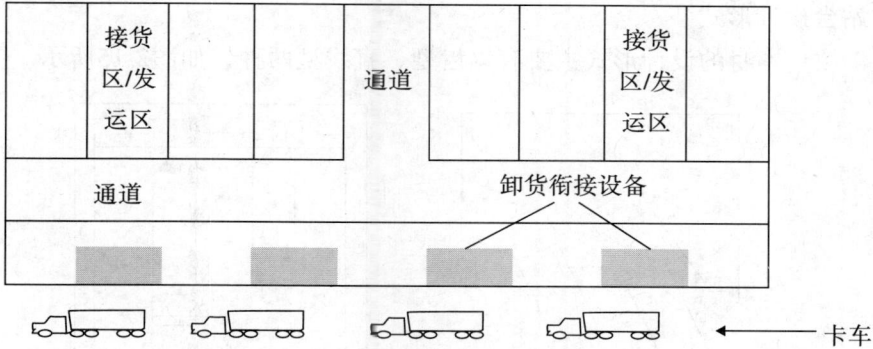

图2-12　站台空间布局示意图

2. 站台设计的方式

库外进出货站台的相对位置直接影响进出货的效率及质量，为使仓库内物流通畅，设计时可以采用进货及出货共用站台；进货及出货站台相邻；进货及出货站台完全独立等方式安排，图2-13为仓库与站台相对位置示意图。

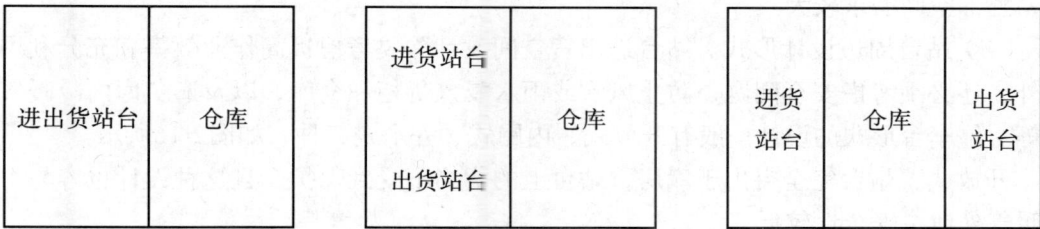

图2-13　仓库与站台相对位置示意图

不论站台采用哪种设计方式，如果货物进出繁忙，则在有足够空间的前提下就可规划设计多个站台，如图2-14所示。此时，在站台设计时必须综合考虑站台的物流量、车流量、装卸时间等，以及未来库房扩大和变更的可能性，再准确估计、计算站台的空间需求。

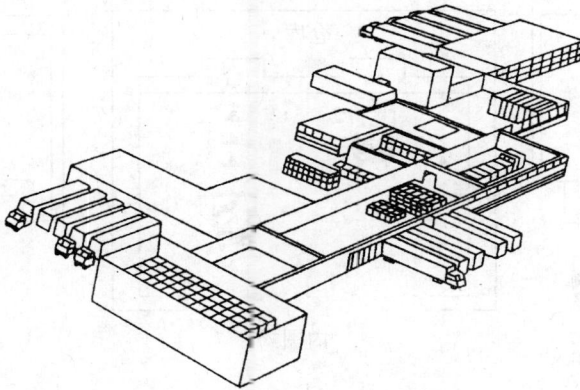

图2-14　配送中心多个进出货站台示意图

3. 站台设计形式

（1）站台本身的设计形式主要有锯齿型、直线型两种，如图2-15所示。

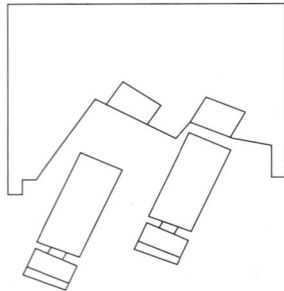

图2-15（1）　锯齿型站台设计　　　图2-15（2）　直线型站台设计

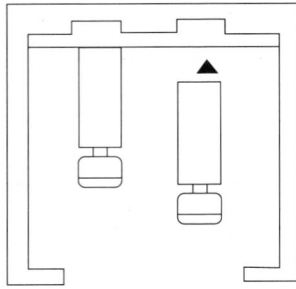

锯齿型站台设计的优点在于车辆回旋空间纵深较浅，其缺点是占用仓库内部空间较大。

直线型站台设计的优点在于占用仓库内部空间较小，其缺点是车辆回旋空间纵深较深，外部空间需求较大。

（2）站台周边设计形式。站台进出货空间设计除要考虑提高作业效率和充分利用空间外，还必须考虑安全问题，防止风吹或雨水浸入货柜和仓库，以及避免库内冷暖气外泄等。停车台形式的设计一般有开放式、内围式、齐平式三种，如图2-16所示。

开放式：站台完全突出于库房，站台上的货物不受到保护，且这种设计也容易引起冷暖气外泄，安全性较低。

内围式：将站台围在一定空间内，这种形式安全性最高，有利于防止风雨侵袭和冷暖气外泄，但造价也较高。

齐平式：站台与仓库外缘齐平，整个站台仍在库内受到保护，这样能有效避免能源浪费，造价也较低，是目前采用最为广泛的形式，但安全性不如内围式高。

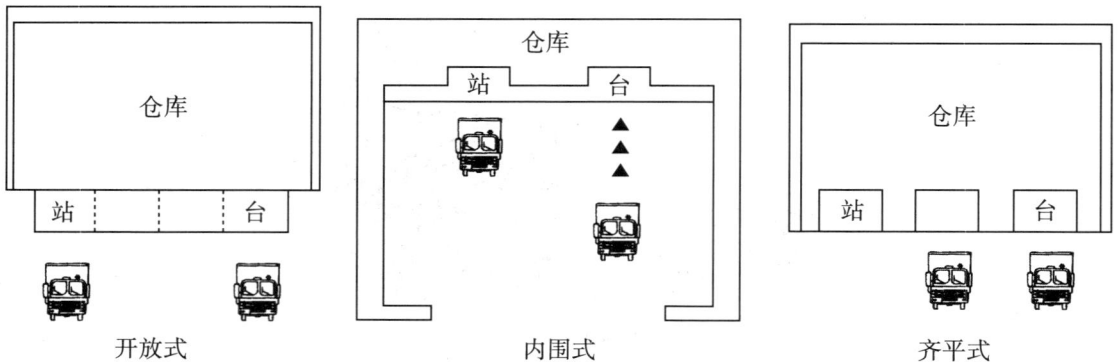

图2-16　站台周边设计形式

三、自动化仓库

自动化仓库是一个自动控制的仓储设施系统，它将仓库的收发存储作业过程设计成一个连续的作业系统，并配备以全部机械化启动的设备。随着计算机系统的应用，自动化仓库逐步发展成为以计算机信息处理为核心的自动控制系统。自动化仓库较适用于社会化和专业化程度较高的配送中心，其应用可以显著提高仓库的作业效率和作业能力。

自动化仓库一般建设成立体仓库。自动化立体仓库的主体由高层货架、巷道式堆垛起重机、出入库工作台和自动运送及操作控制系统组成，如图2-17所示。

图2-17　自动化仓库示意图

（一）仓库建筑与高层货架

自动化立体仓库的主体和货架为钢结构或钢筋混凝土结构，货架内是标准尺寸的货位空间，巷道堆垛起重机穿行于货架之间的巷道，完成存、放货的工作。自动化立体仓库按其结构特点分为整体式结构和分立式结构两类。整体式结构的高层货架不仅作为货架储存商品，而且作为仓库的支柱和屋架结构，即货架与仓库支柱构成一个建筑整体；分立式结构的自动化立体仓库是指仓库建筑与高层货架分别建造，在结构上分开独立，结构整体性较差，精度比较低，但设计与施工比较容易、建设周期短、投资费用较少。

立体仓库的建筑高度一般在5米以上，最高的立体仓库可达四十多米，常用立体仓库的高度在7~25米。库内高层货架每两排合成一组，每两组货架的中间设有一条巷道，供巷道堆垛起重机或叉车行驶作业。每排货架分为若干纵列和横排，构成货格或存货位，用于存放托盘或货箱。巷道堆垛起重机自动对准货位存取货物，配合周围出入库搬运系统完成自动存取作业。

（二）巷道堆垛起重机

巷道堆垛起重机沿仓库轨道水平方向移动，载货平台沿堆垛机支架上下移动，起重机货叉可借助伸缩机构向平台的左右方向移动存取货物。巷道堆垛起重机由机架、运行机构、升降机构、货叉伸缩机构、电气控制设备五个部分构成，如图2-18所示。

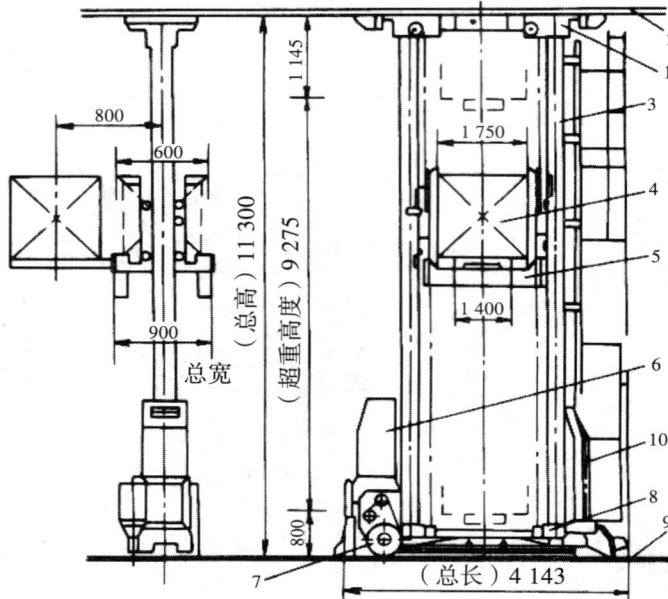

图2-18　巷道堆垛起重机构造示意图

注：1——上梁；2——天轨；3——立柱；4——载货台；5——存取货机构；6——运行机构；7——车轮；8——下梁；9——地轨；10——起升机构。

（1）机架：机架由上、下横梁及立柱构成，高度可达30米，起重量在1~2吨。上横梁装有导轮并与架空导轨相接触，下横梁装有起重机的走行轮并与地面轨道相接触。

（2）运行机构：该机构包括电动机、减速器和制动器等。电动机有主电动机和微速电动机两台，供起重机高速运行和微速对准料位时使用。

（3）升降机构：该机构包括货台和卷扬机。货台沿立柱上下滑行，由卷扬机牵引升降。

（4）货叉伸缩机构：该机构安装在货台上，由双速电动机、链条、链轮和货叉等组成，用于在货架上存取托盘。

（5）电气控制设备：该设备包括逻辑装置、认址器等，以保证起重机对准料位。

（三）周边搬运系统

周边搬运系统常用机械包括输送机、自动导向车、叉车等，其作用是配合巷道机完成货物输送、搬运、分拣等作业；还可以临时取代其他主要搬运系统，使自动存取系统维持工作，完成货物出入库作业。其中，分拣作业线通常安装于立体货架的出库端，由一条主输送机和若干条分支及道口组成。主输送机输送由货架拣出的货物，经过扫描条码自动识别以后，再按一定的标志输送至不同的道口集结，最后经过整理搬运至发运区。图2-19为立体化仓库出入库端实照。

图2-19　立体化仓库及其出入库端实照

（四）控制系统

自动存取系统的计算机中心或中央控制室接收到出库或入库信息后，对输入信息进行处理，由计算机发出出库或入库指令，巷道机、自动分拣机及其他周边搬运设备按指令启动，协调完成自动存取作业，管理人员在控制室对整个过程进行监控和管理。

现在对进出货堆垛控制过程加以说明。

1. 进货作业过程

如图2-20所示，当自动仓库组织进货作业时，先将装载商品的托盘运进仓库，作业人员按有关进发验收单据对托盘或货箱进行编号并制作进货卡，用卡片穿孔机或计算机穿孔，将已编号的托盘或货箱由叉车送至相应的巷道停发平台上。然后，将编号卡片送入读卡器内，之后堆垛机地面控制器发出指令，启动堆垛机，将平台上的托盘按编号送入指定货位。最后取出卡片整理留存。

2. 出货作业过程

如图2-21所示，作业人员根据发货信息找出待出货的托盘或货箱卡片，将卡片送入读卡器内，之后堆垛机地面控制器发出指令，启动堆垛机，从指定料位上取出托盘并放在停货平台上。由推送器将其推至输送机上，传送至出货口配装出货。

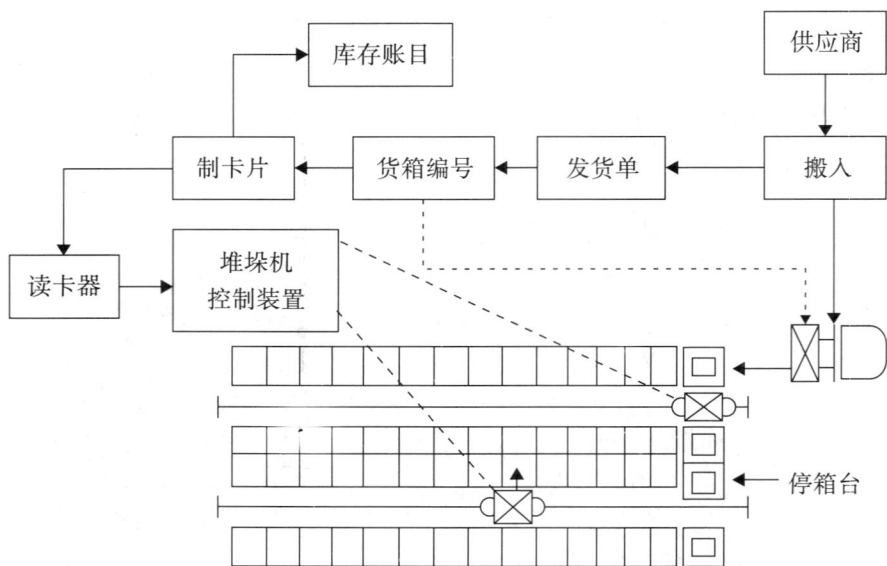

图2-20　自动进货作业过程示意图

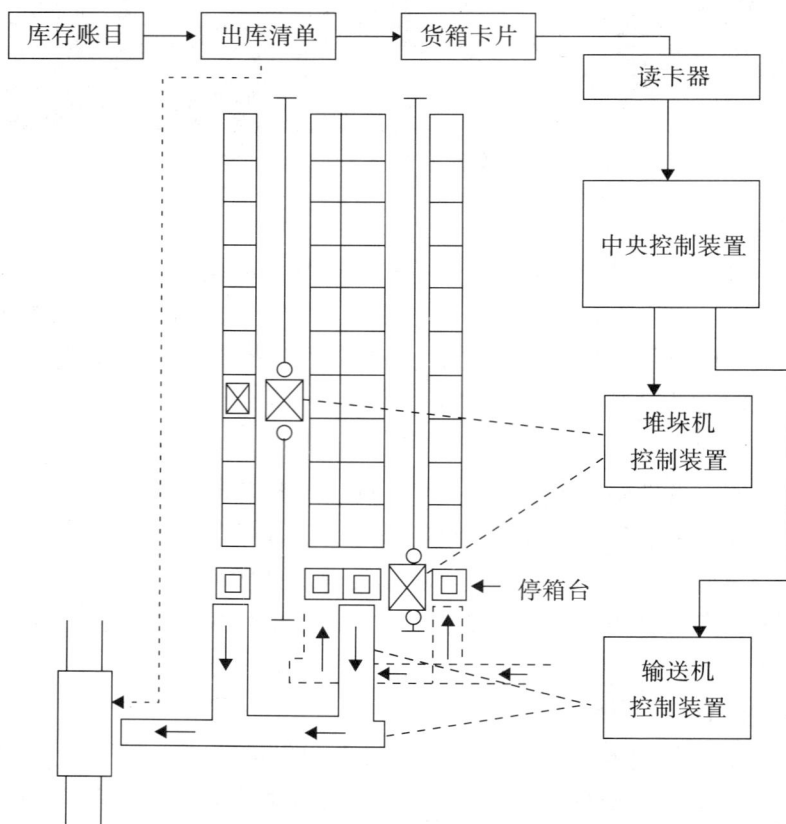

图2-21　自动出货作业过程示意图

四、自动化分拣系统

自动分拣系统种类繁多、规格不一，但一个自动分拣系统大体上由收货输送机、合流输送机、喂料输送机、分拣指令设定装置、分拣输送机、分拣卸货道口、计算机控制系统7个部分组成，如图2-22所示。

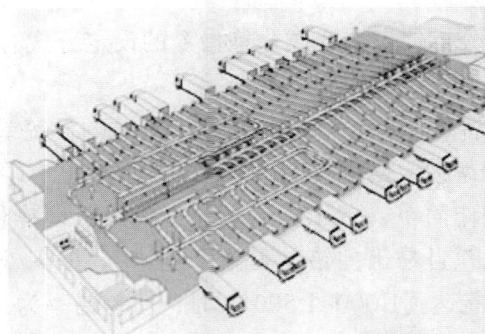

图2-22 自动分拣系统

（一）收货输送机

卡车送来的货物被放在收货输送机上，经检查验货后，送入分拣系统。为了满足配送中心巨大吞吐的要求，提高自动分拣机的分拣量，往往采用多条输送带组成的收货输送机系统，以供几辆、几十辆乃至百余辆卡车同时卸货。这些输送机多是辊子式和带式输送机，特别是辊子输送机，具有积放（Accumulation）功能，即当前面的货物遇阻时，后继货物下面的辊道会自动停转，使货物得以在辊道输送机上暂存，解阻后自动继续前进。有些配送中心已使用了伸缩式输送机，它能伸入卡车车厢内，从而大大减轻了卡车工人搬运作业的劳动强度。

（二）合流输送机

大规模的分拣系统因分拣数量较大 往往由2~3条传送带输入被拣商品，它们分别经过各自的分拣信号设定装置后，必须经过合流装置。合流机构是由辊柱式输送机组成的，能立刻让到达汇合处的货物依次通过。

（三）喂料输送机

货物在进入某些自动分拣机前，要经过喂料机构。它的作用有两个：一是依靠光电管的作用，使前、后两货物之间保持一定的间距，均衡地进入分拣传送带；二是使货物逐渐加速至分拣机主输送机的速度。

其中，在第一阶段输送机是间歇运转的，它的作用是保证货物上分拣机时，满足货物间的最小间距。该段输送机的传送速度一般为0.6米/秒左右，而分拣机传送速度的驱动均采用直流电动机无级调速，由速度传感器将输送机的实际带速反馈到控制器，进行随机调整，保证货物在第三段输送机上的速度与在分拣输送机上的完全一致，这是自动分拣机成败的关键之一。

（四）分拣指令设定装置

通常在待分拣的货物上贴上标有到达目的地标记的票签，或在包装箱上写上收货方的代号，货物在进入分拣机前，先由信号设定装置把分拣信息（如配送目的地、客户户名等）输入计算机中央控制器。

在自动分拣系统中，分拣信息转变成分拣指令的设定方式有如下几种。

1. 人工键盘输入

如图2-23所示，操作者一边看着货物包装箱上粘贴的标签或书写的号码，一边在键盘上将号码输入。一般键盘为十码键（TENKEY），键盘上有0到9的数字键和重复、修正等键。键盘输入方式操作简单、费用低、限制条件少，但操作人员必须注意力集中，可见该项工作劳动强度大，且易出差错（看错、键错）。据国外研究资料显示，人工键盘输入被拣商品信息代码能达到1 000~1 500件/时，但差错率为1/300。

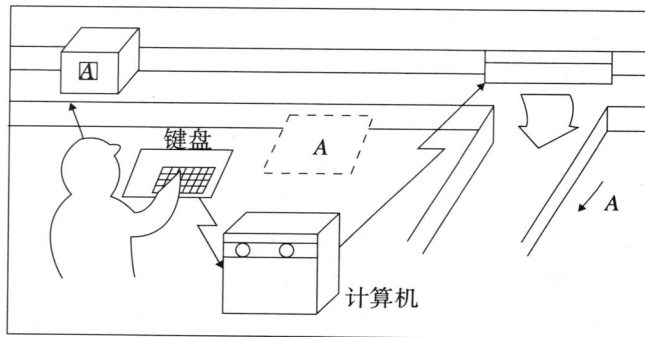

图2-23 人工键盘输入货物信息代码

2. 声控方式

如图2-24所示，首先需将操作人员的声音预先输入控制器电脑中，当货物经过设定装置时，操作人员将包装箱上的票签号码依次读出，计算机将声音接收并转为分拣信息发出指令，传送到分拣系统的各执行机构。

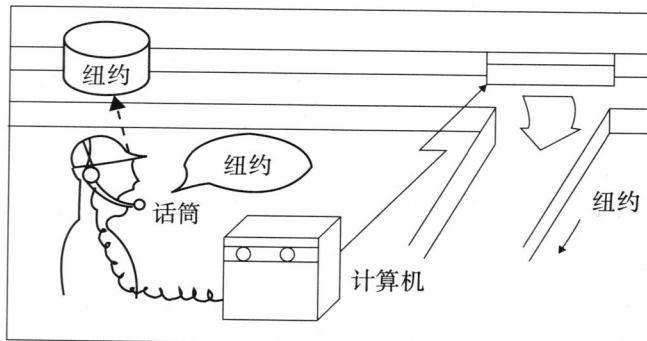

图2-24 声控方式输入拣货信息

声音输入法与键盘输入法相比，速度要快些，可达3 000~4 000件/小时，操作人员较省力，双手腾出来还可做别的工作。但由于需事先储存操作人员的声音，当操作人员偶尔出现咳嗽等情况时就会发生差错。据国外物流企业实际使用情况显示，声音输入法经常出现故障，使用效果不理想。

3. 利用激光扫描器自动阅读物流条码

如图2-25所示，被拣商品包装外贴（印）上代表物流信息的条码，在输送带通过激光扫描器时，扫描器会读取自动识别条码上的分拣信息，并输送给控制器。

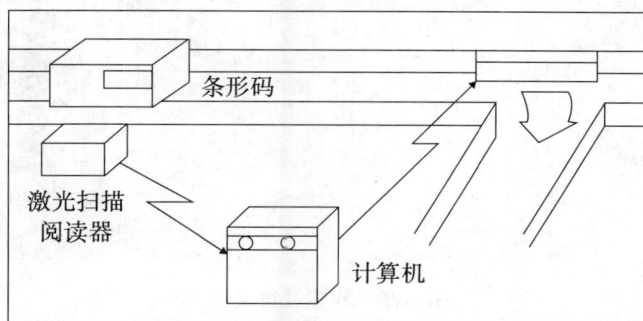

图2-25　激光扫描条形码拣货

激光扫描系统科技含量高，使用扫描器阅读信息拣货，必须要给商品加贴物流条码，因此总体费用较高。但激光扫描器的扫描速度极快，可达100~120次/秒，由于它的输入速度可与输送带的速度同步，达5 000件/小时以上，而且差错率极小，所以规模较大的配送中心都采用这种方式。

4. 计算机程序控制

根据各客户需要商品的品种和数量，预先编好合计程序，把全部分拣信息一次性输入计算机，控制器即按程序执行。

计算机程序控制是最先进的方式，它需要与条形码技术结合使用，而且还须置于整个企业计算机经营管理系统之中。一些大型的现代化配送中心把各个客户要货单一次性输入计算机，在计算机的集中控制下，商品货箱被从货架上拣选取下，并在输送带上由条码喷印机喷印条码，然后进入分拣系统，全部配货过程实现自动化。

（五）分拣输送机

分拣输送机是自动分拣机的主体，它包括两个部分：货物传送装置和分拣机构。前者的作用是把被拣货物送到设定的分拣道口位置；后者的作用是把被拣货物推入分拣道口。各种类型分拣机的主要区别就在于采用不同的传送工具（例如钢带输送机、胶带输送机、托盘输送机、辊子输送机等）和不同的分拣机构（例如推出器、浮出式导轮转向器、倾盘机构等）。上述传送装置均设带速反锁器，以保持带速恒定。

（六）分拣卸货道口

卸货道口是用于接纳由分拣机构送来的被拣货物的装置，如图2-26所示。它的形式各种各样，主要取决于分拣方式和场地空间，一般来说，常采用斜滑道，其上部接口设置动力滚道，将被拣商品"拉"入斜滑道。

图2-26　分拣卸货道口

斜滑道可看作是暂存未被取走货物的场所。当滑道满载时，由光电管控制、阻止分拣货物再进入分拣道口。此时，该分拣道口上的"满载指示灯"会闪烁发光，通知操作人员赶快取走滑道上的货物，消除积压现象。一般自动分拣系统还设有一条专用卸货道口，汇集"无法分拣"和因"满载"无法进入设定分拣道口的货物，以作另行处理。有些自动分拣系统使用的分拣斜滑道在不使用时可以向上吊起，以便充分利用分拣场地。

（七）计算机控制系统

计算机控制系统向分拣机的各个执行机构传递分拣信息，并控制整个分拣系统。自动分拣的实施主要靠它把分拣信号传送到相应的分拣道口，并指示启动分拣装置，将被拣货物推入道口。分拣机控制方式通常采用脉冲信号跟踪法。送入分拣运输机的货物，经过跟踪定时检测器，并根据计算机存储的信息，计算出到达分拣道口的距离及相应的脉冲数。当被拣货物在输送机上移动时，安装在该输送机轴上的脉冲信号发生器产生脉冲信号并计数。当计数值达到计算值时，立即输出启动信号，使分拣机构运作，货物被迫改变移动方向，滑入相应的分拣道口。

五、配送中心采用自动化存储及分拣系统的条件

随着物流技术的不断发展，自动化立体仓库及自动分拣系统已广泛应用于发达国家先进的配送中心。但由于自动存取及分拣系统需要较高的投资和运营成本，并且要求的技术条件也很高，所以在引进和建设自动存取及分拣系统时必须考虑以下条件。

（一）建设投资

自动分拣系统通常必须配备自动存取系统。自动存取系统与自动化立体仓库连成一

体，其建设高度可以超过40米，而且一般占地面积可达2万平方米。还必须配备自动分拣机械传输线、机电一体化控制系统、计算机网络及通信系统、其他各种自动化搬运及存储设施，因此需要巨额投资，投资回收期长达10~20年。所以，在规划建设时，必须认真地进行投资成本分析。

（二）配送业务量

自动存取分拣系统不仅建设投资成本高，开机后运行成本也非常高，所以，必须有较高的配送业务量以保证赢利。从国内外配送实践来看，如果每天配送业务量超过2万件商品，方可以考虑建设自动化存取及分拣系统。

此外，自动分拣系统是适应"快速反应"物流系统而出现的一种具体的物流作业体系，其前提条件是与自动分拣系统相连接的其他系统也能做到快速反应，否则，自动存取及分拣系统的应用便会失去意义。

（三）商品外包装及条码技术的应用

自动存取及分拣系统对商品的自动识别主要是通过商品条码或其他编码的输入实现的，因此商品条码技术的应用是配送作业自动化的重要基础。同时，对于分拣系统来说，自动分拣传输的商品必须底部平坦、规则且具有一定刚性的外包装，软袋装商品、包装底部柔软或凹凸不平以及包装易变形、易破损、超长、超薄、超重、超高、不能倾覆的商品，不能使用普通的自动分拣机进行分拣。要有效控制成本，提高自动分拣系统的通用性，必须改进商品包装以适应自动分拣的需要。所以，在投资建设和规划自动存取及分拣系统时，条码技术的应用和商品的包装情况是非常重要的影响因素。

第六节　国外配送中心的实践

一、美国配送中心的类型及管理特点

美国连锁店的商品配送有多种形式，其中有以批发、零售和仓储运输为主的三种类型。

（一）以批发商为主导型的配送中心

以批发商为主导型的配送中心的典型代表是美国加州食品配送中心。该配送中心是组织商品、面向单体超市开展配送的全美第二大批发配送中心，建于1982年，属于1926年成立的美国加州食品有限公司。该配送中心的建筑面积为10万平方米，现有员工2 000人，拥有各种运输车辆600辆，年销售额为20亿美元。经营的商品均为食品，有43 000个品种，其中98％的商品由该配送中心组织进货，2％的商品为该配送中心开发加工的商品。配送中心拥有全美超市中经营的所有食品，除了满足美国国内超市所需的各种食品外，还对日本、新加坡等国家进行配送。选用该配送中心的会员客户有一千多家单体超市，与配送中心形成合作关系。各会员超市由于规模大小的不同，所需配送量不同，因而所交会费也不等。在日常交易中，会员店与其他店一样，不享受任何特殊待遇，但可参加配送中心的定期利润分红。会员店分红多少的依据是各店在配送中心进货量和交易额的大小。

该类配送中心采购的商品价格是根据商品的数量、质量以及付款时间（如在10天内付款，则可享受2％的价格优惠）与制造商和供应商之间进行协商的结果。配送中心对各超市配送商品的加价率是根据商品品种和档次的不同以及进货量的多少而定的，一般为2.9％~8.5％。

该类配送中心的主要营运手段是计算机管理。工作人员通过计算机获取订货信息，根据订货信息发出要货指示，再根据要货指示单和配送的先后顺序进行配送。配送中心实行24小时配送，配送半径一般为50公里，最远可达300~400公里。

（二）以零售业为主导型的配送中心

以零售业为主导型的配送中心中最具代表性的是美国沃尔玛公司的商品配送中心。该配送中心是由沃尔玛公司独资建立的，专为其自身的连锁店提供配送服务。该公司在阿肯色、得克萨斯、依阿华、加利福尼亚、佐治亚、密西西比等州都设有区域配送中心，平均每160家连锁店拥有一个配送中心。占总销售额90％的商品都是由沃尔玛的配送中心进行进货、加工、储存和配送的。

沃尔玛公司的订货方式基本上有两种：一种是各连锁店每周一次或两次向相应的配送中心订货；另一种是联合订货，即各连锁店在指定日期（一般为每周一次或两周一次）通过计算机系统直接向各供应商订货，供应商将各连锁店的订货信息进行汇总后，定期将货物送往相应的配送中心，各配送中心在统一验收入库后将货物分发至各连锁商店。

沃尔玛设立配送中心的战略：一是尽量选择劳动力便宜、地价低且交通方便的地方；二是总公司制订了五年发展计划，其主要内容是：今后五年在什么地方、建多少个连锁店，连锁店发展到多少家后在什么地方、建立多大规模的配送中心，服务商圈的人口、半径为多大等。根据这样的五年发展战略，沃尔玛基本每半年建立一个配送中心，且每个配送中心为一百多个连锁店提供配送服务。

（三）以仓储运输业为主导型的配送中心

福来明公司是一家专门承担客户委托配送业务的专业公司，在美国有四十多家配送中心，分布在美国的42个州，为四千多个不同经营形态的零售店提供配送业务。

以福来明公司为代表的社会化、专业性的配送中心充分体现了在专业方面的优势。以福来明公司位于北加州萨克拉门托市的食品配送中心为例，该配送中心主要是接受美国独立来货商联盟（Independent Grocers Association，缩写为IGA）在加州地区总部的委托，为IGA在该地区的350个加盟店提供商品配送服务的。该配送中心建筑面积7万平方米，其中冷冻、冷藏库有4万平方米，杂货库有3万平方米，经营品种有8.9万个。其服务对象店经营的商品中有70％的商品是由该配送中心集中配送的。合理的库区布局和有效的管理是该配送中心突出的特色。

（1）库内货架间设有27条通道、19个进货口，以便于货物的进出。

（2）商品存放分类是根据商品的生产日期和保质期，采取先进先出的原则进行的，货架上层是后进库的储存商品，下层是待出库的配送商品。

（3）将品种配货和店配货的商品分开存放。针对不同商品的特点采取不同的配货方式：品种配货是数量较多的整箱货，使用叉车配货；店配货品种多、数量小，是细分货，采用传送带配货；体积大、重量重的商品用叉车配货；重量轻、体积小的商品用传送带配货。

（4）库内设立特殊商品存放区，对价格高的药品、滋补品等设专区存放，以保证储存的安全。

（5）配送中心与各店铺实现了无障碍信息传输，各商店可以通过配送中心的信息系统实现自动订货。

加盟店的货款由IGA地区总部统一支付。配送中心除了获取商品加价部分外，还要根据配送商品的数量、交易额等收取加盟店的服务费。为减少加盟店的库存，保证销售顺利进行，配送中心每天为商店送货一次，从而减少了商店的接货次数，扩大了营业面积，提高了竞争力。

二、日本配送中心的运作类型及管理特点

（一）日本配送中心的类型

1. 大型连锁超市式配送终端

大型商业企业自设的配送中心既为本企业系统终端配送，也为社会上其他需要配送的企业提供物流服务。这些配送中心一般由资金雄厚的商业销售公司或连锁超市公司投资建设，主要为本系统的零售店配送，同时也受理社会中小零售店的商品配送业务，这部分社会配送业务正在发展扩大。

例如，设立在日本东京都立川市的麦食立川物流中心，就拥有冷冻仓库、恒温仓库、常温仓库约11 000平方米，其中冷库约7 000平方米，主要配送食品、酒类、冰淇淋等。配送商品品种数为冷冻食品1 500种、酒类1 000种、冰淇淋200种、食品材料650种。主要配送到关东地区的12个配送中心，然后由12个分中心再配送到各零售店铺。

2. 批发商投资，小型零售商加盟组建的配送中心

批发市场与零售企业联盟合作，共进双赢。这种以批发商为龙头，由零售商加盟的配送中心，实际是商品的社会化配送。这样的配送形式，既可解决小型零售商因规模小、资金少而难以实现低成本经营的问题，也提高了批发商自身的市场占有率，同时实现了物流设施充分利用的社会效益。

据介绍，日本共有三百多家小公司，门店三千多个，这些小公司为了能与大型连锁超市公司竞争，就自愿组合起来，由CGC集中进货和配送，这样，就能和大公司一样集中进货和配送，一方面便于工厂送货（工厂愿意让利给集配中心几个百分点），另一方

面小公司不必自己再设物流配送设备。

3. 专业第三方专为便利店配送

物流企业接受委托，为连锁超市提供服务的配送中心，构成了流通供应链的专业第三方物流配送模式。以日本西友公司为代表，其物流中心除了为本系统的店铺配送商品外，主要配送对象还有便利店。

（二）日本配送中心的管理特点

1. 先进的物流设备，提高了配送中心的作业效率。

大阪物流配送中心建立了自动化立体仓库，采用了自动分拣系统和自动检验系统，从进货检验、入库到分拣、出库、装车全部用各种标准化物流条码经电脑终端扫描，由传送带自动进出，人工操作只占其中很小一部分，较好地适应了高频度、小批量分拣出货的需要，降低了出错率。特别值得一提的是大阪物流配送中心为解决部分药品需要在冷冻状态下保存与分拣的问题而采用的全自动循环冷藏货架。由于工作人员不便于进入冷冻库作业，冷冻库采用了全自动循环货架，取、放货时操作人员只需在库门外操作电脑即可调出所要的货架到库门口，存、取货作业完毕后再操作电脑，货架即回复原位。

再如，富士物流配送中心，其配送频度较低，操作管理较为简单，在物流设备上采用了最先进的大型全自动物流系统，从商品保管立体自动仓库到出货区自动化设备，进、存货区域的自动传送带和自动货架、无线小型分拣台车、电控自动搬运台车、专职分拣装托盘的机器人、全库区自动传送带等最先进的物流设备一应俱全。在富士物流配送中心，由于自动化程度很高，虽然其最大的保管容量达到8 640托盘，最大出货处理量可达1 800托盘/日，一天可安排10吨的进出货车辆125辆，但整个物流配送中心的全部工作人员才有28名。

另一方面，虽然目前在日本有30％以上的物流配送中心使用富士通公司开发的物流信息系统和相应的自动化物流设施来实现物流合理化改革，但大部分的物流作业仍然使用人工操作，没有引进自动化仓库、自动化分拣等自动化物流设施。他们认为，日本的信息技术更新换代非常快速，电脑一般一年要升级换代三次，刚安装的自动化装置可能很快就进入被淘汰的行列或者很快就需要投资进行更新以适应信息系统的发展变化，而物流的实际情况也是千变万化的，单纯的自动化设置不能针对实际情况进行富有柔软性的反应，反而是以人为本的标准化作业更有效率。

2. 先进的信息管理系统是配送中心的基本保证

大阪物流配送中心的信息系统与总公司及总公司分布在日本西部地区的45个营业点全部连网，配送对象具体到下属的每一个药店，即配送中心可按反映在内部网上的每个药店每天的销售需要量为单位拣货、出货及安排配送线路，开展配送服务。

富士物流配送中心的物流系统与东京总部的管理信息系统的信息传递是实时的，每天下午两点之前，总部管理信息系统将第二天的进出货信息传给物流配送中心安排，如果两点钟之后订单信息有变动、修改等情况，物流系统仍然会接受其信息，并作出相应的出货安排。

3. 先进的车辆管理系统是运作的重要保证

富士物流配送中心总部的管理系统配置了配车系统模块，进行配车线路管理。管理系统会根据订单信息，将各配送路线所需的车辆吨位、台数、时间自动计算出来传送到物流系统，再由物流配送中心根据这个信息于前一天下午四点前从网上传送到各个关连运输公司以便其调度安排车辆，运输公司安排好车辆后又会将具体的信息反馈回物流配送中心系统。因此，第二天当运输公司的司机将车开到物流配送中心，在窗口填表报到之后，物流配送中心业务人员将其所填的运输公司名、车名、司机名、订单号等输入系统，在系统中按情况安排具体的出货通道装车。各自动出货通道的电子显示器会显示相应的车牌号码，司机、装车工和业务员可以一目了然地掌握装车位置和装车情况。

富士通东京物流配送中心配置的配送车辆跟踪信息系统也是非常先进的，他们与日本电话公司合作，将这套系统与电话公司连网，利用电话发射台的装置，每隔15分钟就显示一次所有配送车辆的当前位置。根据反馈回来的信息，系统可以分析每条配送路线和每辆车的平均运输时间，而星期几的不同、时间段的不同、天气的不同对运输时间的影响等数据都可以计算出来。另外，平均花在每个客户上的卸货时间、每个客户卸货地点的分散和集中情况，甚至每个卸货地点有无阶梯、对卸货时间的影响等数据都被收集到系统中，为更合理地安排配车和配送路线的系统循环分析提供依据。目前这套系统可以做到：每天早上公布显示各客户要求送货到达的时间；配送实际情况、接收人、时间在第二天中午前公开显示；当天因故不能送达、客户不在、拒收等的货单显示；在富士通的网上可以24小时详细查询每单配送货物的去向——是准备中还是已送出，送去了哪里等。

4. 实行外包是配送中心经营的基本策略

针对运输业务在人员和车辆管理方面的复杂性与专业性，三家配送中心为了控制运输成本，提高物流效率，除配备少量的办公车辆外，几乎没有一台货运车辆，而是将所有的货物由配送中心到商场的运输全部外包给1~2家专业运输公司承担。运输公司每天按约定的时间将车派到配送中心装货运输，货物运到商场后及时将有关信息及单据反馈给配送中心，运输费用按月结算。这样做一方面减少了配送中心的运作压力，降低了成本，另一方面运输公司由于有稳定的、大批量的运输量，有利可图，也愿意以较低的价格承接配送中心外包的运输业务。

5. 标准化效率、降低费用的重要措施

在富士通东京物流配送中心，虽然库内作业人员相对较多，但由于实行了标准化作业流程，操作人员"不用写、不用找、不用想、不用检查、不用走多余的路"就可以在手持终端机等设备的辅助下很顺利地完成自己的工作。这样，无论操作人员是新手、老手、懂行或不懂行，按照这个标准化的作业流程去作业就可以高效地进行库内操作，从而达到了减少人工浪费、降低人工费用的目的。

三、欧洲国家配送中心的运作类型及管理特点

（一）直属运输业的配送中心

这类配送中心的业务活动主要以运输货物为主，围绕着运输进行货物配送。其特点是运输能力较强，可以调动的运输车辆比较多。但是，并非所有的运输车辆都由配送中心自备。有些配送中心本身拥有的运输设备很少，它们向用户配送货物或运送货物主要是依靠社会上众多运输公司的车辆来完成的。

属于运输业范围的配送中心，欧洲国家中具有代表性的主要有英联邦运输公司集配中心、瑞典ASG公司斯德哥尔摩货运站。

1. 英联邦运输公司集配中心

英联邦政府运输公司为了使货物分拣、配送作业趋于合理化及实现集约化经营，曾实行了集中运输、集中分拣和集中管理运输车辆的物流体制。为此，设置了9个货物集配中心（接运站），每个中心都附设有仓库。仓库的作用，一是集货并向"中心"运货，二是将"中心"配送来的货物转运到收货地。集配中心的作业流程，一般是在傍晚时分先将集中在仓库中的货物运至集配中心，然后操作人员利用自动分拣设备或用人力进行分拣，并且在24小时之内将分拣好的货物运至目的地仓库。大约在2~3天内由目的地仓库工作人员将货物发送到收货地。

据有关资料介绍，英联邦政府运输公司下属的货物集配中心，每天可接受的货物数量为13 500件，其从业人员共有100名左右。

在货物集配中心，除了配置有自动分拣设备、运输设备以外，还建立了诸如车辆维修工厂，备品、备件库房等辅助设备。

2. 瑞典ASG公司斯德哥尔摩货运站

瑞典的ASG公司既从事国内货运，又从事国际货运，年货运能力为990万吨。斯德哥尔摩货运站也同样承接其国内和国际货运业务。据有关资料介绍，该货运站占地面积达18 525平方米，由接货站、发货台和事务所三部分组成，其中，接货台可以同时容纳41辆运输车，发货台可以容纳97辆卡车和24辆铁路货车。

在ASG公司斯德哥尔摩货运站配置着自动化分拣设备（分拣设备的货物出口共有38条），货运站接到货物后，通常都由自动分拣机分拣，其分拣能力为2 800件/小时。

ASG公司下属的专用发货站每天可发85辆卡车的货物，其发货量占公司全部货运量的15%，其余85%的货物由ASG公司直接集货、直接配送。值得注意的是，ASG公司是从400家公司租用车辆（租用2 500辆车）来进行接货和发货活动，公司及其货运站本身均不自备车辆。

（二）批发业配送中心

1. 芬兰SESKO公司中央配送中心

芬兰SESKO公司是垄断芬兰商品批发和零售市场的五大集团之一，它将芬兰划分为

13个区域，按区域配置分店和设立仓库。它直接经营的商店有800家，公司的地方仓库储存着400~2 000种畅销商品。隶属于该公司的中央配送中心则保管有4.2万种商品，库存量为5.7万托盘。

该配送中心利用计算机处理订货和交货事宜，其程序大致如下：第一，零售店（用户）用电话或便携式终端计算机向SESKO公司设在地方的分店提出订货要求；第二，分店用电脑将用户的订货数量等信息发送至公司本部；第三，订货数据经计算机中心处理以后，传输给地方仓库或中央仓库；第四，地方或中央仓库按照得到的信息和指令分拣商品；第五，夜间用卡车从中央仓库向地区仓库发运货物；第六，通过各地区仓库向用户发送商品。从时间上看，第一至第三项工作通常是在当天完成，第四至第五项工作在次日完成，而完成向用户配送商品的工作一般在第三天完成。

2. 瑞典LCA公司西南配送中心

该配送中心建于1984年，其任务是向地处瑞典西南部的240家商店配送食品和日用品。其规模和设备配置情况是：中心占地38 500平方米，年经营的商品（加工食品、冷冻食品、化妆品和日用品）品种有600~700种，中心从业人员有125名，中心拥有叉车55台，运输车辆20辆，运输机总长3 200米。其每日的发货量约为：日用品37 000箱，冷冻食品8 000箱。其库存量为18 000个托盘。

3. 零售业配送中心

这类配送中心隶属于商品零售公司，它既是提供物流服务的组织，同时，其本身又是商品销售中心。其代表有英国Waitrose伯克舍布鲁内卢配送中心。

这个配送中心于1972年开始营业，由事务所、生鲜食品中心和干货中心组成，建筑面积为1.8万平方米，其中，高层自动化仓库的面积为3 000平方米，库容量1.8万平方米，存货量为1万个托盘。

伯克舍布鲁内卢配送中心的4个作业区域（收货、保管、分拣和出货区）均由计算机系统控制。商品分拣作业主要采用指令分拣方式，具体做法是：按照计算机发出的指令，操作人员用塔式吊车将货物吊至分拣台，然后，再按商品顺序拣选出商品，并将货物装入网箱中。待全部网箱装满商品后，利用台车把配备好的货物自动送到发货站台，开始运送。

（三）汽车制造业配送中心

自从日本汽车打入到欧洲和美国市场后，日本汽车配件的供应和需求不断增加，于是，在美、法、英等国家先后建立了许多供应日本汽车配件的组织——配件中心。从职能上看，这些称作配件中心的组织，既负责向用户供应和销售汽车配件，同时，也从事货物的存储、分拣、输送等物流活动，向用户提供系列化的后勤服务，起着配送中心的作用。其中，德国的马自达汽车配件中心最为典型。

该配件中心建于1988年3月，总面积为2.5万平方米，经营的配件有8万种。其特点是，经营规模比较大，设备先进且数量较多。在这个配件中心内部，共配置了17台能吊装各种大型配件和小型配件的塔式起重机、10台运输配件的自动化机械和各式分拣设备。此外，在中心内部还建立了使用光导传送技术的新的库存管理系统，使分拣出的配件能及时出库。

德国马自达汽车配件中心的工作人员主要是利用各种机械来进行配件的入库和出库作业的。据资料介绍，货物入库时，大、中型配件是以托盘为单位的，用升降机将其吊运至固定的货物存储区；小型配件入库则采取"预约定位"方式，配件连同存储容器一起存入货架，其运作过程是：在盛装配件的容器上贴有标明入库位置的条形码，当升降机（或运输机械）吊运的货物所到架位正好与条形码读出要求相符合时，便按指令将货物送入货架。出库作业与入库作业类似，也是利用条形码技术和光导装置的。

（四）交货代理服务业配送中心

德国DEXTRA公司配送中心属于这类配送中心。隶属于DEXTRA公司的配送中心也称作货物转运站，其特点是，业种属于纯粹代理性的服务业。其功能是按委托方的要求从工厂接收货物，对货物进行分拣后将货物送达到用户手中。

上述的配送组织占地4万平方米，建筑面积为2.8万平方米。它建有自动化仓库，库容量为2 800个托盘，每日进货量为1 500~2 000个托盘，多为食品。

DEXTRA公司配送中心配备着许多先进的物流设备，共有升降机8台、自动分拣机2台、接货运输机8台、记录入库的终端机8台。在这里，商品入库作业量的80％为机械操作，其余的20％是手工操作。具体做法是：以托盘为装载单元的货物进货后，先用叉车从装载体上搬运到通往自动化仓库的传送带上，在仓库收货台上，按照货主所属分别填写收货卡片，并将卡片贴到托盘上。同时贴上条形码，自动入库。经过分拣的货物出库时，直接装上托盘，并用塑料薄膜封装，然后装车，直接发送到零售店。

【案例学习】

案例：ABX物流配送中心

ABX不是习惯上的缩写，而是一个公司的名字。这个公司在1993年时是一家包裹速递公司，1995年进入世界24家最大物流公司排名。

ABX不来梅配送中心

ABX不来梅配送中心处于德国的不来梅，仓库作业面积4 000平方米，仓库内分为分拣区域和暂存区域，各占2 000平方米，是一个集DC和TC型仓库于一体的配送中心。

中心进出货口有一百多个，每个进出货口都需要专人负责管理，服务是24小时全天候的，采用条形码管理、IT技术，用户在任何时候都可以查询到货物的位置，无论其是在卡车上还是在仓库货位上。

ABX不来梅配送中心在过去不收存需要存放较长时间的货物，随着业务的开展，他们发现仓储延伸业务还有较大的空间，就改变了原来的策略，划分出了储存区域，收存存期较长的货物入库，但是一般货物的存期都在一个星期以内。

公司的运输车辆上都喷有ABX的标志，但是这些车都不属于ABX自己，仓库也不是自己的，而是租用德国铁路公司的。租用运输车、设备以及仓库，对ABX来讲很划算，可避免公司过于庞大。

ABX认为，投入很大的成本去建一个仓库，假如业务只需要使用一半，那就会造成很大的浪费，所以ABX采用租用的形式经营管理企业。现在，ABX的这种管理方式在欧洲很流行。

ABX纽伦堡配送中心

纽伦堡配送中心是ABX在德国的第二大分公司，仓库总面积6万平方米，办公室加库房面积13 000平方米，库内270米长、50米宽，共有130个货口，每天处理货物折合标准集装箱120个，业务十分繁忙。为保证货物的安全，这里设有自己的保卫部门，并在仓库四周建有铁栏。

下面是纽伦堡配送中心的具体情况。

第一，客户情况。纽伦堡配送中心有一千多个客户，每天信息系统要处理2 000个客户信息，进出500吨货物，不急的货可留6个小时，货物品类非常多，危险品等限制性货物不经营。

第二，IT系统。ABX的业务软件能专门管理客户自提货物，在客户自提货物后，数据库里马上就销掉。还有电脑配货系统，可以管理到卡车里的货物，控制卡车空间，避免配载不足，急件可以先装车。货单能显示货物的位置，可以打印每单货物的身份证——条码处理完或没处理完的货物都提示清晰，不会出差错。这套软件还有差错追溯系统，对于收发错了的货物，可以追踪到出现差错的环节。

第三，监控系统。ABX在仓库内部还安装了监视器，监视仓库内最重要的部位。这种安全的设备，可使整个ABX公司每年节省700万欧元保险费。

第四，仓库内部的自动化设备。ABX的配送中心装备了这样的自动化设备：单轨槽式自动小车。小车的轨迹覆盖了所有的货区和货位，根据指令，小车可以自动到达指定位置，也可以人工处理，小车的样子与我们国内仓库使用的手动叉车很相似，在车的底部有一个很小的芯片，这是小车的控制中心，通过它，可以根据条码信息，把货物放在车子上，条码贴上后，用扫描器扫描，小车自动移动到货位（ABX的条码编码使用的是德国邮政编码的缩写方式）。

资料来源：改编自"中国物流与采购网"相关文章。

??? 问题与思考

1. 配送中心有哪些主要功能？它又有哪些作用？
2. 配送中心的规模如何确定？包括哪些步骤？
3. 配送中心数量的决策有哪些方法？

4. 配送中心选址应考虑哪些基本条件?

5. 配送中心服务网络体系主要有几种类型?

6. 配送中心的内部一般由哪些功能区域组成?

7. 配送中心自动化分拣系统由哪些子系统构成?

第三章　储位管理与库存控制

1. 掌握储位管理与库存控制的概念
2. 了解商品的分类与编码
3. 理解如何组织储位管理
4. 掌握库存控制的几种常见策略

【案例导入】

2001年前后，服装市场开始由卖方市场转变为买方市场，不但利润趋薄，消费者的眼光也越来越挑剔。原有的根据订货安排生产计划的模式不能及时满足市场需求，造成服装制造厂生产能力过剩、库存积压等问题，库存和物流成本压力凸现。缺乏对市场需求的洞察能力和快速反应能力成为中国服装行业面临的重大挑战。A公司也遇到了同样的问题。在2001年，A公司仅衬衣一项就积压了大量的资金。面对库存压力，该公司投资上亿元，逐步建立了自己的供应链和物流管理系统，实现了生产环节、销售终端，以及整条供应链的信息化，并进行高效的库存控制。这使得该公司对订单的反应能力增强，生产周期缩短了50%，库存周转率提高1倍以上，节省了2亿元的库存成本，缺货损失减少了35%以上，工厂的准时交货率高达99%以上。

资料来源：改编自"中国纺织网"相关文章。

第一节　商品分类与编码

一、商品的分类

商品的分类是指将多品种商品按其性质或其他条件分别归入不同类别，进行系统的排列，以提高仓储作业效率。

（一）商品分类原则

• 分类形式应满足企业本身需要，选择适用并且统一的分类标准，标准一旦确定，不能随意变更。

- 系统地展开，逐渐细分，层次分明。
- 分类应具有排他性。
- 分类应具有完全性，应覆盖所有商品。
- 分类应具有伸缩性，以适应商品的增加。

（二）商品分类方法

- 按商品特性分类。商品因特性不同，所需要的保管条件差异也很大，例如有些商品易挥发、有些商品有吸附性、有些商品需要温湿度控制。因此，为适应商品保管的需要，可以选择按商品特性进行分类。
- 按商品使用目的、方法和程序进行分类。例如，需要进行流通加工的商品，可以按加工方法的不同进行分类。
- 为账务处理方便，可按会计科目进行分类。
- 按交易行业进行分类。
- 按商品状态分类。例如，商品的内容、形状、尺寸、颜色和重量等。
- 按照运输要求分类。例如，按运输方式（如按公路、铁路、航空等）划分；在发运量大的仓库中，也可以按收货地或到货站分类。

（三）进货分类流程

进货分类流程如图3-1所示。

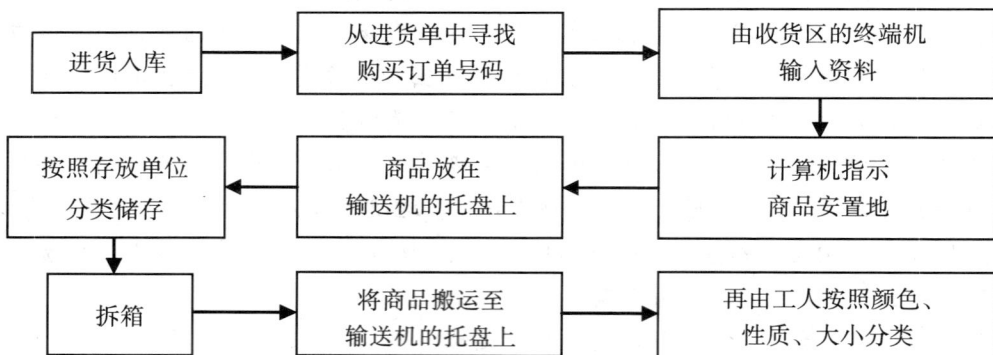

图3-1　进货分类流程

二、商品编码

商品编码是指将商品按其分类内容进行有序编排，并用简明的文字、符号或数字来代替商品的"名称"、"类别"。通过对商品进行编码可以应用计算机进行高效率管理并可实现整个仓储作业的标准化管理。

（一）商品的代码结构

商品代码通常应用阿拉伯数字、字母或便于记忆和处理的符号形成一个或一组字符串，其基本结构包括以下内容。

- 代码长度。代码长度指一个代码中所包含的有效字符的个数。
- 代码顺序。代码顺序指代码字符排列的逻辑顺序。
- 代码基数。代码基数指编制代码时所选用的代码字符的个数，例如阿拉伯数字代码的字符为0~9，基数为10。

（二）商品编码原则

- 惟一性。虽然被编码的商品可以有很多不同的名称，也可以按不同的方式进行描述，但在一个分类编码标准体系中，每个编码对象只有一个代码，即一个代码只代表一个商品。
- 简易性。代码结构应尽量简单，以便于记忆，同时应减少代码处理中的差错，提高信息处理效率。
- 扩充弹性。为将来可能增加的商品留足扩充编号的余地。
- 充足性。所采用的文字、记号或数字应足够用于编号。
- 安全性。代码应具有安全性，应具有防止公司机密外泄的功能。
- 一贯性。每一种商品都有一种代码来表示，而且必须统一，具有连贯性。
- 计算机易处理性。便于计算机处理是商品编码的重要原则，只有通过计算机进行处理，才能真正提高商品信息传递与处理的正确性，提高商品仓储作业流程的效率。

（三）商品编码方法

商品编码的方法很多，常见的有无含义编码和有含义编码。无含义编码通常可以采用流水顺序码来编排；有含义编码是在对商品进行分类的基础上，采用序列顺序码、层次码等进行编排的。在仓库管理中可以采用以下几种编码方法进行编排。

1. 流水编码方法

流水编码法又称顺序码和延伸式编码。其编码方法是将阿拉伯数字或英文字母按顺序往下编排，如表3-1所示。流水编码的优点是代码简单、使用方便、易于延伸、对编码对象的顺序无任何特殊规定性要求。缺点是代码本身不会给出任何有关商品的其他信息。流水编码多用于账号或发票编号。

表3-1 流水编码法示例

编号	商品名称
1	香皂
2	肥皂
3	洗涤剂
...	......
N	洗衣粉

2. 分组编码法

这种编码方法是按商品特性分成多个数字组，每组代表商品的一种特性。例如，第一组代表商品类别，第二组代表商品形状，第三组代表商品的供应商，第四组代表商品的尺寸。分组编码方法的代码结构简单、容量大、便于计算机管理，在仓库管理中使用较广。例如，075006110可以描述的内容如表3-2所示，其编码意义如表3-3所示。

表3-2　分组编码法示例

商品分组	类别	形状	供应商	尺寸
商品编码	07	5	006	110

表3-3　分组编码法编码意义示例

商品	类别	形状	供应商	尺寸大小	意义
	07				饮料
编码075006110		5			圆瓶
			006		统一
				110	$100 \times 200 \times 400mm$

3. 数字分段法

这种编码方法是把数字分段，每一段代表具有共同特征的一类商品，如表3-4所示。

表3-4　数字分段法编码法示例

编码	商品名称
1	4支装牙膏
2	6支装牙膏
3	12支装牙膏
4	牙膏预留编码
5	牙膏预留编码
6	A牙膏
7	B牙膏
8	C牙膏
9	牙膏预留编码
10	牙膏预留编码
11	牙膏预留编码
12	牙膏预留编码

4. 后数位编码法

后数位编码法是指利用编码末尾数字，对同类商品进一步分离编码，如表3-5所示。

表3-5　后数位编码法示例

编码	商品名称
380	服装
390	女装
391	上衣
391.1	衬衫
391.11	白色

5. 实际意义编码法

实际意义编码法是指根据商品的名称、重量、尺寸、分区、储位、保存期限等其他实际情况来对商品进行编码。应用实际意义进行编码的特点是通过商品编号能够迅速了解商品的内容及相关信息。例如，FO4915B1的实际意义如表3-6所示。

表3-6　实际意义编码含义示例

编码		含义
FO4915B1	FO	FOOD，表示食品类
	4915	表示4×9×15，尺寸大小
	B	表示B区　商品存储区号
	1	表示第一排货架

6. 暗示编码法

暗示编码法是指用数字与文字组合进行编码，编码暗示商品的内容和有关信息。暗示编码法容易记忆，又可防止商品信息外泄。例如，BY005WB10的暗示意义如表3-7所示。

表3-7　暗示编码法意义示例

属性	商品名称	尺寸	颜色与形式	供应商
编码	BY	005	WB	10
含义	表示自行车（bicycle）	表示大小型号为5号	表示白色（white）小孩型（boys）	表示供应商的代号

第二节　储位管理

一、储位管理概论

配送中心存储作业最重要的功能在于补充拣货作业区的商品存量。储位管理的重点也从静态存储作业的"保管"向配送作业的"动管"转移。由于区域零售点较多，且零售品项多、季节变化较大，各品项的出货频率差别较大，因此以ABC分类规定不同的拣货作业方式，并按作业区域分别进行储位管理。储位管理最主要的目的是通过一系列相关的"存"与"取"作业，支持拣货作业和配送作业。储位管理主要包括以下内容。

• 空间的最大化使用；

• 人力资源及设备的有效使用；

• 维持适当的库存，所有品项皆能随时存取；

• 货品的有效移动；

• 保持商品的良好质量；

• 存储作业环境的管理。

（一）储位管理的对象

在连锁企业的配送中心中，储位管理对象包括商品和其他材料，如图3-2所示。

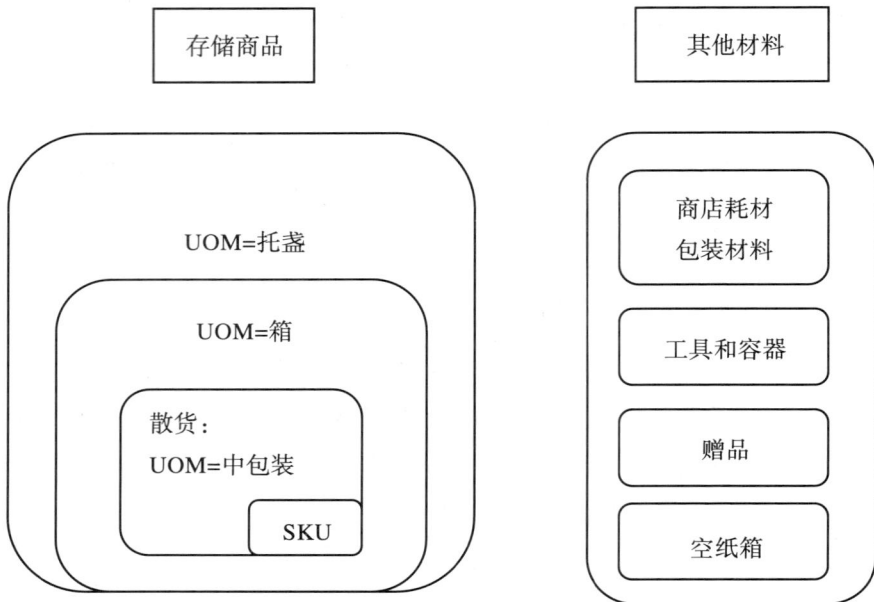

图3-2 存储管理对象

（二）储位管理的基本原则

1. 储位分区规划标识明确

存储区域详细规划分区，并加以编码标识，让每一项货品均有位置可以储放。每个经过储位编码的储位必须是惟一的和边界分明的，储位规则必须具有一贯性和稳定性。

2. 有效的储位指定方式

根据货品保管方式，确定合适的存储单位、存储策略、指派法则及其他需要考虑的要素，将货品有效地放置在先前所规划的储位上。储位指定方式可以分为手工指定和系统自动指定两种。

3. 异动要确实登录

储位维护的目的是维持实物与账面的一致性。不管是因为拣货取出货品，或者产品汰旧换新，或是其他作业导致的货品移动、位置或数量变化，都必须确实记录，以使账面与实物匹配。储位变更手续繁琐，是储位管理中最困难的部分，也是目前各物流中心储位管理作业成败的关键所在。

（三）储位管理的范围

在物流中心的所有作业中，所使用的保管区域均属于储位管理的范围，因作业方式的不同而有下列四类保管区域的定义与区分：预备储区、保管储区、动管储区和移动储区，如图3-3所示。

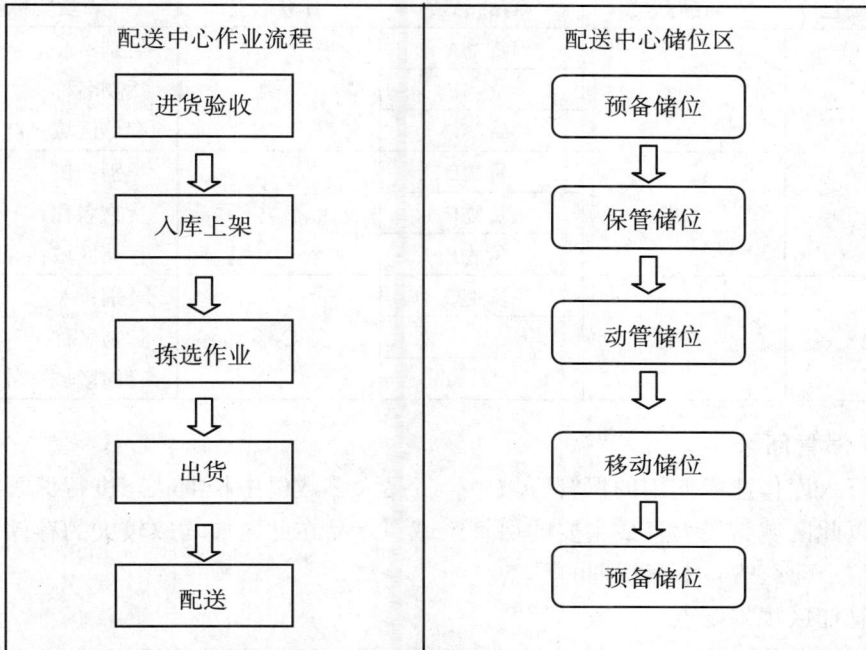

图3-3 储位管理范围示意图

二、作业区的储位管理

（一）暂存区域

暂存区域指在进行进货和出货作业时所使用的暂存区。在进出货时，货品在此暂时存放并预备进入下一个作业区域，虽然货品停留在此区域的时间并不长，但若不严格管理，就容易导致储位管理的混乱。

货品放在此区域中不但需要保证品质，而且要有效地对作业区域进行标识、分批、分类和隔离定位，以方便作业。暂存区的管理以标示、隔离、定位为方针，以整理整顿为处理过程，配合目视管理与颜色管理。

• 以进货暂存区而言，在货品进入暂存区前先行分类，暂存区域也先行标示区分，并且配合看板记录，将货品依分类或入库上架顺序配置到预先规划好的储位。具体的进货暂存区分类如表3-8所示。

• 以出货暂存区而言，每一辆车或每一个区域路线配送的货品必须排放整齐并加以区隔分离，安置在事先标示区分好的储位上，再配合看板上的标示，并按出货单上所列顺序点收上车。

表3-8　进货暂存区归类表

存储区颜色	商品分类	商品品项	看板标签	货物标签
红色	A类	货物A 货物B 货物C	A类	类别：A 货物名称： 存储区域：红色
绿色	B类	货物D 货物E 货物F	B类	类别：B 货物名称： 存储区域：绿色
黄色	C类	货物G 	C类	类别：A 货物名称： 存储区域：黄色

（二）保管储区

在进行入库作业所使用的保管区域中，货品大多数以中长期状态进行保管。一般物流中心均以此区域为最大且最主要的保管区域，货品在此区域均以较大的存储单位进行保管，是整个配送中心库存管理的重点。

1. 保管储区规划要点

（1）地面负荷：建筑前应顾及存储的需求总量，储区的地面状况与负荷不可超过最大负荷限度。

（2）货品状况：考虑储区货架所存储货品的种类与数量，按照货品的大小、尺寸、形状及重量来设计存储方式，最好能用可弹性调拨的方式存储。

（3）出入口：出入口的大小、位置及数目应能使货品顺利进行存储作业及搬运作业。

（4）通道设计：为配合搬运设备的移动，通道应以运输工具最大转弯半径或货品宽度来设定，通道与存储区应以颜色标示清楚。

（5）其他：消防设备的位置应尽可能明显，非存储空间，如办公室等，面积应减至最低限度，而照明则宜分设开关控制以节省用电，但仍以便利为原则。

2. 保管区作业要点

（1）待验与验妥的货品应在预备存储时划分清楚，保管区内仅存放验妥的货品。

（2）盘点作业多在各储区中分别进行，其中以保管区内种类最多，作业也最复杂，故应多考虑其便利性。

（3）由于物流中心内货品品项繁多，且大小不一，故储位及储架位置应视情况适时调整。

（4）强调快速准确地提供客户满意的配送服务。以配送效率而言，保管员应依据《入库单》迅速接收预备储区的货品，并在需要时，依据《补货单》补货至动管区（拣选作业区）。

（5）保管区内的存储应承接预备储区管理的重点，注重颜色管理、目视管理、看板管理并加以整理、整顿，使货品存储区隔划分明确且标示清楚，以防止混淆。保管区整理、整顿检查表如表3-9所示。

表3-9 保管区整理、整顿检查表

	作业内容	是/否
整理	（1）存储货架或空间应妥善规划，避免浪费	
	（2）整理出仓库的呆滞品，设定标准，另外摆放和标示	
	（3）确定报废处理办法，指定权责单位	
	（4）退货品应设定退货期限，避免大量积压	
	（5）不能使用的量具、搬运工具、货架、容器应立即处理	
	（6）定期整理文件、报表、资料	
整顿	（1）应以颜色贴纸（要区分月份）贴在所装容器上，以利于先进先出作业的执行	
	（2）定期检视货品是否库存过久，并加以处理	
	（3）货架放置场所的标示是否清楚	
	（4）储位上的标示是否有损毁掉落现象	
	（5）货品放置位置是否正确	
	（6）定期检查库存资料	

（6）散装的货品应尽可能摆设在货架或储物柜中。容易滚动或滑动的货品应在储位四周以挡板定位，并且以经济而有效的方式利用空间，使储区内的货品整齐有序。

（7）为保证货物鲜度，收发货以先进先出为原则。食品应考虑保存期限，周转率较高者应接近通道，以便于存取。

（8）加强安全保障。例如，意外防护、进出库管制、温湿度控制、爆炸、火灾、地震等情况的防治及安全管理。制定各种管理办法，使保管区的存储作业更完善。

三、存储与储位管理原则

（一）储位设置的基本原则

• 按照货品特性来分类存储。
• 大批量使用大储区，小批量使用小储区。
• 能安全有效地储存于高位的物品使用高储区。
• 存储重、体积大的品项存储在坚固的层架底层及接近出货区。
• 尽可能将相同或相似的货品靠近储放。
• 滞销的货品或小、轻及容易处理的品项使用较远储区。
• 周转率低的物品远离进货、出货区，或存放于仓库较高的区域。
• 周转率高的物品存储于接近出货区及较低的区域。

（二）商品的储位策略

商品的储位策略如表3-10所示。

表3-10　储位策略说明表

定位存储	说明	每一项存储货品都有固定储位，且不能互用储位，因此规划每一项货品的储位容量不得少于其最大库存量
	优点	• 每种货品都有固定存储位置，便于拣货人员熟悉货品储位 • 货品的储位可按周转率大小或出库频率来安排，以缩短出入库搬运距离 • 可针对各种货品的特性作储位安排，减少不同货品之间的相互影响 • 易于管理，能缩短搬运时间
	缺点	储位必须按各项货品的最大在库量设计，因此储区空间平时的使用效率较低
	适用	厂房空间大，适于多种少量商品的存储
随机存储	说明	每一个货品被指派的存储位置都是随机产生的，而且经常改变，任何品项可以被存放在任何可利用的位置
	优点	• 随机存储能使货架空间得到最有效的利用，可减少储位数目 • 由于储位共用，因此只需按所有库存货品的平均库存量设计，储位空间的使用率较高
	缺点	• 货品的出入库管理及盘点工作的难度较高 • 周转率高的货品可能被储放在离出入口较远的位置，增加了出入库的搬运距离 • 具有相互影响特性的货品可能被相邻存储，造成对货品的伤害或发生危险
	适用	厂房空间有限，要求尽量利用存储空间，适用于种类少或体积较大的货品
分类存储	说明	所有的存储货品按照一定特性加以分类，每一类货品都有固定存放的位置。分类储放通常按产品相关性、流通性、产品尺寸、重量、产品特性等进行
	优点	• 便于畅销品的存取，具有定位储放的各项优点 • 各分类的待储区域可根据货品特性再作设计，有助于货品的存储管理
	缺点	储位必须按各项货品最大在库量设计，因此储区空间的平均使用效率低
	适用	• 相关性大、经常被同时订购的产品 • 周转率差别大的产品 • 尺寸相差大的产品
分类随机存储	说明	每一类货品都有固定的存储位置，但在各类的储区内，每个储位的指派都是随机的
	优点	具备分类存储的部分优点，可节省储位数量、提高储区利用率
	缺点	货物出入库管理及盘点工作的进行难度较高
	适用	商品品种多，但仓库面积相对不足的情况

（续表）

共用存储	说明	在确定各货品进出仓库时间的情况下，不同的货品可共用相同储位的方式称为共用存储
	优点	节省空间，缩短搬运时间
	缺点	管理上比较复杂
	适用	品种数较少、快速流转的货品

（三）储位分配原则

存储策略是储区规划的大原则，必须配合储位分配原则才能决定存储作业运作的模式。储位分配原则可归纳为如下几项，如表3-11所示。

表3-11　储位分配原则说明表

商品存储保管 基本原则	说明
近出口法则	将刚到达的商品指派到离出入口最近的空储位上，可与定位储放策略、分类（随机）储放策略相配合
周转率法则	按照商品在仓库的周转率来排列储位。依照定位或分类存储法的原则，周转率越高，离出入口越近，周转率越小，离出入口越远，如图3-4所示
产品相关性法则	经常被同时订购的商品应尽可能存放在相邻位置，以缩短拣取行走距离。产品相关性大小可以利用历史订单数据作分析
产品同一性法则	指同一物品于同一储位存储。这是提高配送中心作业生产力的重点作业原则。当同一商品散布于多个储位时，储放、拣选作业等会造成资源和人力浪费，同时影响库存管理和循环盘点等业务
产品类似性法则	将类似商品相邻保管
产品互补性法则	互补性高的物品应存放在邻近位置，以便缺货时迅速以另一商品替代
产品相容性法则	相容性低的产品绝不可放置一起，以免损害品质，例如烟、香皂、茶便不可放在一起
先进先出法则	指先入库的商品先出库。一般适用于保持期较短的商品，例如感光纸、软件、食品等
叠高法则	将物品叠高，提高保管率。注意：如果一定要满足先进先出等库存管理限制条件时，应考虑使用合适的货架或积层架保管设备，以使叠高原则不至于影响出货效率
面对通道法则	即货物面对通道存储，加上可识别的标号、名称，以便于作业员简单地辨识。为了使物品的存储、取出能够容易且有效率地进行，物品必须要面对通道来保管

（续表）

商品存储保管基本原则	说明
产品尺寸法则	同时考虑物品单位大小及相同的一群物品所形成的整批形状，以便提供适当的空间满足某一特定需要。所以在存储物品时，必须要有不同大小的位置，用以容纳不同规格的物品
重量特性法则	按照物品重量的不同来决定储放商品保管位置的高低。重物应保管于地面上或货架的下层位置，而重量轻的物品则应保管于货架的上层位置。若是以人手进行搬运作业，人腰部以下的高度用于保管重物或大型物品，而腰部以上的高度则用于保管重量轻的物品或小型物品。此原则对货架存储的安全性及人手搬运的作业性有重要意义
产品特性法则	即考虑物品的物理特性以安排存储
储位表示法则	即对保管物品的位置进行明确表示
储位明确标识原则	指利用视觉，使保管场及保管商品能够容易地被识别出来，例如颜色看板、标识符号等

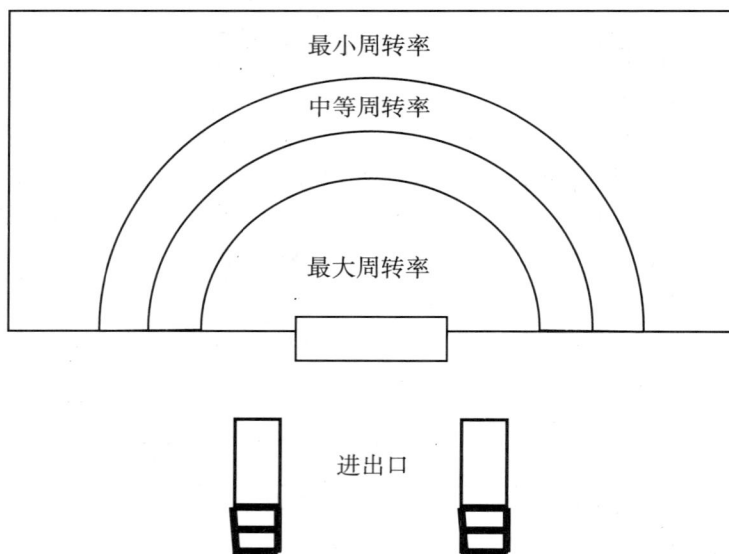

图3-4　按照周转率划分储区示意图

当进货口与出货口不相邻时，可根据进、出货次数来调整存货空间。表3-12为8种货品进出仓库的情况。当出入口分别在仓库的两端时，可依照货品进仓及出仓的次数比率指定其存储位置，如图3-5所示。

表3-12 8种货品进出仓库的情况

产品	进货量	进仓次数	出货批量	出仓次数	进仓次数/出仓次数
A	40托盘	40	1.0托盘	40	1.0
B	200箱	67	3.0箱	67	1.0
C	1 000箱	250	8.0箱	125	2.0
D	30托盘	30	0.7托盘	43	0.7
E	10托盘	10	0.1托盘	100	0.1
F	100托盘	100	0.4托盘	250	0.4
G	800箱	200	2.0箱	400	0.5
H	1 000箱	250	4.0箱	250	1.0

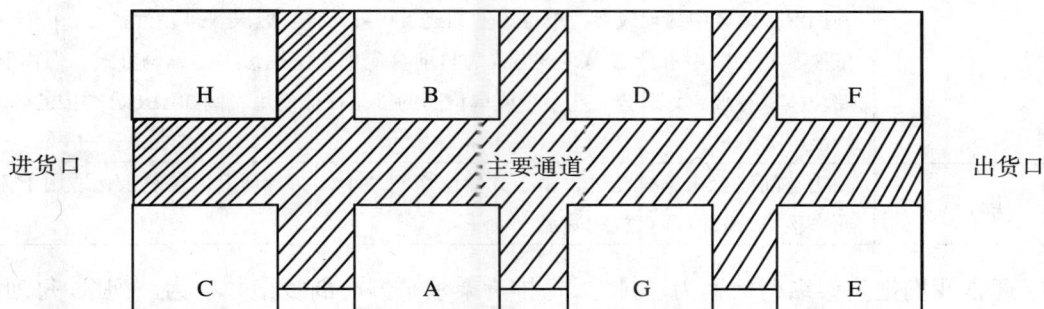

图3-5 进出口分离的储位指派

四、储位系统

（一）储位编码

储位经过编码，在管理上具有以下功能。

• 确定储位资料的正确性。

• 提供电脑中相应的记录位置以供识别。

• 提供进出货、拣货、补货等人员存取货品的位置依据，以方便货品进出、上架及查询，节省重复找寻货品的时间，且能提高工作效率。

• 提高调仓、移仓的工作效率。

• 可以利用电脑进行处理、分析。

• 因记录正确，可迅速存储或拣货。

• 方便盘点。

• 可让仓储及采购管理人员了解存储空间，以控制货品存量。

• 可避免货品因胡乱堆置而导致过期报废，并可有效掌握存货、降低库存量。

（二）储位编码的方法

一般储位编码的方法有下列4种（见表3-13）。由于货品特性不同，所适合的储位编码方式也不同，必须按照保管货品的存储量、流动率、保管空间布置以及所使用的保管设备作出选择。不同的编码方法对于管理的容易与否也有影响。

表3-13　储位编码类型说明表

编码类型	说明
区段方式	保管区域分割为几个区段，再对每个区段编码。这种编码方式是以区段为单位的，每个号码所代表的储位区域较大，因此适用于容易单位化装载的商品，以及大量或保管周期短的货品。ABC分类中的A、B类货品很适合这种编码方式。货品以物流量大小来决定其所占的区段大小；以进出货频率来决定其配置顺序
商口群别方式	将一些相关货品进行集合后，区分成几个商品群，再对每个商品群进行编码。这种编码方式适用于按商品群类别保管及品牌差距大的货品，例如服饰、五金等
地址式	利用保管区域中的现成参考单位（例如建筑物第几栋、区段、排、行、层、格等），依照其相关顺序进行编码。该方式为目前物流中心使用最多的编码方式，但由于储位体积有限，只适合一些量少或单价高的货品存储使用，例如ABC分类中的C类货品
坐标式	利用空间概念来编排储位，由于其储位切割细小，在管理上比较复杂，适用于流通率很小、长时间存放的货品

通常我们把货架纵列数称为"排"，每排货架水平方向的货格数称为"列"，每列货架垂直方向的货格数称为"层"，一个货架系统的规模可用"排数×列数×层数"，即货格总数来表示。例如，10排×10列×5层，其货格总数为500个。

在一个货架系统中，某个货格的位置（即储位）可以用其所在的排、列、层的序数来表示，称为储位的地址，例如"04-12-06"即表示第4排、第12列、第6层的储位。以储位地址作为货格的编号，简单明了（具体见表3-14）。

表3-14　地址式编码的例子：11-2-16-71-2

数字	11	2	16	71	2
含义	配送中心存储区域	楼	排	列	层数
说明	存储区域从"1"开始标号	楼层	指较长列，又称"Cross Row"，一般设定标号不超过50，即STACK排数由左至右不超过50	指较短列，即以货架区分，又称"Main Row"，一般由51开始标号，因1~50保留给较长列（排）编号	指每一货架由下向上数的层数
数字范围	大批量储区		按照规模设在30~50	51~100	
	中批量储区			101~150	
	小批量储区			151	

五、存储模式

（一）存储规模的分类

存储规模可分为以下几类，如表3-15所示。

表3-15　存储规模说明表

存储规模	说明
大批存储	一般指3个托盘以上的存量。大批量存储皆以托盘运作，多采用地板积存或自动仓库存储的方式
中批存储	中批量存储一般指1~3个托盘的量，可以托盘或箱为出货拣取单位。多采用托盘货架或地板堆积的方式
小批存储	小批量存储一般指小于一个托盘的存储，一般以箱为出货拣取单位。存储区的小批量物品一般被存放于托盘货架、棚架、贮物柜等
零星存储	零星区或拣取区是使用储物箱或棚架存储小于整包的货品的地方。一般来说，订货拣取在此区域中进行。零星拣货区一般包括检查与打包的空间，同时出于安全目的，与大量储区分开。另外，此储区最好置于低楼层及居中的位置，以减少等候拣取的时间及减轻出货时理货的工作

（二）存储模式

1. 地板堆积存储

地板堆积法是使用地板为支撑的存储，堆叠时可通过倚靠墙来提高其稳定性，即使袋装物也能容易地储放，但除非采用人工或较传统的机械作业，否则不易提取。

地板堆积存储模式的优点如下。

• 不规则尺寸及形状的货品不会造成地板堆叠的困难；

• 适合大量可堆叠货品的存储，能给规则形状或容器化的物品提供有效的存储空间；

• 堆叠尺寸能根据存储量适当调整；

• 通道要求较小，且能容易地改变。

地板堆积存储模式的缺点如下。

• 不可能兼顾先进先出；

• 堆叠边缘无法被保护，容易被搬运设备损坏；

• 地板堆叠容易不整齐，且特殊单位的拣取需要较多的搬移工作；

• 一些物品不适合存储，如易燃物，须置于一定高度。

地板堆积存储模式有行列堆积和区域堆积两种方式，具体如表3-16所示。

表3-16　地板堆积的两种方式

行列堆积	在行列堆积之间留下足够的空间使得任何托盘提取时都不受阻碍。当储区中只剩少数托盘时，将托盘转移至小批量储庆，再储放大批量产品
区域堆积	指行与行之间的托盘堆积不留存任何空间，此方式能节省空间，但只限于存储大量产品。提取时托盘互相连结，容易发生危险，需小心作业

2. 货架存储

货架存储的两种方式如表3-17所示。

表3-17　货架存储的两种方式

两面开放货架	这种存储方式的货架前后两面皆可分别用于存储与拣取，设计弹性较高，且配合"先进先出"的原则
单面开放货架	只有单面可供存储及拣取，因而在系统设计上较无弹性，难以实现"先进先出"原则，但多采用背对背式排列，所以使用空间较小

货架存储的优点如下。

• 不论存或取皆较便利；

• 适合品项数量不多且不宜地板堆叠的情况；

• 欲作选择性提取时（如先进先出），采用棚货架存储较有利（地板积存较难）；

• 棚货架除适合多样规则性货品的存储外，也能用于不规则形状物的存储，但不能超出储架范围。

现今最常用的货架存储形式有以下几种。

• 托盘货架——单面；

• 流力货架——双面；

• 驶入式货架——单面、双面。

3. 贮物柜

贮物柜应被安排成背对背，若可能，最好靠墙放置，因靠墙放置可以提供良好的位置来存储形状不规则的物品以及需长时间存储的物品。小批量及较主要的品项置于贮物柜中央（较活泼）位置，以利于拣取；厚重、体积大的品项尽量堆放于货架或贮物柜的最下方（不活泼）位置；量轻、体积大的品项尽量堆放于较上方的位置。

4. 自动仓库

自动仓库的类型如表3-18所示。

表3-18　自动仓库的类型

类型	种类
单位负载式自动仓库	单宽巷道、单深钢架 单宽巷道、双深钢架 单宽巷道、双深钢架、双叉牙 双宽巷道、双深钢架 附台车式高架吊车
小货架式	料盒式AS/RS 塑胶箱式AS/RS 水平旋转式货架 垂直旋转式货架 移动式货架

六、储位管理考核指标

储位管理考核指标及其说明如表3-19所示。

表3-19　储位管理考核指标及其说明

指标名称及计算		应用说明
储区面积率	$\dfrac{储区面积}{物流中心建筑面积}$	• 衡量仓库空间的利用率是否恰当 • 物流中心的理货区面积应占30%~50%，储区面积应占50%~70%。因此，如具储区面积比例不当，说明物流中心布置规划存在问题
可供保管面积率	$\dfrac{可保管面积}{储区面积}$	• 判断储区内通道规划是否合理 • 改善布置：可设法移动货架位置来调整通道宽度，可将通道改成最小限度，以增加货架摆放量，或将多余空间移作其他作业使用。通道设计原则：① 流量经济性；② 空间经济性；③ 设计顺序；④ 分支通道、工作空间通道及安全设施通道的存在；⑤ 通道宽度的决定
储位容积使用率	$\dfrac{存货部分的体积}{总体积}$	用以判断储位规划及使用的货架是否适当，以有效利用储位空间
单位面积保管量	$\dfrac{平均库存量}{保管面积}$	
平均每品项所占储位数	$\dfrac{货架储位数}{总品项数}$	判断储位管理是否合理有效。若能将平均每品项所占储位数规划在0.5~2则比较合理，这样能方便迅速地存储和拣货，也可避免同一品项库存过多的问题 改善对策1： 若此指标较大，则表明每个品项所占储位数太多。这种情况产生的原因如下： • 货品体积过大或储位空间太小； • 同一品项库存过大； • 随机储立。 这会导致以下问题： • 难以实施先进先出管理； • 库存积压造成货物的破损、过期； • 储位不足造成存储位置混乱（一品项可能需放至三个不同区域），增加储位管理的困难。 改善措施如下： • 有效地控制进货，以提高每个储位的保管品项； • 将随机改为分类随机存储。 • 若此指标很小，每个储位保管品项过多，则会造成拣选作业错误。此时必须做好详细的储位编号、商品编号标识，并且有良好的信息系统配合

第三节　库存控制概述

一、库存的概念

库存是指为今后按预定目的的使用而处于闲置或非生产状态的物品。广义的库存还包括：处于制造加工状态和运输状态的物品。一般情况下，人们设置库存的目的是防止短缺，就像水库里储存的水一样。另外，它还具有保持生产过程连续性、分摊订货费用、快速满足用户订货需求的作用。在企业生产中，尽管库存是出于种种经济考虑而存在的，但是库存也是一种无奈的结果。它是由于人们无法预测未来的需求变化，才不得已采用的应付外界变化的手段，也是因为人们无法把所有的工作都做得尽善尽美，才产生的一些人们并不想要的冗余与囤积——不和谐的工作沉淀。

二、库存的分类

（一）按对物品需求的重复次数分

在库存理论中，一般根据对物品的需求是单周期需求还是多周期需求将库存分为单周期库存和多周期库存。单周期需求也叫一次性订货，这种需求的特征是偶发性且物品生命周期短，因而很少有重复订货，例如报纸，没有人会订过期的报纸来看，人们也不会在农历八月十六预订中秋月饼，这些都是单周期需求。多周期需求是指长时间内需求反复发生，库存需要不断补充，在实际生活中，这种需求现象较为常见。

（二）按需求是否独立分

按照对物品需求是否独立可将库存分为独立需求库存与相关需求库存两类。

所谓独立需求，是指需求变化独立于人们的主观控制能力之外，因而其数量与出现的概率是随机的、不确定的和模糊的。而相关需求的需求数量和需求时间与其他变量存在一定的相互关系，可以通过一定的数学关系推算得出。对于一个相对独立的企业而言，其产品是独立的需求变量，因为其需求数量与需求时间对于作为系统控制的主体——企业管理者而言，一般是无法预先精确确定的，只能通过一定的预测方法得出，而生产过程中的在制品以及所需要的原材料，则可以通过产品的结构关系和一定的生产比例关系准确确定。

独立需求的库存控制与相关需求的库存控制原理是不同的。独立需求对一定的库存控制系统来说，是一种外生变量，相关需求则是控制系统的内生变量。不管是独立需求库存控制还是相关需求库存控制，都要回答如下这些问题。（1）如何优化库存成本？（2）怎样平衡生产与销售计划，以满足一定的交货要求？（3）怎样避免浪费、避免不必要的库存？（4）怎样避免需求损失和利润损失？归根到底，库存控制要解决三个主要问题：（1）确定库存检查周期；（2）确定订货量；（3）确定订货点（何时订货）。

（三）按作用和功能分

库存按其作用和功能又可以分为基本库存、安全库存和中转库存三类。

1. 基本库存

基本库存是补给过程中产生的库存。在进货之后，库存处于最高水平，日常需求不断地"抽取"存货，直到该储存水平降至为零。实际运作中，在库存没有降低到零之前，就要启动订货程序，于是，在发生缺货之前，就会完成商品的进货储备。补给订货的数量就是订货量。

2. 安全库存

安全库存是指为了防止由于不确定因素（如突发性大量订货或供应商延期交货）影响订货需求而准备的缓冲库存。据资料显示，这种缓冲库存差不多占零售业库存的1/3。

3. 中转库存

中转库存是指正在转移或等待转移的、装在运输工具上的存货。中转库存也可以不划在库存范围内，但如今它越来越引起企业的注意，因为企业可以利用中转库存形成灵活的战略。对于企业而言，中转库存是实现补给订货所必需的；从企业物流管理的角度看，中转库存给供应链增添了两种复杂性：第一，虽然中转库存不能使用，但它代表了真正的资产；第二，中转库存存在高度的不确定性因素，因为企业不知道运输工具在何处，或何时有可能到达。虽然卫星定位和通信技术的使用已经降低了这种不确定性，但是企业在存取这类信息时，还是会受到限制。目前，在企业的生产经营中，中转库存越来越重视小批量、高频率的运输和递送，企业积极开展JIT战略，使中转库存在总存货中所占的比例逐渐增大。在企业的存货战略中，应把更大的注意力集中到如何减少库存的数量及与此相关的不确定因素上。

三、库存控制的内涵

（一）库存控制的概念

库存控制（Inventory control）又称库存管理，是指对制造业或服务业生产、经营全过程的各种物品、生产成品以及其他资源进行管理和控制，使其储备保持在经济合理的水平上。

（二）库存控制的目的

在满足顾客服务要求的前提下通过对企业的库存水平进行控制，尽可能降低库存水平，提高物流系统的效率，以强化企业的竞争力。具体而言，库存控制的目标是：（1）库存成本最低；（2）库存保证程度最高；（3）不允许缺货；（4）限定资金；（5）快捷。

（三）库存控制的意义

库存具有调节生产和销售的作用，不适当的库存管理往往会造成有形或无形的损失。尤其对于流通速度极快，但客户订货无法事前掌握的配送中心来说，库存控制工作更加不易，其重要性也就更不容忽视。而所谓库存控制是希望将货品的库存量保持在适当的标准之内，以免库存过多造成资金积压、增加保管困难或库存过少导致浪费仓容、供不应求的情况。

因此，库存控制具有两项重要意义：一是确保库存能配合销售情况和交货要求，为客户提供满意的服务；二是设立库存控制基准，以最经济的订购方式与控制方法来提供营运所需要的供货。

四、库存控制系统

（一）库存控制系统概念

库存控制系统是指以控制库存为共同目的的相关方法、手段、技术、管理及操作过程的集合，这个系统贯穿于从物资的选择、规划、订货、进货、入库、储存至最后出库的一个长过程，这些过程的作用结果，最后实现了按人们的目标控制库存的目的。

（二）库存控制系统要素

一般的库存控制系统中，起决定作用或较大作用的要素如下。

1. 企业的选地和选产

这是库存控制系统中决定库存控制结果的最初的要素。在规划一个企业时，企业的选地对未来控制库存水平的影响极大，如果这个企业远离原材料产地而运输条件又差，则库存水平很难控制到低水平，库存的稳定性也很难控制。同样，企业产品的决策本身也是库存控制的一个影响因素，某些产品决策脱离了该地库存控制的可能而导致产品失败的例子并不少见。企业的选地和选产一定意义上是对库存对象供应条件的选择，即该供应条件是否能保证或满足某种方式的控制。

2. 订货

订货批次和订货数量是决定库存水平的非常重要的因素。对于一个企业而言，库存控制是建立在一定要求的输出前提下，因此，需要调整的是输入，而对输入的调整依赖于订货，所以，订货与库存控制关系十分密切，乃至不少企业的库存控制转化为订货控制，以此解决库存问题。

3. 运输

订货只是商流问题，是否能按订货的批量和批次对库存实现控制，取决于运输的保障。运输是库存控制的一个外部影响要素，有时候库存控制不能达到预期目标并不是控制本身或订货的问题，而是运输的提前或延误，提前会一下子增大库存水平，而延误则会使库存水平下降甚至会出现失控状态。

4. 管理

管理和信息一样，也是一般要素，库存控制系统并不是靠一条流水线、一种高新技术工艺等硬件系统支持的，而是靠管理，因此，管理要素的作用可能更大一些。

5. 信息

在库存控制中，信息要素的作用和其在其他系统中的作用应当是不分伯仲的，在库存控制系统中，监控信息的采集、传递、反馈是控制的关键，可以说是信息要素在这个系统中的突出点。

第四节　库存控制策略

一、"零库存"管理策略

有关库存的问题，在今天的企业管理中仍然是非常热门的一个话题。在物流科学逐渐形成的过程中，库存曾是主要的研究对象。"库存是企业的坟墓"，许多经营者把库存的危害性上升到惊人的高度，从一开始的经济批量（EOQ）方法，派生出定期订货法、定量订货法、基于帕累托曲线的ABC分析以及重点管理，都是希望能够通过各种不同的管理方式和管理体制来使库存大幅度降低、使库存成本下降，同时增加资金周转率、提高资金效率。据统计，我国企业的物流成本占产品全部成本的30％左右，其中库存费用大约要占35％，对于众多的制造商和分销商来说，不断增长的库存量已成为一种沉重的负担。企业管理者希望实现他们梦寐以求的"零库存"，保证物料供应和产品分配的顺畅，实现利润最大化。库存成本降低的潜力比任何市场营销环节都要大，成功的物流战略大多以尽可能低的金融资产维持存货，在对顾客承担义务的同时实现最大限度的流通量，以保证利润最大化。

（一）"零库存"的含义

零库存技术（zero-inventory technology）是指在生产与流通领域按照准时制组织物品供应，使整个过程库存最小化的技术总称。

"零库存"管理是物资存储优化理论，即存储论在管理实践中的运用，它并不是指企业所有的原材料、半成品、成品的库存都为零，而是指在确保企业生产经营活动顺利进行的条件下，采用各种科学的管理方法，对库存进行合理的计算和有效的控制，尽可能降低库存量的一种方法。对有条件不设库存的原材料，应按要求由外协企业定时、定点地送到车间等有关生产单位；对资金占用量大且库存不可缺少的原材料，应通过合理的滚动计划和控制，将库存压缩到最低限度。货物不以库存形式存在就可以免去仓库存货的一系列问题，如仓库建设、管理费用，存货维护、保管、装卸、搬运等费用，存货占用流动资金及库存物的老化、损失、变质等问题。

值得注意的是，零库存并不等于不要储备和没有储备，也就是说某些经营实体不单独设立库存和储存物资，并不等于取消其他形式的储存活动。实际上，企业（包括生产企业和流通企业）为了应付各种意外情况，如运输时间延误、到货不及时、生产和消费发生变化等，常常要储备一定数量的原材料、半成品和成品，只不过这种储备不是采取库存形式罢了。从理论上讲，经营实体储备一定数量的产品，并以此形成"保险储备"也是一种合理的行为，它与实现零库存的愿望并不矛盾。现在，有人把零库存的使用范围无限扩大，认为零库存就是"零储备"，实现零库存即意味可以从根本上取消库存，这种观点是片面的。

需要指出的是，上面所讲的零库存是针对微观经济领域内的经营实体的库存状况而言的一种库存变化趋势，它属于微观经济范畴。从全社会来看，不可能也不应该实现零库存。为了应付可能发生的各种自然灾害和其他各种意外事件，为了调控生产和需求，通常国家都要以各种形式，其中包括以库存形式储备一些重要物资，如粮食、战略物资、抢险救灾物资等。因此，在微观领域内，一些经营实体可以进行"无库存"生产和"无库存"销售，但是整个国家和社会不能没有库存。

此外，就微观主体的储存行为而言，零库存又是在某种特定的经济环境下实现的。也就是说，某些经营实体的"零库存"是在社会集中库存及保障供应的前提下得以实现的。从这个意义上说，零库存是对社会库存结构进行合理调整的结果。

（二）实现企业零库存的主要方式

1. 看板方式

看板方式是准时方式中的一种简单有效的方式，要求企业各工序之间或企业之间或生产企业与供应者之间采用固定格式的卡片作为凭证，由下一环节根据自己的节奏逆生产流程方向，向上一环节指定供应，其主要目的是在同步化供应链计划的协调下，使制造计划、采购计划、供应计划能够同步进行，缩短用户响应时间、节约采购资源、降低原材料和外购件的价格、提高企业的适应能力。在具体操作过程中，可以通过增减看板数量的方式来控制库存量。

2. 按订单生产方式

即企业的一切生产活动都是按订单来进行采购、制造和配送的，仓库不再是传统意义上的储存物资的仓库，而是物资流通过程中的一个"枢纽"，是物流作业中的一个站点。物资是按订单信息要求流动的，因此从根本上消除了呆滞物资，从而也就消灭了"库存"。这与传统意义上的为"库存"而生产，生产出来产品进入"库存"后再等待订单是根本不同的。

3. JIT配送方式

即企业及时地将按照订单生产出来的物品配送到用户手中，在此过程中，通过物品的在途运输和流通加工，减少库存。企业可以通过标准的供应链运作模式和合理的配送制度，使物品在运输中实现储存，从而实现零库存。我们以海尔为例，海尔物流本部储运部负责整个集团的成品分拨物流，统一协调及控制运输业务，为零距离销售提供物流配送保障，实现成品的JIT配送，减少了库存量。

4. 协作分包方式

即美国的"Sub-Contract"方式和日本的"下请"方式，是制造企业的一种产业结构形式，这种形式可以以若干企业的柔性生产准时供应货品，使主企业的供应库存为零；同时主企业的集中销售库存使若干分包劳务及销售企业的销售库存为零。在经济发达的国家，制造企业都是以一家规模很大的主企业和数以千百计的小型分包企业组成的一个金字塔形结构。例如，分包零部件制造的企业可采取各种生产形式和库存调节形式，以保证主企业的生产，按指定时间送货到主企业，从而使主企业不再设原材料库存，同时以主企业集中的产品库存满足各分包企业的销售，使分包企业实现零库存。

5. 委托保管方式

即受托方接受用户的委托，利用其专业化的优势，以较高的库存管理水平、较低的库存管理费用代存代管所有权属于用户的物资，从而使用户不再设有仓库，甚至可以不再保有安全库存，从而实现零库存。这种零库存方式主要是靠库存转移实现的，并不能使库存总量降低。但是委托方省去了仓库规划、建设及库存管理的大量费用，集中力量于生产经营，体现了专业化特色，是目前国内企业发展零库存的主要趋势。

6. 轮动方式

也称同步方式，是指在对系统进行周密设计的前提下，使各个环节完全协调，从根本上取消甚至是各环节之间暂时停滞的一种零库存、零储备形式。这种方式是在传送带式生产基础上，进行更大规模延伸形成的一种使生产与材料供应同步进行，通过传送系统供应从而实现零库存的形式。实现轮动方式是一项需要很大投资而且难度很大的系统工程。

7. 水龙头方式

这是一种像拧开自来水管的水龙头就可以取水似的无须自己保有库存的零库存形式，是日本索尼公司首先使用的。这种方式经过一定时间的演进，已发展成即时供应制度，用户可以随时提出购入要求，采取需要多少就购入多少的方式，供货者以自己的库存和有效供应系统承担即时供应的责任，从而使用户实现零库存。适于采用这种供应形式实现零库存的物资主要是工具及标准件。

8. 无库存储备

国家战略储备的物资，往往是重要物资。战略储备在关键时刻可以发挥巨大作用，所以几乎所有国家都有各种名义的战略储备。由于战略储备的重要性，一般这种储备都保存在条件良好的仓库中，以防止损失，延长其保存年限。因而，实现零库存几乎是不可想象的事。无库存的储备，是指仍然保持储备，但不采取库存形式，以此达到零库存。

9. 配送方式

这种方式综合运用上述若干方式采取配送制度保证供应从而使用户实现零库存。

（三）实施企业零库存管理应注意的主要问题

（1）企业必须转变观念，与供应链各方建立相互信任、相互合作、相互协调的战略伙伴关系。一是要积极寻找和发展战略合作伙伴；二是在合作伙伴之间建立分工协作、相互信任的关系。合作的目标定位于削减库存，同时避免缺货现象的发生，做到适时、适量、适质、适地、适价地提供所需物品。

（2）加快企业信息系统建设，最大限度地将销售信息、库存信息、生产信息、客户信息、成本信息等与合作伙伴交流分享，做到信息共享，增加信息透明度。同时，在此基础上，要求各方在一起发现问题、分析问题、解决问题。

（3）采用先进的供应链库存管理技术与方法，努力提高管理水平，包括采用供应商管理用户库存（Vendor Management Inventory，缩写为VMI）、联合库存管理、多级库存优化以及按订单采购、制造、配送等方法。同时对原材料采购管理、生产管理、销售管理、信息管理、人力资源管理等都必须有供应链管理的全局思想。

（4）充分利用第三方物流资源。坚决走专门化、集约化的道路，集中人力、财力、物力努力发展本企业具有核心竞争力的产品，把非核心竞争力的物流交由第三方物流企业代理、配送，只保留少量的安全库存，增强企业的市场竞争力。

（5）加快企业内部物流设施设备的更新，推广高新技术在物流设备中的应用。要想实现零库存，只有很好的"软件"是不行的，还必须有与之配套的"硬件"才行。目前国内大部分企业的物流设施设备现状已经阻碍了零库存的实现，提高物流设备技术含量、加快物流设施设备的更新已是刻不容缓。

（6）加速企业电子商务的发展，尤其注意电子商务与物流领域的结合。虽然我国电子商务在实施过程中所需条件还不配套、不成熟，但是随着电子计算机技术的发展，实施电子商务是一个必然趋势。

二、ABC分类库存管理策略

ABC库存控制技术又叫重点管理法、ABC分析法，它以某类库存物资品种数占物资总品种数的百分数和该类物资金额占库存物资总金额的百分数大小为标准，将库存物资分为A、B、C三类进行分级管理。ABC分类管理法简单易行，效果显著，在现代库存管理中已被广泛使用。

（一）ABC分类管理法的来源

ABC分析的基础源于帕累托分析（Pareto analysis）。帕累托在1897年研究社会财富分配时收集了许多国家的收入统计资料，得出收入与人口关系的规律，即占人口比重不大（20%）的少数人的收入占总收入的大部分（80%），而大多数人（80%）的收入只占总收入的很小部分（20%）。由此他提出了所谓的"关键的少数和次要的多数"的结论。1951年，美国通用电气公司董事长迪基对公司所属某厂的库存物资经过调查分析后发现上述原理适用于储存管理。它将库存物资按所占资金的比例也分成三类，并分别对其采取不同的管理办法和采购、储存策略。

（二）ABC分类法的原理

仓库保管的物资品种繁多，有些物资的价值较高，对企业的发展影响较大，或者对保管的要求较高，而多数被保管的物资价值较低，对保管的要求不是很高。如果对所有的物资均采取相同的管理方法，则会投入过多的人力、资金，而效果却事倍功半。如何在管理中重点突出，做到事半功倍，这是应用ABC分析方法的目的。简言之，为了使有限的时间、资金、人力、物力等能得到更有效的利用，应对库存物资进行分类，将管理的重点放在重要的物资上，并依据其重要程度的不同，分别进行不同的管理，这就是ABC分类法的基本思想。

20—80原则是ABC分类的指导思想，它告诉人们，不同的因素在同一活动中起着不同的作用，在资源有限的情况下，注意力显然应该放在起着关键性作用的因素上，ABC分类法正是在这种原则指导下，对库存物资进行分类，以找出占用大量资金的少数库存物资，并加强对它们的控制和管理；对那些占用少量资金的大多数物资，则实行较简单的控制与管理。

一般地，人们将价值比率为65%~80%、数量比率为5%~20%的物资划为A类；将价值比率为15%~20%、数量比率为20%~30%的物品划为B类；将价值比率为5%~15%、数量比率为70%~80%的物品划为C类。ABC分类法并不局限于三类，可以增加，但有关经验表明，最多不要超过五类，过多的种类反而会增加控制成本。

（三）ABC分类的依据

ABC分类的依据是库存中各品种物资每年消耗的金额，即年消耗量乘以它的单价。将年消耗金额高的划归A类，次高的划归B类，低的划归C类。对具体划分标准及各类物资在总消耗金额中应占的比重并没有统一的规定，要根据各企业、各仓库库存品种的具体情况和企业经营者的意图来确定。但是，根据众多企业多年运用ABC分类的经验，一般按各类物资在消耗金额中所占的比重来划分。ABC分析应用举例如表3-20所示。

表3-20 ABC分析示例

产品序号	产品数量	单价（元）	占用资金（元）	占用资金比例（%）	资金累计比例（%）	产品数量所占比例（%）	产品数量累计比例（%）	分类
1	10	400	4 000	40	40	6	6	A
2	10	300	3 000	30	70	6	12	A
3	20	75	1 500	15	85	12	24	B
4	20	50	1 000	10	95	12	36	B
5	20	5	100	1	96	12	48	C
6	20	5	100	1	97	12	60	C
7	20	5	100	1	98	12	72	C
8	25	4	100	1	99	14	86	C
9	25	4	100	1	100	14	100	C
合计	—	—	10 000	100	—	100	—	—

1. A类物资

A类物资是指累计品种数约占库存物资品种总数的5%~20%，而平均资金占用额累计为60%~80%的物资。表3-20中A类物资产品数量百分比为12%，平均占用资金百分比为70%。

2. B类物资

B类物资是指累计品种数约占库存物资品种总数的20%~30%，而平均资金占用额累计也为20%~30%的物资。表3-20中B类物资产品数量百分比为24%，平均占用资金百分比为25％。

3. C类物资

C类物资是指累计品种数约占库存物资品种总数的60％~80％，而平均资金占用额累计只为5％的物资。表3-20中C类物资产品数量百分比为64％，平均占用资金百分比为50％。

这三类物资重要程度不同：A类物资最重要，B类物资次之，C类物资再次之。这就为库存控制工作中抓住重点、照顾一般，提供了数量上的依据。

（四）ABC分类法的一般步骤

1. 收集资料

按分析对象和分析内容收集有关资料。应收集的资料包括每种库存物资的平均库存量和每种物资的单价等。

2. 处理资料

对收集来的资料进行整理，按要求计算和汇总。用平均库存乘以单价，计算各种物资的平均资金占用额。

3. 绘制ABC分析表

根据表3-20计算结果画出ABC分析图，如图3-6所示

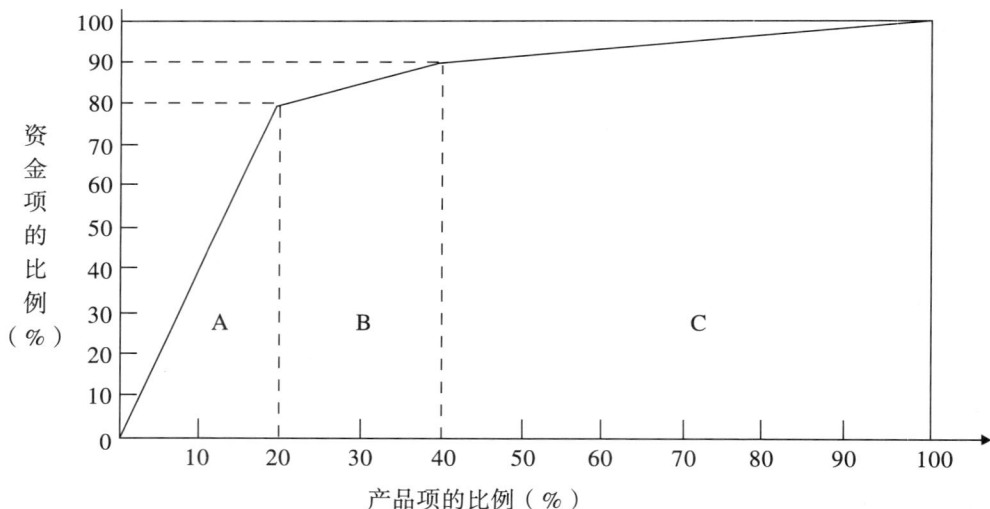

图3-6　ABC分析法示意图

（五）ABC分类法的管理准则

在对库存物资进行过ABC分类之后，就应根据企业的经营策略对不同类别的库存物资进行不同的管理，有选择性地对库存进行控制，减轻库存管理的压力。

1. A类物资的库存管理

A类物资在品种数量上仅占15％左右，但如能管好它们，就等于管好了占70％左右

金额的物资。对于物资管理与仓库管理人员来说，除了应该协助企业降低它们的消耗量（或增加其销售额）外，还要在保障供给的条件下，尽量降低它们的库存额，以减少占用资金，提高资金周转率。A类物资消耗金额高，提高其周转率可取得较大的经济效益。对A类物资要重点、定期盘点，尽量减少安全库存，必要时可进行应急补货。对A类物资的采购订货，必须缩短供应间隔时间，选择最优的订购批量，在库存控制中采取重点措施加强控制。对A类物资应从以下方面加强管理。

（1）勤进货

在保证供给的前提下，应该尽可能地增加进货频率、降低每次进货的批量。由于A类物资的消耗量比较大，对库存成本影响大，因此应该经常检查库存情况，勤进货，将每次进货批量控制在较小的范围内。这样，库存成本降低的幅度远远大于订货成本增加的幅度。

（2）勤发料

在满足需要、方便使用者的前提下，要适当控制和减少每次发料批量，这样可以降低二级库的库存量，避免以领代耗的情况出现。

（3）与客户勤联系

了解客户需求的动向和需求量可能发生的变化，在库存量满足需求变化的前提下，与客户协商研究代用物资的可能性，尽量降低物资的单价。企业要对自己的物资需求量进行分析，弄清楚哪些是日常需要的，哪些是集中消耗的。对于集中的、大批量的需求，应掌握其需求时间，需要时再进货，不要过早进货造成积压。

（4）恰当选择安全系统

要尽可能减少安全库存量。对库存量的变化要严密监视，当库存量降到报警点时，要立即采取措施，确保不缺货。

（5）加强与供货厂商的联系

要提前了解订货合同的执行情况和运输中可能出现的问题等，要与供货方协商各种紧急供货的互惠方法。

2. B类物资的库存管理

B类物资的状况处于A类与C类之间，因此，其管理方法也介于对A、C类物资的管理方法之间，可采用通常的方法或称常规方法管理。对B类物资也应重视适当提高其安全库存。在采购中，订货数量的确定可适当照顾到供应企业的利益，这有利于供方确定合理的生产批量及选择合理的运输方式。

3. C类物资的库存管理

与A类物资相反，C类物资品种数众多，所占用的金额却甚少。对C类物资要放宽控制或只作一般控制，采用较高的安全库存，减少订货次数。由于品种繁多复杂，资金占用又小，如果订货次数过于频繁，不仅工作量大，而且从经济效益上考虑也没有必要。

三、JIT库存管理策略

（一）JIT简介

1. JIT基本原理

JIT是"Just In Time"的缩写，直译为"正好准时"。如果将其与库存管理和生产管理联系起来，则为"准时到货"之意。JIT是日本丰田汽车公司在20世纪70年代末引入我国的。近年来，JIT不仅作为一种生产方式，也作为一种通用管理模式在物流、电子商务等领域得到推行。

JIT的基本原理是以需定供，按照需方需求的品种、规格、质量、数量、时间、地点等要求，将物品送到指定的地点。不多送，也不少送，不早送，也不晚送，所送品种要个个保证质量，不能有任何废品。

JIT原理虽然简单，但内涵十分丰富。

- 品种配置上，保证品种有效性，拒绝不需要的品种；
- 数量配置上，保证数量有效性，拒绝多余的数量；
- 时间配置上，保证所需时间，拒绝不按时供应；
- 质量配置上，保证产品质量，拒绝次品和废品。

2. JIT的四要素

（1）零库存

零库存是一种现代库存管理方法，其核心是在准确的时间把准确的数量送到准确的地点，超过需要的一切都是浪费，因此，任何库存都是浪费。JIT概念认为，库存是由于计划不当、能力不够、供应商过失、订单处理延迟和生产运作不规范、设备保养差等原因所造成的。JIT生产可以发现其他生产方式由于过多的库存和过多人员而隐藏的问题。

（2）备货期短

由于采用小批量供货和较短的供货周期，JIT使备货时间大大地缩短了。生产提前期的缩短也使成本下降。

（3）高频率小批量补货

高频率小批量补货可以减少和避免存货，以便发现问题时容易改进，从而实现均衡作业及柔性生产等。

（4）高质量和无缺陷

JIT要求消除各种造成浪费的不合理的因素，要求整个生产过程中的每一个操作都要达到精益求精，将质量管理引入每一个操作中，对产品质量进行及时的监测和处理。

3. JIT的特点

JIT的中心思想是消除一切无效的劳动和浪费。

（1）JIT技术具有普遍意义

JIT技术既适用于任何类型的制造业，也可应用于服务业中的各种组织。JIT能够以有效、可靠的方式消除生产经营过程中的浪费，改善质量，提高用户满意度。

（2）JIT的核心是消除无效劳动和浪费

在市场竞争环境下，获取更多利润的途径之一是降低成本，而降低成本的关键就在于杜绝浪费。JIT技术针对凡是对产品不起增值作用或不增加产品附加值但增加成本的劳动加以控制，例如，多余的库存，多余的搬运和操作，造成返修品、次品和废品的作业，停工待料，没有销路的超产等，都是JIT技术控制的对象。

（3）JIT非常重视人的因素，强调全员授权参与管理

JIT把企业员工看成是主动创新的主力，认为最了解管理中存在问题的是企业的一线员工，因而应当首先由他们提出解决问题的办法。为此，一般由上级提出目标和处理问题的原则，提供信息和培训，并对员工进行授权，各级员工在自己的权限范围内处理工作范围中的各种问题。

（4）JIT重视员工多种技能的培训

员工必须是多面手，能在不同的设备上进行操作与维护，这不但能减少因人员缺勤而造成的停工，同时也能增加员工对职业的荣誉感。在JIT的实施过程中，要成立合理化小组和质量控制小组，提供合理化建议，将体力劳动与脑力劳动结合起来。

（5）JIT追求尽善尽美

JIT认为，不懈进取与一个组织整体效果的提高有着密切的关系，必须被组织内的每一个员工所接受，遇到问题，就一定要找出问题发生的根源，并运用合理的方法，将问题彻底解决，使之不再发生，以便有效、连续地改进其生产操作及用户服务水平。

（6）JIT注重对物流的控制

JIT管理中进行物流控制的手段主要有：成组技术、U形工位布置、改进工装设计、压缩准备时间、减少批量、组织标准化生产、采用拉动式作业等，通过这些具体的措施保持各生产单元之间的物流平衡。

（7）JIT强调全面质量管理

JIT认为仅靠检验只能发现而不能防止和消除缺陷，即便补救，也已造成浪费。因此，必须建立质量保证体系，从根本上保证产品质量。同时，坚持预防性设备维护制度，一旦出现设备故障就全线停工，群策群力查明事故根源，一次性彻底解决问题。

（8）JIT追求最优的质量成本比

JIT致力于开发旨在实现零缺陷的制造流程，表面上看起来，这似乎是个不切实际的目标，但是，从长远的角度看，由于消除了一些多余的功能，可使企业的成本费用大大降低，实现最优的质量成本比。

4.JIT实施的条件

在理想的JIT系统中，不存在提前过货的情况，因而使库存费用降到零点。JIT获得成功需要以下条件。

• 完善的市场经济环境，信息技术发达。

- 可靠的供应商，按时、按质、按量地供应，通过电话、传真、网络即可完成采购。
- 生产区域的合理组织；制定符合逻辑、易于产品流动的生产线。
- 生产系统要有很强的灵活性，为改变产品品种而进行生产设备调整的时间接近于零。
- 要求平时注重设备维修、检修和保养，使设备失灵的情况为零。
- 完善的质量保证体系，无返工现象，次品、不合格品为零。
- 人员高度集中，各类事故发生率为零。

（二）JIT生产系统与传统物流系统的不同

在JIT生产方式得到倡导以前，世界汽车生产企业包括丰田公司在内，均采用福特式的"总动员生产方式"，即一半时间人员、设备和流水线等待零件，另一半时间等零件——运到，全体人员总动员，紧急生产产品。这种方式造成了生产过程中的物流不合理现象，尤以库存积压和短缺为特征，生产线要么不开机、要么一开机就大量生产，这种模式造成了严重的资源浪费。丰田公司的JIT在这种情况下问世了，它采用的是多品种、少批量、短周期的生产方式，大大消除了库存，优化了生产物流，减少了浪费。

JIT生产系统与传统生产系统主要的不同之处在于以下两个方面。

1. 生产的流程化

传统生产系统是一种生产由前向后的推动式系统，即由原材料仓库向第一个生产程序供应原材料，把它们加工成在产品、半成品，转入第一个生产程序的在产品、半成品仓库，然后再由此仓库向第二个生产程序供应半成品，进行深加工，如此向后推移，直到制成品转入产成品仓库，等待销售。在传统生产系统中，大量原材料、在产品、产成品的存在，必然导致生产费用的占用和浪费。而JIT生产系统则与此相反，它由需求拉动产品的生产。因此，JIT系统也称为拉动式生产系统。在这种生产系统中，企业以订单的要求为出发点，即要求企业由后向前全面安排生产，后一道生产程序决定前一道生产程序的内容，JIT系统要求企业的供、产、销各环节紧密配合，大大降低了库存，从而降低了成本，提高了生产的效率和效益。

2. 生产的均衡化

生产的均衡化即将一周或一日的生产量按分秒时间进行平均，所有的生产流程都按此来组织生产，这样一来，一条流水线上每个作业环节上单位时间必须完成多少、完成何种作业，就有了标准定额，所有环节都按标准定额组织生产，因此要按此生产定额均衡地组织物料的供应、安排物资的流动。因为JIT生产方式的生产是按周或按日平均的，所以与传统的大生产、按批量生产的方式不同，JIT的均衡化生产中无批次生产的概念。

（三）JIT生产方式消除库存、改善物流的关键做法

1. 生产准备耗费与储存成本控制

传统观念是接受生产准备耗费，或说认为订购成本与储存成本必然存在，且为既定的。因此，控制库存成本的方法是找到一个理想的储量，使其成本之和为最低。与此相反，JIT认为订购成本与储存成本并不为既定的，可以寻求方法和采取措施使之下降，或者使之趋于零。它是通过以下方法实现的。

（1）引进先进的机器设备，计算机化的控制与操作使得生产准备阶段所耗时间变得很短，从而使准备耗费大幅度下降。

（2）仅选择几个可靠的供应商，且与它们建立起长期的订购关系，采购业务仅以电话或传真的方式进行，因此采购费用大幅度下降。

（3）选定的供应商可按时、按量、按质将材料运到，因此企业的库存可以压低到极限，储存成本也可降低到最低水平。

2. 保证交货期

能否按期交货是衡量企业是否有能力满足顾客需求的关键标准之一。传统处理方式是由储存一定量的产成品来达到的。然而，JIT却是通过改善企业内部机制、大幅度缩短"提前期"来实现的。这里的提前期是指从顾客提出要货到拿到货物所需的时间。提前期越短，企业应对市场需求变化的能力也越高。JIT在这方面的改革如下。

（1）降低生产准备时间以缩短"提前期"。

（2）提高材料、零部件和产成品的质量，消除生产废品及事后检验的时间耗费。

（3）改革生产过程的布局方式，由部门型方式或职能型方式转化为以产品为中心的生产布局方式，由此缩短了原材料→零部件→产品转移过程的时间。

（4）库存方式由集中型转化为分散型，减少了库存空间和资金的占用。

3. 避免事故损失

以前人们普遍认为设备失灵是突发事件，更是客观存在，因此无法避免此类事故的发生，只有靠存货解决。JIT观点认为，正是由于允许存货存在而遮盖了诸如因设备失灵而造成的事故损失，而这实际上是管理上的问题。JIT消除这种管理上失误造成事故损失的方法如下。

• 追求设备失灵为零的目标，强调全员参与设备的日常保养与维修。

• 对从采购到内部生产进行全过程的全面质量控制。

• 利用看板管理法保证生产过程物流畅通。

看板管理即把工厂中潜在的问题或需要做的工作显现或写在一块显示板或表示板上，让任何人一看显示板就知道出了何种问题或应采取何种措施。看板管理需借助一系列的手段来进行，如告示板、带颜色的灯、带颜色的标记等，不同的方法表示不同的含义。

• 红条。在物品上贴红条表示该种物品在日常生产活动中不需要。

• 看板。这是为了让每个人更容易知道物品放置地点而制作的表示板，在该板上标明什么物品在什么地方，库存数量是多少。

• 警示灯。这是让现场管理者随时了解生产过程中何处出现异常情况、掌握某个环节的作业进度、及时得知何处请求供应零件等的工具。

• 标准作业表。这是将人、机械有效地组合起来以决定工作方法的表单。

• 错误的示范。这是为了让员工了解何谓不良品，并把不良品陈列出来的方法。

• 红线。这是表示仓库及储存场所货物堆放最大值的标记，以此简便方法来控制物品的最大库存量。

看板方式作为一种生产管理方式，在生产管理史上是非常独特的。看板方式也可以说是JIT生产方式最显著的特点，但绝不能把JIT生产方式与看板方式等同起来。JIT生产方式说到底是一种生产管理技术，而看板只不过是一种管理手段。看板只有在工序一体化、生产均衡化、生产同步化的前提下，才有可能运用。如果错误地认为JIT生产方式就是看板方式，不对现有的生产管理方法作任何变动就单纯地引进看板方式，是不会起到任何作用的。所以，在引进JIT生产方式以及看板方式时，最重要的是对现存的生产系统进行全面改组。

4. 消化价格的影响

实施JIT系统订货与传统订货相比有不同的方式和要求。物料购买过程也就是与供应商打交道以获取企业生产产品或提供劳务所需材料的过程，购买的关键就是要选择供应商，需要考虑价格、质量、及时交货等问题。代统的购买最关心的是价格，而忽视了质量和及时交货的要求。在这种购买方式下，企业一般有许多供应商。日本JIT采购系统的成功经验极大地影响了现代采购方式。JIT方式认为，从较少的供应商那里采购比从许多供应商那里采购有很多优势，从长远的角度来看，厂商与供应商建立合作关系将有利于厂商和供应商达成共识，促进双方共同取得成功。尽管价格仍然是一个不容忽视的因素，但质量和可靠性已成为现代购买方式中越来越重要的因素。在JIT系统中，如果物料质量和可靠性出现问题，将导致整个系统处于停顿状况。为消化价格的影响，JIT的做法如下。

（1）选择较近的供应商，降低运输成本。

（2）选择能按时、按量、按质提供货物的供应商，保证JIT年产的有效运行。

（3）与供应商建立良好的关系，分享信息且相互信赖，以此减少由于价格的变动给企业带来的压力。

四、供应商管理库存策略

（一）供应商管理库存概述

供应商管理库存（Vender Managed Inventory，缩写为VMI）是一种在供应链环境下的库存运作模式，本质上，它是将多级供应链问题变成单级库存管理问题，相对于按照用户发出订单进行补货的传统做法，VMI是以实际或预测的消费需求和库存量作为市场需求预测和库存补货的解决方法，即由销售资料得到消费需求信息，供货商可以更有效地计划、更快速地对市场变化和消费需求作出反应。

近年来，为了降低库存成本，整合供应链资源，越来越多的企业开始尝试一种新型的供应链管理模式——供应商管理库存。特别是在零售行业中，零售商长期以来饱受"长鞭效应"的影响，为了保证产品销售的连续性，零售商一直独自管理产品库存，独自承担库存成本，而产品一直由几家供应商负责供应。为了保证自己在市场营销方面的核心竞争力、加强企业间合作程度，同时降低成本、抑制"长鞭效应"、重新整合企业资源，零售商决定实施供应商管理库存的共应链战略来进行企业之间的联盟。

供应商管理库存的前期准备阶段体现在战略层次上主要包括决策供应商管理库存的形式、选定某一个供应商作为自己的合作伙伴以及明确相互之间的契约关系和供应目标。

供应商管理库存的实施阶段是最为重要和复杂的，体现在战术层次上，它主要包括适应供应商管理库存的组织机构的变革、买方企业和自己的合作伙伴供应商共同组建一个工作团队、设立一些新的职能部门，以及整个供应商管理库存是如何具体运作的。

供应商对管理库存进行评估是指根据双方企业实施供应商管理库存之前制定的目标确定一些经济指标，用这些指标对实施前后结果作对比，如果达到预期效果就进入全面实施阶段，如果达不到就返回到供应商管理库存实施阶段，进行改进和完善，直至进入供应商管理库存的全面实施阶段。

（二）供应商管理库存的前期准备

1. 实施供应商管理库存的目标分析

根据供应商管理库存经济效益和库存分析，双方企业的目标主要体现在以下四个方面。

（1）降低供应链上产品的库存，抑制"长鞭效应"；

（2）降低买方企业和供应商成本，提升利润；

（3）保证企业的核心竞争力；

（4）提高双方的合作程度和忠诚度。

2. 供应商管理库存协议的制定

（1）整个供应商管理库存所做出的额外投资的成本由买方企业和供应商按比例共同承担。

（2）实施供应商管理库存所带来的供应链利益的上升，应由双方共享，特别是在双方企业实施供应商管理库存的前期阶段，可能会使供应链上升的利润大部分被买方企业所攫取，所以短期内买方企业应该让渡部分利润给供应商来保证他实施供应商管理库存的积极性和信心。

（3）在整个供应商管理库存实施的过程中，规定一系列的条款来规范双方企业的行为：例如意外条款的拟定，一旦出现意外事件需要及时通告双方；付款条款的拟定，包括付款方式、付款期限的规定等；罚款条约的拟定，包括供应商如果在运输配送中出现差错，将如何对其实施罚款，买方企业如果传送错误的产品销售信息将如何对其实施罚款等。

（4）关于操作层面的协议：供应商和买方企业通过协议确定实施供应商管理库存过程中前置时间、订单处理时间、最低到货率、补货点等一系列操作层面的问题。

3. 实施供应商管理库存的资源准备

这是实施供应商管理库存所必需的一些支持，如一些信息网络的组建和IT技术的准备可用于建立供应商管理库存信息决策支持系统。

（1）电子数据交换（EDI）系统。它可以降低成本，美国通用汽车公司通过实施EDI，每年大概可以获得12.5亿美元的成本节约。

（2）自动销售点信息（POS）系统。实施POS系统提高了资金的周转率，避免缺货现象的发生，使库存水平合理化，此外，对于进行有效的其他库存管理也起着重要作用，其对于在供应商管理库存中实现真正的信息共享是必不可少的。

（3）条形码技术。它的应用不仅提供了一套可靠的代码标识体系，还为供应链各节点提供了通用语言，解决了数据录入和数据采集中经常出现的"瓶颈"问题，为供应商管理库存的实施提供了有力支持。

除此之外，还包括实施供应商管理库存所必需的物流方面的配套支持以及产品的仓储和运输配送等。

（三）供应商管理库存的实施

1. 实施供应商管理库存的信息沟通

实施供应商管理库存首先必须拥有一个良好的信息沟通平台，我们需要在原有企业拥有的EDI的基础上，重新整合原有的EDI资源来构建一个适合于供应商管理库存的信息沟通系统。

2. 供应商管理库存的工作流程设计

买方企业和供应商实施供应商管理库存后，必须针对供应商管理库存的工作流程进行设计从而保证整个策略的实施。整个供应商管理库存的实施都是透明化的，买方企业和供应商随时都可以监控。工作流程主要分为以下两个部分。

库存管理部分，是由销售预测、库存管理以及供应商生产系统共同组成的，因为实施了供应商管理库存之后，这几个部分的工作主要由供应商和买方企业共同协调来完成，所以我们将其归为一种模块来处理：首先从买方企业那里获得产品的销售数据，再和当时的库存水平相结合并及时传送给供应商，然后由供应商的库存管理系统作出决策——如果供应商现有的仓储系统能够满足库存管理系统作出决策所需要的产品数量，就直接由仓储与运输配送系统将产品直接、及时地配送给买方企业，如果供应商现有的仓储系统不能够满足库存管理系统作出决策，就必须在通知生产系统生产产品后再通过运输与配送系统及时将产品配送给买方企业。其中，在正式订单生成前，还应该交由买方企业核对，调整后再得出最后的订单。

仓储与运输配送系统，一方面负责产品的仓储、产品的分检入库以及产品的保存，另一方面负责产品的运输配送（产品按要求及时送达买方企业手中），同时负责编排尽量符合经济效益的运输配送计划（如批量运输和零担运输的选择、运输线路和时间的编排以及承载量的安排等）。

常见的供应商管理库存流程如图3-7所示。

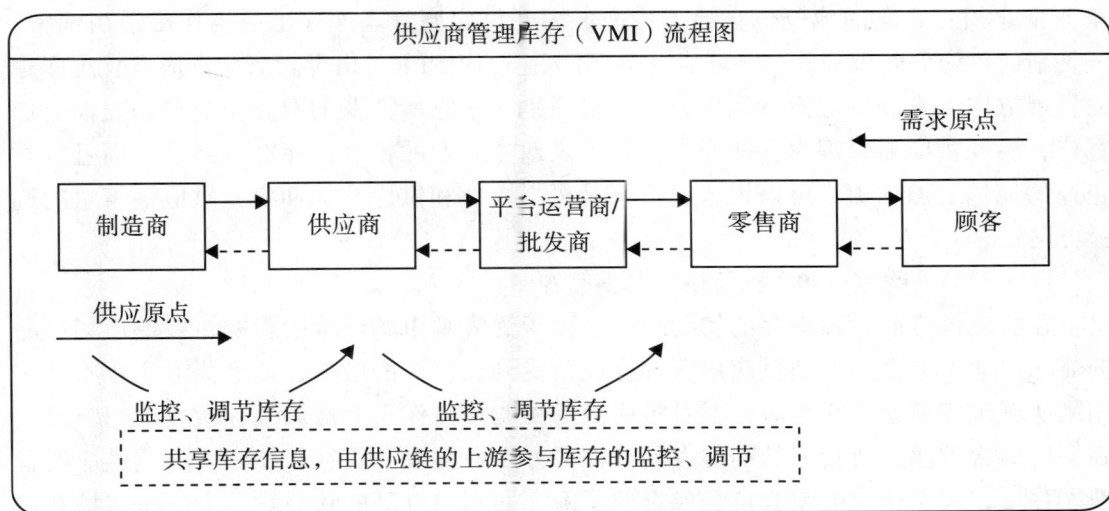

图3-7 供应商管理库存流程图

3. 供应商管理库存的组织结构调整

买方企业和供应商实施供应商管理库存后，为了适应新的管理模式，需要根据供应商管理库存的工作流程来对组织机构进行相应的调整。

因为供应商管理库存毕竟是对企业原有管理策略的一种"否定"，在双方企业之间肯定会有工作和职能上的合作和调整，所以为了保证供应商管理库存能够良好、正常地运行，就有必要设立一个供应商管理库存的协调与评估部门，其主要作用如下。

（1）原有企业之间的人员在实施供应商管理库存后，可能会因工作上的合作而导致利益冲突，此时，供应商管理库存协调评估部门就可以通过制定一系列的工作标准来协调和解决这些问题，成为双方企业沟通的桥梁。

（2）在实施供应商管理库存后，原有工作岗位会适当合并或调整（例如，原有的买方企业库存和仓储人员的工作岗位再安排，他们可能会认为现有的供应商管理库存对他们来说是一种威胁），此时供应商管理库存协调评估部门就应该做好相关人员的思想工作，并对他们的工作做出适当的安排和调整。

（3）对供应商管理库存的实施进行监控和评估，将合理、科学的管理信息提供给企业高层，以此作为企业高层对企业进行调整的重要依据。

4. 供应商管理库存实施过程中应注意的问题

（1）双方企业合作模式的发展方向问题

双方企业管理高层应该进一步加强企业之间的合作和信任。供应商管理库存原本由供应链管理模式——快速反应（QR）、有效客户反应（ECR）等供应链管理策略发展而来，由于买方企业相对于供应商来说是产品的需求方，所以在整个供应商管理库存策略实施中占主导地位。但随着双方企业合作越来越紧密，双方企业谁也离不开谁，双方企业相互之间的地位也会趋于均衡，因此供应商管理库存也应当作出适当调整，一种新的供应商管理模式——联合计划预测补充（CPFR）很可能成为供应商管理库存的发展方向。它和供应商管理库存的主要区别在于它所涉及的双方企业的涵盖面更加宽广，不像供应商管理库存那样主要只涉及双方企业的销售、库存等系统，而且双方企业的地位更加均衡，可以说，它应该是买方企业和供应商长期实施供应链策略的选择方向！

（2）产品采购数量和采购价格的调整问题

在实施供应商管理库存的初期阶段，由于受客观市场环境的影响，终端市场产品的需求可能不会因为实施供应商管理库存而受到比较大的影响，加上买方企业不会在刚刚实施供应商管理库存后，就对供应商的采购价格作出上涨调整，所以初期阶段实施供应商管理库存所带来的利益大部分被买方企业攫取了。在长期全面实施供应商管理库存后，买方企业会因为自己成本的下降，而利用自己的核心竞争力——市场营销能力来调整自己的产品销售价格以获得更多的市场份额，获得更多的消费者。这样的话，双方企业的采购价格和数量就会相应调整，调整的方式主要通过双方企业事先签署协议来达成。在长期实施供应商管理库存的过程中，调整的频率可能会比较大，所以双方企业都应该对采购数量和价格的频繁变化作好充分的准备，以免在签署协议时产生矛盾和不信任。

（3）长期利益分配问题

长期实施供应商管理库存后，双方企业的利润相对于实施供应商管理库存之前，都会得到提高，但买方企业和供应商在利益上升方面却表现出了"不平等"。从整个供应商管理库存的实施过程来看，供应商承担了大部分的工作，尽管双方企业在实施前达成协议共同分担实施供应商管理库存所需要的投资，但大部分的好处仍然被买方企业据为己有，这主要是因为买方企业相对供应商来说是产品的需求方，在整个供应链中属于上游企业，在整个供应链管理中占主导地位。要想在长期内实现双赢，在全面实施供应商管理库存的过程中，双方企业应该就整个利润在责权对等的基础上进行分配。具体的分配可以根据双方企业的成本按比例通过签署协议来执行。分配的方式多种多样，可以对实物，例如投资设备，进行分配，也可以直接对现金进行分配。

（4）实际工作不断调整的问题

因为供应商管理库存所带来的效益并非一朝一夕就能显现出来（买方企业可能除外），所以一旦实施，必将是一个长期的过程。因此，在长期实施供应商管理库存的过程中，双方企业的实际工作应该不断地调整以适应整个供应商管理库存的实施，这主要体现在以下几点。

• 产品管理应该向标准化、一致化发展。例如，产品的包装、规格及质量体系应该统一口径，这样不但可以减少双方企业之间的误会，也可使产品的售后有据可依。

• 加强员工的交流和培训。因为供应商管理库存本身就是一个企业之间通过协议合作的模式，所以人员的交流和培训是必不可少的，双方企业可以定期互派员工到企业中进行参观和学习，进一步熟悉自己的合作伙伴，也可以通过员工之间的联谊来交流企业文化，以便更好地增加双方企业之间的信任感，这些可以由企业之间的协调部门来执行。

• 库存系统的进一步融合，真正做到JIT化的库存管理。例如，检查库存周期、库存维持水平、订货点水平、订单的处理和传送等一系列关于库存管理的内容，应该根据双方企业信息系统提供的准确信息不断作出相应的调整。

• 仓储和运输配送系统。刚开始实施时，仓储和运输配送可以通过第三方物流来执行，也可以通过自己原有的仓储和配送资源来执行，但如果双方企业考虑长期实施供应商管理库存的话，可以考虑通过自己原有的资源来执行仓储和运输配送，因为这样和第三方物流的服务相比，双方企业的管理层能更好地整合自己所有的资源，充分利用资源，减少资源的浪费和低效率！

（四）供应商管理库存的实施评估

在实施初始阶段，必定会有诸多意料之外和不确定性的因素存在，这样就会导致供应商管理库存在刚开始实施时可能不会达到双方企业的预期，所以我们设立一个供应商管理库存评估体系来对其实施效果进行评估，然后根据评估结果对其进行调整和完善，以便在长期内全面地实施供应商管理库存。同时，还需要制定一个评估的时间周期，通常在供应商管理库存系统的建设阶段也就是实施初期会比较频繁，双方企业需要采用一致的评估口径和基准，这样才能保证对供应商管理库存的实施效果有比较客观的评估。

具体的评估过程如下。

（1）确定评估的目标对象——供应商管理库存的实施。

（2）确定评估的指标——主要是根据供应商管理可以给买方企业和供应商带来的利益进行设立：

• 产品库存水平满意度（0~100%）

• 节约成本满意度（0~100%）；

• 产品的到货率（0~100%）；

• 双方企业合作与信任满意度（0~100%）；

• 双方企业各个核心竞争力保护满意度（0~100%）。

上述指标获得的方式可以通过整个供应商管理库存的工作人员根据实施过程调查综合评定得出。

（3）确定评估指标在整个评估系统中的权重。

权重分别代表上述评估指标在整个供应商管理库存中的重要程度。

因为供应商管理库存最直接、最明显的作用就是减少库存和节约成本，所以我们对产品库存水平满意度和节约成本满意度分别设立较高的权重，例如，分别为30%和30%，产品的到货率的权重可以为20%，而双方企业合作与信任满意度的权重以及双方企业各个核心竞争力保护满意度的权重可以为10%和10%。

上述指标权重可以通过管理专家或企业的高层管理人员根据企业的战略目标综合评定得出。

（4）评价的等级与量化数据。

一般而言，我们设立四个等级：优、良、中、差，而等级的量化数据是与等级相对应的，通常我们认为：

优：80~100；良：70~80；中：60~70；差：0~60。

运用评估系统对供应商管理库存实施前后进行评估，如果实施供应商管理后的效果比较理想，就可以进行下一个阶段，继续实施供应商管理库存；而如果得出的评估结果不理想，就必须对实施进行完善和调整，直到得出理想的结果。

（五）供应商管理库存的好处

（1）通过实施供应商管理库存，供应商的受益表现在以下几个方面。

- 由于销售点数据透明化，从而简化了配送预测工作；
- 了解当前的存货情况，使促销工作易于实施；
- 减少分销商的定货偏差，减少退货；
- 需求拉动透明化、提高配送效率——以有效补货避免缺货；
- 有效的预测使生产商能更好地安排生产计划。

（2）通过实施供应商管理库存，分销商和消费者的受益表现在以下几个方面。

- 提高了供货速度；
- 减少了缺货；
- 降低了库存；
- 将计划和定货工作转移给供应商，降低了运营费用；
- 在恰当的时间，适量补货，从而提升了总体物流绩效；
- 供应商更专注于提升物流服务水平。

（3）双方共同的利益表现在以下几个方面。

- 通过计算机互联通讯，减少了数据差错；
- 提高了整体供应链的处理速度；
- 各方更专注于提供优质的用户服务；避免缺货，使所有的供应链成员受益；真正意义上的供应链合作伙伴关系得以确立；

（4）长期利益包括更有效的促销运作、更有效的新品导入和增加终端销售量等。

五、联合库存管理策略

（一）联合库存管理的基本思想

联合库存管理（Joint Managed Inventory，缩写为JMI）是指由供应商和用户联合管理库存。联合库存管理是一种风险分担的库存管理模式。分销中心的联合库存功能是联合库存管理思想的体现，并进一步发展成基于协调中心的联合库存管理系统。

（二）联合库存管理的优点

为实现供应链的同步化运作提供了条件和保证，减少了供应链中的需求扭曲现象，降低了库存的不确定性，提高了供应链的稳定性。库存作为供需双方信息交流和协调的纽带，可以暴露供应链管理中的缺陷，为改进供应链管理水平提供依据。为实现零库存管理、准时采购以及精细供应链管理创造了条件，进一步体现了供应链管理资源共享和风险分担的原则。

（三）联合库存管理的实施策略

1. 建立供需协调管理机制

建立共同合作目标；建立联合库存的协调控制方法；建立一种信息沟通的渠道或系统；建立利益的分配、激励机制。

2. 发挥两种资源计划系统的作用

为了发挥联合库存管理的作用，在共应链库存管理中应充分利用目前比较成熟的两种资源管理系统：制造资源计划系统（Manufacturing Resource Planning，缩写为MRP-II）和物资资源配送计划（Distribution Requirements Planning，缩写为DRP）。原材料库存协调管理中心应采用MRP-II，而产品联合库存协调管理中心则应采用DRP。这样就可以在供应链系统中把两种资源计划系统地结合起来。

3. 建立快速响应系统

快速响应系统是一种供应链管理策略，目的在于减少供应链中从原材料到用户过程的时间和库存，最大限度地提高供应链的运作效率。快速响应系统需要供需双方的密切合作，协调库存管理中心的建立为快速响应系统发挥更大的作用创造了有利的条件。

4. 发挥第三方物流系统的作用

第三方物流系统起到了供应商和用户之间联系的桥梁作用，为企业带来了诸多好处。面向协调中心的第三方物流系统使供应与需求双方都取消了各自独立的库存，增加了供应链的敏捷性和协调性，并且能够大大改善供应链的用户服务水平和运作效率。

六、定量库存控制策略

（一）定量订货法原理

定量订货法是指当库存量下降到预定的最低库存数量（订货量）时，以经济订货批量为标准进行订货的一种库存管理方式。它主要依靠控制订货点和订货批量两个参数来控制订货进货，以达到既能很好地满足库存需求，又能使总费用降低的目的。

定量订货法的原理是：预先确定一个订货点Q_k，在销售过程中随时检查库存，当库存下降到Q_k时，就发出一个订货批量Q^*，一般取经济批量EOQ。库存量的变化如图3-8所示。

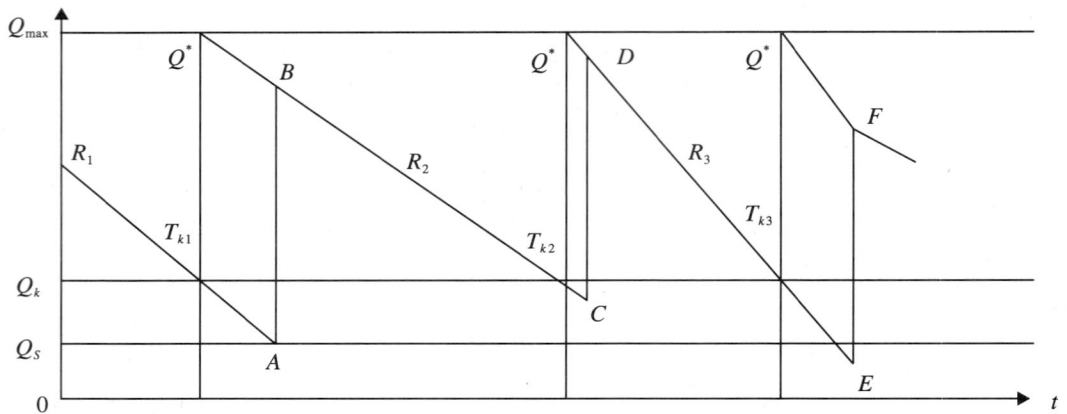

图3-8　定量订货法库存量的变化

图3-8是库存量变化的一般情况，每阶段库存下降速度 R 和订货点的时间间隔都是随机变量，即 $R_1 \neq R_2 \neq R_n$，$T_{k1} \neq T_{k2} \neq T_{kn}$。第一阶段，库存以 R_1 的速度下降，当库存下降到 Q_k 时，就发出一个订货批量 Q^*，这时"名义库存"升高了 Q^*，达到 $Q_{max}=Q_k+Q^*$，进入第一个订货提前期 T_{k1}，在 T_{k1} 内库存继续以 R_1 的速度下降至 A 点（如图3-8中，等于 Q_s，在 Q_s 线上），新订货物到达，T_{k1} 结束，实际库存为 $Q_B=Q_s+Q^*$。进入第二阶段，库存以 R_2 的速度下降，假设 $R_2<R_1$，所以库存消耗周期较第一阶段要长，当库存下降到 Q_k 时，又发出一个订货批量 Q^*，"名义库存"又升到 $Q_{max}=Q_k+Q^*$，进入第二个订货提前期 T_{k2}，在 T_{k2} 内库存继续以 R_2 的速度下降到 C 点，第二批订货到达，T_{k2} 结束，实际库存又升高了 Q^*，达到 D 点，实际库存为 $Q_D=Q_c+Q^*$，由于 $R_2<R_1$，所以 $T_{k2}<T_{k1}$。之后进入第三个阶段，库存以 R_3 的速度下降，$R_3>R_1>R_2$，因此 $T_{k3}>T_{k1}>T_{k2}$，当 T_{k3} 结束时库存量下降到 E 点，且动用了安全库存 Q_s，新的订货到达时实际库存上升到 $Q_F=Q_E+Q^*$，比 B 点和 D 点的实际库存都低，然后进入到下一个出库周期，如此反复循环下去。由上述对图3-8的分析可以得到以下几点。

（1）订货点 Q_k 包括两部分：第一部分为 Q_s，即安全库存，第二部分为 D_L，即各订货提前期内销售量的平均值，如果各个周期的销售是平衡的，则 $R_1=R_2=R_3=\cdots$。

（2）在整个库存变化中所有的需求量均得到满足，没有缺货现象，但是第三阶段的销售（出库）动用了安全库存 Q_s，如果 Q_s 设定大小的话，则 T_{k3} 期间的库存曲线会下降到横坐标线以下，出现负存货，即表示缺货。因此，安全库存的设置是必要的，它会影响库存的水平。

（3）由于控制了订货点 Q_k 和订货批量 Q^*，整个系统的库存水平得到了控制，名义库存 Q_{max} 不会超过 Q_k+Q^*，实际最高库存 Q_B，Q_D，Q_F 不会超过 $Q_k+Q^*-D_L$。

（二）定量订货法控制参数的确定

实施定量订货法需要确定两个控制参数：一个是订货点，即订货点库存量；一个是订货数量，即经济批量 EOQ。

（1）订货点的确定。影响订货点的因素有三个：订货提前期、平均需求量和安全库存。根据这三个因素我们可以简单地确定订货点。

（2）在需求和订货提前期确定的情况下，即R和K固定不变，不需要设定安全库存即可直接求出订货点。公式如下：

$$订货点 = 订货提前期（天）×（全年需求量/360）$$

例如，某仓库每年出库商品业务量为18 000箱，订货提前期为10天，试计算订货点。

解：订货点=10×（18 000÷360）=500（箱）

（3）需求和订货提前期都不确定，即$R_1 \neq R_2 \neq R_n$，$T_{k1} \neq T_{k2} \neq T_{kn}$的情况下需要设定安全库存，可采用下式确定：

$$订货点 =（平均需求量×最大订货提前期）+安全库存$$

（三）订货批量的确定

在定量订货中，对每一个具体的品种而言，每次订货批量都是相同的，所以对每个品种都要制定一个订货批量，通常是以经济批量作为订货批量。

所谓经济批量就是使库存总成本达到最低的订货数量，它是由平均订货成本和储存成本两个方面得到的。其计算公式为：

$$Q^* = \sqrt{\frac{2DS}{C_i}}$$

式中，Q^*——经济订货批量（EOQ）；

　　　D——商品年需求总量；

　　　S——每次订货成本；

　　　C_i——单位商品年保管费。

（四）定量订货法的优缺点

1. 优点

（1）控制参数一经确定，实际操作就变得非常简单了。实际中经常采用"双堆法"来处理。所谓双堆法，就是将某商品库存分为两堆，一堆为经常库存，另一堆为订货点库存，一旦消耗完就开始订货，并使用经常库存，不断重复操作。这样可减少经常盘点库存的次数，方便可靠。

（2）当订货量确定后，商品的验收、库存、保管和出库业务就可以利用现有的规格化器具和方式，有效地节约搬运、包装等方面的作业量。

（3）充分发挥了经济批量的作用，可降低库存成本，节约费用，提高经济效益。

2. 缺点

（1）要随时掌握库存动态，严格控制安全库存和订货点库存，占用了一定的人力和物力。

（2）订货模式过于机械化，不具有灵活性。

（3）订货时间不能预先确定，对于人员、资金、工作计划的安排不利。

（4）受单一订货的限制，在实行多种联合订货时采用此方法还需灵活处理。

七、定期库存控制策略

（一）定期订货法的原理

定期订货法是按预先确定的订货间隔进行订货的一种库存管理方法。

定期订货法是基于时间的订货控制方法，它设定了订货周期和最高库存量，从而达到控制库存量的目的。只要订货间隔期和最高库存量控制合理，就可能实现既保障需求、合理存货，又节省库存费用的目标。

定期订货法的原理：预先确定一个订货周期和最高库存量，周期性地检查库存，根据最高库存量、实际库存量、在途库存量和待出库商品数量，计算出每次订货批量，发出订货指令，组织订货。其库存的变化如图3-9所示。

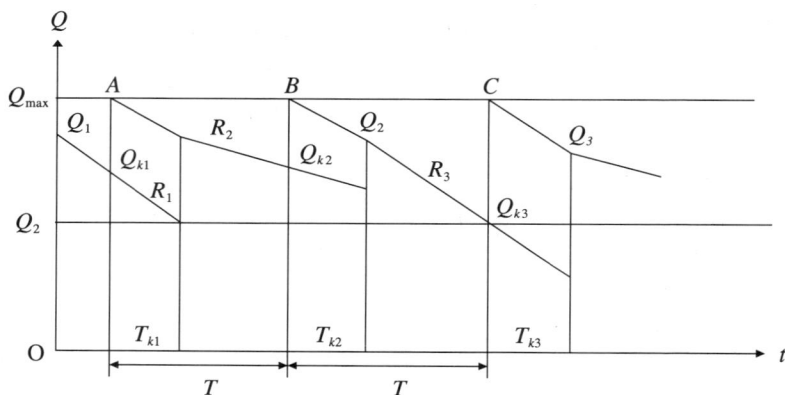

图3-9 定期订货法库存量的变化

图中表示的是定期订货法一般情况下的库存量变化：$R_1 \neq R_2 \neq R_3$，$T_{k1} \neq T_{k2} \neq \cdots \neq T_{kn}$。在第一个周期，库存以$R_1$的速度下降，因预先确定了订货周期$T$，也就是规定了订货时间，到了订货时间，不论库存还有多少，都要发出订货，所以当到了第一次订货时间即库存下降到A点时，检查库存，求出实际库存量Q_{k1}，结合在途货物和待出货物，发出一个订货批量Q_1。使名义库存上升到Q_{max}。然后进入第二个周期，经过T时间再检查库存，得到此时的库存量Q_{k2}，并发出一个订货批量Q_2，使名义库存又回到Q_{max}。

采用定期订货法来保证库存需求与定量订货法不同。定量订货法是以订货期提前来满足需求的，其控制参数Q_k（订货量）用于满足订货提前期内库存的需求。而定期订货法是以满足整个订货提前期周期内的库存需求，即以满足从本次发出订货指令到下次订货到达（$T+T_k$）这一期间的库存需求为目的的。由于在$T+T_k$这个期间的库存需求量是随机变化的，因此根据$T+T_k$期间的库存需求量确定的Q_{max}（最高库存量）也是随机变量，它包括$T+T_k$期间的库存平均需求量和为防止需求波动或不确定因素而设置的Q_s（安全库存）。因此，定期订货法在实际操作中需要解决如下三个问题。

（1）订货周期如何确定？

（2）最高库存量如何确定？

（3）每次订货的批量如何确定？

（二）定期订货法的控制参数

1. 订货周期 T 的确定

订货周期实际上就是定期订货的订货点，其间隔时间总是相等的。定期间隔期的长短直接决定最高库存量的大小，库存水平的高低，进而也决定了库存成本的多少。所以，订货周期不能太长，否则会使库存成本上升；也不能太短，太短会增加订货次数，使得订货费用增加，进而增加库存总成本。从费用角度出发，如果要使总费用最小，我们可以用经济订货周期的方法来确定订货周期，其公式是：

$$T^* = \sqrt{\frac{2S}{C_i R}}$$

式中，T^*——经济订货周期；

S——单次订货成本；

C_i——单位商品年储存成本；

R——单位时间内库存商品需求量（销售量）。

在实际操作中，可以经常结合供应商的生产周期或供应周期来调整经济订货期，从而确定一个合理可行的订货周期。当然也可以使用人们比较习惯的时间单位，如周、旬、月、季、年等来确定经济订货周期，从而与企业的生产计划、工作计划相吻合。

2. 最高库存量 Q_{max} 的确定

定期订货法的最高库存量是用以满足 $T+T_k$ 期间的库存需求的，所以我们可以以 $T+T_k$ 期间的库存需求量为基础，考虑到随机发生的不确定库存需求，再设置一定的安全库存，这样就可以简单地求出最高库存量了，其公式是：

$$Q_{max} = R(T+T_k) + Q_s$$

式中，Q_{max}——最高库存量；

R——$T+T_k$ 期间的库存需求量平均值；

T——订货周期；

T_k——平均订货提前期；

Q_s——安全库存量。

3. 订货量的确定

定期订货法每次的订货数量是不固定的，订货批量的多少都是由当时实际库存量的大小决定的，考虑到在订货点时的在途到货量和已发出出货指令但尚未出货的待出货物数量，每次订货量的计算公式是：

$$Q_i = Q_{max} + Q_{ni} - Q_{ki} - Q_{mi}$$

式中，Q_i——第 i 次订货的订货量；

Q_{max}——最高库存量；

Q_{ni}——第 i 次订货点的在途到货量；

Q_{ki}——第 i 次订货点的实际库存量；

Q_{mi}——第 i 次订货点的待出货数量。

（三）定期订货法的优缺点

1. 优点

（1）可以合并出货，减少订货费。

（2）周期盘点比较彻底、精确，避免了定量订货法每天盘存的做法，减少了工作量，提高了工作效率。

（3）库存管理的计划性强，有利于工作计划的安排及实行计划管理。

2. 缺点

（1）安全库存量设置得较大。由于其保险周期 $T+T_k$ 较长，因此，$T+T_k$ 期间的需求量比较大，需求标准偏差也较大，因此需要较大的安全库存量来保证库存需求。

（2）每次订货的批量不固定，无法制定出经济订货批量，因而运营成本较高，经济性较差，只适合于ABC物资分类中的A类物质，以及重点物资的库存控制。

八、物料需求计划策略

（一）物料需求计划的产生

物料需求计划（Material Requirement Planning，缩写为MRP）是由美国著名的生产管理和计算机应用专家欧威特和乔伯劳士在20世纪60年代对二十多家企业进行研究后提出来的。MRP被看做是以计算机为基础的生产计划与库存控制系统。

由于该方法是生产管理专家在生产经验和计算机数据处理优势的基础上研制的，比较单纯而适用，因而得到美国生产与库存管理协会的大力推广，并迅速运用于美国企业。与此同时，也很快传播到日本、西欧和其他一些国家。据1981年统计数据，在美国已有八千多家公司和企业建立了MRP系统，并取得了良好的经济效益，如材料费用可降低5％，直接生产人员的劳动生产率可提高5％~6％，间接人员的劳动生产率可提高20％~25％，原材料和在制品占用资产可减少20％~30％。这样，企业花费在MRP上的投资费用，一般只需两三年就可全部回收。

（二）MRP的基本原理

经济批量系统解决了独立需求物品的库存控制问题，而MRP则是为了更有效地适应相关需求物品而发展起来的。相关需求物品（物料）是指这些物品的需求与其他物品的需求有着直接的关系，即按产品结构，一个低层次物料的需求取决于上一层部件的需求，而部件的需求又取决于其上一层次组装的需求，依此类推直至最终产品的需求。对相关需求的物品，由于其需求取决于最终产品的生产数量和交货期，因此要采用MRP对其进行控制，按最终产品的需求量和需求时间确定各种物品的需求数量和订购时间。因此，

MRP既是一种精确的排产（优先次序）系统，又是一种有效的物料控制系统，它的目标是将库存量保持在最低限度，而又能保证及时供应所需数量的物料。

MRP依据最终产品的总生产进度计划，并按照产品结构确定所需零件的总需求量，然后根据已有的库存资源及各种零件的前置时间与最终产品的交货期限得出零件的生产进度日程、材料与外购件的订购时间和订购数量。在情况发生变化后，MRP能根据新的情况调整生产的优先次序，重新排产，它能保证在需要的时间供应所需的物料，并同时使库存保持在最低水平。

MRP的基础文件包括：主生产进度计划（MPS）、主产品结构文件（BOM）和产品库存文件。它通过生产计划（MPS）明确企业将要生产什么；通过物料清单（BOM）回答企业用什么生产、需要用些什么；最后，库存信息（产品库存文件）显示企业有什么，通过与库存记录比较回答企业还需要再得到些什么。

MRP的逻辑原理如图3-10所示。

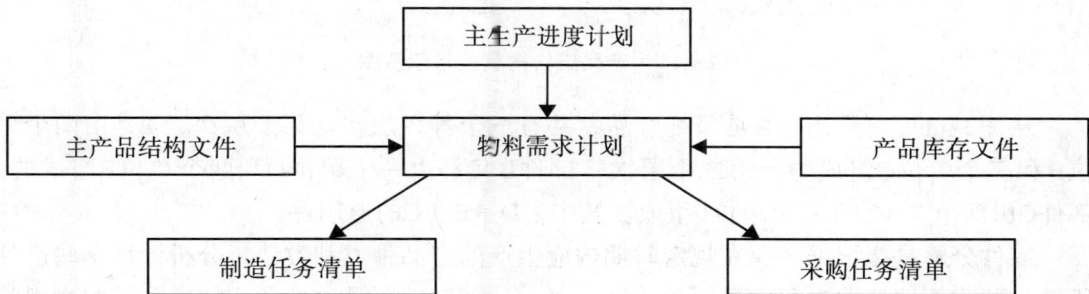

图3-10　MRP逻辑原理示意图

（三）MRP系统的运行步骤

MRP系统运行需要借助于计算机，其运行步骤大致如下。

（1）根据市场预测和客户订单，正确编制可靠的生产计划和生产作业计划，在计划中规定生产的品种、规格、数量和交货日期，同时，生产计划必须是与现有生产能力相适应的计划。

（2）正确编制产品结构图和各种物料、零件的用料明细表，产品结构图从最终产品出发，将产品作为一个系统，其中包括由多少个零部件组成，每个产品从总装→部装→部件→零件可划分为几个等级层次，每一个层次的零部件又由多少个小零件所组成。

（3）正确掌握各种物料和零件的实际库存量，以及最高储备量和保险储备量等有关资料。

（4）正确规定各种物料和零件的采购交货日期以及订货周期和订购批量。

（5）根据上述资料，通过MRP的逻辑运算确定各种物料和零件的总需要量（按产品结构图和明细表逐一计算）以及实际需要量。

（6）按照各种物料和零件的实际需要量，以及规定的订购批量和订货周期，向采购部门发出采购通知单或向本企业生产车间发出生产指令。

（四）MRP的计算方法

1. 产品结构与零件分解

产品结构是将组成最终产品的组件、部件、零件，按组装成品的顺序合理地分解为若干个等级层次，从而构成产品的完整系统。产品结构越复杂、等级层次越多，零部件和材料明细表也就越复杂。以一个简单产品为例，其产品结构如图3-11所示。

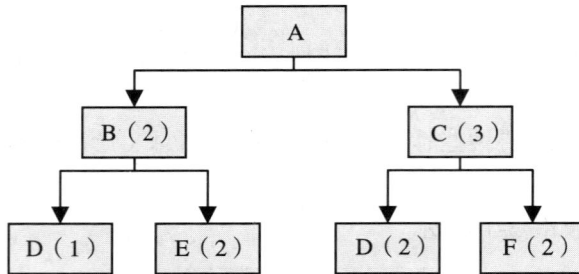

图3-11　产品结构树状关系示意图

从图3-11可以看出，A是最终产品，共有三个等级层次。第一层次，A是由两个单位B和三个单位C组成的。第二个层次，部件B又是由一个单位D和两个单位E组成的。部件C由两个单位D和两个单位F组成。其中，D是B和C的通用件。

零件分解是指根据企业在规定时期内应生产的产品种类和数量，分析计算这些产品所需各种零部件的种类和数量，并计算出每一种零部件所需的准备、加工及采购过程的全部时间。

2. 零部件需要量的计算方法

以图3-12中的A产品结构为例，已知A是最终产品，属于独立需求，其需求量是由客户或市场所决定的。若已知其需求量为100个，而其他各种零部件都属于相关需求，其需求量均受A产品数量的影响，根据所有产品及零部件的库存量，可以计算出它们的实际需求量，计算结果如表3-21所示。

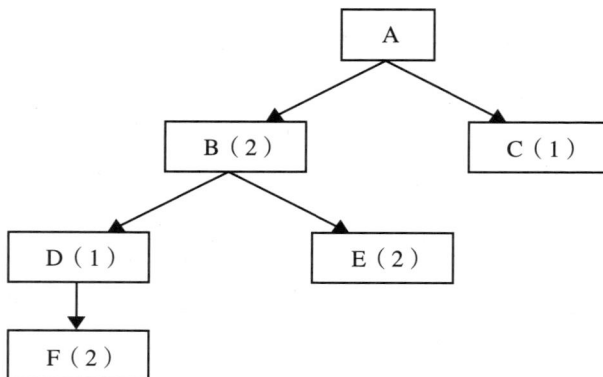

图3-12　A产品结构树状关系图

表3-21　A产品及其零部件需求量计算

名称	库存	总需求量	实际需求量
A	35	100	65（100–35）
B	25	130（65×2）	105（130–25）
C	5	65（65×1）	60（65–5）
D	40	105（105×1）	65（105–40）
E	64	210（105×2）	146（210–64）
F	33	130（65×2）	97（130–33）

3. MRP采购订货的确定方法

当需求量计算确定之后，就要进一步明确各种货物的进货总需要量，每次订货的批量是多少，以及订货周期是多长，一般可用表格法计算确定。

例如，假定已知某产品或零部件的总需要量在一段时间内每周分别为表3-22中所示；订货周期或采购提前期为一周。有关库存、净需求量、计划接受订货和计划发出订货计算结果如表3-22所示。

表3-22　MRP采购订货计算

时间/周	1	2	3	4	5	6	7	8	…
总需求量	25	15	20		60		15		
计划到货量	10		15		40		50		
现有库存量（20）	5	–10	–15	–15	–35	–35	0	0	
净需求量	0	10	5	0	20	0	0	0	
计划接受订货		10	5			20			
计划发出订货	10	5			20				

对表3-22中各相关参数解释如下。

（1）总需求量

总需求量指主产品及其零部件在每一周的需要量。其中，主产品的总需要量与主生产进度计划一致，而主产品零部件的总需要量根据主产品生产进度计划和主产品的结构文件推算得出。

（2）计划到货量

计划到货量指已经确定在指定时间到达的货物数量，它不包括本次MRP运行生成的生产任务单和采购任务单中的产品。这些产品由"计划接受订货量"来记录。

（3）库存量

库存量指每周周末库存物资的数量。

$$库存量=本周初库存量+本周到货量–本周需要量$$

$$=上周末库存量+本周到货量–本周需要量$$

（4）净需求量

净需求量是指系统需要外界在给定的时间内提供的给定的物料的数量，这是物资资源配置需要回答的主要问题。不是所有零部件每一周都有净需求，只有缺货周才有净需求。所谓缺货，就是本期期初库存量（上期期末库存量）加上本期计划到货量小于本期的总需求量。

本周净需求量=本周总需求量–本周计划到货量–本周周初库存量

在MRP的实际运行中，不是所有的负库存都是净需求量。净需求量可以简单地确定为：在"现有库存量"一栏中第一个出现负库存量的周，其净需求量就等于其负库存量的绝对值。在其后连续出现负库存量的各周中，各周的净需求量等于其本周的负库存量减去前一周的负库存量差的绝对值。

（5）计划接受订货量

计划接受订货量是指为满足净需求量的要求，应该计划从外界接受订货的数量和时间。

计划接受订货量=净需求量

（6）计划发出订货

计划发出订货是指发出采购订货单进行采购或发出生产任务单进行生产的数量和时间，它在数量上等于计划接受订货量，时间上比计划接受订货量有一个提前期。

【案例学习】

海信的零库存五板斧

这里所说的"零库存"并非真的是零，而是指沉淀为零，否则就不存在仓库了。

海信的零库存五板斧具体是指以下五个方面。

一、严格控制采购。在海信的仓库管理中，有许多强制性规定：进口材料在生产前一个月才能购进来，国产材料只能提前5天进来，避免形成库存，占压资金。

二、严格控制生产。生产车间有严格的领退料制度，当天用不完的必须退回，以便及时掌握资金占用情况，这样就减少了生产线上的库存边角，使库存更加清晰。

三、控制市场销售，实现市场稳定的外部环境。"零库存管理"的前提是必须有一个稳定的市场。要把市场做稳，先要有自己的网络，每一个点都是可以由海信控制的。有了自己控制的网络还不行，还得保证这是有效网络，保证在一定时间内销售能达到一定数量的点。

四、信息系统的支持。海信电视各销售公司为实现联网，投入了大笔资金。联网以后，海信电视每天全国的销售量，总部当天就能统计出来。无论多晚，无论在哪里出差，总部当天都能知道这个数字。掌握了这些数字以后，总部的计算器就开始发挥作用了。这个月进了多少料，能干多少，订单有多少，产品结构什么比例。

五、销售网络的控制。如何对外设机构进行控制关系到实际库存的清晰度。例如，像A市场这样的外设机构，由海信自己控制的一个月能卖100台以上的点必须有100个以上。与海信自己控制网络相反的一种做法是不搞自己的市场开发建设，而是搞批发，迎合对方赚钱的口味，固定价格批给你，多卖钱是你的。正是因为这些稳定的市场网点，才使海信对库存的预测是准确的。

在这个案例里提到的零库存也只是暂没有库存沉淀，产成品基本做到按订单生产，或者说按照比较准确的销售预测进行生产，也就是说在生产环节可能实现零库存。但在其他的环节，比如零部件储备问题上未必可以做到，起码采购本身有个提前期是必需的，所以说"零库存"的概念是存在的，是企业降低库存的一个努力方向，但目前只是一种理想。

资料来源：改编自《中国经济时报》相关文章。

??? 问题与思考

1. 简述什么是库存控制的目标。
2. 库存可分为哪几类？
3. 简述ABC分类法的基本原理。
4. 简述JIT的基本原理。
5. 简述EOQ的基本原理。
6. 简述MRP库存控制法的基本原理。
7. 什么是定量订货法？什么是定期订货法？
8. 什么是供应商管理库存？如何实施？

第四章　进货作业与订单作业处理

学习目标

1. 掌握配送中心进货作业程序和订单作业处理流程
2. 了解配送中心商品验收和订单确认的内容
3. 了解正确进行进货作业系统设计和订单作业处理时存货分配不足异动处理的重要性

【案例导入】

　　杭州联华华商集团有限公司是一家由联华超市股份有限公司控股的有限责任公司。公司专注于在浙江省内连锁超市的经营，经过多年的发展，现已拥有大卖场、综合超市、标准超市和便利店四种业态，拥有世纪联华、联华和联华快客三大品牌，门店遍布浙江省内杭州、宁波、温州等各个地区。集团在杭州设立了实际使用面积达7万平方米的配送中心，主要负责全省门店的配送。目前配送中心近30 000种商品的平均周转率为8.5天，物流成本也有了很大程度的下降。配送中心是如何紧张有序地面对一千多家供应商的供货和350多家门店的需求的呢？这与配送中心高效严谨的进出库作业和订单处理能力是分不开的。

　　资料来源：实地考察采访杭州联华华商配送中心。

第一节　进货作业管理

　　配送中心的进货作业环节是商品从生产领域进入流通领域的第一步，包括对商品做实体上的接收，从货运卡车上将货物卸下并核对该货物的数量及状态（数量检查、品质检查、开箱等），然后将必要信息书面化等。它包括：卸货作业、验商品条形码、商品点验作业和搬运作业，最终将商品从卸货地点搬运到存储地点。一般进货的主要作业流程如图4-1所示。

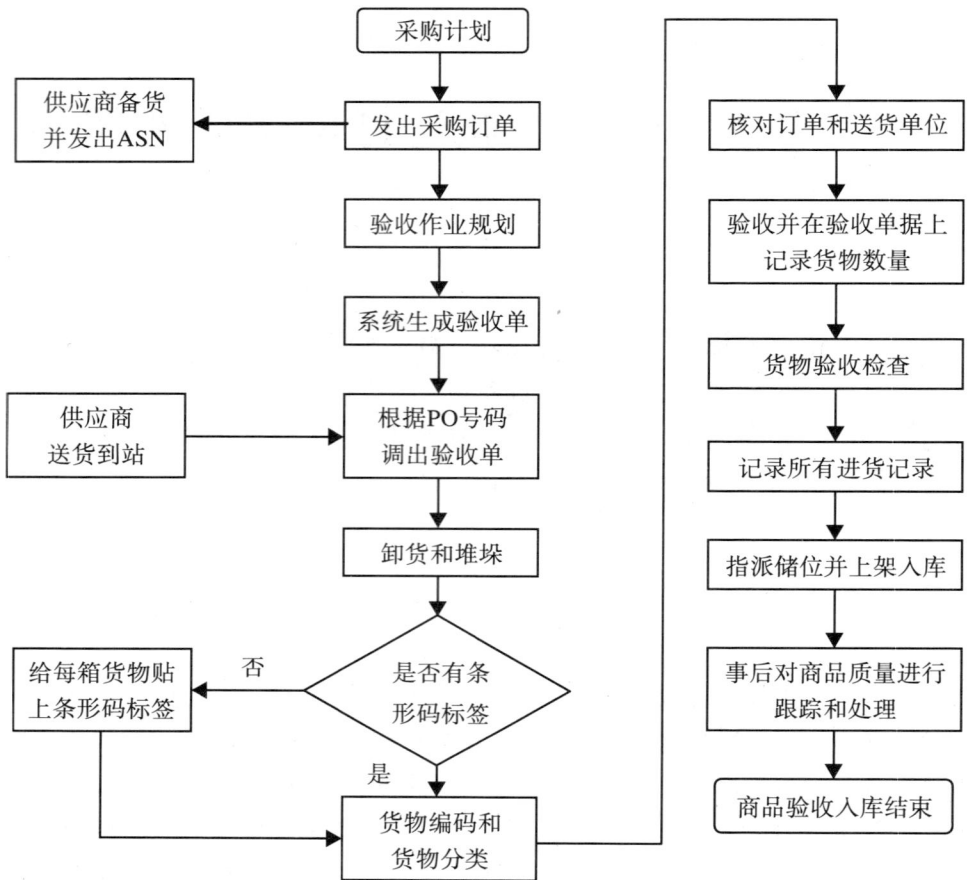

图4-1 一般进货的主要作业流程图

```
采购计划
  │
  ▼
发出采购订单 ──────► 供应商备货并发出ASN
  │
  ▼
验收作业规划
  │
  ▼
系统生成验收单
  │
供应商送货到站 ──► 根据PO号码调出验收单
  │
  ▼
卸货和堆垛
  │
  ▼
是否有条形码标签
  否 ──► 给每箱货物贴上条形码标签
  是
  ▼
货物编码和货物分类
  │
  ▼
核对订单和送货单位
  ▼
验收并在验收单据上记录货物数量
  ▼
货物验收检查
  ▼
记录所有进货记录
  ▼
指派储位并上架入库
  ▼
事后对商品质量进行跟踪和处理
  ▼
商品验收入库结束
```

一、进货作业系统设计原则

为了安全、高效地卸货，并使配送中心能迅速、准确地收货，进货计划和相关信息系统需要注意以下原则。

（1）利用配送车驾驶员来卸货，以减轻配送中心作业人员负担及避免卸货作业的拖延。

（2）依据相关性原则，尽量将作业活动集中，以节省必要空间并使步行距离最小化。

（3）尽可能调度好车辆，按照进出货需求制定送货时间表，安排配好车辆，不要将耗时的进货放在高峰时间。

（4）使卸货地至储区的作业活动尽量保持直线。

（5）使验收平台和车辆高度一致，以便使用单元装载和相关设备。

（6）在高峰时间集中安排人力，使商品能正常、迅速地移动。

（7）尽可能使用托盘、周转箱等通用流通容器和工具，避免中间的容器转换。

（8）应及时、准确地输入进货资料。

（9）为小量频繁的进货、送货准备好设置设施。

（10）在出货期间尽可能省略不必要的商品搬运及储存。

二、进货时考虑的因素

（1）进货对象及供应厂商总数：一日内的供应商数量（平均，最多）。

（2）商品种类与数量：一日内的进货品种数（平均，最多）。

（3）运货车种与车辆台数：车数/日（平均，最多）。

（4）每一车的卸（进）货时间。

（5）商品的形状、特性。例如，散货、每单元的尺寸及重量、包装形式、是否具有危险性、叠卸的可能性、人工搬运或机械搬运、产品的保存期限等。

（6）进货场地的人员数（平均，最多）。

（7）合理储存作业的处理方式。

（8）每一时刻的进货车数。

要确实做好进货管理，必须制定进货管理标准，作为员工验收作业的标准。进货管理标准应包含以下内容。

（1）订购量计算标准书；

（2）有关订购手续的标准；

（3）进货日期管理标准；

（4）有关订购取消及补偿手续的标准；

（5）作为进货货款结算依据的采购订单和验收入库单。

三、进货作业程序

（一）收货操作程序和要求

（1）当供应商送货卡车停在收货站台时，收货员"接单"，对于没有预先通报的商品需办理相关手续后方可收货。

（2）卸货核对验收，验收商品的条形码、件数、质量、包装等。

（3）在核对单、货相符的基础上签名，在收货基础联上盖章并签注日期；对于一份收货单商品但分批送货的，应将每批收货件数记入收货检查联，待整份单据的商品件数收齐后，方可盖章回单给送货车辆带回（参阅表4-1）。

表4-1 采购订货单

采购订货单										
公司名称： 订货日期： 交货日期： 交货地点： 采购员：				订单编号： 供应商编码： 供应商名称： 供应商地址： 联系电话： FAX：						
商品编码	供应商编码	商品描述	SKU条形码	采购单位	规格	订货数量	单价	金额合计	需求商品	是否越库
金额合计										
注意事项： （1）按规定时间和规定的商品规格、数量送货； （2）收货时间为每天8：00~18：00； （3）供应商送货单据请按本单据顺序制单； （4）价格变更请事先与采购部确认； （5）先确认处理退货后收货； （6）对于无标准条形码的商品应事先贴好商品编码标签； （7）赠品应事先捆绑并与商品通行； （8）《验收入库单》作结算凭证切勿遗失。										

（二）进货标识应用

为识别商品而使用的编号标识可贴于容器、零件、产品或储位上，以便作业人员很容易地获得信息。一般来说，容器及储位的编号标识以特定使用为目的，应能被永久保留；而零件或产品上的标识可以增加物件号码，甚至制造日期、使用期限，以方便出货的选择。

1.托盘及外包装箱标签

进货商品可根据电脑指示打印托盘标签及箱标签。

商品堆垛的要求：商品堆垛时一定要保证商品安全，要规范化操作。在商品码托盘时应注意：商品标志必须朝上，商品摆放不超过托盘宽度，商品高度不得超过规定的高度，商品重量不得超过托盘规定的载重量。托盘上的商品尽量堆放平稳，以便向高处堆放。每盘商品的件数必须标明，上端用行李松紧带捆扎牢固，防止跌落（如表4-2所示）。

表4-2　托盘标签和外包装箱标签说明

托盘标签	外包装箱标签
□ 托盘识别码	□ 拣取位置
□ 托盘每一层的堆积箱数与层数、总个数	□ 商品码
□ 存储的位址（包括拣取的位址及保留的位址）	□ 商品名
□ 制造商的号码	□ 店码
	□ 送货日期
	□ 销售价格
	□ 分类用条码（采用订单拣取者不必印刷此项）

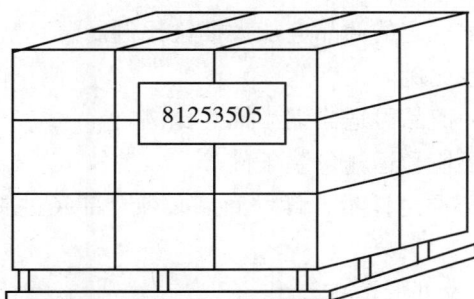

81253505

81253505A：8——2008年
　　　　　125——从1月1日起的累积日数
　　　　　3505——当日的进货托盘的系列号码
　　　　　A——保管的指定区域

托盘标签的内容

托盘ID号码：＿＿＿＿＿＿＿

订单号码：＿＿＿＿＿验收单位号码：＿＿＿

SKU条形码：＿＿＿＿＿＿＿

包装规格：＿＿＿＿＿包装箱尺寸：＿＿＿

箱数/托盘：＿＿＿＿＿商品名称：＿＿＿

每层箱数×层数+顶层箱数

储存单位：＿＿＿＿＿拣选储位：＿＿＿

验收入库日期：＿＿＿商品保质期：＿＿＿

2. 防止损失的标签作业

在将进货资料输入电脑的同时打印出4张标签，将其中3张贴在商品上与商品一同移动，另一张在存储上架时记录商品放置区及货架号码后带回输入电脑确认；而贴在商品上的3张标签可根据作业需要取用或查询 这样可减少出入库作业的失误。

四、商品验收检查

商品的验收主要是对商品数量、质量和包装进行验收，即检查入库商品数量是否与订单资料或其他凭证相符合，规格、型号有无差异，商品质量是否符合规定的要求，物流包装能否保证商品储运和运输的安全，销售包装是否符合要求。

实际验收包括"品质检验"和"数量验收"双重任务。验收工作的进行有三种不同的情形：第一种情形是先行点收数量，再由质量检验部门办理质量检验；第二种情形是先由质量检验部门检验品质，认为完全合格后，再由仓储部门办理收货手续，填写收货单；第三种情况是由仓储部门直接负责"品质检验"和"数量验收"。

（一）商品验收的标准

验收即确认商品是否符合预定的标准。在验收商品时，可根据下列几项标准进行。

（1）采购合约或订购单所规定的条件；

（2）采购谈判时的合格样品；

（3）采购合约中的规格或者图解；

（4）各种产品的国家品质标准。

（二）确定抽检比例的依据

配送中心的验收工作繁忙，商品连续到货，而且品种、规格较为复杂，在有限的时间内不可能逐件检查，因此，需要确定一定的抽查比例。抽查比例的大小可以根据商品的特性、价值、供应商信誉和物流环境等因素决定。

（1）商品的物理化学性能：对物理化学性能不稳定的商品应加大抽检比例。

（2）商品价值的大小：对贵重商品应加大抽检比例。

（3）生产技术和品牌信誉：对品牌信誉较好的商品可适当缩小抽检比例。

（4）物流环境：包括储运过程的气候、地理环境和运输包装条件等。

（5）散装商品的验收：散装称重商品必须全部通过计量；计件商品必须全部经过质量检查和数量核查。

• 在品质检验方面，包括物理试验、化学分析及外形检查等。

• 在数量的点收方面，除核对货品号码外，还可依据采购合约规定的单位，用度量衡工具，逐一衡量其长短、大小和轻重。

（三）商品验收的作业内容

1. 质量检验

配送中心对入库商品进行质量检验的目的是查明入库商品的质量情况，发现问题，分清责任，确保入库商品符合订货要求。质量检验有感官检验和仪器检验等方法。

• 感官检验：利用视觉、听觉、触觉、嗅觉和味觉对商品质量进行检验，主要受作业人员的经验、生理状态及作业环境等因素的影响。

• 仪器检验：利用试剂、仪器和设备对商品的规格、成分、技术标准等进行物理和生化分析。

2. 包装检验

包装检验是商品入库的后续作业，目的是保证商品正常的储运条件。包装检验的主要验收标准有：国家颁布的包装标准以及购销合同和订单对包装规格的要求。具体检验内容如下。

• 包装是否安全。对此要从包装材料、包装外形和包装技术等方面进行检验。例如，检查纸板的厚度和卡具、索具的牢固程度；检查纸箱的钉距、内衬底和外封口的严密性；检查包装是否有变形、水湿、油污、发霉、虫害和商品外露等情况。

• 包装标志和标识是否符合标准。商品标识主要用于识别商品、提高作业的效率和正确性。

· 包装材料的质量状况。主要检查包装材料的质量对商品保护和商品质量在理化方面的影响。

3. 数量验收

入库商品按不同供应商或不同类型进行初步整理查点大数后，必须依据订货单和送货单的商品名称、规格、包装细数等对商品数量进行验收，以确保准确无误。

商品数量验收方法如下。

· 标记记件法：在大批量商品入库时，对一定件数的商品作标记，待全部清点完毕后，再按标记计算总数。

· 分批清点：包装规则、批量不大的商品入库时，将商品按每行、列、层堆码，每行、列、层堆码件数相同，清点完毕后统一计算。

· 定额装载：主要用来清点包装规则、批量大的商品，可以用托盘、平板车和其他装载工具实行定额装载，最后计算入库数量。

（四）验收差异的作业处理

对验收发现差异的产品可采取表4-3的处理方式。

（五）验收入库商品的信息处理

在完成商品验收后，在暂存区分类，然后由作业人员入库上架，并在记录存放储位编号后交系统输入处理，这样商品实物库存就会在系统生成系统库存，打印验收入库单后才最终完成进货作业。验收入库单如表4-4所示。

表4-3　商品验收作业常见问题处理

问题处理	数量溢余	数量短缺	质量不合格	包装不合格	规格不合格	单据与实物不符
通知供应商	√	√			√	√
按实数签收		√				
维修整理			√	√		
查询等候处理	√				√	√
改单签收	√				√	√
拒绝签收	√		√	√	√	√
退单退货	√		√	√	√	√

表4-4　验收入库单

验收入库单								
							编号：	
供应商		采购订单号			验收员			
供应商编号		采购员			验收日期			
送货单号		到货日期			复核员			
发货日期							复核日期	
序号	储位号码	商品名称	商品规格型号	商品编码	包装单位	应收数量	实收数量	备注
仓管员：				供应商代表：				

五、进货作业的质量控制方法

由于进货作业的环节较多，涉及的各类岗位人员较多，如果发生作业差异，不但影响供应商的结算，而且影响库存的准确率和后续作业的正常进行。因此，对每个作业环节进行交接和记录对保证作业的准确性有重要意义。表4-5为进货作业交接单。

对进货作业进行差异记录的主要目的是监督作业质量和明确责任，以提高员工的作业水平并不断改善员工的素质。进货作业差异记录表如表4-6所示。

表4-5　进货作业交接单

序号	PO号码	供应商名称	收货员	托盘数	箱数	SKU数量	上架时间	堆高机手	放货员	入库单编号	输单时间	输单员	财务交接时间	财务签收人	备注
进货作业交接单															
合计															

表4-6　进货作业差异记录表

进货作业差异记录表												
PO 号码	供应商 名称	收货 仓管员	错误 类型	SKU 数量	上架 作业员	错误 类型	SKU 数量	单据 录入员	错误 类型	验收人 签名	收货 主管 签名	备注
仓管员错误类型：M放错仓位；　　N打错仓位；　　O放错条形码；　　Q错收货； 　　　　　　　　R单打错；　　　S入库数量错；　　T其他												
输入员错误类型：												
上架错误：												

第二节　订单作业处理

一、订单作业处理的概念

由接到客户订货开始到准备出货之间的作业阶段，称为订单作业处理。客户订单是配送中心所有业务活动的起点。订单作业处理要求做到迅速、准确、服务周到。

订单作业处理分为人工处理和以计算机网络为主体的现代信息技术处理两种形式。人工处理具有较大弹性，只适合少量的订单作业处理，一旦订单数量较多，处理将变得缓慢且易出错。而计算机处理速度快、效率高、准确可靠、成本低，适合大量的订单作业处理。目前规模较大的配送中心主要采用以计算机网络为主体的现代信息技术手段进行订单作业处理。

一般来说，订单作业处理的内容主要包括接受订货、检查订单、设定订单号码、建立客户档案、存货查询、存货分配、计算拣货标准时间、按订单排定出货时序、拣货顺序及订单处理结果输出等。

二、订单作业处理的一般流程

无论是应用人工处理方式还是以计算机网络为主体的现代信息技术处理方式，订单作业处理的基本内容和流程都是基本一样的，如图4-2所示。

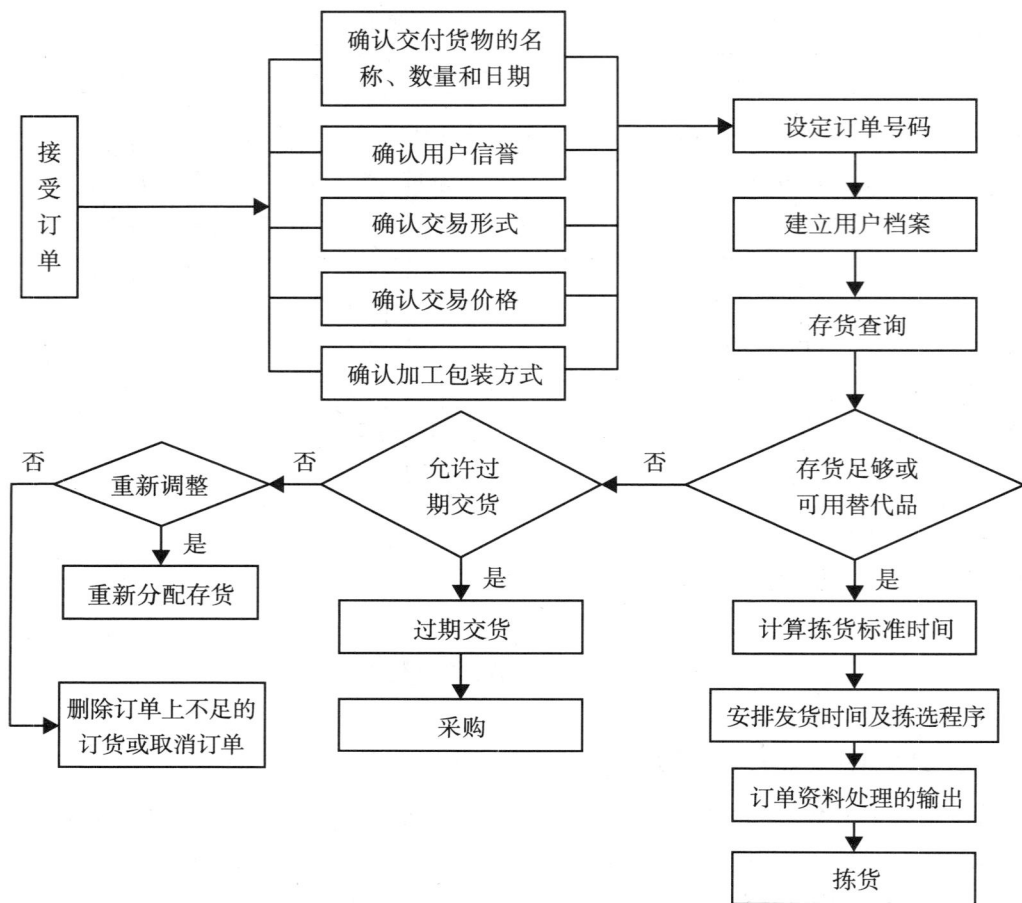

图4-2 订单作业处理的一般作业流程

（一）接受订货

接受订货是订单作业处理的第一步，随着科学技术的进步，接受客户订货的方式也在发生着深刻的变化，逐渐由传统的人工下单、接单，演变为计算机间直接送、收订货资料的电子订货方式。

1. 传统的订货方式

（1）铺货。供应商直接将商品放在货车上，挨家挨户为订货方送货，缺多少补多少。此种方式适用于周转率较快的商品或新上市商品。

（2）巡货配送。供应商派巡货人员提前一天先到各客户处寻查要补充的物品，隔天再予以补货。供应商的这种方法能及时掌握市场信息，但此种方式会导致人力成本的增加。

（3）口头电话订货。订货人员将商品名称及数量，以电话口述方式向供应商订货。但因客户每天要订货的种类可能很多，而且这些商品常由不同的供应商供货，因此利用电话订货所费时间太长，且错误率高。

（4）传真订货。订货人员将缺货信息整理成书面资料，利用传真机传给供应商。利用传真机虽然可快速地订货，但其传送资料品质不良常常会增加事后确认的作业量。

（5）邮寄订单。客户将订货表单，或订货磁片、磁带邮寄给供应商。目前，由于此种方式的邮寄效率较低，已不能满足市场的需求。

（6）客户自行取货。客户自行到供应商处看货、补货，此种方式一般适用于客户与供应商相距比较近的情况。客户自行取货虽可降低配送中心的配送作业量，但个别取货可能影响配送作业的连贯性。

（7）业务员跑单、接单。业务员到各客户处挂销产品，而后将订单带回公司。

不管利用何种方式订货，上述订货方式都需人工输入资料，经常会出现重复输入、单据重复填写等情况，造成无谓的浪费。随着现代经济的发展，客户更趋于高频率的订货，且要求快速配送，传统的订货方式显然已无法满足需求，这使得新的订货方式——电子订货应运而生。

2. 电子订货方式

电子订货方式是配送中心通过电子订货系统（Electronic Order System，缩写为EOS）完成订货的方式。电子订货系统是一种借助计算机和网络信息处理技术，采用电子数据交换方式取代传统的人工书写、输入、传送的自动化订货系统。它将订货信息由书面资料转为电子资料形式，再由通信网络传送订单。其方法主要有以下几种。

（1）订货簿与终端机配合。订货人员携带订货簿及手持终端机巡视货架，若发现商品缺货就用扫描器扫描订货簿或货架上的商品条形码标签，再输入订货数量，当所有订货资料都输入完毕后，订货信息将传给配送中心或直接传给供应商。

（2）销售时点管理系统（Point of Sale，缩写为POS）。即在商品库存档内设置安全库存量，每进行一笔商品销售业务，计算机会自动扣除该商品库存，当库存低于安全存量时，即自动产生订单，经确认后通过通讯网络传给配送中心或供应商。

（3）订货应用系统。如果客户的信息系统里有订单处理系统，就可以将系统产生的订货资料通过EDI方式，在约定的时间传送出去。

一般来说，电子订货方式是一种传送速度快、可靠性及准确性高的订单处理方式，它不仅可以大幅度地提高客户服务水平，还可以有效地缩减存货及相关成本费用，但其运作费用较为昂贵，因此，在选择订货方式时应视具体情况而定。

（二）订单确认及建档

订单确认包括订单需求品种、数量及日期的确认，客户信用的确认，订单形态的确认，订货价格的确认、加工包装的确认。建档包括设定订单号码以及建立和维护客户档案。

1. 订单需求品种、数量及日期的确认

订单需求品种、数量及日期的确认是对订货资料项目的基本确认，即检查品种、数量、送货日期等是否有遗漏、笔误或不符合公司要求的情形。尤其是当送货时间有问题或出货时间已延迟时，需要与客户再次确认订单内容或更正要求的进货时间。

2. 客户信用的确认

无论订单通过什么方式传递到配送中心，配送系统接受订单后都要查核客户的财务状况，以确定其是否有能力支付该订单的账款。具体做法是检查客户的应收账款是否已超过其信用额度。系统一般采取以下两种途径来查核客户的信用状况。

（1）输入客户代号或客户名称。输入客户代号和名称资料后，系统即开始核查客户的信用状况，若客户的应收账款已超过其信用额度，系统会给以警示，为输入人员决定是继续输入其订货资料还是拒绝为其订货提供参考。

（2）输入订购项目资料。当输入客户订购资料后，如果客户此次订购金额加上以前累计的应收账款金额超过信用额度，系统应将此订单资料锁定，以便主管审核。审核通过后，此订单资料才能进入下一个处理步骤。

原则上顾客的信用调查由销售部门负责，但有时销售部门为了争取订单，可能忽视这种核查工作，因而也有些公司会授权由配送中心来负责。一旦核查发现客户的信用有问题，配送中心会将订单返回销售部门再调查或退回。

3. 订单形态的确认

配送中心在面对众多的交易对象时，需要根据客户的不同需求采取不同的交易及处理方式。表4-7为订单形态说明。

表4-7 订单形态说明表

订单类别	交易形态	处理方式
一般交易订单	接单后按正常的作业程序拣货、出货、发送、收款的订单	接单后，将资料输入订单处理系统，按正常的订单处理程序处理，资料处理完后进行拣货、出货、发送、收款等作业
现销式交易订单	与客户当场直接交易，直接给货的交易订单	将订单资料输入后，因此时货物已交给客户，所以，订单资料不再参与拣货、出货、发送等作业，只记录交易资料即可
间接交易订单	客户向配送中心订货，由供应商直接配送给客户的交易订单	接到间接交易订单后，将客户的出货资料传给供应商由其代配。需要将配送中心的出货单与供应商的送货单加以核对确认
合约式交易订单	与客户签订配送契约的交易订单，例如，签订某一期间内定时配送某数量商品的订单	接到订单，在约定的送货日，将配送资料输入系统以便出货配送；或一开始便输入合同内容中的订货资料并设定各批次送货时间，以便使系统在约定日期自动产生送货所需的订单资料
寄库式交易订单	客户因促销、降价等市场因素先行订购一定数量的商品，根据需求再要求出货的订单	当客户要求配送寄库商品时，系统应查核客户是否确实有此项寄库商品。若有，则出此项商品，否则应加以拒绝。出货时扣除商品的寄库量
兑换券交易订单	客户兑换券所兑换商品的配送出货	系统应查核客户是否确有此兑换券回收资料，按兑换券兑换的商品及兑换条件予以出货，并应扣除客户的兑换券回收资料

4. 订货价格的确认

不同的客户、不同的订购量，可能有不同的价格，输入价格时应核对送货单的价格与采购单的价格是否相符，若价格不符，系统加以锁定，以便主管审核。

5. 加工包装的确认

对于客户订购的商品，应核对是否有特殊的包装、分装或贴标等要求，对有关赠品的包装等资料也应加以确认和记录，并将出货要求在订单上注明。

6. 设定订单号码

每一个订单必须有惟一的订单号码，比号码由控制单位或成本单位来确定。它除了便于计算成本外，还有利于采购结算、配送等一切相关工作。所有工作的说明单及进度报告等都应附有此号码。

7. 建立和维护客户档案

对客户的资料情况进行详细记录、更新，不但有益于此次交易的顺利进行，而且有益于以后合作机会的增加。客户档案的内容一般包括以下几项。

- 客户的名称、代号、等级等；
- 客户的信用额度；
- 客户销售付款及折扣率的条件；
- 开发或负责此客户的业务员的资料；
- 客户配送区域；
- 客户点配送路径顺序；
- 客户收账地址；
- 客户配送要求；
- 客户点卸货地特性；
- 过期订单处理指示。

（三）存货查询及分配

1. 存货查询的目的

存货查询的目的在于确认有效库存是否能满足客户订单需求，通常称为"事先拣货"。存货资料一般包括存货种类名称、最小可管理存货单位（Stock Keeping Unit，缩写为SKU）、号码、产品描述、库存量、已分配存货、有效存货及顾客要求的送货时间等。

在输入客户订货商品名称、代号时，系统即应查对存档的相关资料，看此商品是否缺货。若缺货，则生成相应的采购订单，以便与客户协调可否订购替代品或允许延迟交货，以提高人员接单率和接单处理效率。

2. 分配存货

将订单资料输入系统，确认无误后，接下来最重要的处理作业是如何做好有效的汇总分类、调拨库存，以便后续的各项作业都能有效进行。存货的分配模式可分为单一订单分配及批次分配两种。

• 单一订单分配。也就是在线即时分配，在输入订单资料时，将存货分配给该订单。

• 批次分配。批次分配就是在输入所有的订单资料后，再一次分配库存。配送中心因订单数量多、客户类型等级多，而且大多数是每天固定配送次数，因此，采取批次分配是确保配送中心库存能力的最佳分配方式。采用批次分配时，应注意订单的分批原则，即批次的划分方法。常用的批次划分原则如表4-8所示。

表4-8 批次划分原则说明表

批次划分原则	说明
按接单顺序	将整个接单时段划分成几个区段，若一天有多个配送梯次，可配合配送梯次将订单按接单先后顺序分为几个批次处理
按配送区域路径	将同一配送区域路径的订单汇总一起处理
按流通加工需求	将需加工处理或需相同流通加工处理的订单汇总处理
按车辆需求	若配送商品需特殊的配送车辆（如低温车、冷冻车、冷藏车等）或客户所在地、卸货地特性需特殊形态车辆，可汇总合并处理

确定以批次分配划分订单后，在订单的某商品总出货量大于可分配的库存量时，可按表4-9所示的原则来分配有限的库存。

表4-9 有限库存分配原则说明表

批次划分原则	说明
特殊优先权者先分配	对于一些例外的订单，如缺货补货订单、延迟交货订单、紧急订单或远期订单，这些在上次即应承诺交货的订单或客户提前预约或紧急需求的订单，应有优先取得存货的权利。因此当存货已补充或交货期限到时，应确定这些订单的优先分配权
按客户等级划分	按客户类别A、B、C分类进行库存分配，将客户重要性程度高的作优先分配
按订单交易量或交易金额划分	将对公司贡献度大的订单作优先处理
按客户信用状况划分	将信用较好的客户订单作优先处理
系统定义优先顺序	接受客户订单时即将优先顺序键入（以A、B、C或1、2、3来表示），而后在作分配时即可按此顺序自动取舍，也就是建立一套订单处理的优先系统

3. 计算拣取作业的标准时间

由于要有计划地安排出货顺序，因而对于每一订单或每批订单可能花费的拣取时间应事先掌握，既要计算订单拣取的标准时间，又要有计划地安排出货顺序，通常步骤如下。

① 每单元拣选作业标准时间的计算。先计算每一单元（一件、一箱）的拣取标准时间，将它设定于计算机记录标准时间档，将各单元的拣取时间记录下来。

② 每项拣取标准时间的计算。有了单元拣取标准时间后，即可根据每项订购数量

（多少单元），再配合每项的寻找时间，计算每项拣取标准时间。

③ 整批订单拣货标准时间的计算。根据每张订单、每批订单的订货项目，加上一些纸上作业的时间，算出整批订单的拣货标准时间。

4. 按订单排定出货时间及拣货顺序

由存货状况进行存货分配后，对于这些已分配存货的订单，在安排其出货时间及拣货先后顺序时，应按客户需求、拣取标准时间及内部工作负荷来拟定。

5. 分配后存货不足的处理

若现有存货数量无法满足客户需求，客户又不愿意以替代品替代，那么，应按照客户意愿与公司政策来决定应对方式，具体的处理方法如表4-10所示。

表4-10　分配后存货不足的异动处理表

情况类别	约束条件	处理说明
客户不允许过期交货	公司无法重新调拨	删除订单上不足额的订货，或取消订单
	重新调拨	重新调拨分配订单
客户允许不足额订单		公司政策不希望分批出货，则只好删除订单上的不足额部分
客户允许不足额订货补送	等待有货时再予以补送	等待有货时再予以补送
	处理下一张订单时"补送"	与下一张订单合并配送
	有时限延迟交货，并一次配送	客户允许一段时间的过期交货，并要求所有订单一次配送
	无时限延迟交货，并一次配送	无论需要等多久，客户皆允许过期交货，且希望所有订货一起送达，等待所有订货到达再出货
客户希望所有订单一次配送，且不允许过期交货		取消整张订单
根据公司政策		允许过期分批补货，由于分批出货的额外成本高，不愿意分批补货，宁可客户取消订单，或要求客户延迟交货日期

6. 订单排定出货日程及拣选顺序

对于已分配存货的订单，通常根据客户要求、拣取时间以及内部工作负荷来确定出货时间和拣选顺序。

（四）单据处理

对订单做过以上处理后，就可以开始打印出货单据、展开后续配送作业了。

1. 拣货单（出库单）

拣货单提供商品出库指示，作为拣货的依据。拣货单应按商品储位顺序打印，以避免人员重复往返取货。拣货单的格式应配合配送中心的拣货策略及拣货作业方式，以提供有效的拣货信息，便于拣货的进行。一般拣货单有按用户分类的单一用户拣货单和按商品品种分类的批量拣货单，分别如表4-11和表4-12所示。

表4-11　分户拣货单

拣货单			用户订单编号				
用户名称							
出货时间				出货货位号			
拣货时间	年　月　日至　年　月　日			拣货人			
核查时间	年　月　日至　年　月　日			核查人			
序号	储位号码	商品名称	规格型号	商品编号	包装单位			数量	备注
					箱	整托盘	单件		

注：本表是单一用户、多个品种，实际使用的拣货单由于商品种类可能很多，本表只给出3行，可按实际需要增加行数。

表4-12　品种拣货单

拣货单号			包装单位			储位号码
商品名称		数量	箱	整托盘	单件	
规格型号						
商品编码						
生产厂家						
拣货时间	年　月　日至　年　月　日				拣货人	
核查时间	年　月　日至　年　月　日				核查人	
序号	订单编号	用户名称	包装单位			数量	出货单位	备注
			箱	整托盘	单件			

注：本表是单一商品、多个用户，实际使用时，可根据需要增加用户数量。

2. 送货单

交货时附上送货单据给客户清点签收，作为收货凭证。要确保送货单上的资料与实际送货相符，如图4-3所示。

送货单

客　户 _____　　送货日期 _____

负责人 _____　　单据类型 _____

地　址 _____

序号	品名规格	品名代号	品级	单位	数量	单价	金额	重量	出库单位	出库代号	门卫 NO.
1											
2											
3											
合计											

销货通知单：		客责编号：		
提货单：		统一发票：		
承运商或送达方式：				

备注	单价金额及统一发票号码由业务部填写	业务部		发送单位			月　日
		主管	主办	科长	组长	填表	交运单

第二联　会计联（仓库、业务、会计存）

图4-3　送货单

3. 缺货资料

库存分配后，对于缺货的商品或缺货的订单信息，系统提供查询或报表功能，以便及时处理。对于库存缺货商品，应提醒采购人员紧急采购。

三、订单处理的合理化

配送中心订单处理效率的高低对于配送企业的竞争力和利润有着重要影响。一个合理的配送中心订单处理系统应具备以下几个功能。

（一）持续改善顾客关系

有效的订单处理系统必须迅速地提供给顾客必需的服务。每次接到订单后，要明确订单处理工作是开展客户经营的有机组成部分，两者有密不可分的联系，要通过订单处理建立客户对公司的信任感和认同感。

（二）持续缩短平均订货周期前置时间

前置时间是指从订单发出到货物到达消费者这一段时间。订货周期前置时间取决于订单传送的时间、订单处理的时间和运输时间。缩短平均订货周期前置时间，将大大减少客户的时间成本，提高客户所获得的让渡价值，这是保证客户满意的重要条件。

（三）持续降低运作成本

订单处理过程的成本因素包括配送中心设置的地点和数量、运输批量和运输线路的调控等。配送中心通过高效的订单处理系统快速准确地处理相关数据，不仅可以减少订单检查相关成本，而且能够选择适当的出货地点和合理的运输批量及线路，以使客户的配送成本较低且配送中心的利润适当。

（四）及时输出发货单和会计账目

有效的订单处理系统能够加快由订单出货所形成的应收账目数据的转账，提高企业资金利用率。另外，有效的订单处理系统还可以通过订单出货的改善，降低发货不准确情况的发生。

（五）随时提供订单的处理情况

配送中心要使客户随时了解配货发运的进程，以便预计何时到货，从而便于安排使用或销售。了解这方面的信息是巩固与客户关系的重要手段，也有利于企业本身做检查。

（六）控制和解决订单作业中的"波峰现象"

所谓订单作业中的"波峰现象"，是指大量的客户几乎集中在同一时间发出订单，使订单处理系统超负荷而使订单无法得以及时处理，从而导致整个订货周期延长、对企业客户的服务水平下降。

解决"波峰现象"的关键是控制客户发出订单的时间，如果企业能影响客户的订货日期，那么就能使订货平衡，从而减少订单处理工作中的"波峰"和"波谷"现象。

【案例学习】

订单处理过程在零售企业中的应用

零售企业作为在生产者与消费者之间起中介作用的公司，其订单处理系统在设计时往往追求适度的自动化。由于有库存满足最终消费者的需求，所以零售企业通常不一定要求非常快的订货反应速度。库存在这里就作为一种缓冲，以抵消补货周期的某些间接影响。

美国的南方公司（The Southland Corporation）因拥有7 800家便利店（quick mark Store）而闻名于世。由于零售店内绝大部分空间都要用于售货，所以货架上的商品必须频繁得到补给，一旦货架上的某种商品缺货，店里也没有储备存货来补充货物，就要求订单处理系统必须方便、快捷、准确，以保证店里的货源不断。

每家分店都有一份针对该店印制的库存清单或称订货指南（order guide），其上列明授权各分店销售的商品（authorized items）。店铺经理或工作人员用一个手持电子订单录入器读出订货指南或货架上的条形码，接着键入每种商品所需的数量后，该信息随后就通过电话线传到了南方公司的配送中心，在那里进入订单录入、订单履行系统。

配送中心的订单录入和订单履行系统把全天收到的订货及调整信息按商品、仓库汇总起来。在全部订单都收讫后，系统按商品、按各仓库供货区的订货量生成一张拣货清单（picking list）。

同时，系统还监控各货架上的货量，一旦某货架上的库存量低于预先设定的临界点，系统就会生成一张大宗货物拣货单（bulk picking label），示意仓库的工作人员从托盘货物存储区提取一整箱货物，送到单品拣货区（unit picking location）。在这份大宗货物拣货单上，还标明应附在商品上的零售价格，并指明贴过价签后的商品应摆放在哪个拣货区。在单品拣货区，商品是从货架后部补充进来的，从货架的前部被放入塑料拣货箱或纸板物品箱里。

当大宗货物或托盘货物存储区的库存不足时，系统会根据经济订货批量向采购人员提出理想的订货量。采购人员审查订货量并视情况对订货规模作出调整后，系统即开始准备针对各供应商的采购订单。

系统还可以根据各分店订购货物的体积，利用可变的运输调度法安排卡车装货，调整送货路线。通过对各卡车车厢的合理配货，系统可以保证最大限度地利用载货空间，并使每条线路的行车里程最短。然后，系统按与装货次序相反的顺序打印交付收据（delivery receipt），方便各分店和货车司机清点货物。

南方公司从这个订单处理系统中获益匪浅，订单平均履行率在99%以上，仓库库存每22天周转一次。

资料来源：中国物流与采购网。

??? 问题与思考

1. 进货作业程序包括哪些步骤？

2. 表4-2托盘标签和外包装箱标签说明的只是某企业的具体应用，请举例说明其他配送企业的进货标识。

3. 什么是订单处理？订单处理作业流程一般包括哪些方面？

4. 分配后存货不足的处理情况有哪些？

5. 请查阅沃尔玛配送中心最新的进货作业流程，指出并分析为什么我国大多数配送企业未采用沃尔玛配送中心的进货作业处理方式。

6. 请举例说明订单处理水平对配送的重要意义。

第五章　拣选管理

1. 掌握配送中心拣选作业流程
2. 掌握配送中心拣选作业的方法及模式
3. 能熟练应用拣选策略
4. 了解拣选信息的传递方式

【案例导入】

ABLEPick（滑轨式电子标签拣取系统〔见图5-1〕）应用在图书配送中心的实际案例

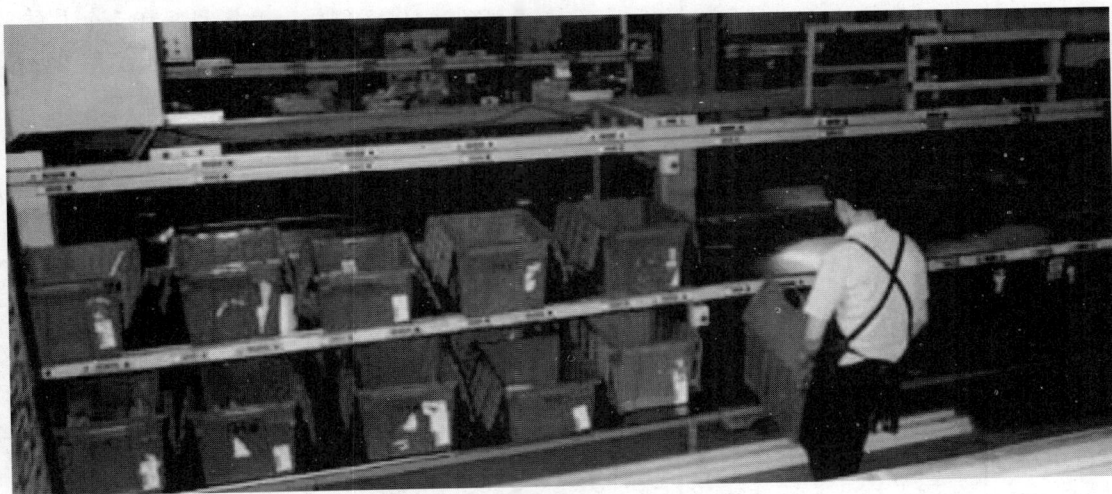

图5-1　滑轨式电子标签拣取系统

KS配送中心小档案：

成立：1995年4月；

形态：流通型配送中心；

业务：连锁书店体系之图书理货与配送；

人数：120人；

配送中心面积：4 470平方米；

物流作业：8条Put-to-light电子配货线（见图5-2）、每线可以处理92家店。

图5-2 Put-to-light电子配货线

由于其所负责配送的连锁书店体系的商品主档多达10万多笔，新书上市前三个月的销售量约占总销售量的30%，畅销品与非畅销品间的数量差距非常大；再加上图书业竞争激烈，新品与畅销品的补货作业关系着店铺的竞争力。基于配送中心内部空间坪效与成本的考量，为每一项商品保留库存几乎是不可能的事，上游业者的配送时间较不易掌握，而店铺对于配送时间的要求日益增强，在此情况下，KS配送中心只有通过压缩物流时间来达到快速配送的目的。因此，KS配送中心筹划成立之初积极地规划导入播种式电子辅助捡取系统。

导入播种式电子辅助捡取系统之后的效益评估在表5-1中显示得相当清楚，配送中心内90%以上的商品经由电子标签配送出去，其错误率可降至0.002%以下，比一般采用摘取式系统的厂商所统计出来的错误率0.02%更低。另外，此套系统使用在新书的配货上比使用在补书的配货上更具效益，其原因是新书的订购率高，几乎每一家店都订购，在进行配书工作时行走路径最具效益并且不需寻找时间，所以其效益较高。

表5-1 ABLEPick导入前后的对比

	ABLEPick导入前	ABLEPick导入后
配货方式	人工配货	电子辅助配货
出货单	件数、数量	箱单明细
每人时处理量	100	250~400
配货错误率	>0.1%	<0.002%

电子辅助捡取系统除了有作业上的效益之外，最大的效益在于管理层面上，这些系统效益不是数字上可以统计出来的，往往为人们所忽视但却是信息化作业的精髓所在。

以往KS配送中心进行验货时只能扣验或是旷日费时地进行全数验收作业，系统导入之后经由电子标签配货的货品在配货的同时即同步进行验收作业；配送货品给店家时也可以通过电子标签系统的资料收集打印出箱单、出货汇整表，送货时与店家进行交货对点时既快速又正确。其他，如配货人员的工作效率评核、配送中心作业能量的评估等管理绩效评估作业皆可以应用电子辅助捡取系统或现场资料的收集提供管理报表，作为日后流程改善的依据。

资料来源：RFID中国网，http://www.rfidchina.org/readinfo-19676-150.html。

第一节 拣选作业概述

一、拣选作业的概念

配送的主要功能是配货和送货。送货的决策及指挥虽然是在配送中心完成的，但是其实施却在配送中心之外，是在物流网络的"线"上实现的。因此，配送的主要功能要素是集中在配送中心实现的，其目的实现送货所必需的拣选、配货等理货工作，这成了配送中心的核心工序。拣选作业是依据顾客的订货要求或配送中心的作业计划，尽可能迅速、准确地将商品从其储位或其他区域拣选出来的作业过程。

二、拣选作业是配送中心的核心环节

拣选、配货及送货是配送中心的主要职能，而送货是在配送中心之外进行的，所以拣选、配货就成了配送中心的核心工序。拣选作业在配送中心作业中所占的比重较大，是最耗费人力和时间的作业。拣选作业的效率直接影响着配送中心的作业效率和经营效益，也是影响配送中心服务水平高低的重要因素。

拣选作业的动力产生于客户的订单，拣选作业的目的就在于正确且迅速地集合客户所订的货品。要达到这一目的，必须根据订单分析采用适当的拣选设备，按拣选作业过程的实际情况，运用一定的方法策略组合，采取切实可行且高效的拣选方式提高拣选效率，将各项作业时间缩短，提升作业速度与能力。同时，防止错误发生，避免送错货，尽量减少内部库存料账不符现象及作业成本的增加。可以说，拣选作业完成的结果就是配送中心企业形象的象征。

因此，在无拣选错误率的情况下，将正确的货品、正确的数量在正确的时间及时配送给顾客，是拣选作业最终的目的及功能。

从成本分析的角度来看，物流成本约占货品最终售价的30%，其中包括运输、搬运、仓储等成本项目。在物流成本中，拣选和配送两大项目几乎占整个物流成本的80%，配送费用大多发生在厂区外部，影响因素难以控制，拣选成本约是其他堆叠、装卸、运输等成本总和的9倍，占物流搬运成本的绝大部分，因此，要降低物流成本以及其中的搬运成本，从拣选作业上着手改进可以获得事半功倍的效果。

三、拣选作业有效满足客户多品种小批量多批次的需求

拣选作业是为高水平配送商品所进行的拣选、分货、配货等理货工作，集中在配送中心内部完成，是配送中心的核心工序。从各国的物流实践来看，由于体积大、大批量需求大多采取直达、直送的供应方式，因此配送的主要对象是中小件货物，即配送多为多品种、小批量的物流作业，这样使得拣选作业工作量占配送中心作业量的比重非常大，而且其工艺复杂，特点是客户多、商品品种多、需求批量小、需求频率高、送货实践要求高，拣选作业的速度和质量不仅对配送中心的作业效率起决定性作用，而且直接影响到整个配送中心的信誉和服务水平。因此，迅速且准确地将顾客所要求的商品集合起来，并且通过分类配装及时送达顾客是拣选作业最终的目的及功能。

第二节　拣选作业流程

一、拣选作业流程

拣选作业在配送中心整个作业环节中不仅工作量大、工艺流程复杂，而且要求作业时间短、准确度高，因此，加强对拣选作业的管理非常重要。制定科学合理的拣选作业流程，对于提高配送中心运作效率及提高服务质量具有重要的意义。图5-3为配送中心拣选作业基本流程图。

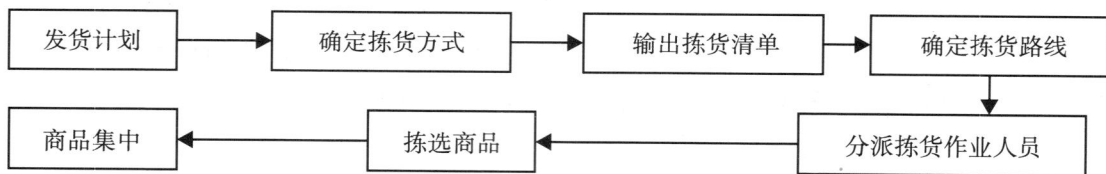

图5-3　拣选作业基本流程图

（一）发货计划

发货计划是根据顾客的订单编制而成的。订单是指顾客根据其用货需要向配送中心发出的订货信息。配送中心接到订货信息后需要对订单的资料进行确认、存货查询和单据处理，根据顾客的送货要求制定发货日程，最后编制发货计划。

（二）确定拣货方式

拣货通常有订单别拣选、批量拣选及复合拣选三种方式。订单别拣选是指按每份订单来拣货；批量拣选是指多张订单累计成一批，汇总数量后形成拣货单，然后根据拣货单的指示一次拣选商品，再进行分类；复合拣选则充分利用以上两种方式的特点，并将其综合运用于拣货作业中。

（三）输出拣货清单

拣货清单是配送中心运用计算机将客户订单资料进行处理后，生成并打印出的拣货单。拣货单上标明储位，并按储位顺序来排列货物编号，作业人员据此拣货可以缩短拣货路径，提高拣货作业效率。"拣货单"格式如表5-2所示。

表5-2　拣货单

拣货单号码：				拣货时间：				
顾客名称：				拣货人员：				
				审核人员：				
				出货日期：____年____月____日				
序号	储位号码	商品名称	商品编码	包装单位			拣选数量	备注
				整托盘	箱	单件		

（四）确定拣货路线及分派拣货人员

配送中心根据拣货单所指示的商品编码、储位编号等信息，能够明确商品所处的位置、确定合理的拣货路线、安排拣货人员进行拣货作业。

（五）拣选商品

拣选的过程可以由人工或自动化设备完成。通常小体积、少批量、搬运重量在人力范围内且出货频率不是特别高的商品，可以采取手工方式拣选；对于体积大、重量大的货物可以利用升降叉车等搬运机械辅助作业；对于出货频率很高的货物可以采取自动拣货系统。

（六）分类集中

经过拣选的商品根据不同的客户或送货路线分类集中，有些需要进行流通加工的商品还需根据加工方法进行分类，加工完毕再按一定的方式分类出货。多品种分货的工艺过程较复杂，难度也大，容易发生错误。必须在统筹安排形成规模效应的基础上，提高作业的精确性。在物品体积小、重量轻的情况下，可以采取人力拣选，也可以采取机械辅助作业，或利用自动拣选机自动将拣选出来的货物进行分类与集中。

二、拣货作业基本原则

拣货作业除了少数自动化设备的应用外，大多是靠人工劳力密集作业来完成的，因此在设计拣选作业系统时，使用工业工程方法相当普遍。以下是经过长期的实践总结出来的拣选基本原则，在设计拣选系统时可以加以应用。

（1）不要等待——零闲置时间；

（2）不要拿取——零搬运（多利用输送带、无人搬运车）；

（3）不要走动——移动最短；

（4）不要思考——零判断业务（不依赖熟练工）；

（5）不要寻找——储位管理；

（6）不要书写——免纸张；

（7）不要检查——利用条码由电脑检查。

第三节　拣选作业方式

在拣选管理的实践中主要形成两种拣选作业方式——订单别拣选和批量拣选，这两种方法各有优势，企业可根据具体情况选择合理的拣选模式或进行有效的组合和变通。

一、订单别拣选（摘果式）

订单别拣选是指作业人员巡回于仓库内，按照每一张订单，将客户所订购的商品逐一从仓储中挑出、集中的方式，是较传统的拣选方式。

（一）作业原理

订单别拣选作业原理如图5-4所示。

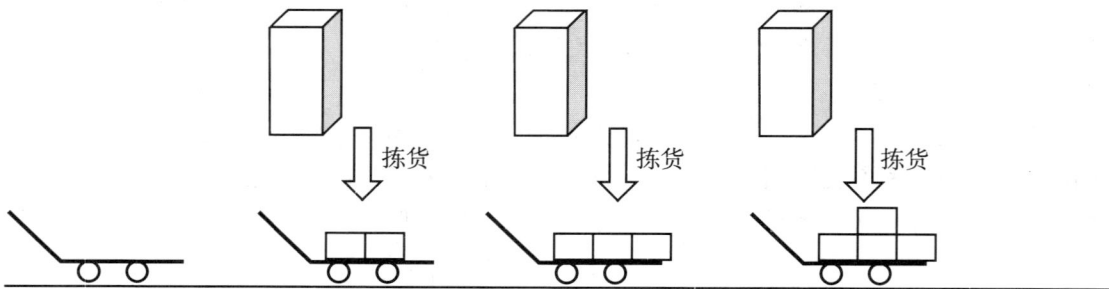

图5-4　订单别拣选作业原理图

（二）优点

订单别拣选方式的优点如下。

（1）按订单拣选，易于实施，而且配货准确度较高，不易出错。

（2）对各用户的拣选相互之间没有约束，可以根据用户需求的紧急程度调整配货先后次序，订单处理前置时间短。

（3）拣选完一个货单，货物便配齐，因此拣货后不必再进行分类作业，适用于大量少品项订单的处理，有利于简化工序，提高作业效率。

（4）拣选作业人员数量也可随时调整，作业高峰时可临时增加作业人员，有利于开展即时配送。

（5）对机械化、自动化没有严格要求，不受设备水平的限制。

（三）缺点

订单别拣选方式的缺点如下。

（1）商品品项多时，拣货行走路径加长，拣选效率降低。

（2）拣选区域大时，搬运系统设计困难。

（3）少量多次拣选时，拣货路径重复费时、效率降低。

（四）适用情况

订单别拣选方式适用于以下几种情况。

（1）用户不稳定、波动较大，不能建立相对稳定的用户分货货位，难以建立稳定的分货线；

（2）用户之间的共同需求不是主要的，且差异很大；

（3）用户需求的种类太多，增加了统计和共同取货的难度；

（4）仓库向配送中心过渡。

（五）订单别拣选作业流程

订单别拣选作业流程如图5-5所示。

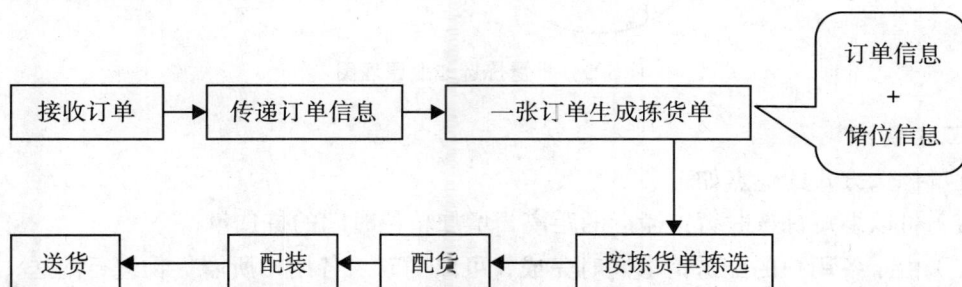

图5-5　订单别拣选作业流程图

（六）订单别拣选拣货单

订单别拣选拣货单如表5-3所示。

表5-3　订单别拣选拣货单

拣货单编号				客户单编号			
客户名称							
出货时间				出货货位号			
拣货时间				拣货人			
核查时间				核查人			
序号	储位号码	商品名称	规格型号	商品编码	包装单位			数量	备注
					箱	整托盘	单件		

二、批量拣选

批量拣选是指把多张订单集合成一个批次，依商品品项分别将数量加总后再进行拣选，之后依客户订单另作分类处理的拣选方法。

（一）作业原理

批量拣选的作业原理如图5-6所示。

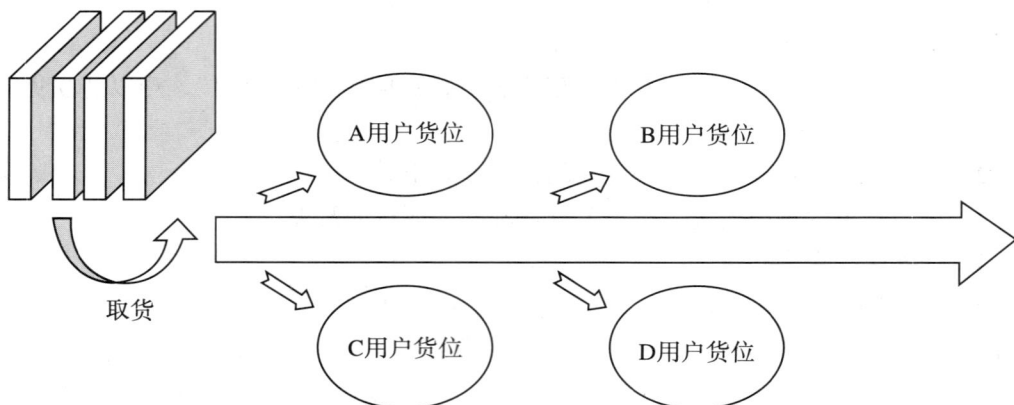

图5-6　批量拣选作业原理图

（二）优点

批量拣选方式的优点如下。

（1）可以缩短拣选时行走搬运的距离，增加单位时间的拣选量；

（2）由于各用户的配送请求同时完成，可以同时对各用户所需货物进行配送，因此有利于车辆的合理化调配及规划配送线路，与按单拣选相比可以更好地发挥规模效益。

（三）缺点

批量拣选方式的缺点如下。

（1）由于是集中取出共同需要的货物，再按货物货位分放，这就需要在收到一定数量的订单后进行统计分析，安排好各用户的分货货位之后才能反复进行分货作业，因此，这种工艺难度较高、计划性较强，与按单拣选相比错误率较高。

（2）对来到的订单无法作出及时反应，必须等待订单达到一定数量才做一次处理，因此会有停滞时间。只有对订单的到达情况作等候分析，决定出适当的批量大小，才能将停滞时间减至最低。

（四）适用情况

批量拣选方式适用于以下几种情况。

（1）适用于订单数量庞大的系统。

（2）用户的需求有限且有很大程度的共同性，为了配合批次作业，可以要求商店按品类和货架商品群定期向配送中心补货。

（3）用户需求种类有限，易于统计，且拣选时间不至于太长。

（4）用户对配送时间没有严格的要求。

（5）适合对效率和作业成本要求较高的配送中心。

（6）专业性强的配送中心，容易形成稳定的用户和需求，货物种类有限，适合采用批量拣选工艺。

（五）批量拣选作业的基本流程

批量拣选作业的基本流程如图5-7所示。

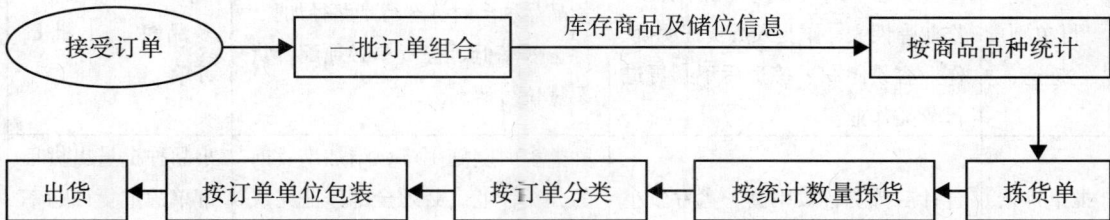

图5-7　批量拣选作业的基本流程

（六）批量拣选拣货单

批量拣选拣货单如表5-4所示。

表5-4　批量拣选拣货单

拣货单号		包装单位			储位号码
商品名称		箱	整托盘	单件	
规格型号	数量				
商品编码					
生产厂家					
拣货时间		拣货人			
核查时间		核查人			
序号	订单编号	客户名称	包装单位	数量	出货单位	备注

三、变通形式

此外，还有根据订单别拣选和批量拣选变通出的两种方法——整合按订单拣选和复合拣选。

整合按订单拣选主要应用于一天中每一张订单只有一种品项的情况，为了提高配送效率，将某一地区的订单整合成一张拣选单，做一次拣选后，集中捆包出库，其属于按单拣选的一种变通形式。

复合拣选是指按单拣选与批量拣选的组合运用，根据订单品项、数量和出库频率决定哪些订单适合按单拣选、哪些适合批量拣选。

四、四种拣选方式的比较

四种拣选方式的比较见表5-5所示。

表5-5　拣选方式的比较

拣选方式	优点	缺点	适用场合
订单别拣选	作业方法简单、订货提前期短、作业弹性大、作业人员责任明确、作业容易组织、拣选后不必再进行分类作业	货品品种多时拣选行走路径加长，拣选效率低、拣货单必须配合货架货位号码	多品种、小批量订单
批量拣选	合计后拣货，效率高，盘亏较小	种类多时实施困难，增加出货前的分货作业，必须全部作业完成后才能发货	小品种批量出货且订单的重复订购率较高的
整合按订单拣选			一天中每一订单只有一种品项的拣货方式
复合拣选			订单密集且订单量大

五、拣选作业方式的选择

在规划设计拣选作业前，必须先对拣选作业的基本模式有所认识，拣选作业最简单的分拣方式就是按单拣选和批量拣选两种。下面从定量和定性方法分别对拣选方式选择进行探讨。

（一）定量方法

1. 按出货品项数的多少及货品周转率的高低，确定合理的拣选作业方式

配合EIQ（Entry、Item、Quantity，指订单的次数、品项、数量）分析的结果（见表5-6拣选方式选定对照表），按当日EN（订单品项数）及IK值（订单受订次数）的分布判断出货品项数的多少和货品周转率的高低，以确定不同作业方式的区间。

其原理是：EN值越大表示一张订单所订购的货品品项数越多，货品的种类越多越杂时，批量拣选时分类作业越复杂，采取按单拣选较好；相对地，IK值越大，表示某品项的重复订购频率越高，货品的周转率越高，此时采取批量拣选可以大幅度提高拣选效率。

表5-6 拣选方式选定对照表

		货品重复订购频率（IK值）		
		高	中	低
出货品项数 （EN值）	多	S+B	S	
	中	B	B	
	少	B	B	
注：S表示按单拣选；B表示批量拣选				

2. 按表5-7所列项目进行考核，决定采用何种拣选作业方式

表5-7 拣选方式选择表

要素				订单要素
订单数/日	一天订单 的品项数	一张订单每一 品项的数量	每日品项一 天的订单数	
多	多	多	多	根据订单内容与品项数等的要素 订单可分为三种：1. 批量拣选用
中	中	中	多	的订单；2. 订单拣选用的订单；
少	少	少	少	3. 整合订单拣选用的订单

表中第一项为每日的订单数，主要考虑的因素是行走往复所花费的时间；第二项是一天订单的品项数，考虑的是寻找货品货位的时间；第三项是一张订单中的每一品项的重量，考虑的是抓取货品所用的时间；第四项是每一品项的订单件数，考虑的是同一品项重复被拣选所用的时间。

所以，采用何种拣选方式，主要看该拣选方式效率的高低，也就是何种拣选方式所耗费的总时间最短，且可避免不必要的重复行走时间。

表5-7从左至右可以有多种组合形式，如果用"A"表示多，"B"表示中，"C"表示少，则A-C-C-A，表示每日的订单数很多，而订单的品项数很少，且一张订单每一品项的数量也很少，但不断地被重复订购，所以可以将每一品项数加总合计，采取批量拣选方式，以减少重复行走拣选同一品项所消耗的时间，但也要考虑拣选完后的分类集中作业的效率问题；C-A-A-C，表示每天的订单数很少，但一天订单的品项数很多又不重复，且每一张订单的品项数也很少，此时适合采用单个订单方式拣选。

（二）定性方法

1. 按单拣选的适用情况及特点

（1）适用情况：货物外形体积变化较大，货物特性差异较大、分类作业难以进行。例如，化妆品、家具、电器、百货、高级服饰等。

（2）这种方法具有以下特点。

① 因拣选行走距离无法缩短，拣选效率可能降低；

② 作业前置期较短，订单处理可以保持连续性；

③ 容易采用机械化的方式，协助人工拣选，但较难采用全自动的方式进行。

2. 批量拣选的适用情况及特点

（1）其适用情况如下。

① 货品外形较规则、固定，例如箱装、扁袋装等；

② 需流通加工的物品，例如需包装或标价的货品。

（2）其特点如下。

① 订单处理需设截止时间，允许插单能力较差；

② 作业前置时间一般较长；

③ 常以系统化和自动化来提高效率；

④ 必须注意生产线的平衡和作业的持续平稳，尤其要避免同一时间大量出货。

总的来说，按单拣选弹性较大，临时性的产能调整较容易，适合订单大小差异较大、订单数量变化频繁、有季节性的货品配送中心。批量拣选作业方式通常采用系统化、自动化设备，较难调整拣选能力，适合订单大、变化小、订单数量稳定的配送中心。

第四节　拣选信息传递

拣选信息是拣货作业的源动力，主要目的在于指示拣货的进行，而拣货资料的源头来自客户的订单，为了使拣货人员在既定的拣货方式下正确而迅速地完成拣货，拣选信息成为拣货作业中重要的一环。

一、订单传递

传票拣选是最原始的拣选方式，其直接利用客户的订单或公司的交货单作为拣选指示。拣选员一边看着订货单的品名，一边寻找货品，需要来回多次行走才能拣足一张订单。这种方式在订单订购品种比较少、批量比较小的情况下，经常配合订单别拣选方式完成操作。

（一）优点

无须利用计算机等处理设备处理拣选信息，适用于订购品项数少或少量订单的情况。

（二）缺点

（1）此类传票容易在拣选过程中受到污损，或因将存货不足、缺货等注释直接写在传票上，导致作业过程中发生错误或无法判别确认。

（2）未标识产品的货位，必须靠拣选人员的记忆在储区中寻找存货位置，更不能引导拣选人员缩短拣选路径。

（3）无法运用拣选策略提升拣选效率。

二、拣选单拣选传递

拣选单拣选是目前最常用的拣选方式，是指将原始的客户订单输入计算机后进行拣选信息处理，打印拣选单，拣选单的品名是按照货位编号重新编号的，这样使得拣选人员来回一趟就可拣足一张订单，拣选单上印有货位编号，拣选人员按编号寻找货物，即使不识别货品的新手也能拣选。

一般按照货位的拣货顺序打印拣货单，拣货人员根据拣货单的顺序拣货，拣货时将货品放入搬运器具内，同时在拣货单上作记号，然后再执行下一货位的拣货。

一般来说，拣选单是根据拣货的作业区和拣货单位分别打印的，例如整盘拣货（P-P）、整箱拣货（P-C）、拆箱拣货（C-B）或（B-B）等的拣货单分别打印、分别拣货，然后在出货暂存区集货等待出货。这是一种最经济的拣货方式，必须配合货位管理才能发挥效果，拣货精度也能得以大大提高。

（一）优点

（1）避免传票在拣选过程中受到污损，在检验过程中使用原始传票查对，可以修正拣选作业中发生的错误。

（2）产品的货位显示在拣选单上，同时可以按到达的先后顺序排列货位编号，可以修正拣选作业中发生的错误。

（3）可充分配合分区、订单分割、订单分批等拣选策略，提升拣选效率。

（二）缺点

（1）拣选单处理和打印工作耗费人力和时间；

（2）拣选完成后仍需经过货品检验过程，以确保其准确性。

三、拣选标签传递

在标签拣货方式中，由拣选标签取代了拣选单，拣选标签的数量与拣选量相等，在拣选的同时将标签贴在物品上以便确认数量。

其原理是：接单之后经过计算机处理，依据货位的拣货顺序排列打印拣货标签，订购几箱（件）货品就打印几张标签，标签张数与订购数一致，拣货人员根据拣货标签上的顺序拣货，拣货时将货品贴标签后放入拣货容器中，标签贴完了就代表已完成了该项货品的拣货。

拣选标签是一种防错的拣货方式，主要被应用在高单价货品的拣货上，在商店别拣货、货品别拣货，以及单货品别拣货上的应用也较多。应用这种拣货方式，由于可以利用标签上的条码自动分类，因而效率非常高。

标签拣货大部分被应用在整箱拣货和单品拣货上。整箱拣货的标签和单品拣货的标签内容不一样，整箱拣货的标签除了单品拣货标签上的内容外还包括客户地址及配送线路等，因此可以直接当出货标签使用，必要时也可以增加条码的打印，以增加作业效率。而单品拣货之后大部分都必须装入纸箱或塑料箱中，因此必须增加出货标签，将客户地址和配送线路的资料打印在出货标签上，所以单品拣货标签可以暂时省略这部分内容。

拣货标签主要有三种：整箱拣货标签、单品拣货标签和出货标签。

（一）整箱拣货标签

整箱拣货标签的示例如表5-8所示。

货位号：A0511

数量：2箱

品号：00011125

品名：××

表5-8　整箱拣货标签

品号：00011125	品号：00011125
品名：××	品名：××
订单号码：5401	订单号码：5401
客户名称：××	客户名称：××
客户地址：××	客户地址：××
配送路线：	配送路线：
订单箱数–箱号：5/1	订单箱数–箱号：5/1

（二）单品拣选标签

单品拣选标签的示例如表5-9所示。

货位号码：a1034

数量：2件

品号：00022213

表5-9　单品拣选标签

品号：00022213	品号：00022213
品名：××	品名：××
订单号码：543	订单号码：543
客户名称：××	客户名称：××
订单箱数–箱号：3/1	订单箱数–箱号：3/1

（三）出货标签

出货标签的示例如表5-10所示。

表5-10　出货标签

订单号码：12345
客户名称：××
客户地址：××
配送路线：12
订单箱数–箱号：6/1

利用这种方式，标签贴到货物上的同时，货物与信息之间立即建立了一种对应关系，所以拣选的数量不会产生错误。

这种拣选方式的优点如下。

（1）将拣选与贴标签的动作结合起来，可以减少流通加工作业与往复搬运核查的过程，缩短了整体的作业时间。

（2）可以在拣选时清点拣选数量，提高拣选的正确性。

这种拣选方式的缺点如下。

（1）若要同时打印出价格标签，必须统一下客户的货品价格和标签形式。

（2）操作环节比较复杂，拣货费用高。

四、电子标签传递

电子标签辅助拣选是一种计算机辅助的无纸化的拣货系统，其原理是：在每一个货位上安装数字显示器，利用计算机的控制将订单信息传输到数字显示器内，拣货人员根据数字显示器所显示的数字信息拣货，拣完货之后按确认钮即完成拣货工作，也叫做电子标签拣货。在这种拣货方式中，电子标签取代了拣货单，在货架上显示拣选信息，以减少"寻找货品"的时间，拣选的动作仍由人工完成。电子标签是很好的人机界面，计算机负责繁琐的拣货顺序的规划与记忆，拣选工作只需依照计算机指示执行即可。电子标签上有一个小灯，灯亮表示该货位的货品是待拣货品，电子标签中间有多个字元的液晶，可显示拣选数量。这样拣选员在货架通道内行走，看到灯亮的电子标签就停下在该货位按显示数字来拣选货品。电子标签设备包括电子标签货架、信息传送器、计算机辅助拣选台车、条码、无线通信设备等。

这种拣货技术在1977年由美国开发出来，是配送中心常用的一种拣货方式。此种拣选方式可用于批量拣选，也可应用于按单拣选，但是货品品项太多时不太适用。因其成本较高，因此常用于ABC分类中的AB类上的拣选。电子标签拣选能力为500件/小时，拣货错误率只有0.01%。

（一）优点

电子标签辅助拣选的优点如下。

（1）沿特定拣选路径，按电子标签显示拣选，不容易出错；

（2）可省去来回寻找待拣货品的时间，拣选速度可提高30%~50%；

（3）只需寻找电子标签灯亮的货物，并按数字拣选，不认识货品的生手也能拣选。

（二）电子标签拣货系统的种类

1.摘取式电子标签拣货系统

摘取式电子标签拣货系统（Digital Picking System，缩写为DPS）是指在拣货操作区中的所有货架上，为每一种货物安装一个电子标签，并与L-Pick（省线网络系统）系统的其他设备连接成网络。控制电脑可根据货物位置和订单清单数据，发出出货指示并使货架上的电子标签亮灯，操作人员根据电子标签所显示的数量及时、准确、轻松地完成以"件"或"箱"为单位的商品拣货作业。由于DPS在设计时合理安排了拣货人员的行走路线，所以减少了操作人员无谓的走动。DPS还实现了电脑实时现场监控，具有紧急订单处理和缺货通知等各项功能。

2. 播种式电子标签拣选系统

播种式电子标签拣选系统（Digital Assorting System，缩写为DAS）是利用电子标签实现播种式分货出库的系统。DAS中的储位代表每个客户（各个商店、生产线等），每一个储位都设置了电子标签。操作人员先通过条码扫描把将要拣选的货物信息输入系统中，下订单客户的分货位置所在的电子标签就会亮灯、发出蜂鸣，同时显示出该位置所需分货的数量，拣选人员可根据这些信息进行快速拣选作业。因为DAS系统是依据商品和部件的标识号来进行控制的，所以每个商品上的条形码是支持DAS系统的基本条件。当然，在没有条形码的情况下，也是可以通过手工输入来解决的。

五、RF无线通信传递

RF（射频）无线通信也是拣选作业的人机界面，通过无线式终端机显示所有拣选信息，比电子标签更具作业弹性，不过价格高于电子标签，适用于以托盘为拣选单位，并采用叉车进行辅助拣选。其原理是：利用掌上计算机终端、条码扫描器及RF无线控制装置，将订单资料由计算机主机传输到掌上终端，拣货人员根据掌上终端所指示的货位扫描货物上的条码，如果与计算机的拣货资料不一致，掌上终端就会发出警告，直到找到正确的货品货位为止，如果与计算机的拣货资料一致就会显示拣货数量，根据所显示的拣货数量拣货，拣货完成后按确认按钮即完成拣货作业，信息利用RF传回计算机主机同时扣除相应的库存数据。

此种拣货方式可以用在按单拣选和批量拣选方式中，因为其成本低且作业弹性大，尤其适用于货品品项很多的场合，因而常被应用在多品种、少批量订单的拣选上，与拣选台车搭配最为常见。其拣选作业能力为300件/小时，错误率约为0.01％。

六、IC卡传递

这也属于计算机辅助拣货方式，其原理是：利用计算机及条码扫描器的组合，将订单资料由计算机主机拷贝到IC卡上，拣货人员将IC卡插入计算机，根据计算机上所指示的货位，刷取货位上的条码，如果与计算机的拣货资料不一致，则掌上终端会发出警告，直到找到正确的货品货位为止；如果与计算机的拣货资料一致就会显示拣货数量，拣货人员根据所显示的拣货数量拣货，拣货完成之后按确定按钮即完成拣货工作。IC卡拣货成本低且作业弹性大。大体与RF同效率。

七、自动拣货系统传递

拣货过程全部由自动控制系统完成。通过电子设备输入订单后形成拣货信息，在拣货信息的指导下由系统自动拣选作业，无须人手介入，这是目前物流配送技术发展的主要方向之一。

自动拣选方式有A型自动拣选系统、旋转仓储系统、立体式自动仓储系统等多种形式。

A型自动拣选系统类似于自动售货机，有一长排的A型货架。货架的两侧有多个货位，每个货位储放一种货物，每个货位下方有一个拣选机械。A型货架的中间有一输送带，输送带末端连接装货的容器。当拣选信息传入连接的计算机时，欲拣货物的货位拣选机械启动，推出所需要的货物至输送带。输送带的货物被送至末端，掉落至装货容器。目前A型自动拣选系统在我国主要被应用在烟草配送中心。

旋转仓储系统内有多个货位，每个货位放置一种货物。当联机计算机将拣选信息传入时，欲拣货物的货位被旋转至前端的窗口，以方便拣选人员拣选。旋转仓储系统可省去货物的寻找与搬运，但仍需要拣选动作。加上要选装整个货架，动力消耗大、故障率高，所以只适用于轻巧的零配件仓库。

立体式自动仓储系统有多排并列的储存货架。由于货架不需要旋转，故可以向上立体化，增加储存空间。货物的存取端设多台自动存取机。当联机计算机将拣选信息传入时，自动存取机移动至指定货位，拿取或存放货物。通常立体式自动仓储系统采用单位负载的存取方式，比较适合"以托盘或容器为拣选单位"的拣选方式。

自动拣选方式由于是无人拣选，因此设备成本高，此种拣选方式常被应用在高价值、出货量大且频繁的A类货物上。自动拣选生产效率非常高，拣选错误率非常低。

第五节 拣选策略

拣选策略是影响拣选作业效率的重要因素，根据不同的订单需求应采取不同的拣选策略。决定拣选策略的四个主要因素是：分区、订单分割、订单分批及分类。

一、分区策略

分区是指对拣选作业场地做区域划分。按分区原则的不同，可分为四种分区方法。

（一）货品特性分区

根据货品原有的性质，将需要特别储存搬运或分离储存的货品进行区隔，以保证货品的品质在储存期间保持一定。

（二）拣选单位分区

将拣选作业区按拣选单位划分，例如，箱装拣选区、单品拣选区或是具有特殊货品特性的冷冻品拣选区等，目的是使储存单位与拣选单位分类统一，以方便拣选与搬运单元化，使拣选作业单纯化，一般拣选单位分区形成的区域范围是最大的。

（三）拣选方式分区

在不同的拣选单位分区中，按拣选方法和设备的不同，又可分为若干区域，通常是按货品销售的ABC分类原则，根据出货量的大小和拣选次数的多少作ABC分类，然后选用合适的拣选设备和拣选方式。其目的是使拣选作业单纯一致，以减少不必要的重复行走时间。在同一单品拣选区中，按拣选方式的不同，又可分为台车拣选区和输送机拣选区。

（四）工作分区

在相同的拣货方式下，将拣选作业场地再做划分，由一个或一组固定的拣选人员负责拣选某区域内的货品。该策略的优点是拣选人员需要记忆的存货位置和移动距离减少，拣选时间缩短，同时，还可以配合订单分割策略，运用多组拣选人员在短时间内共同完成订单的拣选，但要注意工作平衡问题。

接力式拣选是工作分区的一种形式。在这种拣选方式下，订单不做分割或不分割到各工作分区，拣选人员以接力的方式完成所有的拣选动作。这种方式效率较高，但人力消耗较大。

以上的拣选分区可同时存在于一个配送中心内，或是单独存在。除接力式拣选外，在分区拣选完成后仍需将拣出的货品按订单加以集合。

二、订单分割策略

订单分割的原则是按分区策略而定的。一般来说，订单分割策略主要用于配合拣选分区的结果，因此在拣选单位分区、拣选方法分区及工作分区完成后，应决定订单分割的范围大小，订单分割既可以在原始订单上做分离设计，也可以在订单接受之后做分离的信息处理，下面介绍几种订单分割的方法。

（一）拣货单位分区与订单分割策略

当订单上订购的货品项目较多，或拣选系统要求及时快速处理时，为使其能在短时间内完成拣选处理，可将订单分成若干份子订单交由不同拣货区域同时进行拣货作业，将订单按拣选区进行分解的过程称为订单分割。

订单分割一般是与拣选分区相对应的，对于采取拣选分区的配送中心，其订单处理过程的第一步就是要按区域进行订单分割，各个拣选区根据分割后的子订单进行拣选作业，各拣选区子订单拣选完成后，再进行订单的汇总。拣选单位分区与订单分割策略具体如图5-8所示。

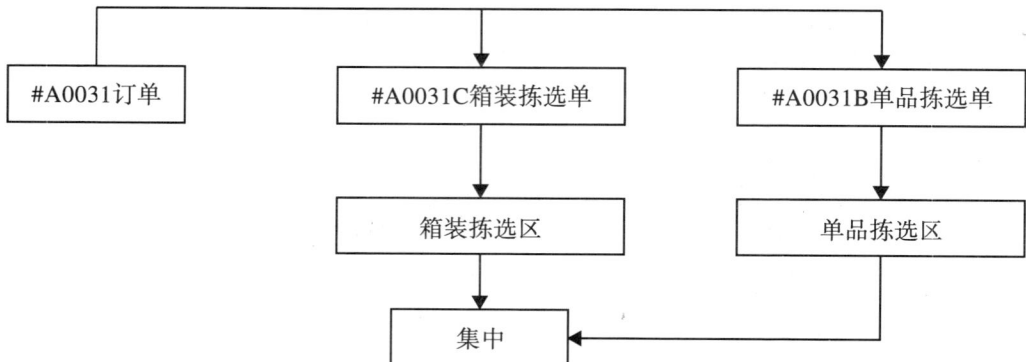

图5-8　拣选单位分区与订单分割策略

（二）拣选方式分区与订单分割策略

拣选方式分区与订单分割策略如图5-9所示。

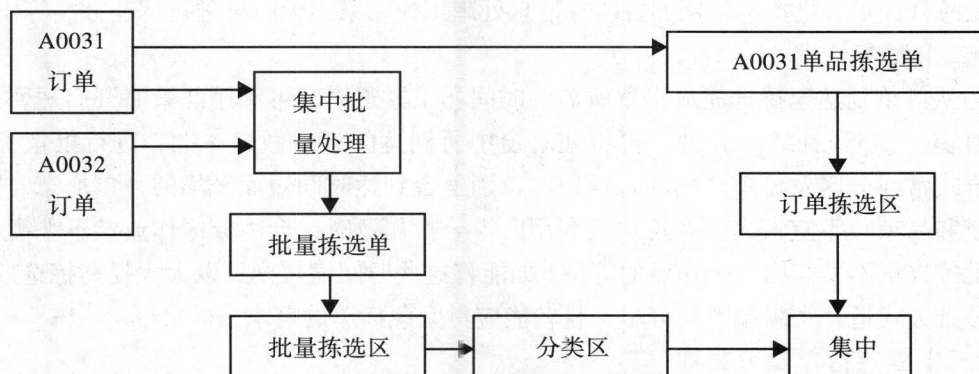

图5-9　拣选方式分区与订单分割策略

（三）工作分区与订单分割策略

工作分区与订单分割策略如图5-10所示。

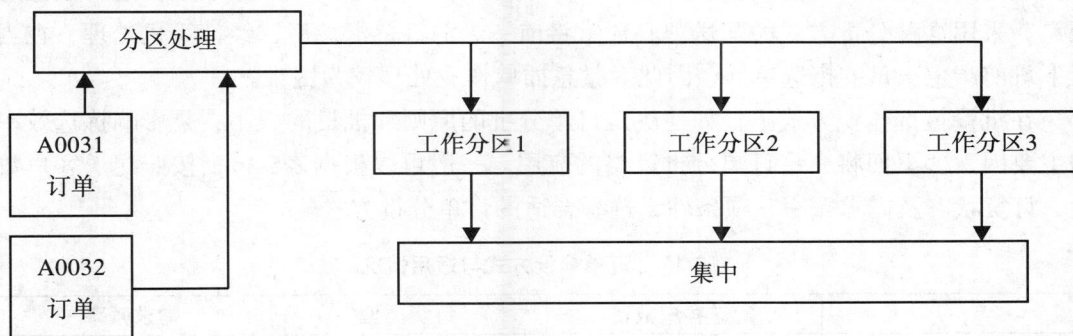

图5-10　工作分区与订单分割策略

三、订单分批策略

订单分批是为了提高拣选作业效率而把多张订单集合成一批，进行批次拣选作业，其目的是缩短拣选时平均行走搬运的距离和时间。若再将每批次订单中的同一货品品项加总后拣选，然后再把货品分类给每一个顾客订单，则形成批量拣选，这不仅缩短了拣选时平均行走搬运的距离，也减少了重复寻找货位的时间，从而使拣选效率提高。如果每批次订单数目过多，则必须耗费较多的分类时间，甚至需要有强大的自动拣选系统的支持。

订单分批的原则如下。

（一）总合计量分批

合计拣选作业前所积累的订单中货品项目的总量，再根据这一总量进行拣选以将拣选路径减至最短，同时储存区域的储存单位也可以单纯化，但需要有功能强大的分类系统来支持。这种方式适用于固定点之间的周期性配送，可以将所有的订单在中午前收集，下午做总合计量分批拣选单据的打印等信息处理工作，第二天一早进行拣选分类等作业。

（二）时窗分批

当从订单到达至拣选完成出货所需的时间非常紧迫时，可利用此策略开启短暂而固定的时窗，如5分钟或10分钟，再将此时窗中所到达的订单做成一批，进行批量拣选。这一方式常与分区及订单分割联合运用，特别适合到达时间短而平均的订单形态，同时订购量和品项数不宜太大。各拣选区利用时窗分批作业时，会因分区作业量不平衡和时窗分批拣选量不平衡而产生作业的等待，如能将这些时间缩短则可以大大提高拣选效率。此类分批方式适合密集频繁的订单，且较能应付紧急插单的需求。

（三）固定订单量分批

订单分批按先到先处理的基本原则，当累计订单量达到设定的固定量时，再开始进行拣选作业。适合的订单形态与时窗分批类似，但这种订单分批的方式更注重维持较稳定的作业效率，而在处理的速度上较前者慢。

（四）智能型分批

利用计算机，将拣选路径相近的订单分成一批同时处理，可大量缩短拣选行走搬运距离。采用这种分批方式的配送中心通常将前一天的订单汇总后，经计算机处理，在当天下班前产生次日的拣选单据，因此对紧急插单作业处理较为困难。

在批量拣选作业方式下，如何决定订单分批的原则和批量的大小，是影响拣选效率的主要因素。下面将介绍订单分批策略的应用。一般可以根据表5-11，按照配送客户数量、订货状态及需求频率三项条件，选择合适的订单分批方式。

表5-11　订单分批方式与适用情况

	配送客户数量	订货类型	需求频率
总合计量分批	数量较多且稳定	差异小而数量大	周期性
固定订单分批	数量较多且稳定	差异小且数量不大	周期性或非周期性
时窗分批	数量多且稳定	差异小且数量小	周期性
智能型分批	数量较多且稳定	差异大	非即时性

四、分类策略

采用批量拣选作业方式时，拣选完成后还必须进行分类，因此需要与之相配合的分类策略。分类方式大致可分为以下两类。

（一）拣选时分类

在拣选的同时将货品按各订单分类，这种分类方式常与固定量分批或智能分批方式联用，因此需要使用计算机辅助台车作为拣选设备，才能加快拣选速度，同时避免错误发生。这种分类方式较适用于少量多样场合，且由于拣选台车不可能太大，所以每批次的客户订单不宜过大。

（二）拣选后集中分类

这种分类方式是指分批按合计量拣选后再集中分类。其一般有两种方法，一种方法是以人工作业为主，即将货品总量搬运到空地上进行分发，而每批次的订单量及货品数量不宜过大，以免超出人员负荷；另一种方法是利用分类输送机系统进行集中分类，是较自动化的作业方式。当订单分割越细、分批批量品项越多时，常用后一种方法。

以上方法可以单独使用也可以联合运用，也可以不采取任何策略，直接按订单拣选。

分类方式的选择除了受订单分批方式的影响外，每种分类方式所具有的特性也可以作为选择时的参考依据，参见表5-12。

表5-12 各分类方式的特性

		处理订单数量	订购货物品项数	货物重复订购频率
拣选后分类	分类输送机	多	多	变化较大
	人工分类	少	少	较高
拣选时分类		多	少	较低

五、拣选策略的运用

拣选策略的四个主要因素（分区、订单分割、订单分批、分类）之间存在着互动关系，在作整体规划时，必须按一定的决定顺序才能使其复杂程度降至最低。

图5-11是拣选策略运用的组合图，从左至右是拣选系统规划时所考虑的一般次序，可以相互配合的策略方式以箭头相连接，所以任何一条由左至右可通的组合链就表示一种可行的拣选策略。

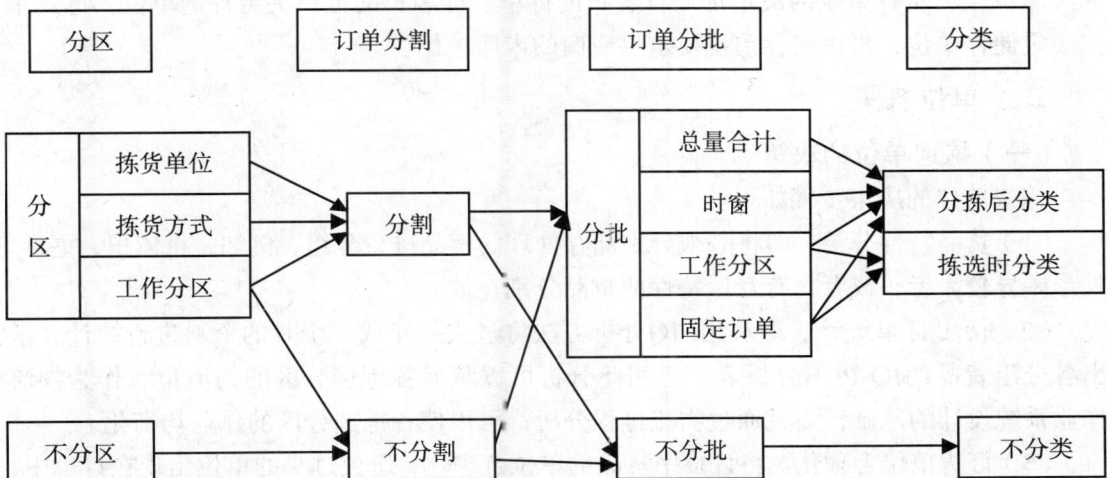

图5-11 拣选策略运用的组合图

第六节　拣选模式

一、基本的拣选模式

拣选单位基本上可分为托盘、箱、单品三种。一般以托盘为拣选单位的货品的体积和重量最大，其次为箱，最小者为单品。其基本的拣选模式如表5-13所示。

表5-13　基本的拣货模式

拣选模式编号	储存单位	拣选单位	记号
1	托盘	托盘	P–P
2	托盘	托盘+箱	P–P+C
3	托盘	箱	P–C
4	箱	箱	C–C
5	箱	单品	C–B
6	箱	箱+单品	C–C+B
7	单品	单品	B–B

注：P——Pallet（托盘）；C——Case（箱）；B——Bulk（单品）

拣选单位是根据订单分析的结果来作决定的，如果订货的最小单位是箱，则不需要单品拣选单位，库存的每一种货品都需要按照订单中的订货单位分析判断出拣选单位。一种货品有时可能有两种以上的拣选单位，所以一个配送中心的拣选单位通常在两种以上。

配送中心规划时必须首先决定拣选单位、储存单位，同时协调外部供应商确定货品的入库单位，所有单位的决定都来自客户的订单。即客户的订单决定拣选单位，拣选单位决定储存单位，再由储存单位要求供应商的入库单位。

二、单位决策

（一）拣选单位的决策

拣选单位的决策步骤如下。

（1）货品特性分组。即将必须分别储存处理的货品进行分组，例如，将体积、重量、外形差异较大者，或者具有互斥特性的货品分别存放。

（2）历史订单统计。即利用EIQ分析方法将过去一年或一个月的资料进行统计，求出各分组货品的IQ-PCB分析表。运用此分析可以掌握各拣选分区的物流量，作为物流作业系统设计的基础，而且通过物流过程分析，可以使各拣选分区的作业均衡化。

（3）订货单位合理化。将订货中货品的单位合理化，避免过小的单位出现在订单中，例如，将大包改为中包，去掉小包装，原则上控制在三种单位以内。

（4）拣选单位决定。将IQ-PCB分析表中的单位数量，化为合理化的单位数量，分类后的货品再按合理化的单位归类。

通过以上分析，可得出各种货品应有的拣选单位，同时可作为货品特性分析和拣选单位分区的参考。

（二）储存单位的决策

决定完拣选单位之后，接下来要决定的是储存单位，一般储存单位必须大于或等于拣选单位，其步骤如下。

（1）定出各项货品一次采购的最大、最小批量及前置时间；

（2）设定配送中心的服务水平，确定收到订单至货物送达客户的时间间隔；

（3）若服务水平时间＞采购前置时间+送达时间，且货品每日订购量介于采购最小批量和采购最大批量之间，则该项货品可不设存货位置；

（4）通过IQ-PCB分析，如果货品平均每日采购量×采购前置时间＜上一级包装单位数量，则储存单位=拣选单位；反之，则储存单位＞拣选单位。

（三）入库单位的决策

决定完储存单位后，货品入库的单位最好配合储存单位，这可以凭借采购量的优势要求供应商配合。入库单位通常设定等于货品最大的储存单位。表5-14是常见的拣选单位组合。

表5-14　常见的拣选单位组合

拣选单位	储存单位	入库单位
P	P	P
P、C	P、C	P
P、C、B	P、C、B	P
C	P、C	P、C
C、B	P、C、B	P、C
C	C、B	C、B

注：P——Pallet；C——Case；B——Bulk

三、ABC拣货作业模式

配送中心的库存物品按品种和占用资金的多少分为特别重要的库存（A类）；一般的库存（B类）；不重要的库存（C类）三个等级。使用ABC分类的商品摆放方式：根据货架层次分类摆放，A类商品放在货架中间层上，B类商品放在上层货架上，C类商品放在最低层；根据货架距离入口远近分类摆放，货架离入口最近的上、中、下三层上都放A类商品，其次是B类商品，C类商品放在最里边。由于ABC各类商品的物流单位不同，因此，在拣货中分别采用不同的拣货模式。

（一）A类货物的拣选模式

由于A类商品通常的存取装载单位是托盘，且周转率较高，所以可使用堆高机进行存储和拣选。当配送中心的储位不足时，通过增设阁楼式货架可以增加拣选货位。

A类货物拣货频率高、品项少、批量大，应该以"模式1：P→P"和"模式2：P→C"为最佳选择。

（二）B类货物的拣货模式

1. 地面拣选到托盘或笼车

B类商品在拣选作业时通常整箱出货，因此，用拣选车载托盘货架的底层进行拣选是最普通的方式，称为"人到货"。"人到货"方式的基本原则是，拣选车必须装备RF终端、扫描器和拣选作业显示器，由RF终端指引作业者前往正确的位置。其优点为：流程改进、提高了拣选作业准确率、消除了损失和偷窃、提高了订单执行率、减少了退货。

2. 使用窄巷道载人拣选车

这种方法的优点是拣选作业方便且存储的限制较少，由于这种作业方式使用的设备需要较大的投资，且作业的速度较慢，只适合高价值物品的处理，因而连锁企业的配送中心并不适于采用这种作业方式。

B类货物根据其品项和批量，可对应选择"拣选模式2：P→C"和"拣选模式6：P→P+C"。

（三）C类货物的拣货模式

C类货物拣选频率低、品项多、批量少，根据其价值和拣货效率，可对应选择"拣选模式4：C→B"和"拣选模式5：B→B"。

（四）A+C模式

1. 拣选作业面临的问题

拣选作业的效率是提高配送中心运作管理水平的关键，但目前普遍存在以下问题。

（1）储存区与拣选区未分离，造成指定储位过多，限制了储存区的利用率。

（2）补货和拣选作业使用相同巷道，作业冲突造成等待，很难及时补货，造成拣选储位缺货；同时容易使拣选和储存产生差错。

（3）没有明显的ABC产品分类，A类、B类、C类产品之间在存储和拣选作业方式上没有明显的区分。

（4）由于货架的高度不断增加，C类产品放置位置过高，造成存取上的困难，同时增加作业事故发生的概率。

2. A+C模式的主要作业方法

上述问题可以采用A+C模式加以缓解，将储存区与拣选区分离，A类商品使用托盘货架底层拣选区，C类商品使用流力式货架拣选区。

补货和拣选作业分别使用不同的通道，以避免作业冲突造成等待。

对商品进行ABC产品进行分类，将A类、B类和C类产品的存储与拣选作业方式进行区分。

3. A+C模式的优点

A+C模式的优点表现在：可以改进对商品的ABC管理；无须扩建建筑物；改进作业表现；增加库存量单位（Stock Keeping Unit，缩写为SKU）、增加吞吐量、减少每箱的固定成本；解决及时补货的相关问题；将补货和拣选作业分离，减少等待时间；提高仓库空间利用率；通过使用RF和灯光拣选提示装置提高拣选作业效率和准确率。其优点可在表5-15与传统方式比较中具体体现。

表5-15　A+C模式与传统方式比较表

	存储与拣选区划分	A类拣选货位数	B类拣选货位数	C类拣选货位数
传统方式	存储区与拣选区合并	4	0	0
A+C模式	存储区与拣选区分离，阁楼式货架	2	8	28

第七节　拣选设备

在整个拣选过程中使用到的设备非常多，主要有储存设备、搬运设备、分类设备和信息处理设备等，这些设备相互协调配合，共同完成拣选作业工程。下面主要讨论配合拣选作业的包装单位如何配置相应的储存、搬运和分类设备，及适应多品种、小批量配送的自动化设备配置。

一、储存设备的配置

不同的商品特性和包装体积对设备的适应能力不同，在进行设备配置以前必须先确定商品拣选出货单位，进而确定与之相适应的商品储存包装单位，在此基础上选择和配置相应的储存设备，其配置可参考表5-16。

表5-16　储存、拣选包装单位与储存设备的配置

商品包装单位 储存设备	商品储存包装单位			商品拣选包装单位		
	托盘	箱	单件	托盘	箱	单件
托盘货架	√			√	√	
轻型储货架		√			√	√
储柜			√			√
重力式货架	√			√	√	
高层货架	√			√	√	
旋转货架	√	√		√	√	

二、搬运输送设备的配置

在配送系统中常用的搬运输送设备有人力拣货台车、动力式拣货台车、动力牵引车、

巷道堆垛起重机、叉车、搭乘式存取机、传送带等连续输送装置。搬运设备主要是配合储存设备来配置的。其选择可参考表5-17。

表5-17　搬运输送设备与储存设备的配置

储存设备＼搬运输送设备	人力拣货台车	动力拣货台车	动力牵引车	叉车	搭乘式存取机	连续输送机	电脑辅助拣货台车	巷道堆垛起重机
托盘货架	√	√	√	√		√		√
轻型储货架	√	√	√			√	√	
储柜	√				√	√		
重力式货架	√	√				√	√	
高层货架					√	√		√

三、多品种、小批量配送的自动化设备配置

从国外配送业务的特点来看，由于大体积笨重商品多采用直达送货，而不通过流通机构，所以配送的对象多为多品种、中小批量、高频率的商品。自动化程度较高的多品种、小批量拣选系统的常见设备配置有附加显示装置的重力式货架、电脑辅助拣货台车、旋转料架、自动货物分类输送机等专用拣选设备。

（一）附加显示装置的重力式货架

附加显示装置的重力式货架是在重力式货架相应储位上安装数量显示装置的拣货设备，即在储存货架上安装数位显示装置，拣货时显示所拣货物的储位和数量。货架的层格呈倾斜式，当前排货物被拣走后，由于重力作用，后排货物自动滑向前排。拣货人员开始拣货时，主电脑立即传达拣货信息，当拣货信息到达时，所需拣选的商品储位的显示灯就会自动亮起，并显示所需拣选的数量，拣货员获得信息即能快速完成拣货作业。这种设备与动力传输系统结合使用，采取接力式拣选方式，即每位拣货员只负责本区域的货物，将其拣出放至输送带上的拣货篮内，拣货篮移至下一区域，剩下的由下一段区域的拣货人员完成。

（二）旋转货架

旋转货架利用电脑操纵控制，让准备存放或拣选的货架储位自动旋转至拣货人员的面前，从而使拣货人员完成拣货作业。这一系统不仅可以提高作业效率，还可以由电脑控制而减少人为差错。使用旋转自动货架在设计布局时可以节省储存空间，适用于电子零件、精密机件等少批量、多品种、小体积、高频率出入库物品的储存和拣货作业。其移动速度约30米/分，存取效率较高，而且可依照需求自动旋转存取物品，层数不受限制，故能有效地利用空间。在拣选作业系统中，多层水平旋转式货架、整体水平旋转式货架、垂直旋转货架都得到了较广泛的应用。

（三）电脑辅助拣货台车

即在拣货台车上设置辅助拣货的电脑系统，拣货前在台车上输入商品编号及拣选数量，主电脑会将拣货信息显示在台车的终端机上，拣货人员按电脑屏幕上的指示进行拣选。使用这种设备可以不使用拣货单，功能完备的电脑辅助拣货台车还可以检测拣选商品的数量是否准确，发生拣货错误时会自动发出警告信号。在国外，一些电脑辅助自动导引台车还可以让拣货人员直接站在车上，输入货物编号启动按钮后，红外线遥控系统会引导台车自动运转，并在预拣选的储位前停止，拣货人员依台车上显示的拣货数量拣选商品。

（四）自动拣选系统

自动拣选系统目前广泛应用于国外自动化程度较高的配送中心。对于整托盘出货可以使用升降叉车或巷道堆垛起重机拣选货物，将其置于自动分类输送机上；人工拣选小件、小批量货物时，则由人工取货置于货架前专输带上进入自动分类输送机。自动分类输送机通过控制装置、识辨分类装置、输送装置、拣选道口完成拣选作业过程。常见的自动拣选设备有大托盘高速包刷拣选机、高速托盘式拣选机和环行斗式初分机。大托盘高速包刷拣选机兼用于包裹和印刷品拣选，其采用先进的可编程控制，可实现上位机联网、条码扫描、故障显示等功能，翻盘可配置气动系统，可拣选大、重的包裹（最大可达28公斤），主机拣选率可达2 400~4 800件/小时。高速托盘式拣选机，主要用于物件的自动传输、拣选，其采用先进的可编程控制，可实现上位机联网、条码扫描、故障显示等功能，翻盘可配置气动系统，超长的布置还可以采用双级同步变频调速驱动装置，拣选速度可达3 600~7 200件/小时。环行斗式初分机系应用于各种类型物件初次拣选的重要设备。

四、不同拣货方式的设备配置

（一）全自动方式的设备配置。

全自动方式的设备配置如表5-18所示。

表5-18　全自动方式的设备配置

保管→出货	设备模式
P→P	托盘式自动仓储系统+输送机（穿梭车）
P→C	自动仓储系统+拆盘机+拣选机+输送机
P→C	自动仓储系统+穿梭车+机器人
C→C	流动式货架+拣货机+输送机
C→B	流动式货架+机器人+输送机
B→B	自动拣选机+输送机

（二）半自动方式的设备配置

半自动方式的设备配置如表5-19所示。

表5-19 半自动方式设备的配置

保管→出货	设备模式
P→C	自动仓库+输送机
C→B	水平旋转自动仓库+输送机
B→B	垂直旋转自动仓库+手推车

（三）人工方式的设备配置

人工方式的设备配置如表5-20所示。

表5-20 人工方式的设备配置

保管→出货	设备模式
P→P	托盘式货架+叉车
P→C	托盘式货架+叉车（托盘车）
P→C	托盘式货架+笼车
P→C	托盘式货架+手推车
P→C	托盘式货架+输送机
C→B	流动式货架+笼车
C→B	流动式货架+手推车
C→B	流动式货架+输送机
C→B	箱式平货架+手推车
B→B	箱式平货架+手推车

第八节 拣选作业分析与考核

一、拣选作业分析

1. 拣选作业差异原因分析

拣选作业差异原因分析如表5-21所示。

表5-21 拣选作业差异原因分析表

差异类型	原因	原因明细	对策
拣选指示错误	储位指示错误	• 电脑系统储位信息更新延迟 • 货品放置错误	• 加快信息处理速度 • 保证储位及时更新 • 彻底执行货品管理
商品拿取错误	• 看错商品规格数字 • 拣选商品规格和数量错误	• 照明不够 • 角度问题 • 单据问题	• 增加照明亮度 • 以箭头标识货架储位 • 核对单据格式和打印质量

（续表）

差异类型	原因	原因明细	对策
商品拿取错误	商品不容易识别	• 商品代码接近 • 商品形状相似 • 包装外形类似	集中分区管理，加上容易出错标志；对相似箱子进行颜色管理
	作业员注意力不集中	• 连续作业时间长 • 噪音太大 • 身体不适	改良作业环境和作业时间
	上下层拣选错误	储位标识置于货架两层中央造成混淆	明确储位标识，储位标识应分别张贴，并标上方向箭头
	左右储位拣选错误	表示器置于柱的中央	
	作业员无责任感	对拣选作业的规则不明确	提高作业积极性
商品存放差异	• 放置空间不够 • 储放位置不清楚	• 淘汰品与正常品混合	• 增加库存状态的管理 • 设置异常商品储位
库存数据错误	• 无仓卡管理 • 库存资料未更新 • 退货资料未输入 • 无商品条形码 • 无储位标签	• 无样品和商品出库规则 • 出库资料输入麻烦 • 无明确退货处理规则	• 实施基础信息和库存信息的管理维护 • 使用条形码标签
单据错误	• 无店别分类 • 商品分类和编码规则错误 • 电脑印刷不明 • 单据混杂	• 商品代码无一定顺序 • 途中弄混传票	• 选择最佳分类原则 • 选择最适编码原则 • 追加订单

2. 拣选作业效率分析

拣选作业效率分析如表5-22所示。

表5-22 拣选作业效率分析

问题类型	原因	原因明细
拣选作业效率较低	物流单元转换次数太多	• 从托盘单元变成箱单元 • 从箱单元变成单品
	商品包装不规范，造成拣选困难	• 商品形状不规则 • 无标准包装 • 包装设计未被考虑 • 商品迟延包装

（续表）

问题类型	原因	原因明细
拣选作业效率较低	拣选单位过小，拆零过多	• 单品出库约占90% • 零售店要求多品种小量出库约占10%
	门店配送日程过于集中，出货波动大	• 星期日多休息，星期四、星期五出货量大
	作业方式缺乏效率，作业速度延迟	• 员工训练困难较大，较多兼职作业者 • 作业形式经常变化 • 每人处理的品种过多
	商品储位不合理，寻货距离和时间过长	• 储位不确定 • 商品代码未按照顺序编制，商品储位不规则 • 未依据ABC原则分配 • 拣选作业指示不规则 • 商品代码未按照储位顺序作指示
	手推车速度慢	手推车不灵活，商品重量大
	无工作量效率指标	作业未测定跟踪
	步行作业多，货架间距离长，上下楼梯搬运作业过多	作业区缺乏规划，作业动线需要调整
拣选准确率不高	其他商店的商品混入	• 订单处理问题 • 装载车辆无有效的分隔工具
	商品拣选错误	• 代码长不易记忆 • 货架上下层取错 • 货架左右边取错 • 计数发生错误 • 包装规格的单位转换
商品采购及库存管理不清	商品没有使用标准包装，拣选品项过多	• 新商品增加，但无商品淘汰机制 • 呆滞商品过多，商品废弃无原则，废弃作业耗时间
	订单中出现淘汰品项	• 商品淘汰作业缺乏有效性 • 商品订货信息更新不及时
系统处理速度较慢	单据处理时间过长	打印速度慢，单据数量较大
	输入资料时间长	输入无时间管理指标，单据输入过于集中，造成作业"瓶颈"
	系统功能不佳	• 中央数据处理"瓶颈" • 传输数据较慢 • 系统不能有效支持作业
设备规划不当	设备投资高	拣选作业自动化困难
	未作设备检查	• 缺乏物流设备知识 • 未与合适的供应商接触

二、拣选作业考核指标

拣货作业大多依靠人工配合简单的机械化设备，是劳动力密集型的作业，因此必须重视拣货人员的负担及对其效率的评估。拣货是配送中心中最复杂的作业，其耗费成本的比例不小，因此，拣货成本也是管理人员所应关心的重点。

拣货作业效率化的评估要素有以下几个方面。

（一）人均作业能力

用于衡量拣货的作业效率，以便找出在作业方法及管理方式上存在的问题。

$$人均每小时拣货品项数 = \frac{订单总笔数}{拣货人员数 \times 每天拣货小时数 \times 工作天数}$$

提高拣货效率的方法：拣货路径的合理规划；储位的合理配置；确定高效的拣货方式；拣货人员数量及工况的安排；拣货的机械化、电子化。

（二）批量拣货时间

用于衡量每批次平均拣货所需时间，可供以后分批策略参考。

$$批量拣货时间 = \frac{每日拣货小时数 \times 工作天数}{拣货分批次数}$$

批量拣货时间短，表示拣货的反应时间很快，即订单进入拣货作业系统乃至完成拣选所费的时间很短，它特别有利于处理紧急订货。

（三）每订单投入拣货成本

$$每订单投入拣货成本 = \frac{拣货投入成本}{拣货数量}$$

$$每件商品投入拣货成本 = \frac{拣货投入成本}{拣货单位累计总件数}$$

（四）拣误率

这是衡量拣货作业质量的指标。

$$拣误率 = \frac{拣取错误笔数}{订单总笔数}$$

降低拣误率的主要措施有：选择合理的拣货方式；加强拣货人员的培训；引进条形码、拣货标签或电脑辅助拣发系统等自动化技术，以提升拣货精确度；改善现场照明度；检查拣货的速度。

【案例学习】

日本的POLA公司成立于1929年，以制造并销售女性用品为主。POLA西日本配送中心建于1990年3月，负责约2 600个点的配送工作，达到从订货到交货在3日内完成的目标。

一、POLA西日本配送中心概况

1. 建筑概况

（1）占地面积：17 100 m²；

（2）建筑面积：8 646 m²；

（3）厂区布置平面图如图5-12所示。

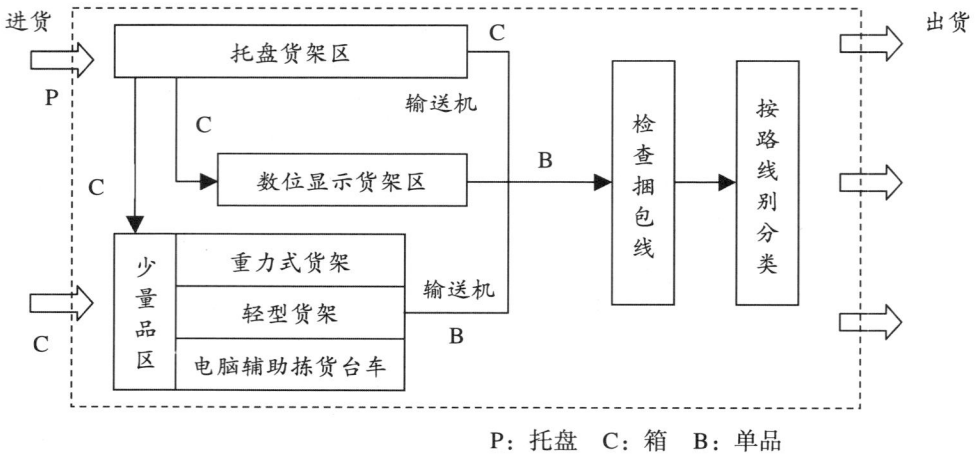

P：托盘　C：箱　B：单品

图5-12　厂区布置平面图

2. 物流设备概况

物流设备概况如表5-23所示。

表5-23　POLA西日本配送中心物流设备概况

编号	物流设备		数量
1	托盘储存货架		1 688储位
2	数位显示重力式货架		540储位
3	少量品拣货轻型货架	补充用	640储位
		拣货用	640储位
		集货用	120储位
4	电脑辅助拣货台车		7台
5	少量品保管用重力式货架		288储位
6	检品捆包线		12条
7	出货路线别分类线		3条
8	手动分类线		6条

二、POLA西日本物流中心拣选作业系统

该配送中心配送的商品约有1 200个品种，尖峰出货量达每天185 000个包装单位的化妆品。为配合如此庞大的作业量，以及提供高效率、优质的物流服务，作业系统采取自动信息控制与人工控制的弹性组合。以下是各拣货区域作业方式概况。

1. 托盘储存货架拣货区——以箱为包装单位的拣货出库

将由工厂进货的整托盘商品以升降叉车放于托盘货架上保管，将少量成箱进货的商品保管于重力式货架上。大批订购的商品不经过储存保管，而是直接以箱为单位利用输送机送往出货区，同时也可以直接补货至数位显示货架拣货区内。这一区域的拣货，采取事先将拣货商品及数量打在标签上，并将标签加贴在商品上指示拣货的方式。

2. 数位显示货架拣货区——以单件关包装单位的拣货出库

商品置于重力式货架上，各类商品储位上装有指示拣选数量的数字显示装置，作业人员在所负责的区域内依显示器上所指示的数量拣选商品放入输送机上的篮子里，之后按下确认键，表示该商品已被拣选。当该区内所有需要拣选的商品均以完成拣选时，篮子就往下一个作业人员负责的区域移动。最后拣完的篮子就送往少批量商品拣货区，空纸箱由上层的输送机收回，送往捆包区。这一区域主要完成多品种、少批量的拣货工作，采取按单份订单拣货和通过数位显示辅助拣货。

3. 少批量商品拣货区——以单件为包装单位的拣货出库

商品保管于轻型货架及重力式货架上，应用电脑辅助拣货台车拣货，拣货信息通过键盘输入拣货台车的电脑，荧幕上显示货架布置及拣选位置的分布情形，拣货人员依照荧幕指示至拣选位置拣选商品，扫读条码，并依照各订单需求数量分别投入8个订单格位塑胶袋内。完成拣货的袋子，暂存于集货用的轻型储架上，等待上一个区域内对应订单的拣货篮由输送机送达时，加以集合运到检查捆包区。这一区域负责小批量、小体积商品的拣货工作，所以采用电脑辅助台车拣货。

4. 拣货策略分析

POLA西日本配送中心拣货策略分析如表5-24所示。

表5-24 POLA西日本配送中心拣货策略分析

项目	拣货方式与策略		
储存包装单位	托盘	箱	箱
拣货包装单位	箱	单件	单件
商品物流特点	体积大、批量大、作业频率较低	体积小、批量中等、作业频率高	体积小、批量小、作业频率低
拣货信息传递	贴标签	电子信息传递	电子信息传递
拣货设施	托盘储架	数位显示储架	电脑拣货台车
拣货方式	先将订单合并汇总，制作成拣货单，拣货后按订单分类	按订单分别拣货	一次处理固定数量的订单，且在拣选各商品的同时将商品按客户订单分类放置

资料来源：改编自浙江物流网相关文章。

??? 问题与思考

1. 简述拣选的方法。
2. 简述拣选策略。
3. 简述拣选作业的信息传递方式。
4. 简述拣选作业流程。
5. 配送中心拣选的设备有哪些?
6. 简述拣选作业模式。
7. 简述拣选作业考核指标。

第六章　出货与配送路线优化

学习目标

1. 了解和掌握配送作业中出货作业的基本流程
2. 掌握配送作业中出货作业的基本内容
3. 了解和掌握车辆配载方法和配送路线的确定原则及常用方法
4. 掌握节约里程法的内容
5. 掌握中国邮路问题的内容
6. 了解和掌握GIS和GPS的基本内容以及GIS与GPS在物流领域的应用

【案例导入】

A公司商品配送中心优化配送路线

配送路线与配送成本是紧密的正相关关系，通过配送路线的优化可以较大程度地降低配送成本。

某市相关区县合并后，当地A公司关进一步提高配送效率、降低配送成本，对原有的配送线路进行了调整优化。

调整工作中，A公司专门组织配送人员反复讨论如何优化线路，并通过实地测算求证线路是否合理。同时，组织专人调查掌握了每条配送线路配送的商品数量、往返时间、配送户数、行车里程等基础数据。

根据数据分析结果，A公司优化整合了650条送货线路，避免配送路线交叉或重复，并打破部分县（区）的区域界限，重新周整了1 160位零售客户的配送日期，均衡配送周期和配送量，使配送流程更趋科学、合理。

如何确定最优的配送线路方案？本章将就出货与配送路线优化的常用方法进行阐述。

第一节 出货作业

一、出货作业的基本流程

完成拣取后的商品按订单或配送路线进行分类，再进行出货检查，装入适当的容器或进行捆包，做好标识和贴印标签的工作，根据客户和行车路线等指示将物品运至出货准备区，最后装车配送。这一过程构成出货作业的基本内容。

出货作业基本流程图如图6-1所示。

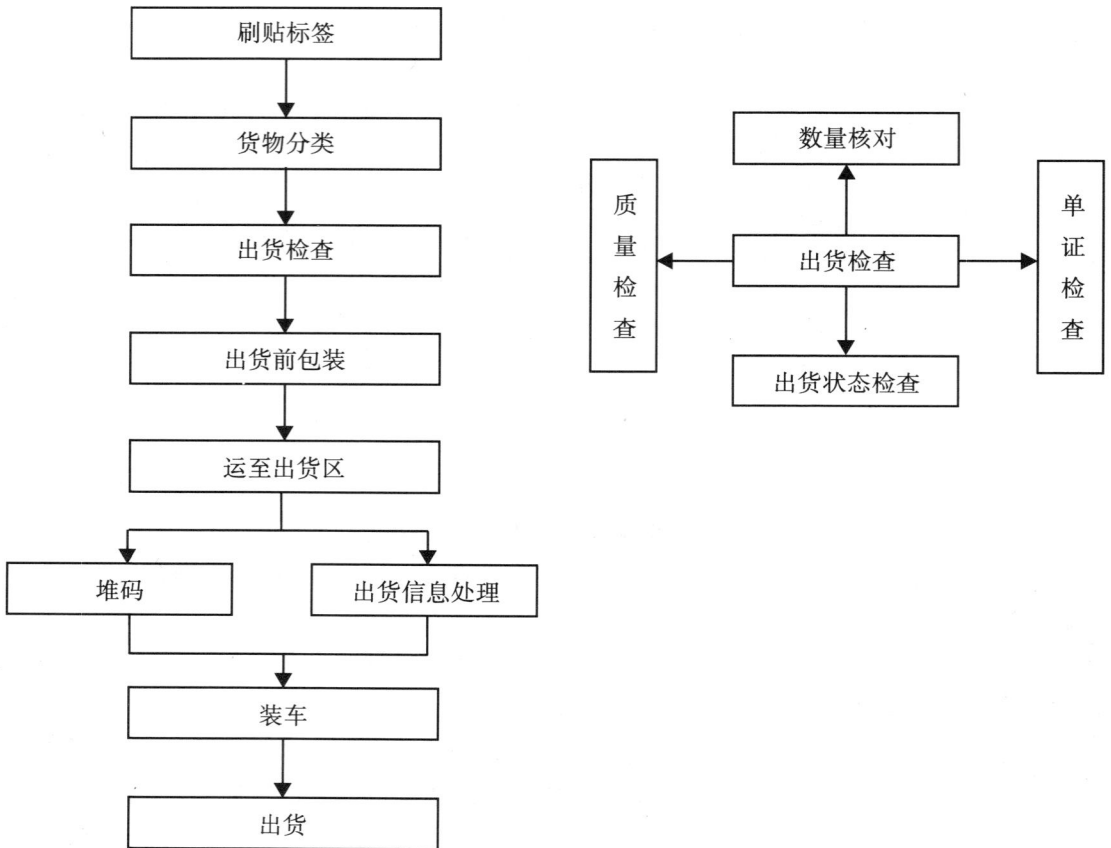

图6-1 出货作业基本流程图

二、分货作业

在完成拣选作业之后，将所拣选的商品根据不同的顾客或配送路线进行分类；对其中需要经过流通加工的商品，拣选集中后，先按流通加工方式分类，分别进行加工处理，再按送货要求分类出货。分货作业可分为人工分货和自动分货。

分货大多以客户或配送路线为依据。分货的方式一般有以下三种，如表6-1所示。

表6-1 分货方式说明表

处理分类	描述
（1）人工目视处理	完全由人工根据订单或传票进行分货，也就是不借助任何电脑或自动化的辅助设备，将订购货品放入已贴好各客户标签的货篮中
（2）自动分类机	自动分类机利用电脑及辨识系统分货，因而具有迅速、准确、不费力的优点，尤其在拣取数量或分类数量众多时，更有效率
（3）旋转架分类	将旋转架的每一格位当成客户的出货篮，分类时只要在电脑中输入各客户的代号，旋转架即会自动将其货篮转至作业人员面前，让其将批量拣取的物品放入。同样地，即使没有动力的小型旋转架，为节省空间也可作为人工目视处理的货篮，只不过作业人员根据货架位上的客户标签自行旋转找寻，以便将货品放入正确的储位中

三、出货检查

出货检查作业包括根据客户、车次对象等对拣选货品进行产品号码及数量的核对以及产品状态及品质的检验。

由于对拣货作业后的物品进行检查耗费时间及人力，在效率上经常是个大问题。出货检查属于判断拣货作业是否产生错误的处理作业，所以若能先找出让拣货作业不会发生错误的方法，就能免除事后检查，或只对少数易出错的物品做检查。几种常见的出货检查方式如表6-2所示。

表6-2 出货检查方式说明表

出货检查方式	作业说明
人工检查	以纯人工方式进行，将货品一个个点数并逐一核对出货单，再进而查验出货的品质、水准及状态
商品条码检查法	导入条码，让条码跟着货品跑。当进行出货检查时，只将拣出货品的条码用扫描机读出，电脑就会自动将资料与出货单进行对比，检查是否有数量或号码上的差异
声音输入检查法	声音输入检查法是一项崭新的技术，是由作业人员发声读出货品的名称（或代号）及数量后，电脑接收声音作自动判识，转成资料再与出货单进行对比
重量计算检查法	这是先利用电脑自动加总出货单上的货品重量，将拣出的货品以计重器秤出总重，再将两者互相作对比的检查方式，其能利用装有重量检核系统的拣货台车完成拣取

四、出货状况调查

有效掌握出货状况等于掌握了公司营运的效益，对于作业管理及服务客户有很大的帮助。出货资料作业内容与调查表如表6-3所示。

表6-3 出货资料作业内容与调查表

项目	平均值	极限值
出货对象数量		
日均出货客户		
日均出货品项数		
配送车辆类型		
车辆台数/日		
每一车装货（出货）时间		
出货运送点数		
每年出货包装箱数		
出货所需人员数		
日均出货的总重或总体积		
出货形式		
出货距离		
出货时间带：（每一时刻出货的车数调查）		

五、出货形式

物流中心在拣取方面一般是以托盘、箱、单品为单位的。

出货主要是以这三种形式进行的。因此，针对不同的拣货及出货方式，必须采用不同的作业方式。分订单拣取及批量拣取两种情况的出货形式如表6-4所示。

表6-4 出货形式表 （时间：日）

	拣货单位	经由作业	出货单位
订单拣取	P	捆栈（用包装膜或绳索固定）	P
	P	卸栈→捆包	C
	C	捆包	C
	B	分类	B
	B	装箱	C
批量拣取	P	1. 捆栈（托盘物属同一客户） 2. 卸栈→分类→叠栈→捆栈（拣取的托盘物不属同一客户）	P
	P	卸栈→分类→捆包	C
	P	卸栈→拆箱→分类→包装	B

拣货单位	经由作业	出货单位
C	1. 分类→捆包（整箱属同一客户） 2. 拆箱→分类→装箱（整箱不属同一客户）	C
C	拆箱→分类	B
B	分类→装箱	C
B	分类	B

注：（P：托盘，C：箱子，B：单品）

六、出货作业的质量控制

拣选作业的准确性关系到公司的商誉和顾客关系。拣选作业的效率和对拣选准确性的控制成为管理的关键问题。由于出货作业的环节较多，涉及的各类岗位的人员较多，如果发生作业差异，不但影响供应商的结算，而且影响库存的准确率和后续作业的正常进行。因此，对每个作业环节进行交接和记录对保证作业的正确性有重要意义。出货差异检查表如表6-5所示。

表6-5　出货差异检查表

出货作业交接表																		
序号	客户名称	拣选单号	出货单号	订单满足率	整箱数	散货SKU数	拣选时间	人数	人时生产力	拣选差异SKU数	托盘数	笼车	周转箱	装车封锁时间	封条号	装车负责人	车辆号	单据交接	司机	出发时间
合计																		

时间	出货仓管	出货分店	送货单号码	页码	仓位号码	商品名称及规格	后四位条码	差异类型	验货人	处理结果

错误类别：A–数量多；B–数量少；C–出错货；D–出漏货；E–质量问题；F–冲单

第二节 车辆配载

根据商品配送运输作业本身的特点及服务范围，配装工作所需车辆一般为汽车。在配装货物时，主要考虑的是配送货物的容重（或比重）、体积、包装形式，以及车辆的载重量、容积，以使车辆的运力能得到有效的利用。大多数情况下要根据需配送货物的具体情况以及车辆的情况，依靠经验或简单的计算公式来选择最优的配载方案。当然，在管理水平、技术条件成熟的情况下，也可以通过数学建模及利用计算机编制程序、开发软件进行货物配载，这样只要将配装货物的数据、车辆的数据输入计算机，就可得到计算机自动输出的配装结果。本节介绍容重配装简单计算法和动态规划法两种常用的车辆配载方法。

一、容重配装简单计算法

在货物运输车辆的配装中，一般容重大（或比重大）的货物（如钢板）往往在达到车辆载重量时，其容积空间剩余很大。容重小（或比重小）的货物（如棉纱、服装等）看似满满的，但实际并未达到车辆的载重量。上述情况均会造成运力浪费。因此，采用容重法将两者进行配装是一种常用的减少运力浪费的配装装车方法。

【例】需配送A、B两种货物，A类货物，容重为R_A千克/立方米，货物单件体积为V_A立方米/件；B类货物，容重为R_B千克/立方米，货物单件体积为V_B立方米/件；车辆载重为G吨，车辆最大容积为V立方米。计算最佳的配装方案。设车辆有效容积为$V \times 90\%$（考虑到货物A、B尺寸的组合不能完全等于车辆内部尺寸，以及装车后可能存在无法利用的空间）。

解：在既满载又满容的前提下，设货物A装入数为X件；货物B装入数为Y件。

则：
$$\begin{cases} X \cdot V_A + Y \cdot V_B = V \cdot 90\% \\ X \cdot R_A \cdot V_A + Y \cdot R_B \cdot V_B = G \end{cases}$$

解上述联立方程组所求得的X、Y值即为配装数值。

上述例子中只有两种货物的配装。在配装货种较多、车辆种类又较多的情况下，可以先从多种配送货物中选出容重最大和容重最小的两种进行配装；然后根据剩余的车辆载重与空间，在其他待装货物中，再选容重最大和容重最小的两种配装。依此类推，即可求出配装结果。

在实际工作中常常不可能每次都求出配装的最优解，所以，寻求最优解的近似解，将问题简单化，以节约计算量和时间、简化配装要求、加快装车速度，也可以获得综合的效果。解决配装最简单的方法是先安排车辆装运容重大和小的两种货物，在装车时可先将高容重的装在下部，然后堆放低容重货物。按计划或经验配装，所余容重居中的货物不再考虑配装而直接装车。

应当注意，配装只是配送时要考虑的一个方面。如果货物性质或装运方面有特殊要求，就不能单从配装的满载、满容角度来考虑和解决问题。此外，还须顾及到达用户处的卸货问题，应当将后卸货物装在车厢内部，将先到达用户的货物装在易卸易取的边部，否则会影响整个配送速度、加大卸车费用，这也是不可取的。

二、动态规划法

设车辆的额定载重量为 G，可用于配送 n 种不同的货物，货物的重量分别为 W_1，W_2，W_3，…，W_n。每一种货物分别对应于一个价值系数，用 P_1，P_2，…，P_n 表示，它可以表示货物重量、价值、运费等。设 X_K 表示第 K 种货物的装入数量，则装货问题可表示为：

$$F_{\max}(\overline{X}) = \sum_{K=1}^{n} P_K X_K$$

$$\sum_{K=1}^{n} W_K X_K \leqslant G \quad K \geqslant 0 \ (K=1,\ 2,\ 3,\ \cdots,\ n)$$

我们可以采用运筹学中动态规划思想求解上述问题，即把每装入一件货物作为一个阶段，把装货问题转化为动态规划问题。动态规划问题求解过程是从最后一个阶段开始由后向前推进的。由于装入货物的先后次序不影响最优解，所以，我们的求解过程可从第一阶段开始，由前向后逐步进行。

具体步骤如下。

第一步：装入第1种货物 X_1 件，其最大价值为：

$$F_1(W) = \max P_1 X_1$$

其中：$0 \leqslant X_1 \leqslant [G/W_1]$，方括号表示取整数。

第二步：装入第2种货物 X_2 件，其最大价值为：

$$F_2(W) = \max\{P_2 X_2 + F_1(W - W_2 X_2)\}$$

其中：$0 \leqslant X_2 \leqslant [G/W_2]$。

……

第n步：装入第 n 种货物 X_n 件，其最大价值为

$$F_n(W) = \max\{P_n X_n + F_{n-1}(W - W_n X_n)\}$$

其中：$0 \leqslant X_n \leqslant [G/W_n]$。

下面举例说明上述求解过程。

【例】载重量为8吨的载货汽车，配送运输4种货物，第1种货物集装单元化后重量为3吨/件，第2种货物集装单元化后重量为3吨/件，第3种货物集装单元化后重量为4吨/件，第4种货物集装单元化后重量为5吨/件，试问这4种货物如何配装才能充分利用货车的运输能力？

解：本例以物品重量作为价值系数，则4种货物的价值系数分别为3、3、4、5。

按上述方法，分成4个阶段进行计算，将计算结果列成4个表格，分别见表6-6、表6-7、表6-8和表6-9。阶段计算从价值最小的物品到价值最大的物品。

第一阶段：计算装入第1种3吨货物的价值。

表6-6　第一阶段价值计算表

W	0	1	2	3	4	5	6	7	8
X_1	0	0	0	1	1	1	2	2	2
F（W）	0	0	0	3	3	3	6	6	6

注：W为车辆可利用载重量假设；X_1为第1种货物装载件数；F（W）表示价值系数 [F_1（W）=P·X_1=3·X_1]。

第二阶段：计算装入第2种3吨货物的价值。

这里在计算时要考虑两种情况：一是先装第1种货物，再装第2种货物；二是先装第2种货物，再装第1种货物。

表6-7　第二阶段价值计算表

车辆可利用载重量假设	第2种3吨货物装入件数	装入第2种3吨货物后的车辆剩余载重量	装入第2种货物的价值与剩余载重量所装第1种货物的价值之和	装入第2种货物X_2件时，其最大价值
W	X_2	$W-W_2X_2$	$P_2X_2+F_1$（$W-W_2X_2$）	F_2（W）
0	0	0	0+0=0	0
1	0	1	0+0=0	0
2	0	2	0+0=0	0
3	0	3	0+3=3	3
	1	0	3+0=3	
4	0	4	0+3=3	3
	1	1	3+0=3	
5	0	5	3+0=3	3
	1	2	0+3=3	
6	0	6	0+6=6	6
	1	3	3+3=6	
	2	0	6+0=6	
7	0	7	0+6=6	6
	1	4	3+3=6	
	2	1	6+0=6	
8	0	8	0+6=6	6
	1	5	3+3=6	
	2	2	6+0=6	

第三阶段：计算装入第3种4吨货物的价值。

表6-8 第三阶段价值计算表

车辆可利用载重量假设	第3种4吨货物装入件数	装入第3种4吨货物后的车辆剩余载重量	装入第3种货物的价值与剩余载重量所装第2种货物的价值之和	装入第3种货物X_3件时，其最大价值
W	X_3	$W-W_3X_3$	$P_3X_3+F_2（W-W_3X_3）$	$F_3（W）$
0	0	0	0+0=0	0
1	0	1	0+0=0	0
2	0	2	0+0=0	0
3	0	3	0+3=3	3
4	0	4	0+3=3	4
	1	0	4+0=4	
5	0	5	0+3=3	4
	1	1	4+0=4	
6	0	6	0+6=6	6
	1	2	4+0=4	
7	0	7	0+6=6	7
	1	3	4+3=7	
8	0	8	0+6=6	8
	1	4	4+3=7	
	2	0	8+0=8	

第四阶段：计算装入第4种5吨货物的价值。

表6-9 第四阶段价值计算表

车辆可利用载重量假设	第4种5吨货物装入件数	装入第4种5吨货物后的车辆剩余载重量	装入第4种货物的价值与剩余载重量所装第3种货物的价值之和	装入第4种货物X_4件时，其最大价值
W	X_4	$W-W_4X_4$	$P_4X_4+F_3（W-W_4X_4）$	$F_4（W）$
8	0	8	0+8=8	8
	1	3	5+3=8	

寻求最优解方案的顺序与计算顺序相反，是由第四阶段向第一阶段进行的。

（1）在第四阶段计算表中

价值（本例为载重量）最大值$F_4（W）=8$，对应两组数据，其中，一组中$X_4=0$，另一组中$X_4=1$。

当$X_4=1$时，即第四种5吨货物装入1件，表中第3列数字表示其余种类货物的装载量。当$X_4=1$时，其他三种货物的装载量为3吨。

（2）在第三阶段计算表中

查$W=3$时的装载重量最大值$F_3（W）=3$对应$X_3=0$，查表中第3列数字，当$W=3$，$X_3=0$时，其余两类货物装入重量为3吨。

（3）在第二阶段计算表中

查$W=3$，$F_2（W）=3$时，对应两组数据：$X_2=0$或$X_2=1$，其余量为3或0，即其他（第一种）货物装入量为3或0。

（4）再查第一阶段计算表

当$W=3$时，对应$X_1=1$；

当$W=0$时，对应$X_1=0$。

（5）得到两组最优解

① $X_1=1$，$X_2=0$，$X_3=0$，$X_4=1$；

② $X_1=0$，$X_2=1$，$X_3=0$，$X_4=1$；

装载重量为：$F（X）=P_2×X_2+P_4×X_4=3×1+5×1=8$（吨）

如果在第四阶段计算表中取$X_4=0$，则余项$W-W_4X_4=8$；

在第三阶段计算表中，查$W=8$一栏，$F_3（W）=8$对应$X_3=2$

因此得到第3组最优解：

③ $X_1=0$，$X_2=0$，$X_3=2$，$X_4=0$；

装载重量为：$F（X）=X_3×P_3=2×4=8$（吨）；

这三组解，都使装载重量达到汽车的最大载重量。

第三节　配送路线的确定

配送路线是指各送货车辆向各个客户送货时所要经过的路线。配送路线合理与否对配送速度、成本、效益影响很大，采用科学合理的方法优化配送路线，是配送活动中非常重要的一项工作。确定配送路线一般可以采用各种数学方法和在数学方法基础上发展、演变出来的经验方法进行定量分析与定性分析，但对复杂的配送线路的确定最好是利用线性规划的数学模型转换成计算机程序来求出最优配送路线方案。无论采用何种方法，首先必须明确试图达到的目标以及实现此目标的各种限制因素（即客观约束条件），这样才能找出最佳的合理方案。

一、配送路线确定的原则

（一）确定目标

目标的选择是根据配送的具体要求、配送企业的实力及客观条件来定的，有以下多种目标可以选择。

1. 效益最高

该目标指计算时以利润的数值最大为目标值。在选择效益为目标时，一般以企业当前的效益为主要考虑因素，同时兼顾长远效益。效益是企业整体经营活动的综合体现，但可以用利润来表示，因此，在计算时是以利润的数值最大化为目标值的。

由于效益是综合的反映，在拟定数学模型时，很难与配送路线建立起函数关系，一般很少采用这一目标。

2. 成本最低

成本和配送路线之间有着比较密切的关系，尽管计算各配送路线的运送成本仍比较复杂，但相对效益目标而言却有所简化，比较实用。由于成本对最终效益起决定作用，选择成本最低为目标实际上还是选择了效益为目标。

3. 路程最短

如果成本和路程相关性较强，且与其他因素是微相关时，可以采取路程最短的目标，这可以大大简化计算，而且也可以避免许多不易计算的影响因素。需要注意的是，有时候路程最短并不见得成本就最低，如果道路条件、道路收费影响了成本，单以最短路程为最优解就不合适了。

4. 吨千米最小

吨千米最小是长途运输时常被选作目标的，在多个发货站、多个收货站，且又是整车发到的情况下，选择吨千米最小为目标是可以取得满意结果的。在配送路线选择中一般情况是不适用的，但在采取共同配送方式时，也可以吨千米最小为目标。在"节约里程法"的计算中，所确定的配送目标是吨千米最小。

5. 准时性最高

准时性是配送中重要的服务指标，以准时性为目标确定配送路线就是要将各用户的时间要求和路线先后到达的安排协调起来，这样有时难以顾及成本问题，甚至需要牺牲成本来满足准时性要求。当然，在这种情况下成本也不能失控，应有一定限制。

6. 运力利用最合理

在运力非常紧张，运力与成本或效益又有一定相关关系时，为节约运力、充分运用现有运力，而不需外租车辆或新购车辆　此时也可以运力安排为目标确定配送路线。

7. 劳动消耗最低

以油耗最低、司机人数最少、司机工作时间最短等劳动消耗为目标在确定配送路线时也有所应用，这主要是在特殊情况下（如供油异常紧张、油价非常高、意外事故引起人员减员、某些因素限制了配送司机人数等）选择所用到的目标。

（二）确定配送路线的约束条件

以上目标在实现时都受到许多条件的约束，必须在满足这些约束条件的前提下取得成本最低或吨千米最小的结果。一般的配送约束条件有以下几项。

• 满足所有收货人对货物品种、规格、数量的要求；

• 满足收货人对货物发到时间范围的要求；

• 在允许通行的时间内进行配送；

• 各配送路线的货物量不得超过车辆容积和载重量的限制；

• 在配送中心现有运力允许的范围内。

二、确定配送路线的方法

选择配送路线的方法有许多种，要根据配送货物的数量、特性、客户的地理位置、距离、交通状况、运送成本、客户对配送服务的时间要求等因素具体确定。下面列举几种常见的选择方法。

（一）经验判断法

经验判断法是指利用行车人员的经验来选择配送路线的一种主观判断方法，一般以司机习惯的行驶路线和道路行驶规定等为基本标准，拟订出几个不同的方案，通过倾听有经验的司机和送货人员的意见，或者直接由配送管理人员凭经验作出判断。这种方法的质量取决于决策者对运输车辆、客户的地理位置与交通路线情况的掌握程度以及决策者的分析判断能力与经验。这种选择方法尽管缺乏科学性，易受掌握信息详尽程度的限制，但运作方式简单、快速、方便。通常在配送路线的影响因素较多，难以用某种确定的数学关系表达，或难以以某种单项依据评定时采用。

（二）综合评分法

能够拟订出多种配送路线方案，并且评价指标明确，只是部分指标难以量化，或对某一项指标有突出的强调与要求时，常采用这种加权评分的方式来确定配送路线。

综合评分法的步骤如下。

第一步，拟订配送路线方案。

第二步，确定评价指标。

第三步，对方案进行综合评分。

【例】某配送企业设立了配送路线方案评价的10项指标。① 配送全过程的配送距离；② 行车时间；③ 配送准时性；④ 行车难易；⑤ 动用车辆台次数；⑥ 油耗；⑦ 车辆状况；⑧ 运送量；⑨ 配送客户数；⑩ 配送总费用。每个评分标准分为5个档次并赋予不同的分值，即极差（0分）、差（1分）、较好（2分）、良好（3分）、最优（4分），满分为40分，然后在表上为配送路线方案评分，根据最后的评分情况，在各个方案之间进行比较，最后确定配送路线。表6-10为对某一配送路线方案进行评分的情况。表中的路线方案得分为32分，为满分得分（理想方案）的80%，各项指标平均得分为3.2分。

表6-10　路线方案评分表

序号	评价指标	极差	差	较好	良好	最优
		0分	1分	2分	3分	4分
1	配送全过程的配送距离					√
2	行车时间					√
3	配送准时性			√		

（续表）

序号	评价指标	极差	差	较好	良好	最优
		0分	1分	2分	3分	4分
4	行车难易				√	
5	动用车辆台次数				√	
6	油耗				√	
7	车辆状况					√
8	运送量					√
9	配送客户数				√	
10	配送总费用			√		

（三）数学计算法

配送路线的影响因素可用某种确定的数学关系表达时，可采用数学计算法对配送路线方案进行优化。下面介绍三种情况下配送线路的确定方法。

1. 配送货物由一配送中心直送某客户

即由一配送中心对一个客户的专门送货。从物流优化的角度来看，直送客户的基本条件是其需求量接近或大于可用车辆的额定载重量，需专门派一辆或多辆车一次或多次送货。因此，在直送情况下，货物的配送追求的是多装快跑，选择最短配送线路，以节约时间、费用，提高配送效率。即直送问题的物流优化，主要是寻找物流网络中的最短线路问题。目前解决最短配送线路问题的方法有很多，如破圈法、标号法、位势法、动态法等。

2. 配送货物由一配送据点配送多个客户

配送货物由一配送中心配送多个客户也叫分送式配送，是指由一个供应点对多个客户的共同送货。其基本条件是所有客户的需求量总和不大于一辆车的额定载重量。送货时，由这一辆车装着所有客户的货物，沿着一条精心选择的最佳线路依次将货物送到各个客户手中，这样既保证按时按量将客户需要的货物及时送到，又节约了车辆、节省了费用、缓解了交通紧张的压力，且减少了对环境造成的污染。在分送式配送过程中，里程节约法与邮递员问题法是优化配送方案的两个较成熟的方法。

3. 多个配送供应点向多个客户的送货

多个配送供应点向多个客户送货的宗旨是将货物从多个供应点分别送到多个客户手中，即满足客户对货物的配送需要，又满足各供应点存出货要求，并最终做到费用最省。这里的多个供应点可以是配送中心，也可以是供应商的配销仓库。这类问题一般采用图上作业法、线性规划法等方法。

下面仅以破圈法、标号法、逆推法、图上分配法、线性规划法说明配送路线的优化过程。下两节将分别介绍里程节约法与邮递员问题法。

（1）破圈法

货物从始点出发至终点，有两条以上路线，并交织成网状，形成回路圈。破圈法的做法就是在这运输网络中，任取一圈，从圈中去掉最大距离（或时间、费用）的边（路线），在余下的圈中，重复这个步骤直至无圈为止，即可求出最短路线。破圈法一般在运输网络图的基础上进行计算，因此，也叫图上作业法。

【例】某批货物从V_1配送中心运到V_6客户，具体路线如图6-2所示，试用破圈法优化其送货路线。

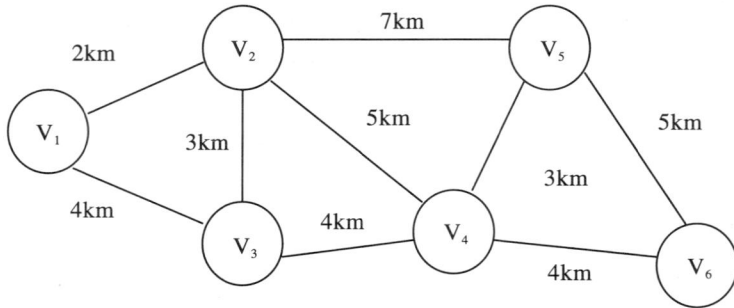

图6-2　V_1配送中心运到V_6客户路线网络图

解：

第一步：V_1—V_2—V_3形成一个回路，去掉V_1—V_3最长的路线；

第二步：V_2—V_4—V_5形成一个回路，去掉V_2—V_5最长的路线；

第三步：V_4—V_5—V_6形成一个回路，去掉V_5—V_6最长的路线；

第四步：V_2—V_4之间不需要破圈，直接连接。

最后求得最短运输量路线为V_1—V_2—V_4—V_6，里程为11千米，如图6-3所示。

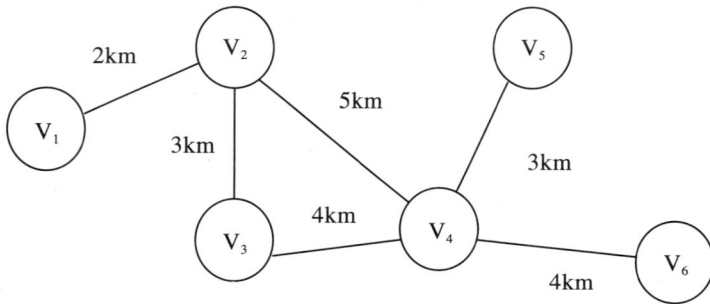

图6-3　配送中心V_1运到V_6客户配送路线优化图

（2）标号法

从始点V_1开始，给每一个顶点一个数，称为标号。标号分为T标号、P标号两种。T标号表示从始点V_1到这一点V_i的最短路线的上界，也称临时标号；P标号表示从始点V_1到这一点V_i的最短路线的实际值，也称固定标号。已得到P标号的点不变，没有标上P标号的点，标上T标号。具体算法的每一步是把某一点的T标号改为P标号。计算步骤如下。

第一步：给V_1标上P标号［$P(V_1)=0$］，其余各标点上T标号［$T(V_i)=+\infty$］。

第二步：设V_j为刚刚得到的P标号点，考虑所有从V_i出发到达的且仍是T标号的点V_j，将这些点T标号改为：$\min[T(V_j), P(V_1)+D_{ij}]$，其中：$D_{ij}$为i、j两点的距离（时间、费用）。

第三步：若整个物流网络中已无T标号则停止，否则在所有T标号的点中，将T标号最小的标号改为P标号。

以上题为例，计算过程如下。

第一步：

给V_1标上P标号$[P(V_1)=0]$，其余各点标上T标号$[T(V_j=+\infty]$（j=2、3、4、5、6），如图6-4所示。

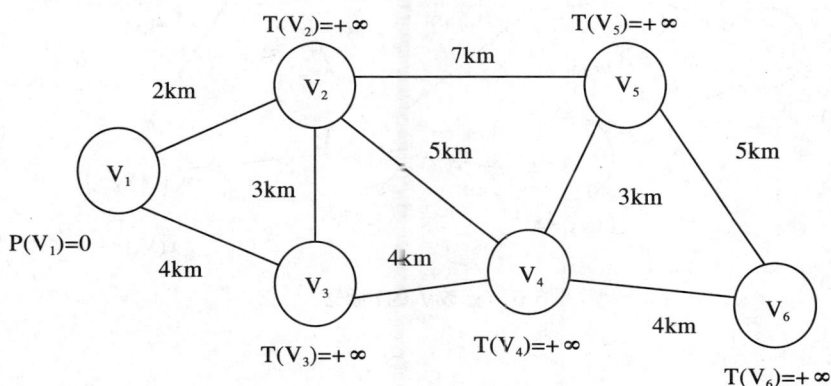

图6-4　P标号、T标号后的路线图

第二步：

① 考虑V_2、V_3两点仍是T标号，修改T标号如下。

$T(V_2)=\min[T(V_2), P(V_1)+D_{12}]=\min[+\infty, 0+2]=2$

$T(V_3)=\min[T(V_3), P(V_1)+D_{12}]=\min[+\infty, 0+4]=4$

② 在所有T标号中，$T(V_2)=2$最小，于是令$P(V_2)=T(V_2)=2$，如图6-5所示。

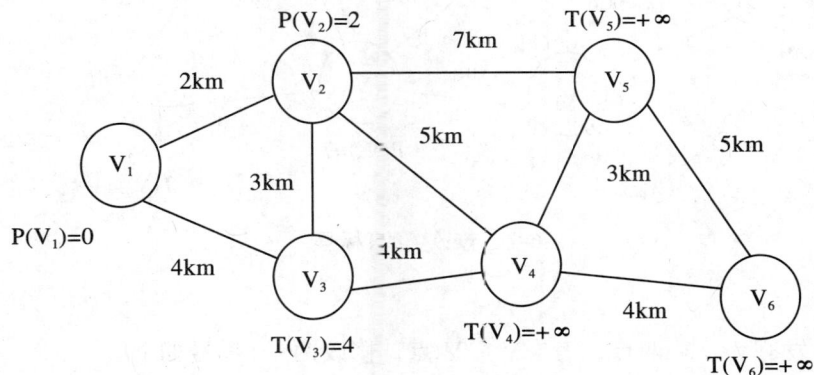

图6-5　修改V_2的T标号

第三步：

① 考虑V_3、V_4、V_5三点仍是T标号，修改三点的T标号如下。

$T(V_3) = \min[T(V_3), P(V_2) + D_{23}] = \min[4, 2+3] = 4$

$T(V_4) = \min[T(V_4), P(V_2) + D_{24}] = \min[+\infty, 2+5] = 7$

$T(V_5) = \min[T(V_5), P(V_2) + D_{25}] = \min[+\infty, 2+7] = 9$

② 在所有的T标号中，$T(V_3) = 4$最小，故令$P(V_3) = T(V_3) = 4$，如图6-6所示。

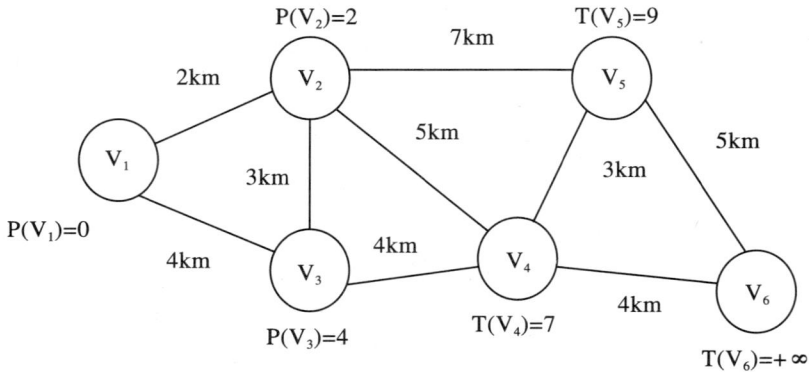

图6-6 修改V_3的T标号

第四步：

① 从V_3出发V_4点，修改这一点的T标号如下。

$T(V_4) = \min[T(V_4), P(V_3) + D_{34}] = \min[7, 4+4] = 7$

② 在V_4所有T标号中，$T(V_4) = 7$最小，故令$P(V_4) = T(V_4) = 7$，如图6-7所示。

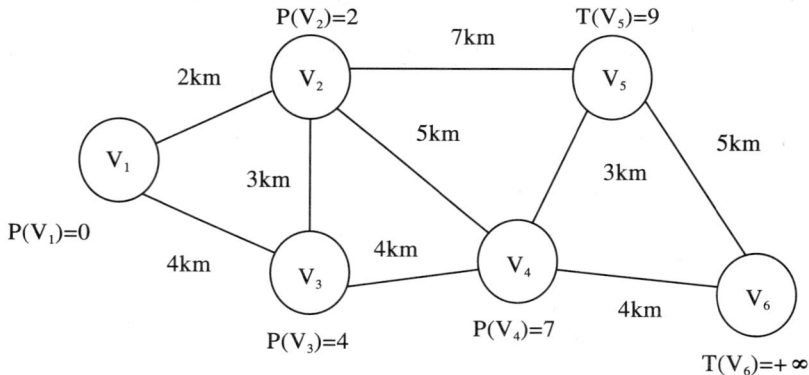

图6-7 修改V_4的T标号

第五步：

① 从V_4出发有V_5、V_6两点，考虑V_5、V_6点，修改两点T标号如下。

$T(V_5) = \min[T(V_5), P(V_4) + D_{45}] = \min[9, 7+3] = 9$

$T（V_6）=min［T（V_6），P（V_4）+D_{46}］=min［+\infty，7+4］=11$

② 在上述所有T标号中，$T（V_5）=9$最小，故令$P（V_5）=T（V_5）=9$，如图6-8所示。

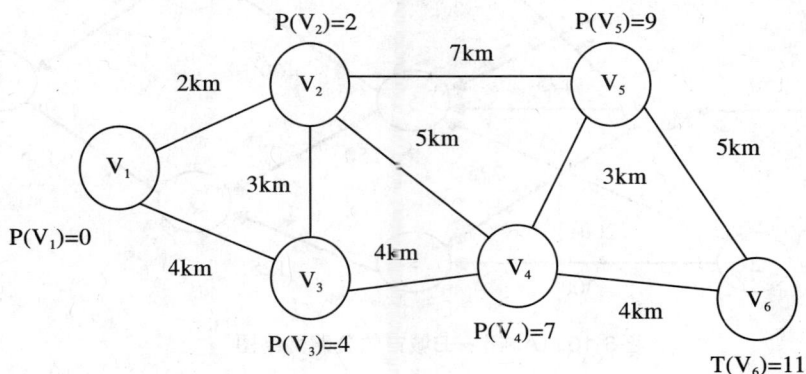

图6-8　修改V_5的T标号

第六步：

① 从V_5出发有V_6，考虑V_6点，修改两点的T标号如下。

$T（V_6）=min［T（V_6），P（V_5）+D_{56}］=min［11，9+5］=11$

② 在V_6所有T标号中，只有一个值，即：$T（V_6）=11$最小，故令$P（V_6）=T（V_6）=11$，到此时，V_1—V_6的总距离为11千米。最短路线已找到，为V_1—V_2—V_4—V_6，如图6-9所示。

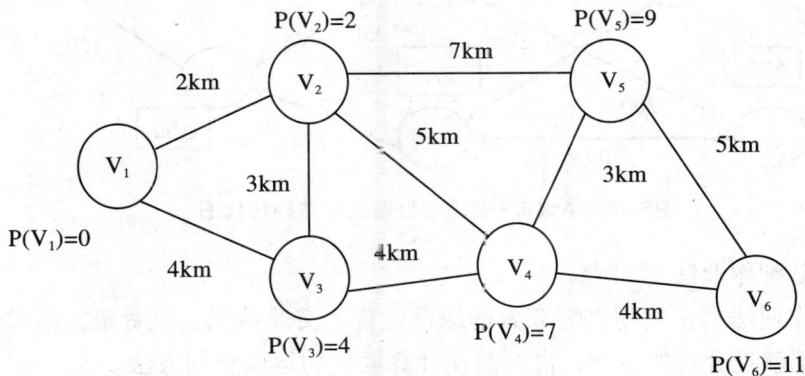

图6-9　修改V_6的T标号

（3）逆推法

【例】A城市某配送中心欲将一批货物用汽车送到B城市一客户，该配送中心根据这两个城市之间可选择的行车路线的公路交通地图，绘制了公路网络图，如图6-10所示。图中：圆圈也称节点，代表起点、目的地和与行车路线相交的其他城市；箭矢或称分支，代表两个节点之间的公路，每条公路都标明运输里程。请确定配送车辆的最佳运输路线。

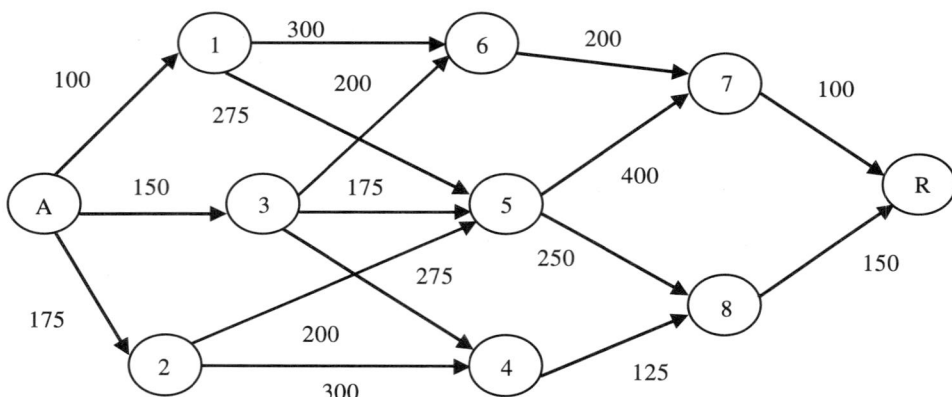

图6-10 A城市—B城市的公路网络图

解：运用逆推法求解，找各节点最小距离值，最短距离为650千米，其推导过程如图6-11所示。

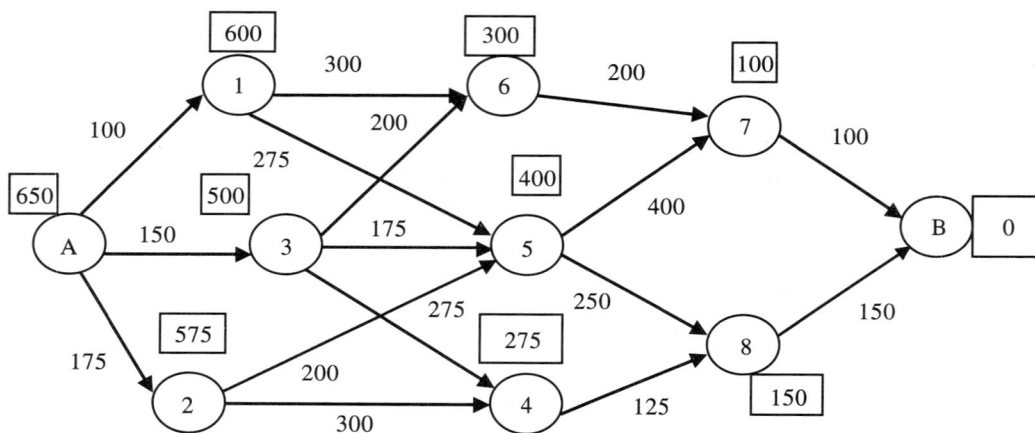

图6-11 A城市—B城市公路配送路径优化图

（4）图上分配作业法

图上分配作业法是将货物供需双方的地理位置、交通情况、供货量、需求量，绘制成流向图，根据就近分送的原则，进行简便计算的货物运送规划方法。

① 线状线路。线状线路的图上分配作业法，也叫运量精简法，其具体步骤如下。

（a）根据实际地理位置、交通情况、发运量和需求量绘制线状图。

【例】在某企业集团所属分公司进货业务中，有A、B、C、D四个供应点可向E、F、G、H、I、J、K七个分公司配送货，各供应点供应量和各分公司的需求量如图6-12所示。

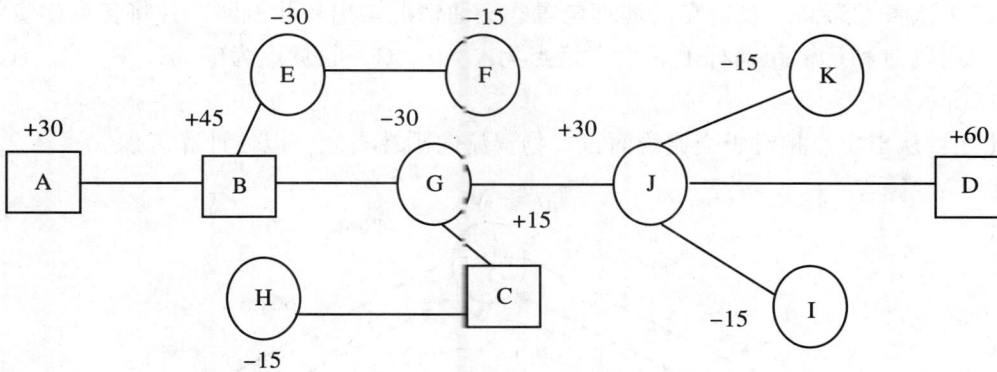

图6-12　各供应点共应量和各分公司的需求量

（注：供货点用方框表示，供货量斤正数表示；需求分公司用圆圈表示，需求量用负数表示。）

（b）从各端开始，就近分送，如图6-13所示。

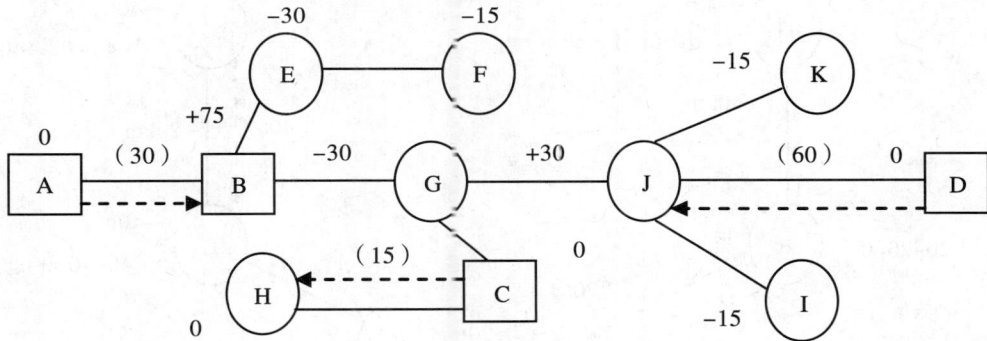

图6-13　第一次就近分送

（c）将图简化，再从新的端点开始笫二次就近分送，如图6-14所示。

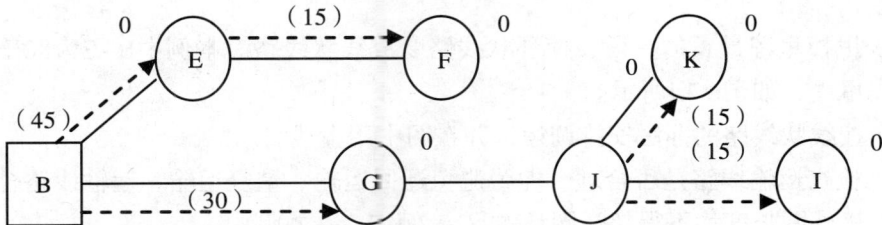

图6-14　第二次就近分送

（d）最后将分送结果汇总，得出运谕路线的运送量即是合理运送方案。因为供需双方呈线状分布，没有路线可选择，所以不必考虑运输距离。

②环状线路。其基本原理是先把环状转为线状，其具体步骤如下。

（a）依各发运点、收货点的地理位置、交通情况画出环状线路，并将各点相应的发货量、运输量和运输距离标上，设发运点为A、B、C，收货点为D、E、F、G、H，如图6-15所示。

（注：从出发点相对于交通线而言，物资流向画在右侧，以便计算区别。）

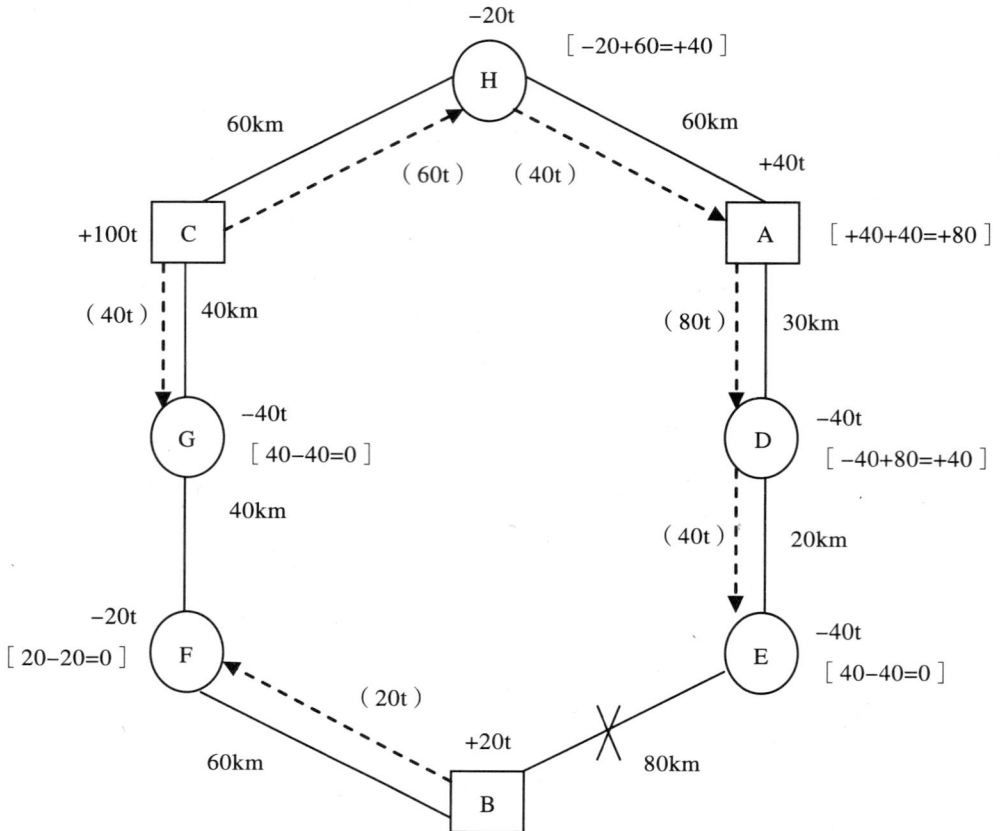

图6-15 环状线路图

（b）甩掉里程最长的一段，使环状线路变成线状线路。本例中B—E为80千米，运距最长，先甩去，如图6-15所示。

（c）按线状线路的办法安排调运，并在图中用虚线表示。

（d）检查运输线路是否合理。即为避免迂回运输、重复运输，运输线路合理的数量标准应是里外圈长度均不得超过圈长的1/2。例如，在本例中，

半圈长=1/2（30+20+80+60+40+40+60+60）=195（km）

里圈长=30+20+60+60+60=230（km）>195（km）

外圈长=40（km）<195（km）

检查结果表明，该方案不是最优方案。

（e）进行调整。调整的方法是，甩掉现有圈中运量最小的一段，补上原先甩去的那

段，再按线状线路重新安排调拨。本例中，运量最小的一段是B-F，运量是20吨，予以甩去。将B-E段补上，再按线状线路从端点安排。具体如图6-16所示。

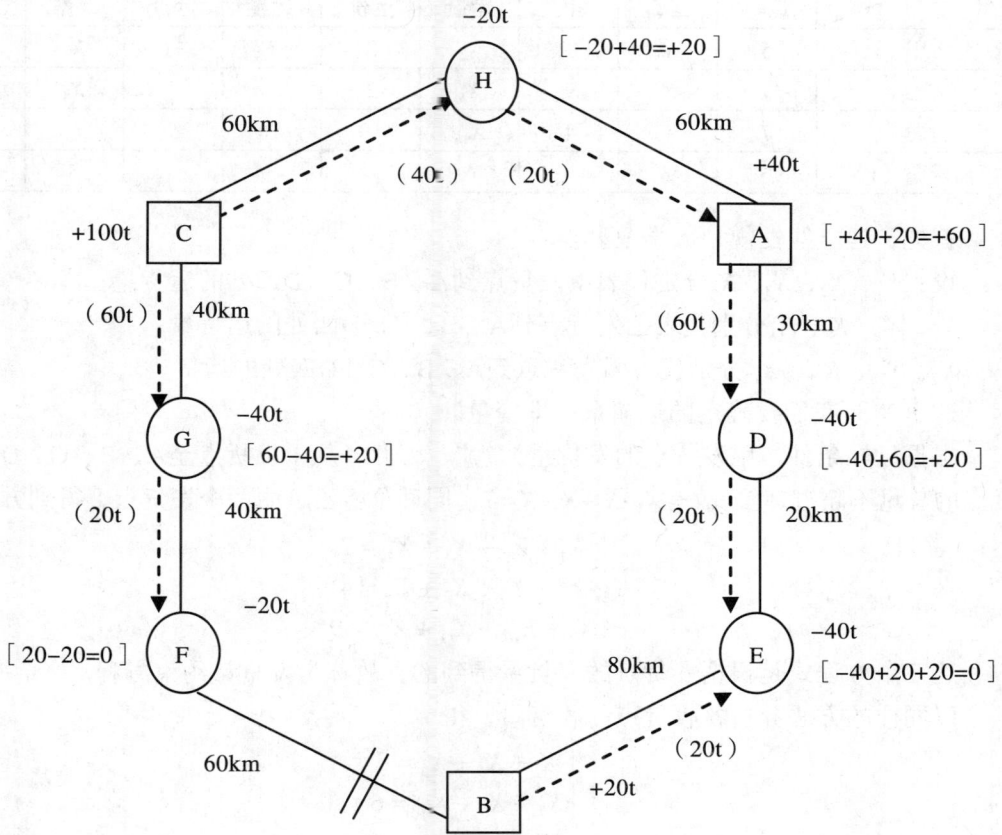

图6-16 调整后的路线图

据图6-16可计算求得：

里圈长=30+20+60+60=170（km）<195（km）

外圈长=40+40+80=160（km）<195（km）

此时，里外圈长度均小于圈长的1/2，因此该方案即为最优方案。

（5）线性规划法

线性规划法又有很多求解方法，如表上作业法、单纯形法等，这里仅介绍表上作业法。

【例】设有某类物资要从供应点甲、乙、丙供货给收货单位A、B、C、D。各供应点的发货量、各收货单位的需求量以及从甲、乙、丙某供应点运送给A、B、C、D某收货单位所需运费如表6-11（发货量单位：吨；运价单位：元/吨千米）所示，问应如何组织运送才能使总运费最少？

表6-11　运费表

收货点 供货点	A		B		C		D		发货量 (t)
	运价	运量	运价	运量	运价	运量	运价	运量	
甲	5	X_1	12	X_2	3	X_3	11	X_4	7
乙	1	X_5	9	X_6	2	X_7	7	X_8	4
丙	7	X_9	4	X_{10}	10	X_{11}	5	X_{12}	9
需求量（t）		3		6		5		6	20

首先，建立线性规划数学模型。

设：X_1、X_2、X_3、X_4分别代表甲发货点到A、B、C、D四处的运货量；

X_5、X_6、X_7、X_8分别代表乙发货点到A、B、C、D四处的运货量；

X_9、X_{10}、X_{11}、X_{12}分别代表丙发货点到A、B、C、D四处的运货量。

这里X_i是我们要确定的运输量，即变量。

根据已知条件，甲发货点的发货量为7吨，因此，从甲发货点至A、B、C、D四个收货点的总量不超过7吨，故有$X_1+X_2+X_3+X_4=7$，同理分析乙、丙两个发货点，得到方程：

$$\begin{cases} X_1 + X_2 + X_3 + X_4 = 7 \\ X_5 + X_6 + X_7 + X_8 = 4 \\ X_9 + X_{10} + X_{11} + X_{12} = 9 \end{cases}$$

这三个方程式是根据发货点的发货量得到的，故称为发货量约束方程。

以同样的方法分析各收货点的收货量，得：

$$\begin{cases} X_1 + X_5 + X_9 = 3 \\ X_2 + X_6 + X_{10} = 6 \\ X_3 + X_7 + X_{11} = 5 \\ X_4 + X_8 + X_{12} = 6 \end{cases}$$

这四个方程称为收货量约束方程。

由此，我们得到X个约束方程（或约束条件）。

我们的目标是要确定X_1，X_2，X_3，…，X_{12}的值，使其既满足前面的约束条件，又能使总运输费用最低。我们把总运输费用$C=5X_1+12X_2+3X_3+11X_4+X_5+9X_6+2X_7+7X_8+7X_9+4X_{10}+10X_{11}+5X_{12}$达到最小，称为目标函数。且运输量$X_1$，$X_2$，…，$X_{12}$都必须是正数。

这样我们就建立了运输问题的线性规划数学模型。然后，利用表上作业法求解。

具体步骤如下。

① 用最小元素法求一个初始可行解，如表6-12所示。

（a）将单位运输、收货量、发货量列表，如表6-12所示。

（b）从最低的单位运费开始安排。从表6-12中可知最小运费是1，是乙运往A的运费，所以在安排运输量时首先考虑从乙运多少吨到A。A的需要量是3吨，乙的供应量是4吨，因此第一次分配是乙—A运输3吨。在表栏中乙—A的格子上标上（3），这里用括号来表示运输量以区别于运费。至此，收点A已得到满足，可以把A这一列从表中画去。

表6-12 距离、发货、需求量表

收货点 \ 供应点	A	B	C	D	发货量（t）
甲	5	12	3（4）	11（3）	7
乙	1（3）	9	2（1）	7	4
丙	7	4（6）	10	5（3）	9
需求量（t）	3	6	5	6	20

（c）重复上述步骤，依次选出最小元素进行运输量分配，直到所有发点的货物均按最小运费把发出量分配到接收点为止，并将每次分配的运输量在表中标出，注意加括号以示与运费数字的区别。由此得到初始分配方案，如表6-12所示。

② 优化处理。初始方案不一定是最经济的方案，一般需要进行优化处理。优化处理就是在已分配好的方案中继续求得费用最低的运输方案，其具体分两步。

（a）求检验数——判定最优解。把单位运费列成检验矩阵，其中在有运输量的运费上加一个"[ ]"，如表6-13所示。

表6-13 检验矩阵

	A	B	C	D
甲	5	12	[3]	[11]
乙	[1]	9	[2]	7
丙	7	[4]	10	[5]

（b）在检验矩阵中，利用同行或同列加减一个常数的办法，使"[ ]"中的数字全部为0。具体做法如表6-14所示。

表6-14 优化处理——求检验数

第一步：	↘ −3	↘ −11	
5	12	[3]	[11]
[1]	9	[2]	7
7	[4]	10	[5]

▽

第二步：	↙ +1	↙ +6	
5	12	[0]	[0]
[1]	9	[−1]	−4
7	[4]	7	[−6]

▽

（续表）

第三步：		↘ –2	↘ –10
5	12	[0]	[0]
[2]	10	[0]	–3
13	[10]	13	[0]
▽			
检验结果			
3	2	[0]	[0]
[0]	0	[0]	–3
11	[0]	13	[0]

这样就使"〔 〕"中的数字全部为0了。没有"〔 〕"的数字我们称之为"检验数"。如果检验数全部为正值，这个解便是最优解，否则需要进行方案的改进。

在本例中，检验结果中乙D处是"–3"，所以初始可行解不是最优解，需要改进。

（c）方案的改进。改进时先选择负检验数中绝对值最大的一个格子进行调整，使其变成实格。

上述只有乙D处有一个负检验数"–3"，所以对它进行调整。由于调整后仍要使每行、每列的总运量保持不变，所以若乙D变为实格，其他格子也要适当调整。在可行解中，第二行中的实格还有乙A和乙C，所以这两处必有一处要减少与乙D增加的数量相等的运输量，这样才能使这一行的总运量保持不变。但又要保证乙A或乙C所在列的总运量不变，那就只能调整乙C，因为甲C的实格可以增加乙C减少的运输量，以保持该列的总运量不变。甲C调整后，这一行的甲D也必须调整，才能保持第一行的总运量不变。以上分析说明，调整只能在乙D—乙C—甲C—甲D四个格子中进行。调整量应为多少呢？实际上并不能随意调整，我们只能在减少运量的格子中选择运量最少的一个，把它调空（即使其运量为0）。这是因为调整如果超过了这个格子的运量，方案表中将会出现负数（即负的运量），这是不允许的。在本例中，减少的格子有甲D和乙C，这两个格子中的运量相比乙C较少，只有1吨，所以调整量应为1吨，使乙C的运量为0，从而得到一个新的方案，如表6-15所示。

表6-15　方案的改进——调整运量

收货点 供应点	A	B	C	D	发货量（t）
甲	5	12	3（4）	11（3）	7
乙	1（3）	9	2（1）	7	4
丙	7	4（6）	10	5（3）	9
需求量（t）	3	6	5	6	20
▽					

（续表）

收货点 供应点	A	B	C	D	发货量（t）
甲	5	12	3（5）	11（2）	7
乙	1（3）	9	2（0）	7（1）	4
丙	7	4（6）	10	5（3）	9
需求量（t）	3	6	5	6	20

调整后的总运费为：

C=3×5+11×2+1×3+7×1+4×6+5×3=86（元）

此方案是否最优呢？重复优化处理过程，再求检验数，如表6-16所示。

表6-16　优化处理——再求检验数

继续前述第一次检验结果进行优化处理				
3	2	［0］	［0］	
［0］	0	［0］	−3	
11	［0］	13	［0］	

第四步：乙C格［0］调整后变空格　去［］；乙D格−3调整后变实格，加［］

3	2	［0］	［0］	
［0］	0	0	［−3］	第五步：↙+3
11	［0］	13	［0］	

第六步：↙−3

3	2	［0］	［0］	
［3］	3	3	［0］	
11	［0］	13	［0］	

得第二次检验结果

0	2	［0］	［0］	
［0］	3	3	［0］	
8	［0］	13	［0］	

因为检验数表上不再有负数，所以新方案是最优方案。

第四节　节约里程法

一、节约法里程法的基本规定

利用里程节约法确定配送线路的主要思路是，根据配送中心的运输能力及其到客户之间的距离和各客户之间的相对距离确定使总的配送车辆吨千米数达到或接近最小的配送方案。

为便于介绍，我们作以下假设。

- 配送的是同一种或相类似的货物；
- 各用户的位置及需求量已知；
- 配送中心有足够的运输能力。

节约法制定出的配送方案除了使配送总吨千米数最小外，还满足以下条件。

- 能满足所有用户的要货需求；
- 不使任何一辆车超载；
- 每辆车每天的总运行时间或行驶里程不超过规定的上限；
- 方案能满足所有用户的到货时间要求。

二、节约法的基本思想

如图6-17所示，设P_0为配送中心，分别向客户P_i和P_j送货。P_0到P_i和P_j的距离分别是d_{0i}和d_{0j}，两个用户P_i、P_j间的距离为d_{ij}，送货方案只有两种即配送中心P_0向用户P_i、P_j分别送货和配送中心P_0向用户P_i、P_j同时送货，分别如图6-17（a）和（b）所示。比较两种配送方案。

方案（a）

配送线路为：$P_0-P_i-P_0-P_j-P_0$，配送距离为：$d_a=2d_{0i}+2d_{0j}$；

方案（b）

配送线路为：$P_0-P_i-P_j-P_0$，配送距离为：$d_b=d_{0i}+d_{0j}+d_{ij}$。

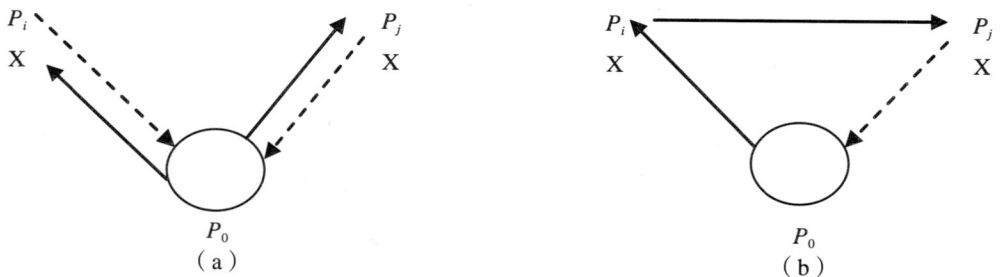

图6-17　配送线路

显然，d_a不等于d_b，我们用S_{ij}表示里程节约量，即方案（a）比方案（b）节约的配送里程为：$S_{ij}=d_a-d_b=d_{0i}+d_{0j}-d_{ij}$

根据节约法的基本思想，如果一个配送中心分别向 N 个客户 P_j（$j=1$，2，3，$\cdots$，N）配送货物，在汽车载重能力允许的前提下，每辆汽车在配送线路上经过的客户数量越多，里程节约量越大，配送线路越合理。

通过上述公式的求解过程不难发现，配送方案的修正过程通常是非常复杂且工作量庞大的，实际应用需辅以计算机计算，使其简单易见。

三、其他方法

（一）手算图解法

下面介绍一种在没有计算机辅助的情况下较简便的一种手算图解法，它的基本思路和原理与上述方法完全相同。

【例】某一配送中心 P_0 向10个 P_j（$j=1$，2，$\cdots$，10）配送货物，其配送网络如图6-18所示。图中括号内的数字表示客户的需求量（t），线路上的数字表示两节点之间的距离。配送中心有2吨和4吨两种车辆可供使用，试制订最优的配送方案。

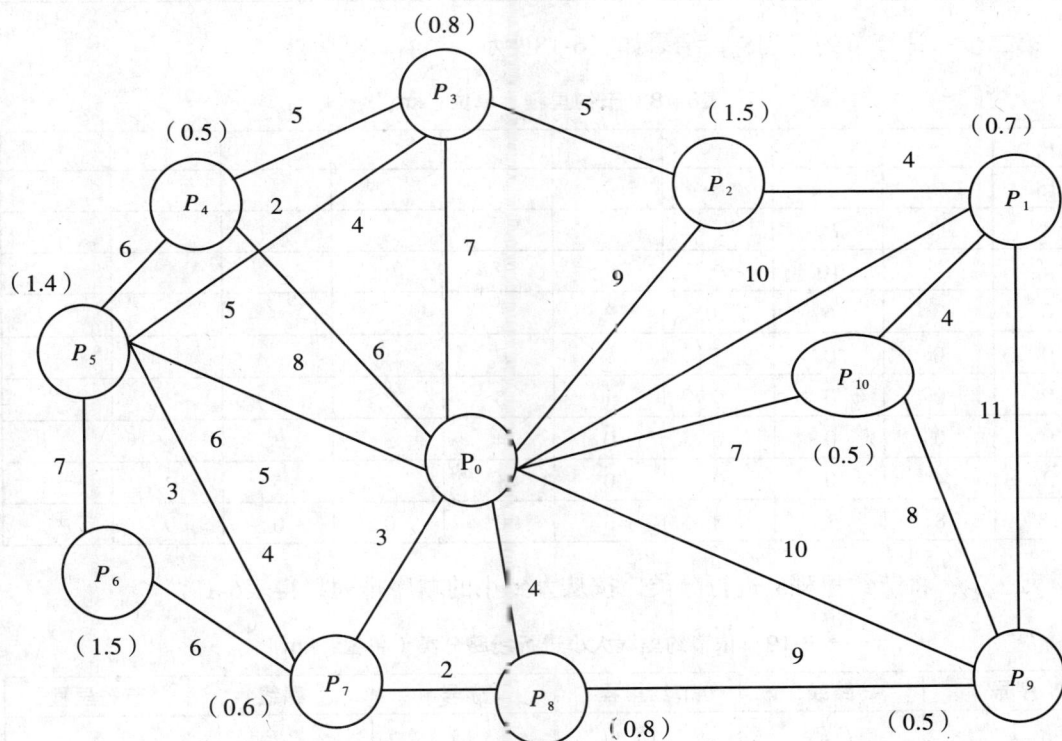

图6-13　配送网络图

解：

第一步：计算最短距离。

根据配送网络中的已知条件，计算配送中心与客户及用户之间的最短距离，结果如

表6-17所示。

表6-17 最短距离（d_{ij}）（单位：km）

q	P_0										
0.7	10	P_1									
1.5	9	4	P_2								
0.8	7	9	5	P_3							
0.5	8	14	10	5	P_4						
1.4	8	18	14	9	6	P_5					
1.5	8	18	17	15	13	7	P_6				
0.6	3	13	12	10	11	10	6	P_7			
0.8	4	14	13	11	12	12	8	2	P_8		
0.5	10	11	15	17	18	18	17	11	9	P_9	
0.6	7	4	8	13	15	15	15	10	11	8	P_{10}

第二步：计算节约里程S_{ij}，结果如表6-18所示。

表6-18 节约里程（单位：km）

P_1									
15	P_2								
8	11	P_3							
4	7	10	P_4						
0	3	6	10	P_5					
0	0	0	3	9	P_6				
0	0	0	0	1	5	P_7			
0	0	0	0	0	4	5	P_8		
9	4	0	0	0	1	2	5	P_9	
13	8	1	0	0	0	0	0	9	P_{10}'

第三步：将节约里程S_{ij}进行分类，按从大到小的顺序排列，得表6-19。

表6-19 依节约里程大小进行线路分类（单位：km）

序号	路线	节约里程	序号	路线	节约里程
1	P_1P_2	15	13	P_6P_7	5
2	P_1P_{10}	13	14	P_7P_8	5
3	P_2P_3	11	15	P_8P_9	5
4	P_3P_4	10	16	P_1P_4	4
5	P_4P_5	10	17	P_2P_9	4
6	P_1P_9	9	18	P_6P_8	4

（续表）

序号	路线	节约里程	序号	路线	节约里程
7	P_5P_6	9	19	P_2P_5	3
8	P_9P_{10}	9	20	P_4P_6	3
9	P_1P_3	8	21	P_7P_9	2
10	P_2P_{10}	8	22	P_3P_{10}	1
11	P_2P_4	7	23	P_5P_7	1
12	P_3P_5	6	24	P_6P_9	1

第四步：确定配送线路，从分类表中，按节约里程大小顺序，组成线路图。

① 初始方案：对每一客户分类单独派车送货，结果如图6-19所示。

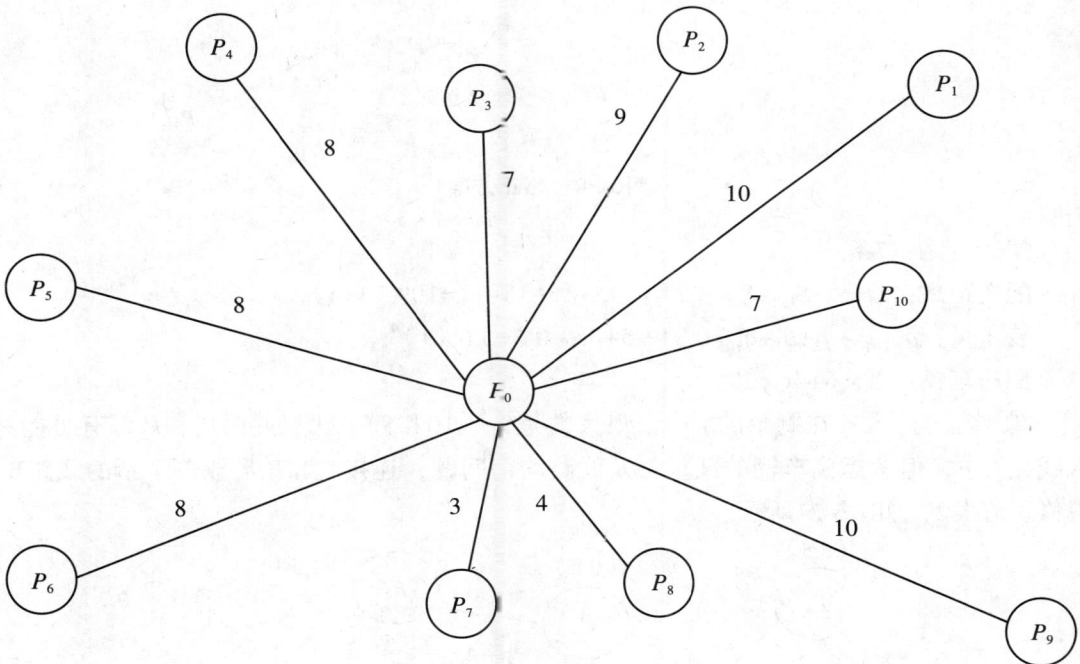

图6-19　初始方案

配送线路：10条；

配送距离：$S_0 = 2\sum_{j=1}^{10} d_{0j} = 148$；

配送车辆：$2t \times 10$。

② 修正方案1：按节约里程S_{ij}由大到小的顺序，连接P_1和P_2，P_1和P_{10}，P_2和P_3，得修正方案1，如图6-20所示。

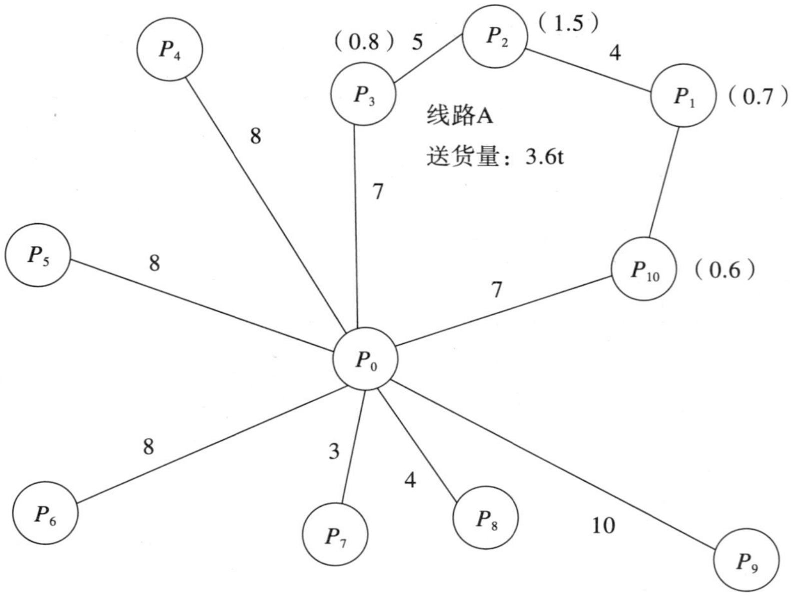

图6-20　修正方案1

配送线路：7条；

配送距离：$S_1 = S_0 - S_{1,2} - S_{1,10} - S_{2,3} = 148 - 15 - 13 - 11 = 109$（km）；

装车量：$q_A = q_3 + q_2 + q_1 + q_{10} = 0.8 + 1.5 + 0.7 + 0.6 = 3.6$（t）；

配送车辆：$2t \times 6 + 4t \times 1$。

③ 修正方案2：在剩余的S_{ij}中，最大的是$S_{3,4} = 10$和$S_{4,5} = 10$，此时P_4和P_5都有可能并入线路A中，但考虑到车辆的载重量及线路均衡问题，连接P_4和P_5形成一个新的线路B，得修正方案2，如图6-21所示。

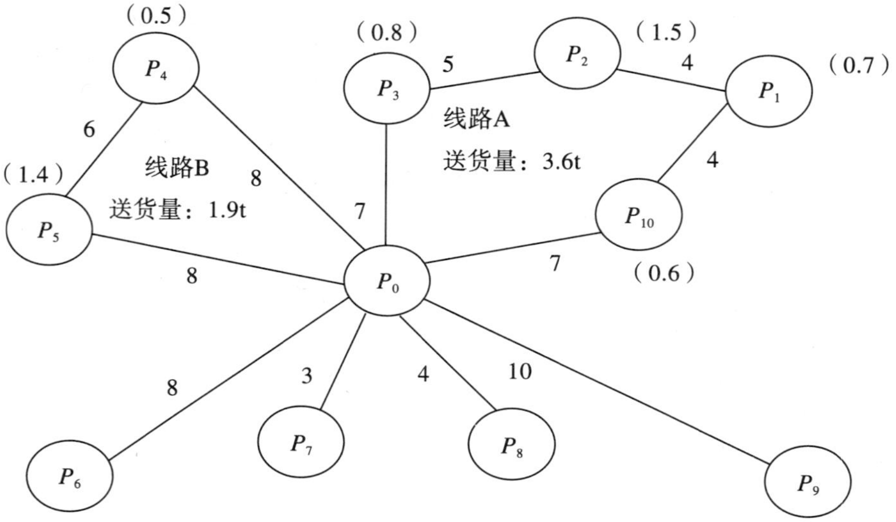

图6-21　修正方案2

配送线路：6条；

配送距离：$S_2 = S_1 - S_{4,5} = 109 - 10 = 99$（km）；

装车量：$q_B = q_4 + q_5 = 0.5 + 1.4 = 1.9$（t）；

配送车辆：$2t \times 5 + 4t \times 1$。

④ 修正方案3：接下来最大的S_{ij}是$S_{1,3}$和$S_{5,6}$。由于此时P_1已属于线路A，若将P_9并入线路A，车辆会超载，故只将P_6点并入线路B，得修正方案3，如图6-22所示。

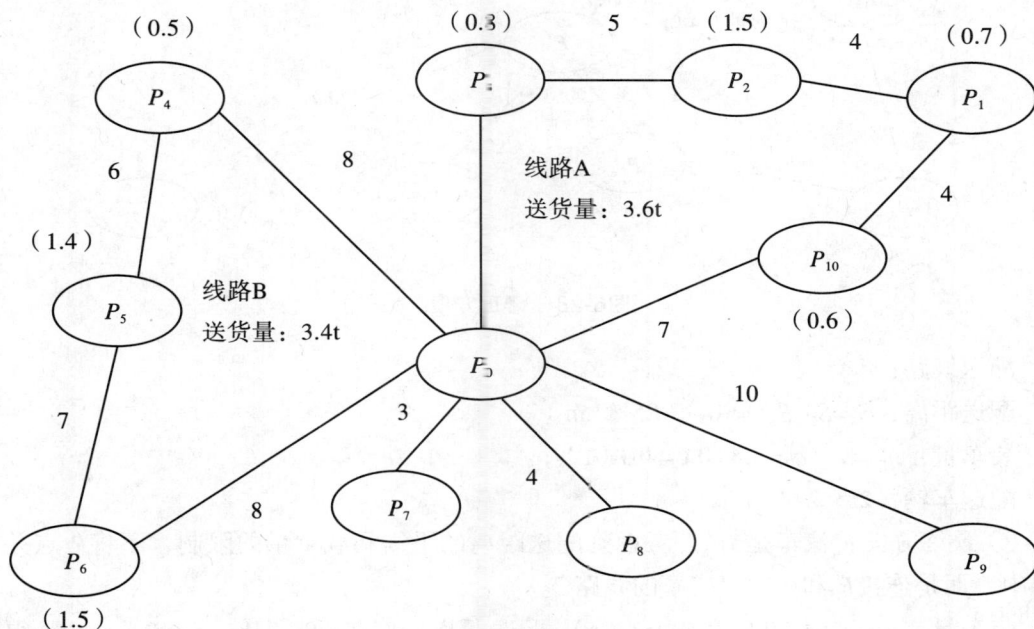

图6-22　修正方案3

配送线路：5条；

配送距离：$S_3 = S_2 - S_{5,6} = 99 - 9 = 90$（km）；

装车量：$q_B = q_B + q_6 = 1.9 + 1.5 = 3.4$（t）；

配送车辆：$2t \times 3 + 4t \times 2$。

⑤ 修正方案4：在继续按S_{ij}由大到小排出$S_{9,10}$、$S_{1,3}$、$S_{2,10}$、$S_{2,4}$、$S_{3,5}$，由于与其相对应的用户均已包含在已完成的线路里，故不予考虑。把$S_{6,7}$对应P_7点并到线路B中，得修正方案4，如图6-23所示。

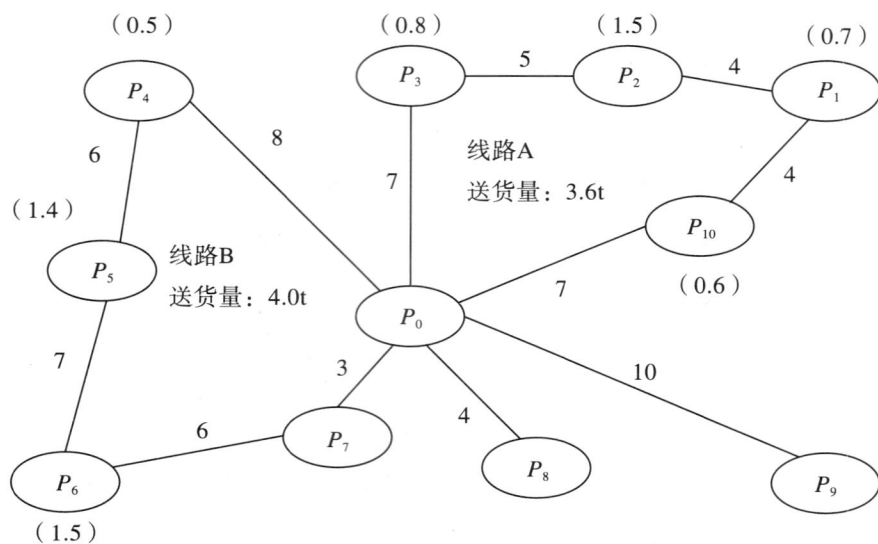

图6-23　修正方案4

配送线路：4条；

配送距离：$S_4 = S_3 - S_{6,7} = 90 - 5 = 85$（km）；

装车量：$q_{B''} = q_B + q_7 = 3.4 + 0.6 = 4.0$（t）；

配送车辆：$2t \times 2 + 4t \times 2$。

⑥ 最终方案：汽车是$S_{7,8}$，考虑到配送距离的平衡和载重量的限制，不将P_8点并入路B中，而是连接P_8和P_9，组成新的线路C。

装车量：$q_C = q_8 + q_9 = 0.8 + 0.5 = 1.3$（t），配送距离：$S_5 = S_4 - S_{8,9} = 85 - 5 = 80$（km），得到最终方案，如图6-24所示。

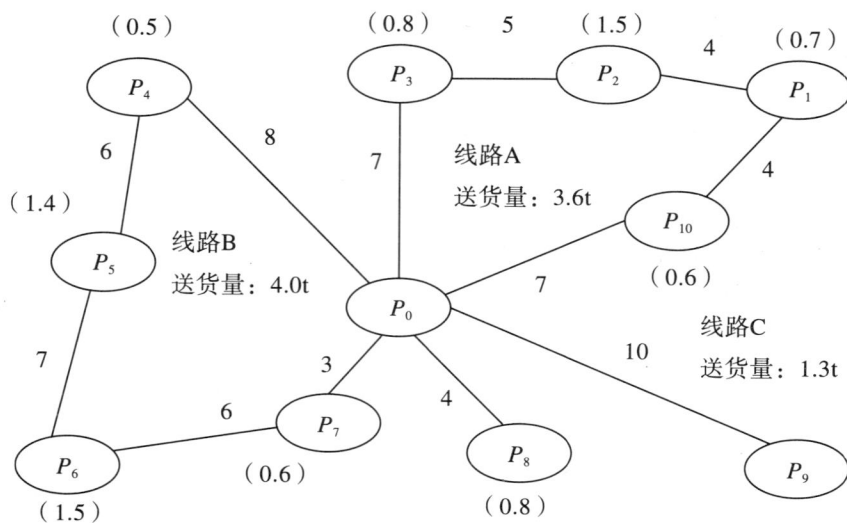

图6-24　最终方案

这样最终配送方案已确定：共存在3条配送线路，总额配送距离为80千米，需要的配送车辆为：2t×1+4t×2，即2吨车1辆，4吨车2辆。

3条配送线路分别为：

线路A：$P_0-P_3-P_2-P_1-P_{10}-P_0$使用1辆4吨车。

线路B：$P_0-P_4-P_5-P_6-P_7-P_0$使用1辆4吨车。

线路C：$P_0-P_8-P_9-P_0$使用1辆2吨车。

（二）表上连接法

【例】现假设有8个用户（标号是1、2、3、4、5、6、7、8），各个用户的货运量是G_i（吨），这些用户由配送中心（标号为0）发出载货量为8吨的车辆来完成。具体数据见表6-20，问如何安排车辆的行驶路线，使得总运输费用最少？

表6-20　用户需求量、配送中心与用户及用户之间的距离（单位：km）

需求量	中心0							
2	40	用户1						
1.5	60	65	用户2					
4.5	75	40	75	用户3				
3	90	100	50	100	用户4			
1.5	200	50	100	50	100	用户5		
4	100	75	75	90	75	70	用户6	
2.5	160	110	75	90	75	90	70	用户7
3	80	100	75	150	100	75	100	100	用户8

解：

（1）依据$S(i,j)=P_{0i}+P_{0j}-P_{ij}$计算节约里程值，填入里程表（）中，如表6-21所示。例如，连接用户5和7，由$S(5,7)=P_{05}+P_{07}-P_{57}=200+160-90=270$。

表6-21　节约里程值

（单位：km）

需求量	中心0							
2	40	用户1						
1.5	60	65（35）	用户2					
4.5	75	40（75）	75（60）	用户3				
3	90	100（30）	50（50）	100（65）	用户4			
1.5	200	50（190）	100（160）	50（225）	100（190）	用户5		
4	100	75（65）	75（85）	90（85）	75（115）	70（230）	用户6	
2.5	160	110（90）	75（145）	90（145）	75（175）	90（270）	70（190）	用户7
3	80	100（20）	75（65）	150（5）	100（70）	75（205）	100（80）	100（140）	用户8

（2）按节约里程大小排序，得节约里程表6-22。

表6-22　节约里程排序表
（单位：km）

序号	1	2	3	4	5	6	7	8	9	10	11	12	13	14
(i, j)	5–7	5–6	3–5	5–8	4–5	1–5	6–7	4–7	2–5	2–7	3–7	7–8	4–6	1–7
$S(i, j)$	270	230	225	215	190	190	190	175	160	145	145	140	115	90
序号	15	16	17	18	19	20	21	22	23	24	25	26	27	28
(i, j)	2–6	3–6	6–8	1–3	4–8	1–6	2–8	3–4	2–3	2–4	1–2	1–4	1–8	3–8
$S(i, j)$	85	85	80	75	70	65	65	65	60	50	35	30	20	5

（3）按节约里程大小，依车辆载重运力约束连接用户，如表6-23所示。

表6-23　用户连接表
（单位：km）

序号	1	2	3	4	5	6	7	8	9	10	11	12	13	14
i, j	5–7	5–6	3–5	5–8	4–5	1–5	6–7	4–7	2–5	2–7	3–7	7–8	4–6	1–7
连接	5–7	5–7–6	不	不	不	不	不	不	不	不	不	不	不	不
序号	1	2	3	4	5	6	7	8	9	10	11	12	13	14
$\sum G_i$	4	8												
$S(i, j)$	270	230	225	215	190	190	190	175	160	145	145	140	115	90
序号	15	16	17	18	19	20	21	22	23	24	25	26	27	28
i, j	2–6	3–6	6–8	1–3	4–8	1–6	2–8	3–4	2–3	2–4	1–2	1–4	1–8	3–8
连接	不	不	不	1–3 / 1–3	4–8 / 4–8	不	不 / 4–8–2	不	1–3–2 / 不	不	不	不	不	不
$\sum G_i$				6.5	6		7.5		8					
$S(i, j)$	85	85	80	75	70	65	65	65	60	50	35	30	20	5

（4）根据上表得最后的路线安排。

方案一：0–6–5–7–0；0–3–1–0；0–2–8–4–0；$\Delta S_1 = 75+70+65=210$

方案二：0–6–5–7–0；0–3–1–2–0；0–8–4–0；$\Delta S_2 = 75+70+60=205$

$\Delta S_1 > \Delta S_2$，选择方案一。

<h1 style="text-align:center">第五节　中国邮路问题</h1>

一、背景

一个邮递员在所管辖的投递范围内投递邮件，每次必须走遍所有的街道，任务完成后又回到出发点的邮局。以什么样的顺序走完所有的街道可以使其路线最短？这个问题是我国的管梅谷教授提出的，被称为"中国邮路问题"。其实质是物流配送路线最短化问题。

二、原理

现举例说明该问题的原理。

【例】在下面的街道图6-25中，设V_1是邮局。

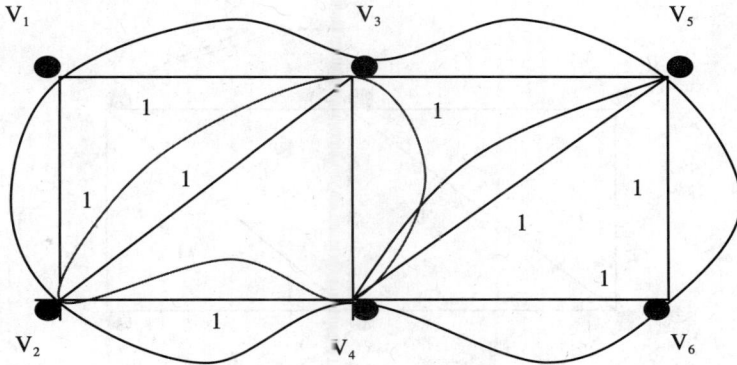

图6-25　投递线路图（1）

（1）邮递员可以按图6-25的线路投递信件，即V_1–V_2–V_4–V_3–V_2–V_4–V_6–V_5–V_4–V_6–V_5–V_3–V_1，总权（距离）为12。

（2）也可按另一个路线图6-26投递信件，即V_1–V_2–V_3–V_2–V_4–V_5–V_6–V_4–V_3–V_5–V_3–V_1，总权（距离）为11。

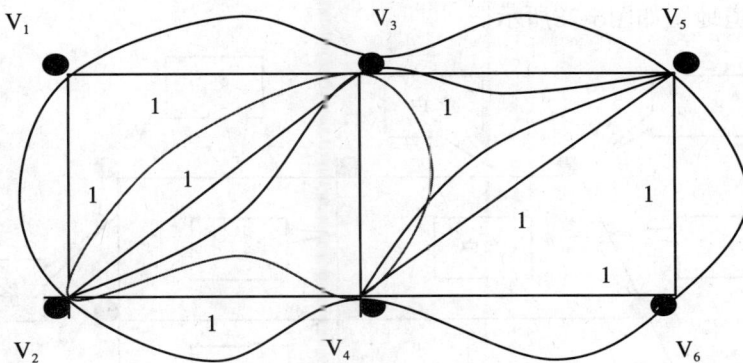

图6-26　投递线路图（2）

第一、第二方案均有路线重复，并且两条线路的总路程的差必等于相应的重复边总权（距离）的差。

因而，原来的问题可以叙述为在一个有奇点的图中，要求增加一些重复边，使新的路线图不含奇点，并且重复边的总权（距离）为最小。我们把使新图不含奇点而增加重复边的方案称为可行方案，把使总权（距离）最小的可行方案称为最优方案。

（3）奇点、偶点注释

如图6-27所示，以V为端点的边的个数称为V的次，次为奇数的点为奇点；次为偶数的点为偶点。结论：在一个连通图中，只要图中没有奇点，就可以不重复地一笔画成。因而邮递员的投递路线就可以运用这个结论来寻求最短投递路线。

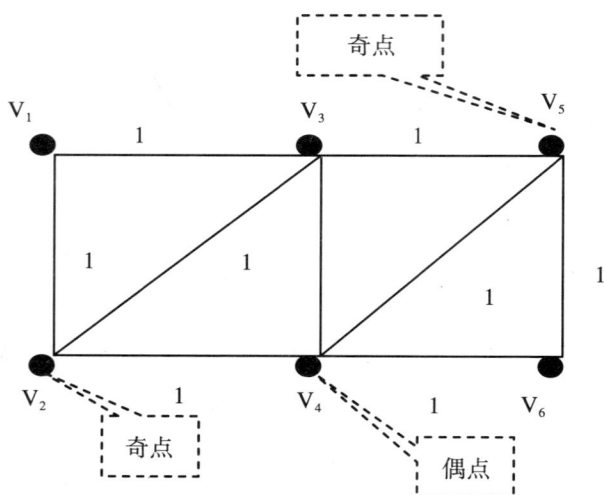

图6-27　最短投递路线

三、路线方案优化与调整方法

现对路线方案优化与调整方法举例说明。

有一个街道地图如图6-28所示。

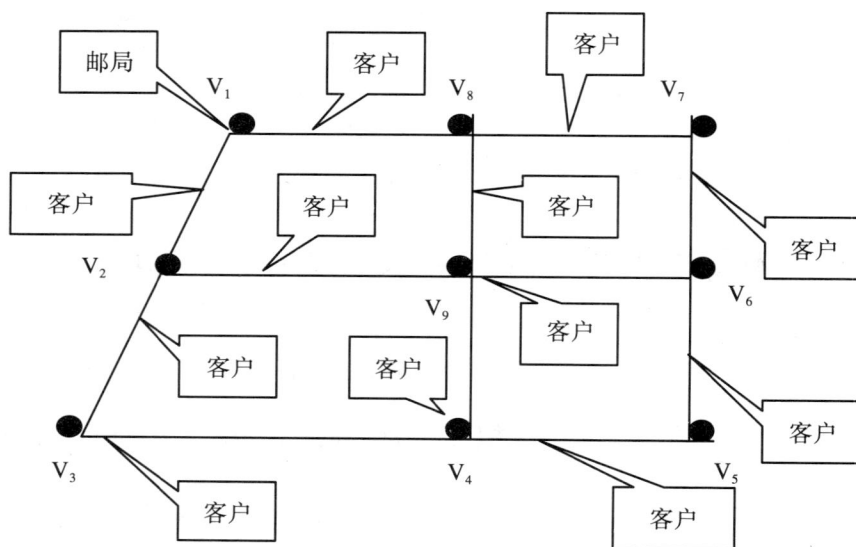

图6-28　某街道示意图

第一步：确定第一个可行方案。

由于任何线路图中，奇点个数必为偶数，因此可以配对，又因为图是连通的，故每一对奇点之间都有一条链。于是得V_2、V_4、V_6、V_8四个奇点。我们分别将之分成两对，例如V_2、V_4成对，V_6、V_8成对。V_2、V_4的链有好几条，任取一条，如V_2-V_1-V_8-V_7-V_6-V_5-V_4，作重复边加入图中，如图6-29所示。

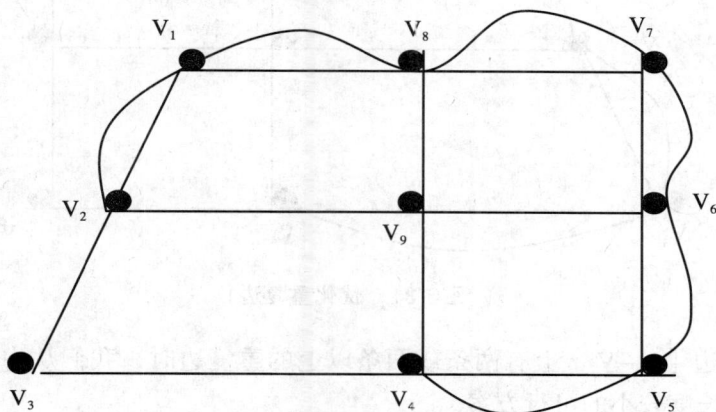

图6-29 第一可行方案

同理，将V_6-V_8之间的一条链：V_8-V_1-V_2-V_3-V_4-V_5-V_6，取重复边加到图中去，如图6-30所示。在这个图中，没有奇点，故又称欧拉图，得一个可行方案。重复边总权（距离）为：$2D_{12}+D_{23}+D_{34}+2D_{45}+2D_{56}+D_{67}+D_{78}+2D_{18}=51$。

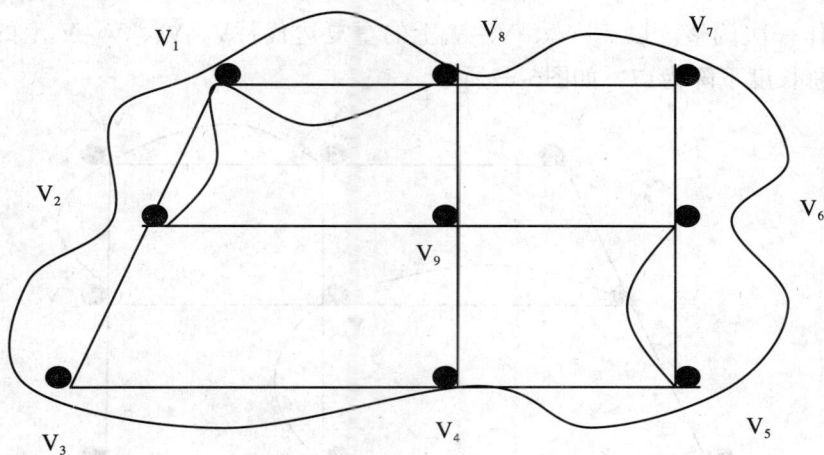

图6-30 欧拉图

第二步：调整可行方案，使重复边总长度下降。

从图6-30可以看出：[V_1-V_2]有两条重复边，如果去掉，图仍无奇点，剩下的重复边还是一个可行方案，而总长度却有所下降。

〔V$_1$–V$_8$〕、〔V$_4$–V$_5$〕、〔V$_5$–V$_6$〕同理，于是得图6-31。

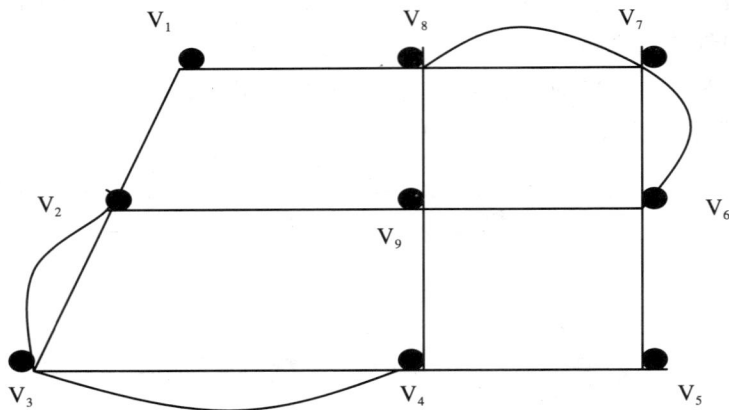

图6-31   优化重复边1

一般，若边〔V$_i$–V$_j$〕上有两条或两条以上的重复边时，我们从中去掉偶数条，就能得到一个总长度较小的可行方案。

方案调整程度的判断标准有以下两个。

① 在最优方案中，图的每一边上最多有一条重复边，无奇点。如图6-32所示，本例图中无奇点，重复边总权（距离）下降为21。

② 在最优方案中，图中每一个圈上的重复边的总权（距离）长不大于该圈总权的一半。本例中圈V$_2$–V$_3$–V$_4$–V$_9$–V$_2$总长度为24，但V$_2$–V$_3$–V$_4$总权为14大于圈长的一半。因此，可作一次调整。以V$_2$–V$_9$、V$_9$–V$_4$上的重复边代替V$_2$–V$_3$、V$_3$–V$_4$上的重复边，使总重复边总长度下降为17，如图6-32所示。

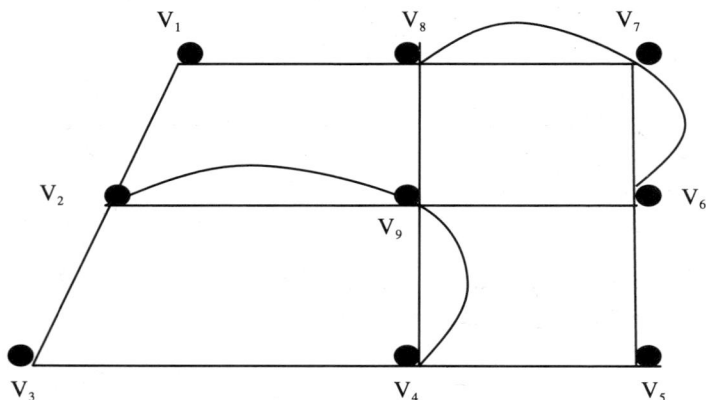

图6-32   重复边优化2

再查〔V$_1$–V$_2$–V$_9$–V$_6$–V$_7$–V$_8$–V$_1$〕圈中的重复边总权为13，而圈长为24，重复边总权13大于圈长的一半，需要进一步调整。

以V_1–V_2、V_1–V_8、V_9–V_6重复边代替V_2–V_9、V_6–V_7、V_7–V_8上的重复边，使重复边总权为11，满足重复边总权数小于圈长一半的条件，如图6-33所示。

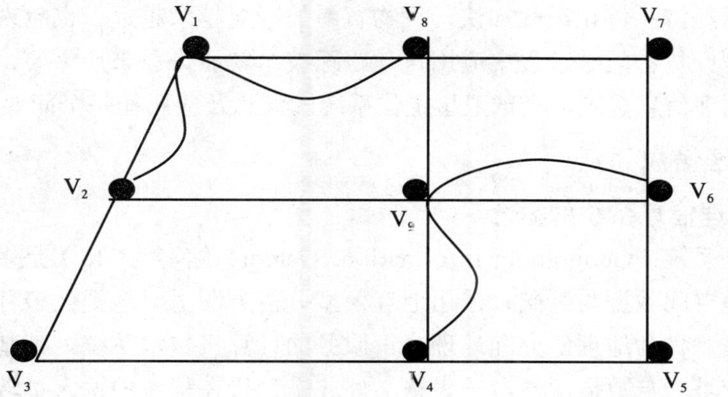

图6-33 重复边优化3

依优化判断标准（1）、（2）检查图中各重复边与所在圈，均满足优化条件，从而得：总权（距离）最小的可行方案（称为最优方案）。

第三步：验证邮递员最优邮递路线。

在最优方案图中，任意一个欧拉圈都是邮递员的最优路线，并且邮递员可以一次沿最优路线走完所有的服务客户，如图6-34所示。

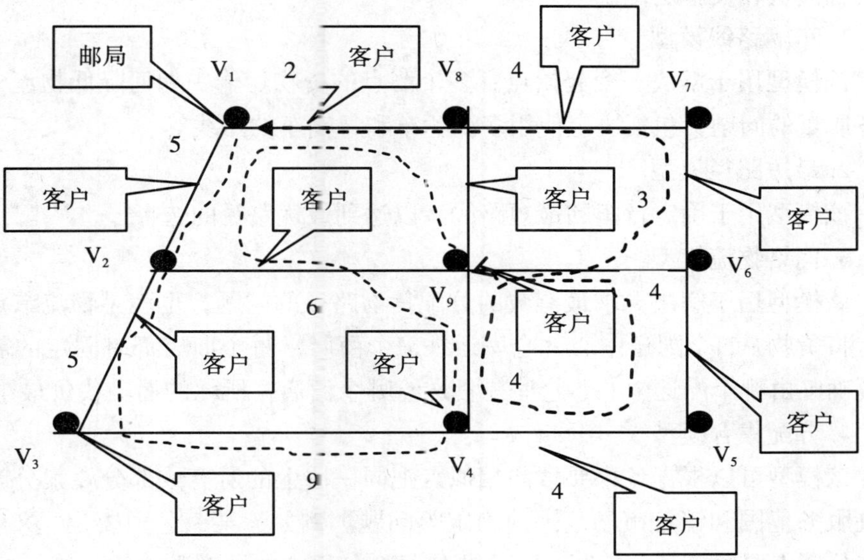

图6-34 欧拉图

第六节　货物自动跟踪技术

随着全球经济一体化进程加快，货物贸易的距离越来越远，也越来越复杂。为加强货物跟踪管理，货物配送过程中应用自动跟踪技术就显得愈来愈重要，本节对实现货物自动跟踪的地理信息系统、全球卫星定位系统的概念及应用作一个简要介绍。

一、地理信息系统

（一）地理信息系统的概念

地理信息系统（Geographic Information System，缩写为GIS）是多种学科交叉的产物，它以地理空间数据为基础，采用地理模型分析方法适时地提供多种空间的和动态的地理信息，是一种为地理研究和地理决策服务的计算机技术系统。其基本功能是将表格型数据（无论是来自数据库、电子表格文件或是直接在程序中输入）转换为地理图形显示，然后对显示结果进行测览、操作和分析。其显示范围可以从洲际地图到非常详细的街区地图，显示对象包括人口、销售情况、运输线路以及其他内容。

（二）地理信息系统在物流配送中的应用

GIS应用于物流配送的分析，主要是指利用GIS强大的地理数据功能来完善物流配送分析技术。国外公司已经开发出利用GIS为物流配送分析提供专门分析的工具软件。完整的GIS物流配送分析软件集成了车辆路线模型、最短路径模型、网络物流模型、分配集合模型和设施定位模型等。

1. 车辆路线模型

该模型用于解决一个起始点、多个终点的货物运输中如何降低物流作业费用并保证服务质量的问题，包括决定使用多少辆车和每辆车的路线等。

2. 最短路径模型

该模型用于确定行车的最短路线，以达到最优路径的选择。

3. 网络物流模型

该模型用于解决寻求最有效的分配货物路径的问题，也就是物流节点布局问题。例如，将货物从N个配送中心、仓库运往M个商店，每个商店都有固定的需求量，这时就需要确定由哪个配送中心、仓库提货送给哪个商店，所耗的运输代价最小。

4. 分配集合模型

该模型可以根据各个要素的相似点把同一层上的所有或部分要素分为几个组，用以解决服务范围和销售市场范围的确定等问题。例如，某一公司要设立X个分销点，要求这些分销点要覆盖某一地区，而且要使每个分销点的顾客数大致相等。

5. 设施定位模型

该模型用于确定一个或多个设施的位置。在物流系统中，仓库和运输线共同组成了物流网，仓库处于网络的节点上，节点决定着配送网络系统的整体效益。运用该模型可以解决如何根据供求的实际需要并结合经济效益原则等，解决在既定区域内设立多少个仓库、每个仓库的位置和规模，以及仓库之间的物流关系等问题。

二、全球定位系统

全球定位系统（Global Positioning System，缩写为GPS）结合了卫星及无线技术；具备全天候、全球覆盖、高精度的特征。能够实时、全天候为全球范围内陆地、海上、空中的各类目标提供连续不断的高精度的三维位置、三维速度和精确时间信息，是目前世界上精度最高的太空无线电导航系统。

（一）GPS概述

GPS是美国从20世纪70年代开始研制的，历时20年、耗资200亿美元，于1994年全面建成，是具有在海、陆、空进行全方位实时三维导航与定位能力的新一代卫星导航与定位系统。经我国测绘等部门近10年的使用表明，GPS以全天候、高精度、自动化、高效益等显著特点，赢得了广大测绘工作者的信赖，并成功地应用于大地测量、工程测量、航空摄影测量、运载工具导航和管制、地壳运动监测、工程变形监测、资源勘察、地球动力学等多种学科，从而给测绘领域带来了一场深刻的技术革命。

随着全球定位系统的不断改进和硬、软件的不断完善，其应用领域正在不断地拓展，目前已遍及国民经济各个部门，并开始逐步深入人们的日常生活。

（二）GPS的物流功能

1. 实时监控功能

在任意时刻通过发出指令查询运输工具所在的地理位置（经度、纬度、速度等信息）并在电子地图上直观地显示出来。

2. 双向通信功能

GPS的用户可使用GSM的语音功能与司机进行通话，或使用本系统安装在运输工具上的移动设备的汉字液晶显示终端进行汉字消息收发对话。

驾驶员通过按下相应的服务动作键，将该信息反馈到网络GPS，质量监督员可在网络GPS工作站的显示屏上确认其工作的正确性、了解并控制整个运输作业的准确性（发车时间、到货时间、卸货时间、返回时间等）。

3. 动态调度功能

调度人员能在任意时刻通过调度中心发出文字调度指令，并得到确认信息。

可进行运输工具待命计划管理，操作人员通过在途信息的反馈，在运输工具未返回车队前即作好待命计划。

可提前下达运输任务，减少等待时间，加快运输工具周转速度。

可进行运能管理，即将运输工具的运能信息、维修记录信息、车辆运行状况、司机人员信息、运输工具的在途信息等提供给调度部门决策，以提高重车率、尽量减少空车时间和空车距离，充分利用运输工具的运能。

4. 数据存储、分析功能

实现路线规划及路线优化，事先规划车辆的运行路线、运行区域及何时应该到达什么地方等，并将该信息记录在数据库中，以备以后查询、分析使用。

可进行可靠性分析，通过汇报运输工具的运行状态，了解运输工具是否需要较大的修理，预先制订好修理计划，计算运输工具平均每天差错时间，动态衡量该型号车辆的性能价格比。

可进行服务质量跟踪，在中心设立服务器，并将车辆的有关信息（运行状况、在途信息、运能信息、位置信息等）存入，让有该权限的客户能在异地方便地获取自己需要的信息。同时，还可以将客户索取的信息中的位置信息用相对应的地图传送过去，并将运输工具的历史轨迹印在上面，使该信息更加形象化。

依据资料库储存的信息，可随时调阅每台运输工具以前的工作资料，并可根据各管理部门的不同要求制作各种不同形式的报表，使各管理部门能更快速、更准确地作出判断及提出新的指示。

（三）GPS在物流配送领域的应用

1. 用于汽车自定位、跟踪调度

据丰田汽车公司的统计和预测，日本车载导航系统的市场在1995~2000年间平均每年增长35％以上，全世界在车辆导航上的投资平均每年增长60.8％，因此，车辆导航将成为未来全球卫星定位系统应用的主要领域之一。我国已有数十家公司在开发和销售车载导航系统。

2. 用于铁路货物运输管理

我国铁路开发的基于GPS的计算机管理信息系统，可以通过GPS和计算机网络实时收集全路列车、机车、车辆、集装箱及所运货物的动态信息，可实现列车、货物追踪管理。只要知道货车的车种、车型、车号，就可以立即从流动在近10万公里铁路网上的几十万辆货车中找到该货车，还能得知这辆货车现在何处运行或停在何处，以及所有车载货物的发货信息。铁路部门运用这项技术可大大提高其路网及其营运的透明度，为货主提供更高质量的服务。

3. 用于军事物流

全球定位系统首先是因为军事目的而建立的，在军事物流中，例如后勤装备的保障等方面，应用相当普遍。

【案例学习】

上海联华快客便利有限公司配送车辆路线调度优化

便利店，顾名思义是一种提供人们生活便利的商店。一般来说它的营业面积不大，在60~100平方米，有数名工作人员，能提供3 000种左右人们日常生活必需的小商品，并能提供一些人们日常所需的服务。每天的营业时间一般长达16小时或24小时通宵服务。由

于营业面积不大，它可能深入到各个居民小区、车站、码头等，贴近人们的生活，给人们带来极大的方便。现在人们不难在各居民小区、各条马路上发现便利店的身影。由于便利店规模较小，故对其管理更显重要，而采用连锁经营的方式，所有下属便利门店采用统一的企业形象设计、统一的管理模式，能取得很好的品牌效应；统一的进货方式可保证所进商品的质量，同时降低采购成本；统一的销售价格，又可使顾客感到满意和放心。

"联华便利"各便利所供商品的进货渠道主要有以下三个方面。少部分鲜活商品（如面包、牛奶、蔬菜等）每天由供货商直接送到各便利门店（以下简称门店）。公司自己建有一个冷冻仓库，负责各门店冷冻商品的供应，如冷冻肉食、禽类、速冻食品等。公司还有一个配货中心，负责其他常温商品的供应，如酒类、饮料、日用小商品等。门店根据各自的经营状况，在要货当日上午10时前，将要货信息输入电脑，经通信线路传到有关配送中心和冷冻仓库，而配送中心等收到各门店的要货信息，经汇总后组织好相应的商品，及时送达各门店。

公司规定各门店每两天可要货一次。按目前400多家门店的总规模来算，每天要货的门店达200多家，且分布在全市各个地方。冷冻仓库由于供应品种较少，根据经验每辆送货汽车一次满载可送20家门店，每天每车送货2次，现有车辆6辆，配送中心由于供应品种较多，共有车辆11辆。如何合理地调度这些送货车辆，在保证各门店要货能及时得到满足的前提下，使送货车辆经过的路途最小，是一个十分有意义的工作。

（资料来源：上海联华快客便利有限公司网站。）

限于本书的性质与篇幅，要将400多家门店与10余辆车进行调度优化，显然是不可能的。这里将问题适当地提炼，取其部分内容进行阐述，从中也可以看出调度优化的概貌。

这里仅考虑配货中心的某一辆车，负责分送位于杨浦区的10家门店。

对地理位置图进行分析，根据各条马路的实际情况，去掉明显不需要、不合理的线路，可将问题抽象成送货路线图1（单位：百米），如图6-35所示。

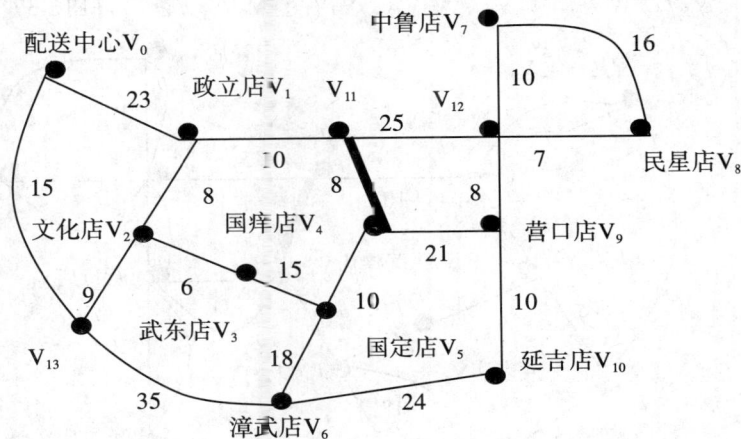

图6-35 送货路线示意图1

送货中心V_0、V_1至V_{10}分别为10家送货的门店，在重要路口增加了3个节点V_{11}至V_{13}。根据实际距离测量出各节点之间的距离，列于相关边的上方。

调度优化可分为4个步骤（限于篇幅，有关具体的计算方法和步骤将略去）。

第一步：考虑到送货车辆从配送中心出发，必须要到达所有的门店，故可采用最小树方法。生成最小树，将配货中心与各门店连接起来，如图6-36（单位：百米）所示，图中的粗线部分即为最小树，它将配货中心与10家门店连接起来，同时可使总的路线长度为最小。在最小树中包含了两个路口节点V_{11}和V_{12}。

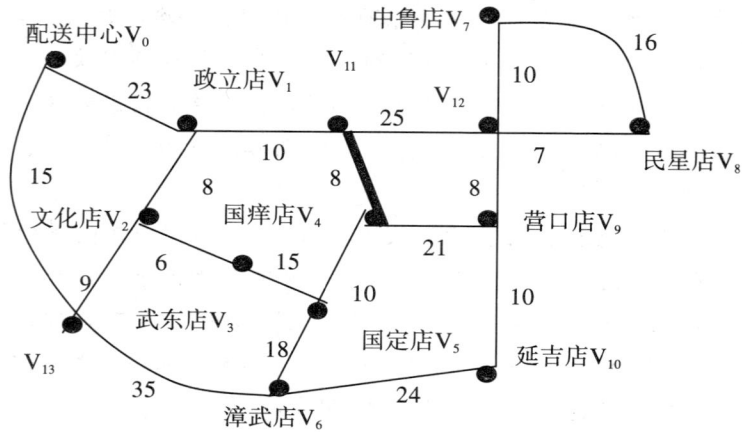

图6-36　送货路线示意图2

第二步：考虑到从配货中心出发的送货车辆，在送完所有门店货物后，仍需要返回配送中心，因而需要再对已生成的最小数采用中国邮递员线路的算法进行扩充。但在计算时要注意，可以利用原图中的所有边，进行边的扩充。

在图6-36中，奇点有V_0、V_1、V_3、V_4、V_6、V_7、V_8、V_9、V_{10}、V_{12}。故需增加边V_3V_5，重复边V_0V_1、V_5V_6、V_4V_9、V_9V_{10}、V_7V_{12}、V_8V_{12}、V_9V_{12} 7条，得图6-37（单位：百米）。

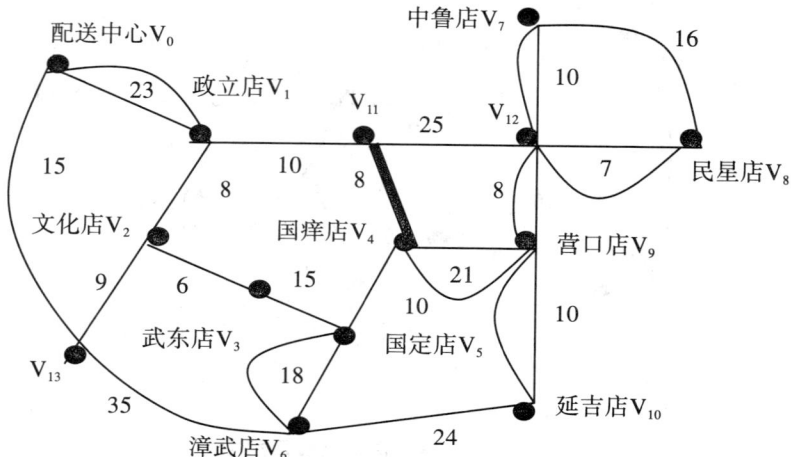

图6-37　送货路线示意图3

图6-37中的粗线部分即送货车辆从配送中心出发，送货到10家门店后返回配送中心的具体送货路线，即可为：$V_0-V_1-V_2-V_3-V_5-V_6-V_5-V_4-V_9-V_{10}-V_9-V_{12}-V_7-V_{12}-V_8-V_{12}-V_9-V_4-V_{11}-V_1-V_0$。路线的总长度为2.51千米。

第三步：进一步优化行车路线，因其加重复边的长度为10+7=17，而不加重复边的长度为16，故而改进，去掉重复边V_7V_{12}、V_8V_{12}，而增加边V_7V_8。

在圈$V_6-V_5-V_4-V_9-V_{10}-V_6$中，加重复边的长度为18+21+10=49，不加重复边的长度为10+24=34，也要改进，去掉重复边V_5V_5、V_4V_9、V_9V_{10}，增加重复边V_4V_5、V_6V_{10}即可得送货线路如下：$V_0-V_1-V_2-V_3-V_5-V_6-V_{10}-V_9-V_{12}-V_7-V_8-V_{12}-V_9-V_4-V_5-V_4-V_{11}-V_1-V_0$，路线的总长度减少为23.5千米，如图6-38所示，总长度较前减少了1.6千米。

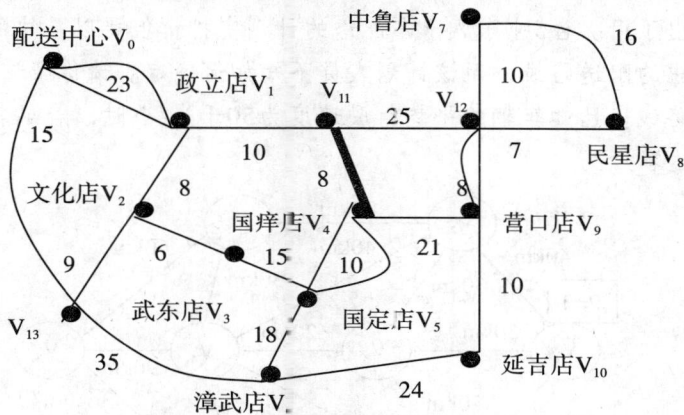

图6-38　运货路线示意图4

第四步：检查有重复边的路线是否是多余的。即检查重复边的两端是否已有其他线路相连通，如有的话，可将重复边连通原边从线路图中删去。可发现重复边V_4V_5的两端可通过其他线路相连，故可将V_4V_5连通其他重复边一起从路线图中删去，得最优线路：$V_0-V_1-V_2-V_3-V_5-V_6-V_{10}-V_9-V_{12}-V_7-V_8-V_{12}-V_9-V_4-V_{11}-V_1-V_0$，线路的总长度减少为21.5千米，如图6-39所示。

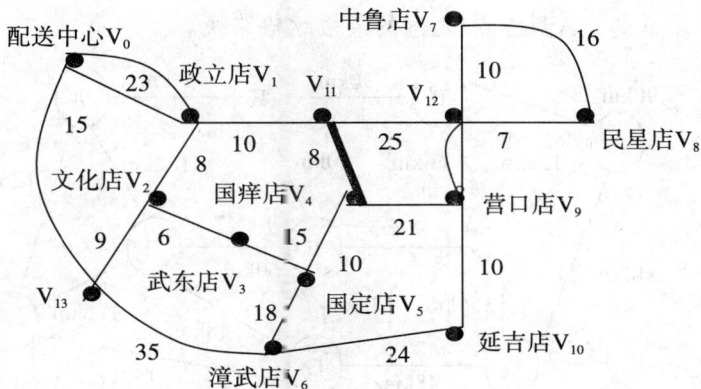

图6-39　送货路线示意图5

??? 问题与思考

1. 确定配送路线的常用方法有哪些？

2. 节约里程法的基本规定有哪些？其基本思想是什么？

3. 某配送中心拟用载重量为5吨的载货汽车，配送运输3种货物，第1种货物集装单元化后重量为1.5吨/件，第2种货物集装单元化后重量为2吨/件，第3种货物集装单元化后重量为3吨/件，试用动态规划法优化这3种货物的最优配载方案。

4. 图6-40为某地区的交通运输道路示意图。其中：V_1为配送中心位置，V_8为要货客户位置，现V_8客户向配送中心提出了5吨订货要求，并且要越快越好。配送中心物流计划人员已制订出了用一台5吨东风卡车配送的计划安排，但要以最快的速度将货物送达，就必须确定最短的配送路线，而该计划人员不知如何确定。请你帮该物流计划人员优化出最佳的送货路线。已知车辆的平均行驶速度为50千米/小时，若早晨6点发车，货物什么时候可以送达客户？

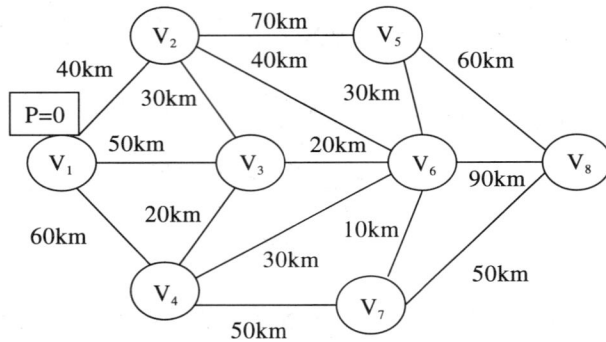

图6-40 某地区交通运输道路示意图

5. 图6-41为一张高速公路网络示意图，其中：A是起点，J是终点，B、C、D、E、G、H、I是网络上的节点，节点与节点之间以线路连接，线路上的数字表明了两个节点之间的距离。求从起点A到终点J之间的最短运输路线。

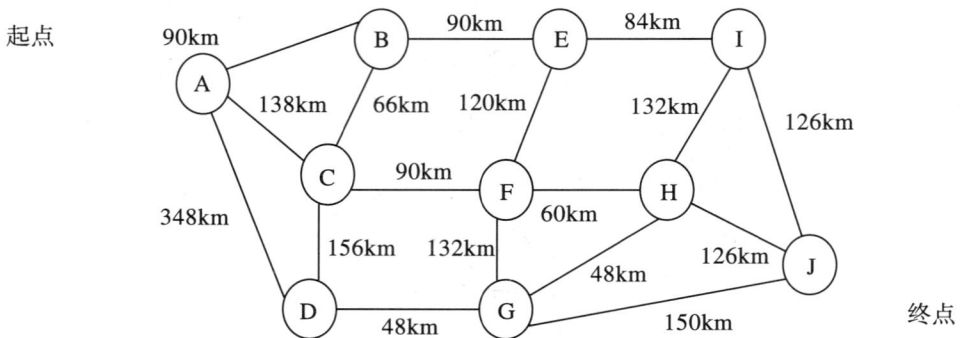

图6-41 高速公路网络示意图

6. 一辆送货车从配送中心所在地V_1给V_6、V_7两地客户实现共同配送。已知：车辆自身成本消耗0.2元/千米。各站点间的距离（单位：千米）数如图6-42所示。在V_6、V_7两地的线路间有一收费站，每次每台车辆通过均收费15元。

求：

（1）用标号法求出送货车的最优送货路线。

（2）此次送货，车辆总的花费是多少？

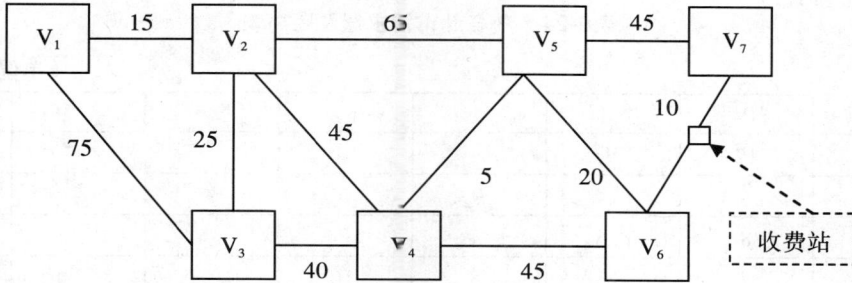

图6-42 配送路线示意图

7. 已知：配送中心P_0向7个用户P_j配送货物，其配送路线网络、配送中心与客户的距离以及客户之间的距离如图6-43所示。图中括号内的数字表示客户的需求量（单位：吨），线路上的数字表示两节点之间的距离（单位：千米），现配送中心由3台4吨卡车和2台6吨卡车可供使用。

求：

（1）试利用节约里程法制定最优的配送方案。

（2）设配送中心在向用户配送货物过程中单位时间平均花费为50元，假设卡车行驶的平均速度为35千米/小时，试比较优化后的方案比单独向各客户分送可节约多少费用？

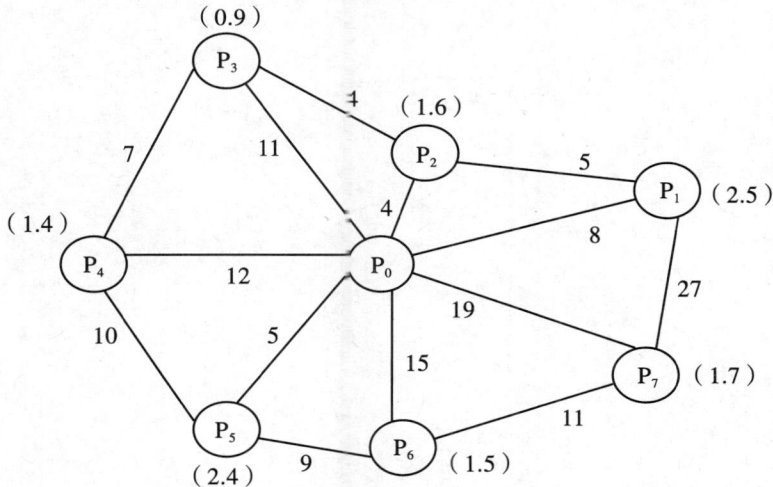

图6-43 配送路线网络图

8. 某配送中心经过多年努力，建立了自动化仓库与卸栈（托盘）工作站间的托盘出库拣货、货箱自动拣货、单件拣货三套高质量拣货服务系统。目前，配送中心工作任务之一就是负责给该城市某品牌的6个连锁超市（P_1—P_6）进行生鲜食品的日常配送。现已知该配送中心有2台3吨卡车和2台4吨卡车可供使用。超市每天上午8点给配送中心下订单，要求配送中心每天下午6点前把所需物品送到各连锁超市。6个连锁超市某天的需求量及其路线、距离情况如表6-24所示（需求量单位：吨；距离单位：千米）。

表6-24　P_0各超市需求量及距离表

（单位：km）

需求量（t）	P_0					
1.2	12	P_1				
1.9	6	14	P_2			
0.6	8	16	4	P_3		
1.4	7	13	8	10	P_4	
2.5	11	12	17	16	9	P_5
3	10	2	10	10	7	11	P_6

求：

（1）配送中心给连锁超市进行生鲜食品配送采取的是哪种服务方式？该方式对哪些情况特别适合？

（2）请用节约里程法制订最优的配送方案。

第七章 配送加工管理

【案例导入】

联华连锁超市为什么要建自己的生鲜加工配送中心

联华连锁超市生鲜产品的采购来源主要分为两类：本地采购和产地采购。本地采购的产品包括叶菜类（蔬菜基地）、鲜肉类（肉联厂）、鲜活水产（淡水养殖基地）、部分副食品（豆腐、豆浆、豆制品）、半成品凉菜、切配菜等；产地采购的产品包括大宗干菜、部分水果、冰冻水产、干鲜制品、加工制品等。大多的生鲜食品需要进行流通加工，其加工配送中心的建立可以实现统一采购、统一加工和统一配送，从而降低采购成本和物流成本。联华建立自己的生鲜加工配送中心可以整合本地连锁店的销售能力，从基地直接进货，减少中间环节；部分农副产品直接从产地采购，或面向全国招标采购；部分高毛利、低技术含量的加工产品由自己加工生产，解决消费者对产品来源不清的疑虑。

通过生鲜加工配送中心的建设和运作，对联华连锁超市内部的销售能力和库存进行重组，可以提高门店生鲜产品的质量控制水平，加强采购谈判能力。在此基础上，企业可以多向产地市场采购，同时淘汰一些实力弱、运作不规范的中、小中介商和供应商，重建有效的生鲜采购渠道。这又有助于规范化管理程度，使连锁超市各门店、生鲜配送中心和供应商之间的沟通更加顺畅，商品采购供应更有保障。

建立自己的生鲜加工配送中心，可以实现企业投资合理化，生鲜加工设备一般要占到超市总投入的1/3，如果建立生鲜加工配送中心，联华连锁超市前期加工工序设备可以集中进行投资，这样既避免了设备的过度投入，又可以有效保持生鲜经营品类和品种的经营规模及完整性。

建立自己的生鲜加工配送中心，有助于实现产品品质、加工和管理的标准化。如果没有生鲜加工配送中心，联华连锁超市要在各门店分散经营的生鲜区建立起统一的生鲜产品采购验收标准并在各店统一执行这一标准存在着相当的困难，管理上也容易出现一些漏洞。建立生鲜加工配送中心后，外部问题的影响会在加工配送环节得以化解，大大减轻由于没有统一标准而给各门店生鲜区带来的管理压力。

建立自己的生鲜加工配送中心，有助于有效控制和减少连锁店铺的存货和损耗。生鲜经营的难点之一是损耗问题，对于鲜活易腐产品，合理有效地控制单店产品库存量是一个关键环节，没有生鲜加工配送中心的调控作用，单店的安全库存和最低订货量很难压下来。

因此，生鲜加工配送中心可以有效调控生鲜产品和联华连锁超市各门店生鲜区之间的物流联系，以生鲜加工配送中心为核心，向生鲜供应链的上游延伸，实现联华超市与生鲜产品供应商双方之间各种资源的重新整合，包括资金、设备、货源、人员、专业化管理、信息等的重新整合，以提高联华生鲜产品供应的质量和服务水平，降低配送成本。建立自己的生鲜加工配送中心也就顺理成章了。

资料来源：中国物流与采购网。

第一节 配送加工概述

一、配送加工的含义和性质

（一）配送加工的含义

配送加工是流通加工的一种，即对物品在从生产地到使用地的过程中，根据客户需要所施加的包装、分割、计量、分拣、刷标志、拴标签、组装等简单作业的总称，是按照客户的要求所进行的配送加工。在配送活动中，为便于流通和消费，改进商品质量，促进商品销售，有时需要根据用户的要求或配送对象的特性，对商品进行套裁、简单组装、分装、贴标、包装等加工活动。配送加工这一功能要素在配送中不具有普遍性，但往往具有重要的意义。通过配送加工可以大大提高客户的满意程度。配送加工一般取决于客户的要求，加工目的单一。

配送加工是配送过程中一个比较特殊的环节，它具有一定的生产性质，同时它还将生产与消费（再生产）联系起来，起到桥梁作用，完成商品所有权与物的形态的转移；通过配送加工，能够提高原材料的利用率；进行初级加工能方便和满足用户的具体要求，从而弥补了专业生产方面的不足，解决了产品的标准化生产与消费个性化之间的矛盾。

常见的配送加工有：冷冻加工（采取低温冻结加工，解决诸如鲜肉、鲜鱼等产品的保鲜及装卸搬运问题）；分选加工（按不同的类别、规格、数量、质量进行加工）；精制加工（进行切分、洗净、分装等加工，以方便购买者）；分装加工（大包装改小包装、精装改小包装、运输包装改销售包装）；组装加工（将一些机电设备进行组装、拆装）。

一般来说，生产的职能是使一件物品产生某种形态而具有某种使用价值。流通的主要职能是在保持商品已有形态的前提下完成商品所有权的转移，不是靠改变商品的形态创造价值，物流的主要作用是实现商品的空间移动，在物流体系中，配送加工不是通过"保护"流通对象的原有形态而实现这一作用的，而是与生产相近，是通过有条件地部分改变或完善流通对象的原有形态来实现流通作用的。

（二）配送加工的性质

流通与加工本来不属于同一范畴，流通改变产品的空间、时间状态和所有权性质，是商业行为。加工改变物质的形态和性质，使原料成为产品，是工业行为。配送加工则是为了弥补生产加工的不足，更有效地满足用户的需求，将一部分加工放在物流过程中完成，而成为物流的一个组成部分，是生产活动在物流领域的延伸，是流通职能的扩充。配送加工在现代物流系统中，主要担负的任务是提高物流系统对于用户服务的水平，具有提高物流效率和使物流活动实现增值的作用。

配送加工的出现与现代生产方式有关，现代生产发展趋势之一是生产规模大型化、专业化，依靠单品种、大批量的生产方法，降低生产成本，获取经济的高效益，这样就出现了生产相对集中的趋势。这种规模的大型化、生产的专业化程度越高，生产相对集中的程度也就越高。生产的集中化进一步引起了产需之间的分离，生产与消费之间存在着一定的空间差、时间差。某些人生产的产品供给成千上万人消费，而某些人消费的产品又来自其他许多生产者，这种少品种、大批量、专业化产品往往不能和消费需要密切衔接，弥补这一分离的方法，就是配送加工。在后工业化时代，生产和流通的进程逐渐趋于一体化，物流领域的配送加工也是这种进程的一个表现，配送加工的诞生是现代生产发展的必然结果。

配送加工的出现还与现代社会消费的个性化有关。随着经济增长、国民收入增多，消费者的需求出现多样化。消费的个性化使本来就存在的产需分离变得更严重，生产过程中的加工制造常常满足不了消费的要求，如果采取增加生产工序的方式，将会使生产的复杂性增加，并且按个性化需求生产的产品难以组织高效率、大批量的流通。于是，加工活动开始部分地由生产过程向流通过程转移，促使在流通领域开展配送加工，在流通过程中形成了某些加工活动。目前，在世界许多国家和地区的物流中心或仓库经营中都大量存在着配送加工业务，美国等物流发达的国家则更为普遍。

二、配送加工的作用

（一）提高原材料利用率

利用配送加工，将由生产厂直接运来的、简单的、规格的产品按照使用部门的要求进行集中下料。例如，将钢板进行剪板、切裁；将钢筋圆钢裁制成毛坯；将木材加工成各种长度及大小的板方等。集中下料可以合理套裁，有很好的技术经济效果。北京、济南、丹东等城市曾经对平板玻璃进行配送加工（集中裁制、开片供应），使玻璃的利用率从60%左右提高到85%~90%。

（二）进行初级加工，方便使用

用量小或临时生产需要的单位，因缺乏进行高效率初级加工的能力，依靠配送加工便可省去进行加工所需的投资、设备及人力，从而搞活供应，方便用户。目前发展较快的初级加工有：净菜加工、将水泥加工成混凝土、将原木或板方材加工成门窗等。

（三）提高加工效率及设备利用率

建立集中加工点，可以采用效率高、技术先进、加工量大的专门机械和设备。这样做的好处一是提高了加工质量；二是提高了设备利用率；三是提高了加工效率，使加工费用及原材料成本降低。例如，一般的使用部门在对钢板下料时，采用气割的方法，需要留出较大的加工余量，这样不但出材率低，而且由于热加工容易改变钢材的组织，加工质量也不好。进行集中加工后可设置高效率的剪切设备，在一定程度上克服了上述缺点。

（四）充分发挥各种输送手段的最高效率

配送加工环节将实物的流通分成两个阶段。一般来说，由于配送加工环节设置在消费地，因此，从生产厂到配送加工这一阶段输送距离长，而从配送加工到消费环节这第二阶段的距离短。第一阶段是在数量有限的生产厂与配送加工之间进行定点直达，大批量的远距离输送，可以采用船舶、火车等大量输送的手段；第二阶段则是利用汽车和其他小型车辆来输送经过配送加工后的多规格、小批量的产品。这样可以充分发挥各种输送手段的最高效率，加快输送速度，节省运力运费。

（五）降低整个物流系统的成本

通过配送加工，可以使物流过程减少损失、加快速度，因而可能降低整个物流系统的成本。

（六）提高附加值，使物流系统成为新的利润中心

通过配送加工，提高物流对象的附加价值，使物流系统可能成为新的利润中心。例如，我国内陆省市的许多制成品（如洋娃娃玩具、时装、工艺美术品等）在深圳进行简单的装潢加工，使产品外观功能有所改变，仅此一项就可以使产品售价提高20％以上。长期以来，我国大量出口的各种商品由于存在外包装及装潢加工方面的缺陷而降低了产品本身优良的品质，并损失了较大的市场和利润。

三、配送加工的特点

配送加工和一般的生产型加工在加工方法、加工组织、生产管理方面并无显著区别，但在加工对象、加工程度方面差别较大，其差别主要表现在以下几个方面。

（一）加工对象上的差别

配送加工的对象是已经进入流通过程的商品，与消费者的需求更接近，而生产加工的对象则是原材料、零配件、半成品。

（二）加工程度上的差别

配送加工的程度大多是简单加工，如果必须进行复杂加工才能形成人们所需要的商品，就应专门设计生产加工的工序。配送加工绝不是生产加工的代替，而是对生产加工的辅助及补充。

（三）加工价值上的差别

从价值观点来看，生产加工的目的在于创造价值和使用价值，而配送加工则是为了实现产品的价值和完善其使用价值的。

（四）加工目的上的差别

配送加工有时候以自身流通为目的，为物流创造条件，这也是配送加工不同于一般生产加工的特殊之处。

（五）企业性质上的差别

配送加工的组织者是从事流通工作的人，能密切结合流通的需要进行这种加工活动。从生产单位来看，配送加工由商业或物资流通企业完成，而生产加工则由制造业的生产企业完成。

四、配送加工的主要类型

（一）为弥补生产领域加工不足的深加工

有许多产品在生产领域的加工只能到一定程度，这是因为存在许多因素限制了生产而不能完全实现终极加工。例如，钢铁厂的大规模生产只能按标准定的规格生产，以使产品有较强的通用性，使生产能有较高的效率和效益；木材如果在产地完成成材加工或制成木制品的话，就会给运输造成极大的困难，所以原生产领域只能加工到圆木、板、方材这个程度，进一步的下料、切裁、处理等加工则由配送加工完成。这种配送加工实际是生产的延续，是生产加工的深化，对弥补生产领域的加工不足具有重要意义。

（二）为满足需求多样化进行的服务性加工

由于需求存在着多样和变化两个特点，为满足这种要求，流通部门常常对某些原料进行初级加工。例如，将大的板材、线杆按用户需求进行切割等。对生产者来讲，现代生产的要求是尽量减少流程，集中力量从事较复杂的技术性较强的劳动，而不愿意将大量初级加工包揽下来。这种初级加工由配送加工来完成，生产者便可以缩短自己的生产流程，提高生产效率。

（三）为保护产品所进行的加工

在物流过程中，直到用户投入使用前，都存在着对产品的保护问题，即防止产品在运输、储存、搬运、包装等过程中遭受损失，使使用价值得以顺利实现。与前两种加工不同，这种加工并不改变进入流通领域的"物"的外形及性质。这种加工主要采取稳固、改装、冷冻、保鲜、涂覆等方式。

（四）为提高物流效率，方便物流的加工

有一些产品本身的形态使其物流操作难以进行。例如，鲜活商品具有储存困难、过大设备具有搬运困难、气体物品具有运输困难等。进行配送加工，可以使这些产品物流较易于操作，这种加工往往改变"物"的状态，但并不改变其化学特性，并最终仍能恢复其原来的物理状态。

（五）为促进销售的配送加工

配送加工可以从若干方面起到促进销售的作用。例如，将大包装或散装物加工成适合一次性销售的小包装的分装加工；将原来以保护产品为主的运输包装改换成以促进销售为主的装潢性包装，以起到吸引消费者、指导消费的作用；将零配件组装成用具、车辆以便直接销售；将蔬菜、肉类洗净切块以满足消费者的需求等。这种配送加工可能不改变物的本体，而只进行简单的改装加工，也有许多是组装、分块等深加工。

（六）为提高加工效率的配送加工

许多生产企业的初级加工由于加工数量有限、难以投入先进的科学技术，加工效率不高。而配送加工以集中加工的形式，解决了单个企业加工效率不高的弊病。或者可以一家配送加工企业代替若干生产企业的加工工序，使加工效率提高。

（七）为提高原材料利用率及物品除杂的配送加工

配送加工利用其综合性强、用户多的特点，可以实行合理规划、合理套裁、集中下料的办法，这就能有效提高原材料的利用率，减少损失浪费。例如，有一些大宗的货物（如煤炭、粮食等）中含有一些杂质，会影响其运输效率和效益，所以物流中心可对其进行除杂加工。

（八）衔接不同的运输方式，使物流合理化的配送加工

在干线运输及支线运输的节点设置配送加工环节，可以有效地解决大批量、长距离干线运输和多品种、小批量、多次末端运输以及集货运输之间的衔接问题。一般是在配送加工点与大生产企业间形成大批量、定点运输的渠道，又以配送加工中心为核心，组织对多用户的配送，也可在配送加工点将运输包装转换为销售包装，从而有效衔接不同目的的运输方式。

（九）"生产—流通"一体化的配送加工形式

依靠生产企业与流通企业的联合，或者生产企业涉足流通，或者流通企业涉足生产，形成对生产与配送加工进行合理分工、合理规划、合理组织且统筹生产与配送加工的安排，这就是"生产—流通"一体化的流通形式。这种形式可以促成产品结构及产业结构的调整。充分发挥企业集团的经济技术优势，是目前配送加工领域的新形式。

第二节　配送加工合理化

配送加工是在流通领域对生产的辅助性加工，从某种意义上讲，它不仅是生产过程的延续，而且是生产本身或生产工艺在流通领域的延续，这个延续可能有正反两面的作用，即一方面可能起到有效地补充完善的作用；另一方面也必须估计到其对整个过程产生的负效应，任何不合理的配送加工都会产生足以抵消效益的负效应。

一、常见的不合理的配送加工

合理的配送加工可以有效地起到对生产进行补充完善和促进流通的作用，但是各种不合理的流通加工也会产生抵消效益的负效应。

（一）配送加工地点的设置不合理

配送加工地点设置即布局状况是影响整个配送加工能否有效发挥作用的重要因素。为衔接单品种大批量生产与多样化需求的配送加工，加工地点设置在需求地区，才能实现大批量的干线运输与多品种末端配送的物流优势。如果将配送加工地设在生产地区，等于在生产地增加了一个加工环节，同时增加了近距离运输、装卸、储存等一系列物流活动。在这种情况下不如由原生产单位完成这种加工而无须设置专门的配送加工环节。另外，若是出于方便物流的考虑，配送加工则应设在产出地，即设置在进入社会物流之前。如果将其设置在物流之后，即设置在消费地，则不但不能解决物流问题，又在流通中增加了一个中转环节，因而也是不合理的。即使是产出地或需求地设置配送加工的选择是正确的，还会有配送加工在小地域范围的正确选址问题，如果处理不善，仍然会出现不合理。这种不合理主要表现在交通不便、配送加工与生产企业或用户之间距离较远、配送加工点的投资过高（如受选址区地价的影响）、加工点周围社会环境不良等。

（二）配送加工方式选择不当

配送加工方式包括配送加工对象、流通加工工艺、配送加工技术、配送加工程度等。配送加工方式的确定实际上是其与生产加工的合理分工。本来应由生产加工完成的，却错误地由配送加工完成；相反，本来应由配送加工完成的，却错误地由生产过程完成，都会造成不合理。配送加工不是对生产加工的替代，而是一种补充和完善。所以，如果工艺复杂，技术装备要求高，或加工可以由生产过程延续或轻易解决的都不宜再设置配送加工，尤其不宜与生产过程争夺技术要求高、效益高的最终生产环节，更不宜利用一个时期市场的压迫力使生产者变成初级加工或前期加工者，而应由流通企业完成装配和最终产品的加工。如果配送加工方式选择不当，就会出现与生产夺利的恶果。

（三）配送加工作用不大，形成过多环节

有的配送加工过于简单，或对生产及消费作用不大，甚至有时候配送加工具有盲目性，不仅不能解决品种、规格、质量、包装等方面的问题，相反却实际增加了环节，这也是配送加工不合理的重要表现之一。

（四）配送加工成本过高，效益不好

配送加工之所以有生命力，重要优势之一是有较大的投入产出比。如果配送加工成本过高，则不能实现以较低投入实现更高使用价值的目的。

二、如何促进配送加工合理化

配送加工合理化的含义是实现配送加工的最优资源配置，不仅要做到避免各种不合

理的存在，使配送加工具有存在的价值，而且做到争取最优的选择。

为避免各种不合理现象，对是否设置配送加工环节、在什么地点设置、选择什么类型的加工、采用什么样的技术设备等，都需要作出正确的抉择。

实现配送加工合理化主要考虑以下几个方面。

（一）加工和配送相结合

这要求将流通加工设置在配送点中，一方面按配送的需要进行加工，另一方面加工又是配送业务流程中分货、拣货、配货之一环节，加工后的产品直接投入配货作业。这就无须单独设置一个加工的中间环节，使配送加工有别于独立的生产，而使配送加工与中转流通巧妙地结合在一起。同时，由于配送之前有加工，这就可使配送服务水平大大提高。这是当前对配送加工作合理选择的重要形式。在煤炭、水泥等产品的配送加工中已显现出较大的优势。

（二）加工与配套相结合

在对配套要求较高的流通中，配套的主体来自各个生产单位，但是完全配套优势无法依靠现有的生产单位实现。进行适当的配送加工，可以有效促成配套，大大提高流通的桥梁与纽带作用。

（三）加工与合理运输相结合

这种配送加工衔接了干线运输与支线运输，促进了两种运输形式的合理化。支线运输转干线运输或干线运输转支线运输本来就需要停顿的环节，利用配送加工，不进行一般的支转干或干转支，而是按干线或支线运输合理的要求进行适当的加工，从而大大提高了运输及运输转载水平。

（四）加工与合理商流相结合

通过加工有效促进销售，使商流合理化，也是配送加工合理化的考虑方向之一。加工与配送相结合，通过加工，提高了配送水平，强化了销售，是加工和合理商流相结合的一个成功例证。此外，通过简单地改变包装加工形成方便于用户的产品，通过组装加工解除用户使用前进行组装、调试的难处，都是配送加工有效促进商流发展的表现。

（五）加工与节约相结合

节约能源、节约设备、节约人力、节约耗费是流通合理化需要考虑的因素之一，也是目前我国设置和发展配送加工，考虑社会资源有效利用的重要原因。

对于配送加工合理化的最终判断，是看其是否取得了最优效益。对于配送加工企业而言，与一般生产企业的一个重要的不同之处是，配送加工企业更应该树立社会效益优先的观念，只有在以"补充完善"为己任的前提条件下才有生存的价值。如果只是追求企业的微观效益，不适当地进行加工甚至与生产企业争利，这就有违了配送加工的初衷，或者其本身已不属于配送加工的范畴了。

第三节　配送加工技术

一、生鲜食品的配送加工

（一）冷冻加工

冷冻加工是指为解决鲜肉、鲜鱼在流通过程中保鲜及搬运装卸的问题而采取低温冻结方式的加工。这种配送加工方式也用于某些流体商品、药品等。

（二）分选加工

农副产品离散情况较大，为获得一定规格的产品，采取人工或机械分选的方式加工，称为分选加工。该方式广泛应用于果类、瓜类、谷物、棉毛原料等。

（三）精制加工

精制加工是对农、牧、副、渔等产品，在产地或销售地设置加工点，去除其无用部分，甚至可以对其进行切分、洗净、分装等加工。这种加工不但大大方便了购买者，而且还可对加工的淘汰物进行综合利用。例如，鱼类精制加工所剔除的内脏可以制成某些药物或饲料，鱼鳞可用于制高级黏合剂，头尾可以制鱼粉等；蔬菜的加工剩余可以制饲料、肥料等。

（四）分装加工

许多生鲜食品零售起点较小，为保证高效输送，其出厂包装普遍较大，也有一些是采用集装运输方式运达销售地区的。为便于销售，会在销售地区按所要求的零售起点进行新的包装，即将大包装、散装改小包装，运输包装改成销售包装，这种方式就称为分装加工。

二、轻纺产品的配送加工

（一）服装的配送加工

服装的配送加工RSD（Receive Sort Distribute，缩写为RSD）是对时装进行的接收、分类和配送服务。RSD是澳大利亚TNT公司下属一家分公司开展的一项物流服务业务。它可以为顾客提供从任何地方来，到任何地方去的时装配送加工、运输、配送的服务。

时装RSD运输服务是建立在时装仓库基础上的。时装仓库最大的特点是，具有悬挂时装的多层仓库导轨系统。一般2~3层导轨悬挂的时装，可以直接传输到运输时装的集装箱中，形成时装取货、分类、库存、分送的仓储、配送加工、配送等的集成系统。在这个基础上，无论是平装还是悬挂的时装，都可以最优越的时装运输条件，进行"门到门"的运输服务。在先进的时装运输服务基础上，公司开展RSD服务项目，实质是一种配送加工业务。RSD服务满足了时装制造厂家、进货商、代理商或零售商的需要，依据顾客及市场的情况对时装取货、分类、分送的全过程负责。时装RSD服务可以完成制衣过程的质量检验等工作，并在时装仓库中完成进入市场前的以下准备工作。

• 取货：直接到制衣厂上门取时装。

- 分类：根据时装颜色、式样进行分类。
- 检查：时装颜色、脱线等质量问题。
- 装袋：贴标签后装袋、装箱。
- 配送：按照销售计划，直接送达经销商或用户手中。
- 信息服务与管理：提供相应的时装信息服务和计算机管理。

许多属于生产过程的工作程序和作业，可以在仓储中完成，这是运输业服务的前向和后向延伸，是社会分工协作的又一具体体现。这样，服装生产商可以用最小的空间（生产产地）、最少的时间、最低的成本来实现自己的销售计划，物流企业也有了相对稳定的业务量。这种加工以适应顾客需求变化，服务顾客为目的，不仅能够提高物流系统的效率，对于生产标准化和计划化、提高销售效率、提高商品价值、促进销售也将越来越重要。

（二）鞋类的配送加工

阿迪达斯公司在美国有一家超级市场，设立了组合式鞋店，摆放着不是做好了的鞋，而是用做加工的半成品，其款式花色多种多样，有6种鞋跟、8种鞋底，均为塑料制造，鞋面的颜色以黑、白为主，搭配的颜色有80余种，款式有百余种。顾客进来可以任意挑选自己所喜欢的各个部位，交给职员当场进行组合。只要10分钟，一双崭新的鞋便随手可得，这家鞋店昼夜营业，职员技术熟练，鞋子的售价与成批制造的价格差不多，有的还稍便宜些。所以顾客络绎不绝，销售金额比邻近的鞋店多10倍。

三、木材的配送加工

（一）磨制木屑压缩输送

木材是密度小的货物，在运输时占有相当大的容积，往往使车船满装但不能满载。同时，装车、捆扎也比较困难。林区外送的原木中，有相当一部分是造纸材，一些国家采取在林木生产地就地将原木磨成木屑，然后进行压缩方法，使之成为密度较大、容易装运的形式，再运至靠近消费地的造纸厂，取得了较好的效果。根据美国的经验，采取这种办法比直接运送原木可节约一半的运费。

（二）集中开木下料

在配送加工点将原木锯裁成各种规格的木材，同时将碎木、碎屑集中加工成各种规格的板材，甚至还可进行打眼、凿孔等初级加工。过去用户直接使用原木，不但加工复杂、加工场地加大、加工设备增多，而且更严重的是资源浪费大，木材平均利用率不到50%，平均出材率不到40%。实行集中下料，按用户要求供应规格料，可以使原木利用率提高到95%，出材率提高到20%左右，具有相当大的经济效果。

四、平板玻璃的配送加工

平板玻璃的"集中套裁，开片供应"是重要的配送加工方式。这种方式是在城镇中设立若干个玻璃套裁中心，负责按用户提供的图纸，统一套裁开片，为用户供应成品，用户可以将其直接安装在采光面上。在此基础上，可以逐步形成从工厂到套裁中心的稳定的、高效率的、大规模的平板玻璃"干线输送"，以及从套裁中心到用户的小批量、多户头的"二次输送"这样一种现代物流模式。

五、煤炭等燃料的配送加工

（一）除矸加工

除矸加工是以提高煤炭纯度为目的的加工形式。一般煤炭中混入的矸石有一定的发热量，混入一些矸石是允许的，也是较经济的。但是，有时则不允许煤炭中混入矸石。在运力十分紧张的地区，要求充分利用运力，多运"纯物质"，少运矸石。在这种情况下，可以采用除矸的物流加工排除矸石。

（二）为管道输送煤炭浆进行的煤浆加工

煤炭的运输主要采取容器载运方法，运输中损失浪费较大，又容易发生火灾。而管道运输是近年来兴起的一种先进技术，目前，某些发达国家已开始投入运行。

（三）配煤加工

在使用地区设置集中加工点，将各种煤及其他一些发热物质，按不同的配方进行掺配加工以生产出各种不同发热量的燃料，称作配煤加工。这种加工方式可以按需要发热量生产和供应燃料，可防止"大材小用"燃能浪费的情况，也可防止发热量过小、不能满足使用要求的情况出现。工业用煤经过配煤加工，还可以起到便于计量控制、稳定生产过程的作用，在经济及技术上都有价值。

（四）天然气、石油气的液化加工

由于气体输送、保存都比较困难，天然气及石油气往往只好就地使用，如果当地资源充足，使用不完，往往就地燃烧掉，从而造成浪费和污染。两气的输送可以采用管道，但因投资大、输送距离有限，也受到制约。在产出地将天然气或石油气压缩到临界压之上使之由气体变成液体，就可以用容器进行装运，使用时机动性也较强。这是目前采用较多的方式。

六、水泥的配送加工

在需要长途调入水泥的地区，变调入成品水泥为调进熟料半成品，再在该地区的配送加工据点（粉碎工厂）粉碎，并根据当地资源和需要的情况掺入混合材料及外加剂，制成不同品种及标号的水泥，供应该地用户。这是目前水泥配送加工采取的重要形式之一。在国外，采用这种物流形式已达到一定的比重。

在需要经过长距离输送供应的情况下，以熟料形态代替传统的粉状水泥，有很多优点。

1. 可以大大降低运费、节省运力

调运普通水泥和矿渣水泥约有30％以上的运力消耗在运输矿渣及其他各种加入物上。在我国，水泥需用量大的地区，工业基础大都较好，当地又有大量的工业废渣，如

果在使用地区对熟料进行粉碎，可以根据当地的资源条件选择混合材料的种类，这样就节约了消耗在混合材料上的运力和运费。同时，水泥输送的吨位也大大减少，有利于缓和铁路运输紧张的状态。

2. 更大限度地满足当地实际需要

可按照当地的实际需要，大量掺加混合材料，生产廉价的低标号水泥，发展低标号水泥品种，在现有生产能力的基础上，更大限度地满足需要。我国大、中型水泥厂生产的水泥平均标号逐年提高，但是目前我国使用水泥的部门，大量需要较低标号的水泥。然而，大部分施工部门没有在现场加入混合材料以降低水泥标号的技术力量和设备，因此，不得已而使用标号较高的水泥，这是很大的浪费。如果以熟料为长距离输送的形态，在使用地区进行加工粉碎，就可以按实际需要生产各种标号的水泥，尤其可以大量生产低标号的水泥，减少水泥长距离输送的数量。

3. 容易以较低的成本实现大批量、高效率的输送

从国家的整体利益来看，在铁路输送中，利用率较低的输送方式显然不是发展方向。如果采用输送熟料的配送加工形式，可以充分利用站、场、仓库现有的装卸设备，又可以利用普通车皮装运，比起散装水泥的方式，具有更好的技术经济效果。

4. 可以大大降低水泥的输送损失

水泥的水硬性是充分磨细之后才表现出来的，而未磨细的熟料，抗潮湿的稳定性很强。所以输送熟料也可以防止由于受潮而形成的损失。此外，颗粒状的熟料不像粉状水泥那样易于散失。

5. 能更好地衔接产需，方便用户

从货物管理的角度来看，如果长距离输送是定点直达的渠道，这对于加强计划性、简化手续、保证供应等方面都有利。采取长途输送熟料的方式，水泥厂可以和有限的熟料粉碎厂之间形成固定的直达渠道，能形成经济效果良好的物流体系。水泥的用户也可以不出本地区，而直接向当地的熟料粉碎厂订货，因而更容易沟通产需关系，具有明显的优势性。

七、机械产品及零配件的配送加工

多年以来，自行车及机电设备储运困难较大，主要原因是不易进行包装，若进行防护包装，则包装成本更大，并且运输装载困难、装载效率低、流通损失严重。但是，这些货物有一个共同点，即装配较简单、装配技术要求不高、主要功能已在生产中形成、装配后不需进行复杂检测及调试。所以，为解决储运问题、降低储运费用，采用半成品（部件）高容量的包装出厂，再在消费地拆箱组装的方式，组装一般由流通部门进行，组装之后随即进行销售。这种配送加工方式近几年来已在我国广泛应用。

八、钢材剪板及下料的配送加工

热轧钢板和钢带、热轧厚钢板等钢材的最大交货长度可达7~12米，有的是成卷交货，

对于用量不大的企业和多数中、小型企业来讲，单独设置剪板、下料的设备有设备闲置时间长、人员浪费大、不易采用先进方法的缺点。钢板的剪板及下料加工可以有效地解决上述弊病。

剪板加工是在固定的地点设置剪板机，下料加工是设置各种切割设备，将大规格钢板裁小，或切裁进行剪板加工，然后将小规格钢板进行销售的配送加工形式。和钢板的配送加工类似，还有圆钢、型钢、线材的集中下料、线材冷拉加工等。

九、冷链系统和商品混凝土的配送加工

冷链系统和商品混凝土是两种特殊的配送加工形式。一般的配送加工都是在物流节点上进行加工，而冷链系统和商品混凝土中的一种加工方式（不是全部商品混凝土），是在流通线路上，在流通设施运行的过程中进行加工，所以，这和一般的配送加工概念又有区别。

（一）冷链系统

物流领域面对的物流对象，遍及整个国民经济的所有工业产品，这些产品的物流要求有很大的差异。如果对这个领域作出细分，会有几百种不同的物流方式，例如，粮食物流、煤炭物流、水泥物流、钢材物流、蔬菜物流、鸡蛋物流、饮用水物流等。尽管物流系统的物流对象和要求不同，但是都可以通过各种包装进行组合，这就解决了千百种物流对象的特殊物流问题。但是，有一些物流对象有其他要求，例如，生鲜食品要求在物流过程中必须保持一定的温度，要创造这个环境条件不能采用通常的方法，冷链系统就是在物流过程中创造物流环境的温度条件以进行控温或冷藏、冷冻的一种特殊的物流系统。

冷链中"链"的含义，指的是"全过程"，与一般冷藏物流系统相比，特别强调一开始就进入所要求的温度环境之中，直到交给消费者为止。例如，水果从采摘之后开始，至到达最终消费者为止；肉类从屠宰冷却之后开始，直到交给消费者，其全过程都在有效的温度环境控制之中。

（二）集中搅拌供应商品混凝土

改变将粉状水泥供给用户，由用户在建筑工地现制现拌混凝土的习惯使用方法，而将粉状水泥输送到使用地区的配送加工据点（集中搅拌混凝土工厂或称生混凝土工厂），在那里搅拌成生混凝土，然后供给各个二地或小型构件厂使用，这是水泥配送加工的另一种重要方式。其经济效果优于直接供应或购买水泥在工地现制混凝土的经济效果，因此，受到许多工业发达国家的重视。

这种配送加工形式具有以下优点。

（1）这种配送加工方式，把水泥的使用从小规模的分散形态，改变为大规模的集中加工形态，因此，可以充分应用现代化的科学技术，组织现代化的大生产；可以发挥现代化设备和现代化管理方法的优势，大幅度地提高生产效益和混凝土质量。

（2）集中搅拌可以采取准确的计量手段和选择最佳的工艺；可以综合考虑外加剂、

混合材料的影响，根据不同的需要大量使用混合材料，搅拌不同性能的混凝土；又能有效控制原料质量和混凝土的离散程度，提高混凝土质量，节约水泥使用量。采用集中搅拌一般能比分散搅拌减少20~30公斤的水泥使用量。

（3）与分散搅拌比较，在相等的生产能力下，集中搅拌的设备在吨位、设备投资、管理费用、人力及电力消耗等方面都能大幅度降低。由于生产量大，可以采取措施回收废水，防止污染，保护环境。由于设备固定不动，还可以避免因经常拆建所造成的设备损坏，延长设备的使用寿命。

（4）采用集中搅拌的流通方式，可以使水泥的供应渠道更加合理。这是因为，在集中搅拌站（厂）与水泥厂（或水泥库）之间，可以形成固定的供应渠道，这些渠道的数目大大少于分散使用水泥的渠道数目，在这些有限的供应渠道之间，就容易采用高效率、大批量的输送形态，有利于提高水泥的散装率。在集中搅拌场所内，还可以附设熟料粉碎设备，直接使用熟料，实现熟料粉碎及搅拌生混凝土两种配送加工形式的结合。

（5）采用集中搅拌混凝土的方式，也有利于新技术的推广应用，大大简化了工地的材料管理、节约了施工用地等。

十、蔬菜的配送加工

近年来，由于一些发达国家的蔬菜生产成本加大，不少国家和地区都愿意从我国进口廉价的蔬菜。为推动我国加工业由资源优势向经济优势转变，有关专家认为，今后蔬菜加工发展方向有以下几个方面。

（一）脱水蔬菜

这种蔬菜经过干燥技术处理体积大大缩小。以鲜葱为例，每13吨鲜葱经加工后得到1吨脱水葱，并且不必冷藏运输，保存十分方便。加工时通常采用冷冻干燥法，先将其冷冻，使植株体内的水分冷冻成冰状，而后移放于较高温度的真空干燥条件下，使冰迅速化为水汽而蒸发掉。经过脱水加工的蔬菜复水性好，维生素和其他营养成分不受破坏，深受国际市场欢迎。

（二）速冻蔬菜

将洗净的蔬菜经漂洗处理后，放入温度在−18℃~−5℃环境中，经较短时间和极快的速度使之冰化，在低温条件下较好地保持原蔬菜的色、香、味和各种有效营养成分。速冻蔬菜的特点是冻后的复原性能好，近似于新鲜蔬菜。

（三）净洁蔬菜

这种蔬菜只适合在城市近郊加工，其方法是将收获的新鲜蔬菜经初加工，剔除残根、老叶、虫伤株，洗净后包装成干净的蔬菜上市销售。此菜的特点是新鲜净洁，消费者购买后可以直接食用，十分方便与快捷。

（四）菜汁饮料

这是一种新型纯天然保健饮料。加工方法是先将蔬菜洗净，通过研磨粉碎获取

70％~80％的悬胶状蔬菜原汁。菜汁饮料能保持蔬菜原有的风味和营养，其特点是口感好、风味独特，可与茶、酒、奶等配制成混合型饮料。

（五）辣味蔬菜

辣味蔬菜可使人增进食欲，同时又能溶解脂肪，具有减肥效果。另外，辣味蔬菜具有纯化"DMN"的活性，因而具有抗癌性能。

（六）粉末蔬菜

以新鲜蔬菜为原料，通过干冷脱水后研磨成粉末，然后加入在其他食品中，以提高食品的风味与营养。

（七）美容蔬菜

黄瓜、西瓜等一些瓜类汁液，具有保护皮肤、防止衰老的功效。提取纯的瓜汁与高级脂肪、化工原料进行科学调配，可制成高级护肤美容霜、洗面美容剂等。

十一、绿色配送加工

绿色配送加工是流通部门对环境保护可以有大作为的领域。绿色配送加工的途径主要分为以下两个方面。一方面变消费者分散加工为专业集中加工，以规模作业加工提高资源利用效率，从而减少环境污染，如餐饮服务业对食品的集中加工可以减少家庭分散烹调所造成的能源浪费和环境污染；另一方面是集中处理消费品加工产生的边角废料，以减少消费者分散加工所造成的废弃物污染，如流通部门对蔬菜的集中加工解决了居民的分散垃圾丢放及相应的环境治理问题。随着社会的发展，节约资源、保护环境已不仅仅是企业出于对公共利益的关切而进行的一种公益事业，而且已成为必须履行的社会义务。绿色事业为企业开辟了新的经营发展领域，给企业带来了新的拥有巨大潜力的商机。企业必须树立自己的绿色经营战略与策略，而流通企业则可采用绿色流通战略等。

【案例学习】

新含气调理食品加工保鲜技术

新含气调理食品加工保鲜技术是针对目前普遍使用的真空包装、高温高压灭菌等常规加工方法存在的不足而开发的一种适合加工各类新鲜方便食品或半成品的新技术。该项技术的工艺流程可分为初加工、预处理（减菌、加味）、气体置换包装和调理杀菌4个步骤。它是通过将食品原材料预处理后，装在高阻氧的透明软包装袋中，抽出空气并注入不活泼气体（通常使用氮气）并密封，然后在多阶段升温、两阶段冷却的调理杀菌锅内进行温和式灭菌。经灭菌后的食品能较完美地保存食品的品质和营养成分，而食品原有的色、香、味、形、口感几乎不发生改变，并在常温下保存和流通长达6~12个月。这不仅解决了高温高压、真空包装食品的品质劣化问题，而且也克服了冷藏、冷冻食品的货架期短、流通领域成本高等缺点。

资料来源：改编自"中国食品机械设备网"相关文章。

问题与思考

1. 配送加工在物流中的重要意义有哪些?

2. 配送加工与一般的生产加工的区别主要有哪些?

3. 实现流通加工的合理化主要考虑哪些方面的因素和原则?

4. 常见的配送加工主要有哪些?

第八章　配送成本管理

学习目标

1. 了解和掌握配送成本的特征和构成
2. 掌握影响配送成本的因素
3. 掌握影响配送成本的策略

【案例导入】

某食品公司的配送成本控制

某食品公司为提高配送效率、控制配送成本，投资建设了大型物流基地。冷库基地采用高库设计，拥有巨大的仓储能力。此外，基地配有几十辆大小吨位的自备冷藏运输、配送车辆，配送能力得以大大提高。

"最低的成本"是企业追求的目标。公司根据食品行业物流的特点，在现代物流的运作模式下，对食品配送的仓储、分拣、运输等每一个环节进行优化管理，达到低成本运作的目标。例如，提高单仓库储存能力，以加速食品周转率、降低仓储成本；采用现代化分拣设备代替人工分拣，以流程定岗定员，减少人力投入；整合车辆资源，以提高满载率，降低食品运输成本。

此外，在节约成本方面，还有很多其他工作可做。例如，运用GPS车辆调度系统可有效优化车载线路，降低运输成本，提高车辆满载率，同时加强车辆运输途中的监控与管理，使车辆有效运行时间提高，减少配送车辆、降低运输成本。

第一节　配送成本概述

物流配送在物流业中的作用极大。合理配送能加速商品流通、减少商品损耗、提高库存周转率、减少仓库面积、节约土地面积、提高经营的灵活性和工作效率。从物流成本的构成比重上看，配送成本占物流总成本的比重也是最高的，约为35%~60%。因此，降低配送成本对降低物流成本、提高物流收益具有重要意义。为了提高对顾客的服务水平，越来越多的企业建立了配送中心，进行配送作业，但这种作业往往带来成本的居高不下，甚至失控。因此，对配送成本的控制变得越来越重要，这种控制应从其源头开始做起，例如从配送中心的选址规划、配送设施的配备、作业的规划等处着手。

一、配送成本的含义与范围

配送成本是指在配送活动的备货、储存、分拣、配货、配装、送货、送达服务及配送加工等环节中所发生的各项费用的总和，是配送过程中所消耗的各种活劳动和物化劳动的货币表现。

配送费用，诸如人工费用、作业消耗、物品消耗、利息支出、管理费用等，将其按一定对象进行汇集就构成了配送成本。配送成本的高低直接关系到配送中心的利润，进而影响连锁企业利润的高低。因此，如何以最少的配送成本在适当的时间将适当的产品送到适当的地方，是企业面临的一个重要问题，对配送成本进行控制变得十分重要。

对配送成本进行归集时要做的第一个工作是明确归集的范围。配送成本的范围一般是由以下三个方面的因素决定的。

（1）成本的计算范围如何确定的问题。配送过程中涉及不同的配送对象，例如不同的送货对象、不同的配送产品，此时若按不同的对象进行成本归集，计算结果就会有明显的差别。

（2）以哪几种活动作为计算对象的问题。在备货、储存、配货、送货等诸种配送物流活动中，选择不同的活动进行成本归集计算出来的配送成本自然是有差别的。

（3）把哪几种费用列入配送成本的问题。支付运费、支付保管费、支付人工费、支付折旧费等，取其中哪一部分列入配送成本进行计算直接影响到配送成本的高低。

企业配送成本的高低，取决于上述三个方面的因素。确定不同的前提条件，会引起截然不同的结果。各企业应根据各自不同的情况及管理需要来决定本企业配送成本的计算范围。

二、配送成本的特征

企业经营者在对配送成本进行核算及控制管理时必须把握住配送成本的以下特征。

（一）配送成本的隐含性

如同日本西泽修教授研究的"物流成本冰山"理论指出的一样，要想直接从企业的财会业务中完整地提取出企业发生的配送成本难以办到。通常的财务会计并非完全不能掌握配送成本，通过"销售费用"、"管理费用"科目可以看出部分配送费用的情况。但这些科目反映的费用仅仅只是全部配送成本的一部分，即企业对外支付的配送费用。并且这一部分费用往往是混同在其他有关费用中而不是单独设立"配送费用"科目进行独立核算的。

具体来讲，连锁店之间进行配送所发生的费用是计算在销售费用中的；同样，备货时支付的费用最终也会归入销售费用。而配送中发生的人工费用与其他部门的人工费用一起分别列入管理费用和销售费用。与配送有关的利息和企业内的其他利息一起计入营业外费用。这样，企业支出的有关配送费用实际上就隐藏在了各种财务会计科目中。

（二）配送成本削减具有乘数效应

假定销售额为1 000元，配送成本为100元。如果配送成本降低10%，就可能得到10元的利润。这种配送成本削减的乘数效应是不言自明的。假如这个企业的销售利润率为2%，则创造10元利润，需要增加500元的销售额，即降低10%的配送成本所引起的作用相当于销售额增加50%。可见，配送成本的下降会产生极大的效益。

（三）配送成本的"二律背反"

所谓"二律背反"是指同一资源的两个方面处于相互矛盾的关系之中，要达到一个目的必然要损失一部分另一目的；要追求一方，必得舍弃另一方的一种状态。这种状态在配送诸活动之间也是存在的。例如，尽量减少库存据点以及库存，必然会引起库存补充频繁，从而增加运输次数，同时，仓车的减少，会导致配送距离变长，运输费用进一步增大。此时一方成本降低，另一方成本增大，产生成本"二律背反"状态。如果运输费的增加超过保管费的降低部分，总的成本反而会增加，这样减少库存盘点以及库存就变得毫无意义了。例如，简化包装，可降低包装作业强度，进而降低包装成本。但与此同时却导致仓库里的货物堆放不能过高，降低了保管效率。而且，由于包装简化，在装卸和运输过程中容易出现包装破损，导致搬运效率降低、破损率增加。上述"二律背反"的情况在许多公司是常见的。由于配送活动各环节之间密切相关而且在多数场合处于成本的"二律背反"状态，所以在对配送活动进行成本管理时必须把相关成本拿到同一场所用"总成本"来评价其损益，从而实现整体配送活动的合理化。

三、计算配送成本的意义

计算配送成本主要有以下几个方面的意义。

（一）把握正确的物流实际成本

配送是企业物流环节之一，配送成本的计算分析是企业整个物流成本计算分析的一部分，把握了配送成本就能对企业的物流总成本有一个清晰而全面的认识。

（二）有利于改善企业物流管理

以时间为基础进行比较，例如，与上月的比较、去年同月比较、同一企业内相同时间内不同配送业务的比较。这种比较可以发现物流配送管理存在的问题，以便对不合理的物流活动进行改进。

（三）有利于分清成本发生的责任归属

物流配送成本的核算，可以分析配送成本上升的原因，同时也可以发现企业存在哪些不合理的物流活动，进而可以明确企业各个部门的物流管理责任。

许多企业都把物流合理化看成是物流部门或配送部门的事，这似乎变成了一种常识。然而，这是错误的。事实上物流费用过高、活动不合理的大部分责任不仅仅在于物流配送部门，由于物流系统是一个综合的概念，实际物流运作部门都有物流活动的发生，因此物流费用涉及企业的大多数部门，例如，生产、销售等部门。

物流成本责任清晰化，有利于唤起和劝导其他部门重视物流管理工作，重视物流活动合理化，实现企业物流管理一体化。

例如，销售物流系统的设计，一般取决于销售政策，由销售部门决定。具体来讲，包括与交货期有关的问题，如"订货后几天内配送"；与库存量有关的问题，如"一定商品周转率下的库存是多少"；与订货条件有关的问题，如"一定商品周转率下的库存是多少"；与订货条件有关的问题，如"接受订货的最小批量是多少"等。其实，这些问题都是关于"顾客服务水平"的，只有先决定了这种服务水平，才能决定物流系统的应有状态。物流系统状态一旦决定，物流成本也基本上确定了。也就是说，这部分被决定下来的内容，除非以后要改变对顾客的服务水平和销售政策，否则是不会改变的。作为物流部分来讲，即使知道这种顾客服务水平从物流的角度来看是不合理的，但种种原因使得物流部门无法干预。而如果通过物流配送成本进行分析核算，就可以反映出销售物流设计的不合理，从而促进销售部门改进物流系统结构，实现企业物流管理一体化。

对于物流部门来说，其他部门给出的对物流系统的要求，有时会与从物流部门对物流系统的要求相冲突。这是因为，其他部门只是从本部门的利益出发，而不顾及物流能力是否能达到，或在物流总成本上是否合理，所以物流部门所能办到的，只是从物流合理化的观点出发去劝说，至于做不做是销售部门决定的事情。那么，物流部门起什么作用呢？一是提供能满足要求的所有前提条件；二是研究开发最合理的物流系统，并维持该系统的经济效益，即负责以最低的总成本，维持一定程度的顾客服务水平。

（四）为企业提供物流管理方面的数据和绩效考核依据

为企业提供物流管理方面的数据和绩效考核依据，表现为两个方面：一是为企业物流活动计划、执行和控制提供数据计算和绩效考核依据，特别是为企业高层管理人员提供正确的分析数据与报告，这可以加强全公司对物流重要性的认识，坚定公司决策者物流革新的决心；二是可通过物流配送成本测算、评价物流配送部门对企业经营绩效的贡献度。

（五）促进物流合理化

物流合理化不单单是物流配送部门的事情，也是生产、销售等发生物流的部门所应该负责的领域。所以，在物流合理化实施阶段，有必要明确物流合理化的责任范围有多大，是扩大到生产、销售等部门，还是局限在物流配送部门本身范围之内。因此，现实的做法是，物流部门先自己推进物流合理化，等到了极限阶段，再扩大到销售等领域中去也不难。实际上，从我国企业物流合理化的进展情况来看，现在正停留在物流部门单独合理化上。要想彻底实现物流合理化，不扩大到其他领域中去是不行的，物流一体化可以说是企业物流管理的重大课题之一。

第二节　配送成本的构成与核算

一、配送成本的构成

配送成本有广义与狭义之分。广义的配送成本是指配送中心为了开展配送业务所发生的各种直接费用和间接费用。根据配送中心的配送流程及配送环节，广义的配送成本实际上包含配送运输费用、分拣费用、配装费用、仓储保管费用、包装费用、流通加工费用、装卸搬运费用等。可见，广义的配送成本的构成是最复杂的，几乎涉及了物流成本的各个构成项目。因此，在核算分析时，要根据企业的实际情况以及所选择的成本核算方法具体分析，避免配送成本费用重复交叉，夸大或减小费用支出。而狭义的配送成本是指配送环节所特有的主要成本费用，包括配送运输费用、分拣费用、配装费用和流通加工费用，即：

配送成本=配送运输成本+分拣成本+配装成本+流通加工成本

（一）配送运输成本

配送运输成本是指配送车辆在完成配送货物过程中所发生的各种车辆费用和配送间接费用。

1. 车辆费用

车辆费用是指配送车辆从事配送生产所发生的各项费用，包括以下项目。

（1）人员工资。人员工资是指支付给配送车辆司机的基本工资、附加工资及工资性津贴。

（2）职工福利费。职工福利费是指按规定的工资总数及规定比例计提的职工福利费。

（3）燃料。燃料是指配送车辆运行所耗用的燃料，如汽油、柴油等费用。

（4）轮胎。轮胎是指配送车辆耗用的外胎、内胎、垫带的费用支出以及轮胎的翻新费用和修补费用。

（5）修理费。修理费是指配送车辆进行各级保养和修理所发生的工料费用、修复旧件费用和行车耗用的机油费用。

（6）大修费。大修费是指配送车辆计提的大修理基金以及车辆大修竣工后调整的费用差异和车辆超、亏大修里程定额差异应调整增减的费用。

（7）折旧费。折旧费是指配送车辆按规定计提的折旧费。

（8）养路费。养路费是指按规定向公路管理部门缴纳的营运车辆养路费。

（9）公路运输管理费。公路运输管理费是指按规定向运输管理部门交纳的营运车辆管理费。

（10）车船使用税费。车船使用税费是指企业按规定向税务部门缴纳的营运车辆使用税。

（11）行车事故损失。行车事故损失是指配送车辆在配送过程中，因行车肇事所产生的事故损失。

（12）其他费用。其他费用是指不属于以上各项的车辆费用，如行车杂支、随车工具费、防滑链条费、中途故障救济费、司机和助手劳动保护用品费、车辆清洗费、冬季预热费、由配送方负担的过路过桥费等。

2. 配送间接费用

配送间接费用是指配送运输管理部门为管理和组织配送运输生产所发生的各项管理费用和业务费用，包括配送运输管理部门管理人员的工资及福利费；配送运输部门为组织运输生产活动所发生的管理费用及业务费用，如取暖费、水电费、办公费、差旅费、保险费等；配送运输部门使用固定资产的折旧费、修理费用；直接用于生产活动、构成营运成本但不能直接计入成本项目的其他费用。

上述车辆费用和配送间接费用构成了配送运输成本项目。配送运输成本在配送总成本构成中所占比例很大，应进行重点管理。

（二）分拣成本

分拣成本是指分拣机械及人工在完成货物分拣过程中所发生的各种费用，包括分拣的直接费用和间接费用两种。

1. 分拣直接费用

分拣直接费用包括以下几个方面。

（1）人员工资。人员工资是指按规定支付给分拣作业工人的标准工资、奖金、津贴等。

（2）职工福利费。职工福利费是指按规定的工资总额和提取标准计提的职工福利费。

（3）修理费。修理费是指分拣机械进行保养和修理所发生的费用。

（4）折旧费。折旧费是指分拣机械按规定计提的折旧费。

（5）其他费用。其他费用是指不属于以上各项的费用。

2. 分拣间接费用

分拣间接费用是指配送分拣管理部门为管理和组织分拣生产，需要由分拣成本负担的各项管理费用和业务费用。

（三）配装成本

配装成本是指在完成配装货物的过程中所发生的各种费用，包括直接费用和间接费用两种。

1. 配装直接费用

配装直接费用包括以下几个方面。

（1）人员工资。人员工资是指按规定支付给配装作业工人的标准工资、奖金、津贴等。

（2）职工福利费。职工福利费是指按规定的工资总额和提取标准计提的职工福利费。

（3）材料费。材料费是指配装过程中消耗的各种材料，如包装纸、箱、塑料等。

（4）辅助材料费。辅助材料费是指配装过程中耗用的辅助材料，如标志、标签等。

（5）其他费用。其他费用是指不属于以上各项费用，如配装工人的劳保用品费等。

2. 配装间接费用

配装间接费用是指配装管理部门为管理和组织配装生产所发生的各项费用，需要由配装成本负担的各项管理费用和业务费用。

（四）流通加工成本

流通加工成本主要有以下几个方面。

1. 流通加工设备费用

流通加工设备费用指在流通加工过程中，由于流通加工设备的使用而发生的实体损耗和价值转移。流通加工设备因流通加工形式不同而不同，例如，木材加工需要电锯、剪板加工需要剪板机等，购置这些设备所支出的费用，都以流通加工费的形式转移到被加工的产品中去。

2. 流通加工材料费用

流通加工材料费用指在流通加工过程中，投入到加工过程中的一些材料消耗的费用。

3. 流通加工劳务费用

流通加工劳务费用指在流通加工过程中，支付给从事加工活动的工人及有关人员的工资、奖金等费用。

4. 流通加工其他费用

流通加工其他费用指除上述费用外，在流通加工中耗用的电力、燃料、油料以及管理费用等。

（五）其他配送成本

广义的配送成本除了以上4个部分外，还包括储存保管费用、包装费用和装卸搬运费用。例如，某些规模较小的配送中心，其所有成本基本上都可以归集为配送成本。

1. 储存保管费用

储存保管费用是指配送物资在送中心储存、保管的过程中发生的费用，包括以下几个方面。

（1）储运业务费用。储运业务费用是指货物在储存活动过程中所消耗的物化劳动和活劳动的货币表现。因为配送中心的主要经营业务是组织物品的配送，其中必然要包括储存和保管，这是生产过程在流通领域内的继续所消耗的劳动，由此所发生的储运业务费用是社会必要劳动的追加费用。虽然这种劳动不会提高和增加物资的使用价值，但其参加了物资价值的创造，增加了物资的价值。储运业务费用主要由仓储费、进出库费、代运费、机修费、验收费、代办费和管理费组成。

（2）仓储费。仓储费专指物资储存、保管业务所发生的费用。仓储费主要包括：仓库管理人员的工资，物资在保管保养过程中的毡垫、防腐、倒垛等维护保养费，固定资产折旧费，以及低值易耗的摊销、修理费、劳动保护费、动力照明费等。

（3）进出库费。进出库费是指物资进、出库过程中所发生的费用。进出库费主要包括：进、出库过程中验收等所开支的工人工资、劳动保护费等，固定资产折旧费，以及大修理费、照明费、材料费、燃料费、管理费等。

（4）服务费用。配送中心在对外保管服务过程中所消耗的物化劳动和活劳动的货币表现。

2. 包装费用

包装起着保护产品、方便储运、促进销售的作用。它是生产过程中的重要组成部分，绝大多数商品只有经过包装，才能进入流通领域。据统计，包装费用占全部流通费用的10%左右，有些商品（特别是生活消费品）的包装费用高达50%，而配送成本中的包装费用，一般是指为了销售或配送的方便而进行的再包装的费用。

（1）包装材料费用。常见的包装材料有木材、纸、金属、自然纤维和合成纤维、玻璃、塑料等。这些包装材料功能不同，成本相差也很大。物资包装花费在材料上的费用称为包装材料费用。

（2）包装机械费用。现代包装发展的重要标志之一是包装机械的广泛应用。包装机械不仅可以极大地提高包装的劳动生产率，也大幅度地提高了包装的水平。然而，包装机械的广泛使用也使得包装费用明显提高。

（3）包装技术费用。由于物资在物流过程中可能受到外界不良因素的影响，因此，物资包装时要采取一定的措施，例如，缓冲包装技术、防震包装技术、防潮包装技术、防锈包装技术等。这些技术的设计、实施所支出的费用，合称为包装技术费用。

（4）包装辅助费用。除上述包装费用外，还有一些辅助性费用，例如，包装标记、标志的印刷，拴挂物费用等的支出等。

（5）包装人工费用。从事包装工作的工人及有关人员的工资、奖金、补贴等费用的总和即为包装人工费用。

3. 装卸搬运成本

装卸搬运是指在配送中心指定的地点以人力或机械设备装入或卸下物品。一般发生在同一地域范围内（例如车站、工厂、仓库等），改变"物"的存放、支承状态的活动称为装卸；改变"物"的空间位置的活动称为搬运。装卸搬运成本的主要内容包括以下几个方面。

（1）人工费用，例如，工人工资、福利费、奖金、津贴、补贴等。

（2）营运费用，例如，固定资产折旧费、维修费、能源消耗费、材料费等。

（3）装卸搬运合理损耗费用，例如，装卸搬运中发生的货物破损、散失、损耗、混合等费用。

（4）其他费用，例如，办公费、差旅费、保险费、相关税金等。

二、配送成本分析与核算

从总体上看，企业成本分析的方法多种多样，具体选用哪种方法，取决于企业成本分析的目的、费用和成本形成的特点、成本分析所依据的资料性质等。

（一）利用配送成本汇总表分析的方法

由于配送成本是由多环节的成本组成的，因此，对配送成本的分析也应当按照各环节成本进行分项分析，通过分析能够真正揭示配送费用预算和成本计划的完成情况，查明影响计划或预算完成的各种因素的影响程度，寻求降低成本、节约配送费用的方法。

配送成本汇总表是反映配送环节在一定时期（年、季、月）的成本构成、成本水平和成本计划执行情况的综合性指标报表。利用配送成本汇总表，可以分析、考核各项计划的执行情况和各种消耗定额的完成情况，研究降低成本的途径，从而不断改善经营管理、提高配送赢利水平。

1. 配送运输成本分析与核算

（1）配送运输成本汇总表的编制。配送运输成本汇总表是总括反映配送部门在月份、季度、年度内配送车辆成本的构成、水平和计划执行情况的报表，如表8-1所示。配送运输成本计算表是月报表，表内列有配送车辆的车辆费用、配送间接费用及各成本项目的计划数、本月实际数和本年累计实际数。计划数只在12月填列，实际数根据"配送支出"账户明细账月终余额填列，周转量根据统计部门提供的资料填列。成本降低额和成本降低率的计算公式为：

配送运输成本降低额=配送车辆上年实际单位成本×本年配送实际周转量−本年配送实际总成本

配送运输成本降低率=配送成本降低额−配送车辆上年实际单位成本×本年实际配送周转量

表8-1　配送运输成本汇总表

编制单位：		年　月　日		单位：元
项目	行次	计划数	本期实际数	本年累计实际数
一、车辆费用	1	5 217 100		5 139 188
1. 工资	2	258 700		258 265
2. 职工福利基金	3	28 700		28 696
3. 燃料	4	1 683 400		1 670 141
4. 轮胎	5	462 000		455 372
5. 保修	6	851 200		835 996
6. 大修	7	487 000		477 960
7. 折旧	8	394 500		380 938
8. 养路费	9	904 600		883 645
9. 公路运输管理费	10	8 500		88 985
10. 行车事故损失	11	32 000		34 240
11. 其他	12	30 000		29 950

（续表）

项目	行次	计划数	本期实际数	本年累计实际数
二、配送运输间接费	13	967 000		933 254
三、配送运输总成本	14	6 184 100		6 072 442
四、周转量千吨公里	15	43 452		43 395 134
五、单位成本元/千吨公里	16	142.32		139.93
六、成本降低额	17	65 601		168 684
七、成本降低率	18	1.05		2.73
补充资料（年表填列）	19			
上年周转量	20			42 689 642
上年单位成本元/千吨公里	21			143.83
总行程　千车公里	22	115		10 999
燃料消耗　升/百吨	23	7.3		7.36
历史最好水平：单位成本	24			

（2）配送运输汇总表的分析。配送运输成本汇总表的一般分析，主要是根据表中所列数值，采用比较分析法，计算比较本年计划、本年实际与上年实际成本的升降情况，结合有关统计、业务、会计核算资料和其他调查研究资料，查明成本水平变动原因，提出进一步降低物流配送成本的意见。现以表8-1所示数值为例进行分析：① 本年度计划配送成本比上年实际降低1.05％，成本降低额65 601元。而实际成本降低168 684元，成本降低率2.73％。成本降低额大幅超过计划要求，配送单位成本的降低是主要原因。② 车辆费用和配送间接费用的实际数均低于计划数，表明企业在节约开支方面是有成绩的。③ 养路费计划为904 600元，而实际为883 645元。实际数低于计划数，应进一步分析原因。④ 行车事故损失，计划数是32 000件，而实际数为34 240件。虽然实际数比计划数相差不大，但应引起重视，仔细分析原因。

配送运输成本的这种一般分析，只能了解成本水平升降的概略情况，为了进一步揭示成本变动的具体原因，需要从以下几个方面作比较深入的分析：① 各种燃料、材料价格和一些费用比率（如折旧率、大修理基金提存率、养路费率等）变动对成本水平的影响。② 各项消耗定额和费用开支标准变动对成本水平的影响。③ 配送车辆数及其载重量变动和车辆运用效率高低对成本水平的影响。

2. 分拣成本分析

分拣成本的分析方法与上述配送运输成本的分析方法相同，也是先编制配送分拣成本汇总表，然后进行差异分析，在此不再赘述。在编制配送分拣成本汇总表时，项目根据分拣成本构成项目进行填列，如表8-2所示。

表8-2　配送分拣成本汇总表

编制单位：　　　　　　　　　　　年　月　日　　　　　　　　单位：元

项目	行次	计划数	本期实际数	本年累计实际数
一、分拣直接费用	1			
1. 工资	2			
2. 职工福利基金	3			
3. 修理费	4			
4. 折旧费	5			
5. 其他	6			
二、配送分拣间接费	7			
三、配送分拣总成本	8			
四、分拣量	9			
五、单位成本	10			
六、成本降低额	11			
七、成本降低率	12			

　　配装成本以及流通加工成本的分析方法与上述配送运输成本的分析方法相同，也是先编制成本汇总表，然后进行差异分析，在此不再赘述。在编制成本汇总表时，根据各成本构成项目进行填列。

　　（二）全面与详细的分析

　　1. 配送成本的全面分析与核算

　　计算出配送成本之后，可以计算出以下各种比率，再用这些比率同前年、大前年比较来考察配送中心物流成本的实际状况，还可以与同行业其他企业比较，或者与其他行业比较。

　　（1）单位销售额物流成本率

单位销售额物流成本率=物流配送成本÷销售额×100％

　　这个比率越高表示其对价格的弹性越低，从连锁企业历年的数据中，大体可以了解其动向。另外，通过与同行业和行业外进行比较，可以进一步了解配送中心的物流成本水平。

　　该比率受价格变动和交易条件变化的影响较大，因此作为考核指标还存在一定的缺陷。

　　（2）单位成本物流成本率

单位成本物流成本率=物流成本÷销售额×100％

　　这是考察物流成本占总成本比率的一个指标，一般作为连锁企业内部的物流合理化目标或检查企业是否达到合理化目标的指标来使用。

　　（3）单位营业费用物流成本率

单位营业费用物流成本率=物流成本÷（销售额+一般管理费）×100％

通过计算物流成本占营业费用（销售费+一般管理费）的比率，可以判断连锁企业物流成本的比重，而且，这个比率不受进货成本变动的影响，得出的数值比较稳定，因此适合作为连锁企业配送中心物流合理化指标。

（4）物流职能成本率

$$物流职能成本率=物流职能成本÷物流总成本×100\%$$

该指标可以明确包装费、运输费、保管费、装卸费、流通加工费、信息流通费、物流管理费等各物流职能成本占物流总成本的比率。

2. 配送中心物流成本的详细分析与核算

通过全面分析，我们可以了解物流成本的变化情况及其变化趋势，但是，对引起物流成本变化的原因，我们还要进一步按照职能分类，对物流成本进行详细分析，然后提出对策。详细分析所用的指标有四类，通过对这四类指标进行分析或按配送中心内的部门、设施分类比较以及与同行业其他企业进行比较，就可以掌握物流成本的发展趋势及其差异。

（1）与运输、配送相关的指标

$$装载率=实际载重量/标准载重量×100\%$$

$$车辆开动率=月总开动次数/拥有台数×100\%$$

$$运行周转率=月总运行次数/拥有台数×100\%$$

$$单位车辆月行驶里程=月总行驶里程/拥有台数$$

$$单位里程行驶费=月行驶三费/月总行驶里程$$

$$其中：行驶三费=修理费+内外胎费+油料费$$

$$单位运量运费=运输费/运输总量$$

（2）有关保管活动的指标

$$仓库利用率=存货面积/总面积×100\%$$

$$库存周转次数=年出库金额（数量）/平均库存金额（数量）=年$$

$$出库金额（数量）×2/（年初库存金额+年末库存金额）$$

（3）有关装卸活动的指标

$$单位人时工作量=总工作量/装卸作业人时数$$

$$其中：装卸作业人时数=作业人数×作业时间$$

$$装卸效率=标准装卸作业人时数/实际装卸作业人时数$$

$$装卸设备开工率=装卸设备实际开动时间/装卸设备标准开动时间$$

$$单位工作量修理费=装卸设备修理费/总工作量$$

$$单位工作量卸装费=装卸费/总工作量$$

（4）有关物流信息活动的指标

$$物流信息处理率=物流信息处理数量（传票张数等）/标准物流信息处理数（传票张数等）$$

$$单位产品物流信息流通费=物流信息流通费/总产量$$

（三）固定与变动成本的分析

总的来说，配送成本有资本成本分摊、支付利息、员工工资福利、行政办公费用、商务交易费用、自有车辆设备运行费、保险费或者残损风险、工具以及耗损材料费、分拣装卸搬运作业费、车辆租赁费等。以上各项成本可以分为固定成本和变动成本两类。

1. 固定成本

固定成本是指短期内必须支出的成本，不随经营量发生变化的成本。只要开展配送经营，就必须支出的成本，例如，资本成本分摊、固定员工工资、行政办公费用等。虽然说固定成本与配送成本经营量没有关系，但是配送量增大时，分配到每单位配送量的固定成本降低。理论上说只有一单位配送量时，固定成本就需要完全由该一单位配送量来承担，因而说固定成本是必须的支出，分配到每一单位的固定成本，需要由每单位配送的收益贡献率来弥补。固定成本是由企业规模、生产方式、资金成本所决定的。规模越大，生产的技术手段越先进、资金越密集，则固定成本也就越高。

2. 变动成本

变动成本是指随着配送量的变化而发生变化的成本，例如，商务交易费、设备运行费、租赁费、装卸搬运作业费、保险费等。没有经营时，没有变动成本的支出。对于每增加一单位配送量所增加的成本成为边际成本，也就是说边际成本就是变动成本。

变动成本主要由劳动力成本、固定资产的运行成本和社会资源的使用成本来确定。

变动成本和固定成本会因为经营方式的不同而转化。例如，自购车辆配送时，购车成本为固定成本；而租车运输时，使用车辆的租金就成为了变动成本。

第三节　配送服务与配送成本

降低配送成本和提高配送服务水平是配送管理肩负的两大使命，正确处理和协调两者的关系是配送管理的重要内容。

一、配送服务与配送成本之间的二律背反

过去曾经有人提出把"在任何时间、任何地点、任何数量上都满足顾客的要求"作为一般服务标准，这样的服务标准确实很高，但只能在不考虑成本的前提下才办得到，从管理的观点来看，这是一种"无原则"的服务标准，既不现实又不可取。而另一个偏向则是不管生产和购销的要求，一味追求最低成本，例如，为了大批量集中进行送货，以降低运输费用，而不考虑顾客的需求，延长送货时间，结果造成缺货损失，影响企业信誉。这种以牺牲企业后得利益而换来的低成本同样毫无意义，是管理上的本末倒置，如图8-1所示。

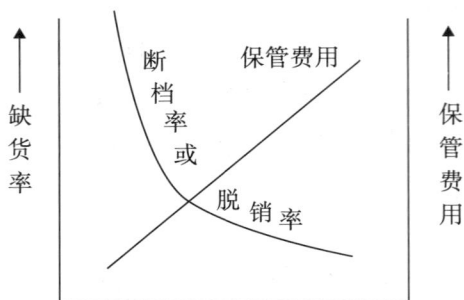

图8-1　断档库存量与仓储费用的二律背反

如前所述，配送的各项活动之间存在二律背反。其实在配送成本与配送服务之间也存在二律背反问题：① 一般来说，提高配送服务，配送成本即上升，成本与服务之间受到收益递减法则的支配；② 处于高水平的配送服务时，成本增加而配送服务水平不能相应提高，如图8-2所示。

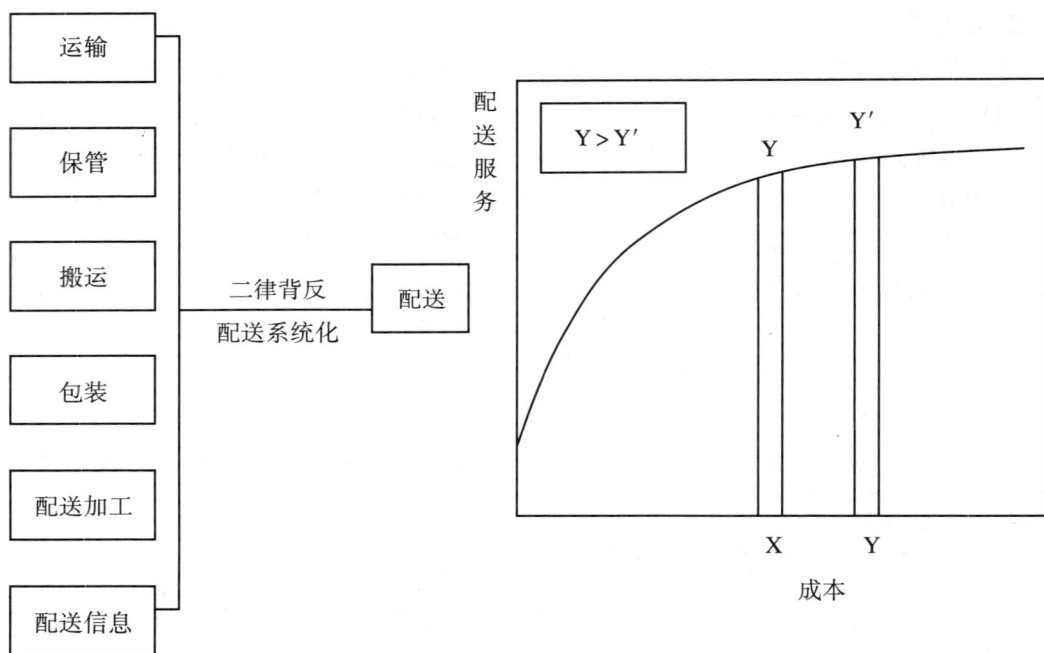

图8-2　配送系统与其他物流系统的效益背反、配送服务与配送成本的效益背反

那么，在管理中如何正确处理和协调这两者之间的关系呢？管理者在抉择时应注意权衡利弊，用综合的方法来求得两者之间的平衡。此时，可以通过考察配送系统的投入产出比来对配送系统的经济效益进行衡量和评价。配送系统中的投入就是我们所说的配送成本，而配送系统的产出就是配送服务。以最低的配送成本达到所要求的配送服务水平，这样的配送系统就是一个有效率的系统。

二、配送成本与配送服务的分析

（一）配送系统的产出——配送服务

配送作为物流系统的终端，直接面对服务对象，其服务水平的高低直接决定了整个物流系统的效益。理想的配送服务水平要求达到6R，即适当的质量（Right Quality）、适当的数量（Right Quantity）、适当的时间（Right Time）、适当的地点（Right Place）、好的印象（Right Impression）、适当的价格（Right Price）。

衡量服务水平的具体标准由以下若干因素组成。

（1）服务的可靠性。可靠的服务内容包括：① 商品品种齐全、数量充足，保证供应；② 接到客户订货后，按照要求的内容迅速提供商品；③ 在规定的时间内把商品送到需要的地点；④ 商品运到时，保证数量准确，质量完好。

（2）缺货比率。

（3）订货周期的长短。

（4）运输工具及运输方式的选择。

（5）特殊服务项目的提供。

（6）免费服务。

配送活动通过提供高水平、高标准的服务，可以满足企业销售的需要，争取更多的顾客，从而扩大企业的销售，但同时也产生了较高的成本。

（二）配送服务与配送成本的关系

前面已经介绍过，配送服务水平与配送成本之间存在着二律背反的关系，配送服务水平与销售额及配送成本之间的关系可用图8-3来表示。与此同时，顾客的要求有时是多种多样和不断变化的，例如，有的客户要求订货后立即送货、有的顾客要求很小的送货批量、有的客户要求送货的批量既小频率又高。如果完全按照这些要求来运作，从成本的角度来考虑是很不经济的。具体来说，配送服务与配送成本的关系可表述为以下四个方面。

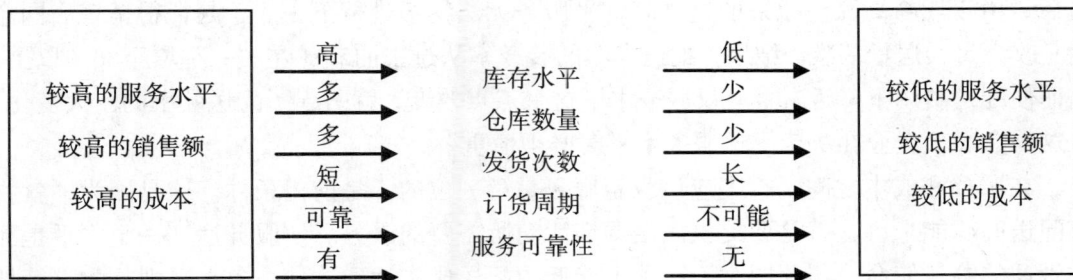

图8-3　配送服务水平与企业销售及配送成本之间的关系

（1）在配送服务不变的前提下，考虑降低成本。不改变配送服务水平，通过改变配送系统来降低配送成本，这是一种追求效益的办法（如图8-4所示）。

（2）在成本不变的前提下提高服务质量，这是一种追求效益的办法，也是一种有效利用配送成本特性的办法（如图8-5所示）。

（3）为提高配送服务，不惜增加成本，这是企业在特定顾客或其特点商品面临竞争时所采取的具有战略意义的做法（如图8-6所示）。

（4）用较低的配送成本，实现较高的配送服务，这是增加销售、增加效益，具有战略意义的办法（如图8-7所示）。

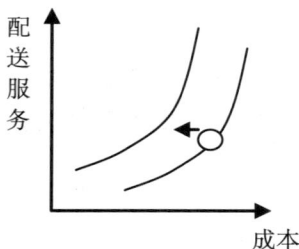

图8-4　配送服务一定，成本降低

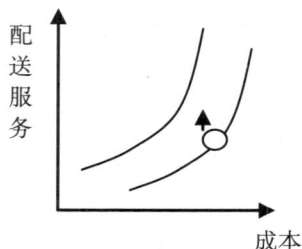

图8-5　配送服务提高，成本一定

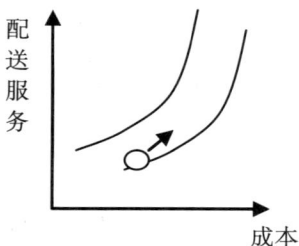

图8-6　成本增加，配送服务提高

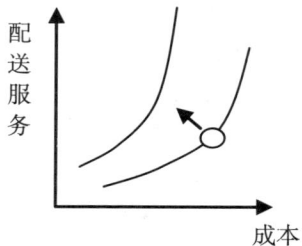

图8-7　以较低的成本，实现较高的配送服务

企业在决策中究竟应如何作出选择和取舍呢？我们可以先看一个家用电器行业的例子。日本的家用电器行业在第一次石油危机以前的高速增长时期，每天向销售店配送2~3次货物，几乎达到了"不管什么时候，都马上送达"的高水平服务。可是，石油危机后，由于燃料高涨，原来的这种高水平服务无法继续进行下去。于是征得销售店同意后，改为每天送货一次。结果，配送卡车的装载率从过去的50%左右一举增至80%以上，从而使配送费用下降近30%。仅服务水平这一点点改变，就引起了配送效率的巨大变化。从这一点看，企业在决定配送服务水平时必须慎重。

在服务和成本之间，首先应该肯定服务是第一位的，是前提条件。这是因为，就物流配送的职能来讲，就是要提供满足购销活动所需的服务。使服务达到一定水平是配送管理的第一使命。与此同时，以尽可能低的配送成本达到这种服务水平则是配送管理的第二使命，所以"首先是服务，其次是成本"。既然服务是第一位的，企业该如何确定其适当的服务水平呢？

相对于前述"无原则"的服务标准，企业要确定的是有原则的服务标准。具体来说，就是确定了下述条件后的服务水平，例如，订货是任何时间内都接受，还是只在规定时间内接受？订货数，是一件也订，还是规定最低订货数量？此外，当天订货，限定什么时间交货？送货服务达到什么程度等。总之，在制定服务标准时必须站在客户的角度，了解客户真正需要的是什么。另外，制定的服务标准要明确可行，并且是由企业经营总目标所决定的。

一般来说，企业用来确定配送服务水平的方法，主要有以下三种。

（1）采用销售竞争所需要的服务水平。

根据竞争需要确定适宜的服务水平既可以采用竞争对手所确定的服务水平或略高于竞争对手的服务水平，也可以根据实际需要以比竞争对手高得多的服务水平去竞争，以牺牲眼前利益的代价去获取长远利益。

（2）在增加成本与提高销售额之间进行权衡抉择。

抉择的原则是保证最大限度的利润。配送服务水平的提高对企业的影响是两方面的：增加销售收入的同时提高了配送成本。这种服务水平的提高对于企业是否适宜，其评价的方法是将由此增长的销售额与增加的成本作比较，考察企业的赢利状况。

（3）随着配送服务水平的提高，配送成本中有一部分随着上升，也有一部分不受服务水平提高的影响。如果后一部分成本的降低额不小于因服务水平提高而增加的成本额，这种服务水平的确定或调整就是适宜的。

第四节　配送成本的控制策略

对配送成本的控制就是在配送目标（即满足一定的顾客服务水平）与配送成本之间寻求平衡，在一定的配送成本下尽量提高顾客服务水平，或在一定的顾客服务水平下使配送成本最小。对配送成本的控制，可以采用以下方案。

一、导入目标成本管理

配送中心经营的总目标从表面上看，可能是以更高的服务质量且更低成本的完成向各个顾客进行配送。但这只是管理上的目标，还应从更深层次上去分析，即从财务会计的角度去分析，并且导入目标成本管理，设定一些这样的具体指标，例如成本、现金流量、净投资回报率、库存、净利润等分目标来进行具体的控制。其要点如下。

（1）这些目标之间存在"二律背反"现象。在同一技术水平下，为了满足这些目标中的一些目标，必须牺牲其他目标，但随着高科技的发展，通过使用先进的信息技术和创造性的网络设计，对这些目标的影响逐渐在减小。

（2）实现这些目标时，要以总目标"经济效益"为基准，降低库存成本、流通加工成本和运输成本，通常是以牺牲对顾客服务和提高供应商的库存成本、运输成本为代价的。在这一过程中，可能会出现配送中心的成本、费用在减少，商品周转率、资金周转率在加快的趋势，但与此同时，供应商所提供的商品的价格在上升，来自顾客的埋怨也越来越多，顾客数量似乎正在萎缩，接着配送中心运营甚至面临困境。因此，配送中心在运营中，应在成本和服务之间作出权衡，结合自身能力对先进的信息技术加以引进，同时在设计目标成本时，利用这些新生力量使目标成本和服务共同迈上一个台阶。另外，现金流量对正常运营起着关键性的作用，在条件允许的情况下，配送中心要加快资金周转率，同时保持充足的现金流量，这样更有利于配送中心在竞争中降低成本、获得竞争优势。净投资回报率低是一种机会成本，引进技术和设备的同时要作技术经济分析，选择最佳的投资方式。

（3）将目标管理的重点放在控制影响成本降低的"瓶颈"因素上。因为在很多时候，配送中心在许多方面的运营都是良好的，但往往由于某一环节的制约而影响了整个配送中心甚至整个供应链成本的降低。举个例子来看，配送中心的分拣速度慢，这一"瓶颈"将造成配送中心的车辆闲置、顾客由于等待而造成缺货成本等。这是一个很普遍的现象，很多配送中心对此都不加关注，而是采取尽量要求供应商加快供货速度、增加顾客库存或增加仓管人员等措施。增加管理人员也许会解决表面问题，可其他两种方法几乎无济于事，反而会造成供应链其他环节上成本的上升。其实如果深入分析，就会发现只要将发货单上的商品按货位号打印就能使分拣速度加快。目标管理要求配送中心的运营以总目标为准绳，对各个分目标进行有效的整合，同时结合各个时期的不同指导方针，对某些目标有所侧重。善于发现"瓶颈"因素，从而更有利于分目标的实现，很多时候"瓶颈"的消除，会使总目标轻而易举地实现。

二、利用标准成本法控制配送成本

（一）制定控制标准

成本控制标准是控制成本费用的重要依据，物流配送成本标准的制定，应按实际的配送环节分项制定。不同的配送环节，其成本项目是不同的。物流配送流通加工等环节的标准成本的制定，应按配送的实际环节进行制定。在进行标准成本制定的过程中要充分考虑各环节的实际情况。配送作业的成本控制标准和业务数量标准通常由技术部门研究确定；费用标准由财务部门和有关责任部门研究确定，同时尽可能吸收负责执行标准的职工参加各项标准的制定，从而使所制定的标准符合实际配送活动的要求。

（二）揭示成本差异

成本的控制标准制定后要与实际费用作比较，及时揭示成本差异。差异的计算与分析也要与所制定的成本项目进行比较。

（三）成本信息反馈

成本控制中，成本差异的情况要及时反馈到有关部门，以便及时控制与纠正。

三、合理选择配送策略

如前所述，配送能最终使物流活动得以实现，而且，配送活动增加产品价值，还有助于提高企业的竞争力，但完成配送活动是需要付出代价的，即需要配送成本。对配送的管理就是在满足一定的顾客服务水平与配送成本之间寻求平衡：在一定的配送成本下尽量提高顾客服务水平，或在一定的顾客服务水平下使配送成本最小。一般来说，要想在一定的顾客服务水平下使配送成本最小可考虑以下策略。

（一）混合策略

混合策略是指配送业务一部分由企业自身完成，另一部分则外包给第三方物流公司完成，即采用混合作业。合理安排企业自身完成的配送和外包给第三方完成的配送作业，能使配送成本最低。这种策略的基本思想是，尽管采用纯策略（即配送活动要么全部由企业自身完成，要么完全外包给第三方物流完成）易形成一定的规模经济，并使管理简化，但由于产品品种多变、规格不一、销量不等等情况的存在，采用纯策略的配送方式超出一定程度不仅不能取得规模效益，反而还会造成规模不经济。而采用混合策略，合理安排企业自身完成的配送和外包给第三方物流完成的配送，能使配送成本最低。例如，美国一家干货生产企业为满足遍及全美的1 000家连锁店的配送需要，建造了6座仓库，并拥有自己的车队。随着经营的发展，企业决定扩大配送系统，计划在芝加哥投资700万美元再建一座新的配送中心并配以新型的干货处理系统。董事会讨论该计划时，发现这样不仅成本较高，而且就算配送中心建起来也还是满足不了需要。于是，企业把新增的配送业务外包给第三方完成，并在附近租用公共仓库，增加一些必要的设备，再加上原有的仓库设施，企业所需的仓库空间就足够了，但总投资只需20万美元的设备购置费，10万美元的外包运费，加上租金，也远远没有达到700万美元。

（二）差异化策略

差异化策略的指导思想是：产品特征不同，顾客服务水平也不同，按照产品的特点、销售水平，来设置不同的配送作业，即设置不同的库存、不同的配送方式以及不同的储存地点。而在此情况下如果采用同样的配送作业则会增加不必要的配送成本。当企业拥有多种产品线时，不能对所有产品都按同一标准的顾客服务水平进行配送，而应按产品的特点、销售水平设置不同的配送作业，忽视产品的差异性会增加不必要的配送成本。

例如，一家生产汽车零配件的企业，为降低成本，按各种配件的销售量比重进行分类：A类配件的销售量占总销售量的70％以上，B类配件的销售量占20％左右，C类配件则为10％左右。对于A类配件，公司在各销售网点都备有库存，B类配件只在地区分销中心备有库存，而在各销售网点不备有库存，C类配件连地区分销中心都不设库存，而仅在工厂的仓库才有存货。经过一段时间的运行，事实证明这种策略是成功的，企业的总配送成本下降了20％之多。

（三）合并策略

合并策略包含两个层次，一个是配送方法上的合并，另一个是共同配送。

配送方法上的合并是指企业在安排车辆完成配送任务时，充分利用车辆的容积和载重量，做到满载满装，这是降低成本的重要途径。由于产品品种繁多，不仅包装形态、储运性能不一，在容重方面也往往相差甚远。一辆车上如果只装容重大的货物，往往是达到了载重量，但容积空余很多；只装容重小的货物则相反，看起来车装得满，实际上并未达到车辆载重量。这两种情况实际上都造成了浪费。实行合理的轻重配装、容积大小不同的货物搭配装车，不但在载重方面达到满载，而且也充分利用了车辆的有效容积，可以取得最优效果。最好是借助电脑计算货物配车的最优解。

共同配送是一种战略层次上的共享，也称集中协作配送。其标准运行形式是：在中心机构的统一指挥和调度下，各配送主体以经营活动（或以资产为纽带）联合行动，在较大的区域内协调运作，共同对某一个或某几个客户提供系列化的配送服务。这种配送有以下两种情况。

（1）中小型生产、零售企业之间分工合作实行共同配送，即同一行业，或在同一地区的中小型生产、零售企业单独进行配送的运输量少、效率低的情况下进行联合配送，这样不仅可减少企业的配送费用，使配送能力得到互补，而且有利于缓解城市交通拥挤，提高配送车辆的利用率。

（2）几个中小型配送中心之间的联合。针对某一地区的用户，由于存在配送中心所配物资数量少、车辆利用率低等原因，几个配送中心将用户所需物资集中起来，共同配送。

（四）延迟策略

传统的配送计划安排中，大多数库存是按照对未来市场需求的预测量设置的，这样就存在着预测风险，当预测量与实际需求量不符时，就出现了库存过多或过少的情况，从而增加了配送成本。延迟策略的基本思想就是对产品的外观、形状及其生产、组装、配送尽可能推迟到接到顾客订单后再确定。一旦接到订单就要快速反应，因此采用延迟策略的一个基本前提是信息传递要非常快。一般说来，实施延迟策略的企业应具备以下几个基本条件。

（1）产品特征。模块化程度高，产品价值密度大，有特定的外形，产品特征易于表述，定制后可改变产品的容积或重量。

（2）生产技术特征。模块化产品设计、设备智能化程度高、定制工艺与基本工艺差别不大。

（3）市场特征。产品生命周期短、销售波动性大、价格竞争激烈、市场变化大、产品的提前期短。

实施延迟策略常采用两种方式：生产延迟（或称形成延迟）和物流延迟（或称时间延迟），而配送中往往存在加工活动，所以实施配送延迟策略既可采用形成延迟方式，也可采用时间延迟方式。具体操作时，常常发生在诸如贴标签（形成延迟）、包装（形成延迟）、装配（形成延迟）和发送（时间延迟）等领域。美国一家生产金枪鱼罐头的企业就通过采用延迟策略改变配送方式，降低了库存水平。这家企业为了提高市场占有率曾针对不同的市场设计了几种标签，产品生产出来后被运到各地的分销仓库储存起来。然而，由于顾客偏好不一，这一产品的几种品牌经常出现某种品牌因畅销而缺货，而另一些品牌却滞销压仓的现象。为了解决这个问题，该企业改变了以往的做法，在产品出厂时不贴标签就运到各分销中心进行储存，当接到各销售网点的具体订货要求后，才按各网点指定的品牌标志贴上相应的标签，这样就有效地解决了此缺彼涨的矛盾，从而降低了库存。

（五）标准化策略

标准化策略就是尽量减少因品种多变而导致的附加配送成本，尽可能多地采用标准零部件、模块化产品。例如，服装制造商按统一规格生产服装，直到顾客购买时才按顾客的身材调整尺寸大小。采用标准化策略，要求厂家从产品设计开始就要站在消费者的立场去考虑怎样节省配送成本，而不要等到产品定型生产出来了才考虑采用什么技巧降低配送成本。

四、提高配送作业效率

（一）入货、发货时商品检验的效率化

在配送作业中，伴随着订、发货业务的开展，商品的检验作业也在集约化的中心进行。特别是近几十年来，条形码的广泛普及以及便携式终端性能的提高，使得物流作业效率得到大幅度提高，即在客户订货信息的基础上，要求在进货商品上贴附条形码，商品进入中心时用扫描仪读取条形码检验商品；或在企业发货信息的基础上，在检验发货商品的同时加贴条形码。这样，企业的仓库保管以及发货业务都在条形码管理的基础上进行。当然，应当指出的是，对于厂商或批发商，商品入库时的条形码在检验商品活动和以后的保管、备货作业中都能被应用，但在向客户发货时却采用另一套条形码系统，为的是更好地对应不同用户商品分拣作业的需要。

最近随着零售企业的不断崛起，不少大型零售企业都在建立自己的配送中心，由自己的配送中心将商品直接运送到本企业的各支店或店铺。采用这种配送形态的企业，一般都在商品上贴附含有配送对象店铺名称的条形码，从而在保证商品检验作业合理化的同时，实现企业配送作业的效率化。如今，也有些零售企业事先将本企业的条形码印刷系统托付给发货方（如厂商或批发商），要求他们在发货时，同时按零售企业的要求贴附本企业专用的条形码。

（二）保管、装卸作业的效率化

从事现代配送中心再建的企业都极力在中心内导入自动化作业，在实现配送作业快速化的同时，极力削减作业人员、降低人力费用。特别是以往需要大量人力的备货或标价等流通加工作业如何实现自动化是很多企业面临的重要课题。如今，为了提高作业效率，除了改善作业内容外，很多企业所采取的方法是极力使各项作业标准化，进而最终实现人力资源的节省。像啤酒生产商或食品生产商等生产单价较低、大量销售的商品产业制造商，可以在配送中心内彻底实现自动化，从而将所有备货作业完全建立在标准化的基础之上。当然，有一点是值得我们注意的，那就是不同产业对自动化要求的程度也

是不一样的。例如，对于周转较慢的商品，即使利用自动化仓库保管，也不易大幅度提高商品周转率。再例如，大型家具等商品，由于在店头陈列更容易销售，所以一般都由厂商直接从事零售销售，如果通过配送中心也应当按通过型商品来处理。

（三）备货作业的效率化

配送中心中最难实行自动化的是备货作业，尽管业种不同、商品的形状不同，备货作业的自动化有难有易，但即使是易于实行备货自动化的商品或产业，也需要大量实现自动化的资金投入，因此，当中心内商品处理量不多时投资难以收回。从现代发达国家的物流实践来看，啤酒企业是少数几个满足备货自动化作业的产业，虽然从整个产业来看，各企业在推动自动化时会遇到各种难题，但都在极力通过利用信息系统节省人力资源，构筑高效的备货自动化系统。备货自动化中最普及的是数码备货，所谓数码备货就是不使用人力，而借助于信息系统有效地进行作业活动，具体地讲，就是在由信息系统接受顾客订货的基础上，向分拣员发出数码指示，从而按指定的数量和种类正确、迅速地备货的作业系统。

原来的备货作业是在接受订货指示、发出货票的同时，备货员按照商品分列的清单在仓库内寻找、提取所需商品。如今，实行自动化备货作业后，各个货架或货棚顶部装有液晶显示的装置，该装置标示有商品的分类号以及店铺号，作业人员可以迅速地查找所需商品。如今，很多先进的企业即使使用人力，也都纷纷采用数码技术提高备货作业的效率。

备货作业的具体方法大致有两种，一是抽取式方式，二是指定存放方式。前者是将商品从货架中取出，直接放在流水线传输过来的空箱中；后者通过的货箱是固定的，备货员按数码信息将商品放在指定的货箱中。一般而言，前一种方式使用较为频繁，而后一种方式对于必须直接配送给客户的生鲜食品较为适用。

（四）分拣作业的效率化

对于不同的经济主体，例如厂商、批发商或零售商，分拣作业的形式是不同的。对于厂商而言，如果是客户工厂订货，则产品生产出来后直接运送到用户，基本上不存在分拣作业；相反，如果是预约订货，那么就需要将商品先送到仓库，等接受客户订货后，再进行备货、分拣，配送到指定用户手中。此外，对于那些拥有全国产品销售网的厂商，产品生产出来后运送到各地的物流中心，各区域物流中心在接受当地订货的基础上，分别进行备货、分拣作业，然后直接向客户配送产品。

五、建立顺畅的信息系统

其实配送中心内成本降低的各种方法策略、物流成本管理的主要手段都是借助于顺畅的信息系统、导入自动化仪器、构筑信息系统等手段的，力图做到配送中心内作业的机械化、节省人力资源、简化订发货作业、最终降低物流成本，缩短商品在途时间，进而真正做到商物分离，使营业人员专心于经营活动，提高经营绩效。下面以场所管理和分拣作业的信息构筑来说明建立顺畅的信息系统是如何降低物流成本的。

配送中心内的场所管理分为两种形态：一种是利用信息系统事先将货架进行分类、编号，并贴附货架代码，各货架内装置的商品事先加以确定，这是一种固定型的场所管理；另一种管理方式是流动型管理，即将所有商品按顺序摆放在空的货架中，不事先确定各类商品专用的货架。在固定型管理方式下，各货架内装载的商品长期是一致的，这样从事商品备货作业较为容易，同时信息管理系统的建立也较为方便，这是因为只要第一次将货架编号及商品代码输入计算机，就能很容易地掌握商品出入库动态，从而省去了不断进行在库商品统计的烦琐业务，与此同时，在商品发货以后，利用信息系统能很方便地掌握账目以及实际商品的残余在库量，及时补充安全在库。相反，流动型管理方式由于各货架内装载的商品是不断变化的，在商品变更货架时出差错的可能性较高。

固定型场所管理方式尽管具有准确性和便利性等优点，但是，它也有其局限性，也就是说，固定型管理和流动型管理各有一定的使用范围。一般来讲，固定型管理适用于非季节性商品，而季节性商品或流行性变化剧烈的商品，由于其周转较快，出入库频繁，更适应于流动型管理。除了上述固定管理与流动管理方式外，现在还存在根据产业类别管理以及商品周转情况进行管理的方式，也有的配送中心按客户店铺类别划分货架进而提高发货效率。

从批发商的角度来看，分拣作业随着批发商不同的商品处理方式而有不同的形式。批发商订购商品的处理方式一般有两种：一是商品全部由批发商自己的物流中心处理；二是批发商在接受订货的基础上由厂商直接向用户配送，批发商只进行销售额的计算以及账单处理等商流业务。显然，在前一种方式下，分拣作业全部是由批发商自己来进行的，而在后一种方式下，批发商接受零售商订货后，再向制造商订货，制造商在按批发商的要求进行分拣作业后，直接向指定的零售店铺配送产品。从最近批发商的物流系统发展来看，即使批发商自己进行商品分拣再按订货要求配送，也都注重在接受订货的同时，利用信息系统事先做好销售账单、发货票等单据的制作和发送工作，且在这些工作进行的同时，将备货清单传送到用户指定的店铺。进行备货作业时按照不同的配送用户在商品上贴附条形码，进行分拣作业时只要用扫描装置读取条形码便能自动按不同的配送场所进行分拣。另一方面，在由批发商订货、厂商配送的情况下，批发商在向厂商发出订货信息的同时，也向顾客的店铺发出收货信息的指令，厂商则在商品上打上用户信息的条形码，在进行适当的作业后，不进入物流中心而直接配送到客户的店铺中。从上述批发商分拣作业效率化的情况看，所有的活动都是围绕尽可能及早对应用户的订货以及尽量压缩本企业商品在库而展开的，正因为如此，多数的物流中心分拣业务都尽可能利用条形码来提高效率。

从零售业的情况来讲，零售企业自己建立物流中心，将厂商或批发商购入的商品全部运送到物流中心，再由自己的物流中心进行适当的作业后，分送到各店铺是当今零售企业物流革新的一个趋向。现在，大多数零售企业采用的方法是事先要求发货方的厂商或批发商按照自己的要求，分店铺在商品上贴附条形码，商品进入零售商的物流中心后，只要用扫描仪读取条形码后就可以直接分送到各店铺中去，当然，这也要求零售企业具有自己的条形码系统。

六、实行责任中心管理

随着企业规模的扩大，企业应把配送中心作为一个责任中心来对待，并考虑划分若干责任区域，并指派下属经理——配送经理进行管理。责任中心，是指企业具有一定权力并承担相应的工作责任的各级组织和各个管理层次。

责任中心是由一名对其行为负责的管理者领导的组织单元。从某种意义上讲，一个企业就是一个责任中心的集合体。这些责任中心形成阶梯式的层次，在最底层的是那些负责部门或班组的小型的组织单元，在较高层次上的是由几个小型的组织单元加上一些员工和管理者而形成的部门。而从高级主管或董事的角度来看，整个公司就是一个责任中心。

（一）责任中心的类型

分权管理通常是按照企业分部的设立来实施的，即现今在大型企业中颇为流行的事业部制组织。企业可以根据其提供商品或劳务的不同来设立分部，也可以根据地域的不同来设立分部。

在财务控制上，更多的是根据分部经理职权的不同，采用责任中心来作为分权管理的基本单位。一般情况下，将分权单位区分为成本中心、收入中心、利润中心和投资中心四种。

• 成本中心：其经理人员仅对成本负责的责任中心。

• 收入中心：其经理人员仅对收入负责的责任中心。

• 利润中心：其经理人员要对成本和收入同时负责的责任中心。

• 投资中心：其经理人员不仅要对成本和收入负责，同时还要对投资负责的责任中心。

如果再作进一步划分，成本中心又可划分为标准成本中心和酌量性费用中心两种。这样就可以将责任中心划分为标准成本中心、酌量性费用中心、收入中心、利润中心和投资中心五种基本类型。配送中心属于哪一种责任中心要视不同的实体而言，例如在制造商、中间商中一般应视其为成本中心，并且是标准的成本中心；而在物流企业中则应视其为利润中心、收入中心，但所有的实体将其配送中心作为投资中心应是一种趋势。

除了控制成本、制定价格外，其经理还有权作出投资决策，譬如新配送中心的开工或停工，某种配送服务的保留或停产。因此，中心的营业利润和投资报酬率是衡量投资中心业绩的重要指标。

（二）实行责任中心管理的要点

为了指导各责任中心管理者的决策，并评估其经营业绩和该中心的经营成果，企业实施责任中心管理的关键是制定一个业绩计量标准，包括制定决策规则、标准和奖励制度。利用这个标准，企业可以表达出希望各中心如何做，并对它们的业绩进行判断和评价。

业绩计量标准制定的工作大体上可从两个方面入手：首先，详细规定各中心允许的和可被采纳的行为规范，并限制中心经理可以选择的行动方案。例如，禁止供应商处理某些资产、限定项目投资的最高额度等。其次，还必须建立一套完善的奖励制度以激励中心经理，促使其行动达到最优化。

目标不一致、各中心之间的关系不协调和过度消费等因素都可能导致业绩计量标准调节机能失调，从而有悖于公司最高管理层实行责任中心管理的初衷，在具体实施过程中应注重对这些因素的规避。

【案例学习】

制造型企业如何进行物流成本的有效管理

现在很多公司都希望通过降低物流成本来提高竞争力，下面我们以上海通用为例，看看它是如何降低物流成本的。

1. 精益生产，及时供货

随着汽车市场竞争越来越激烈，很多汽车制造厂商都采取了价格竞争的方式来应战。这使得企业被迫降低成本，被视作"第三大利润源"的物流成为降低成本的主要切入点。

上海通用在合资当初就决定，要采用一种新的模式——"精益生产"。精益生产的内涵很丰富，最重要的是即时供货（JIT），即时供货的外延就是缩短交货期。所以，上海通用在成立初期，就在现代信息技术的平台支撑下，运用现代的物流观念做到交货期短、柔性化和敏捷化。

2. 循环取货，降低库存

对于本地供应商生产的零部件，通用要求在指定的时间直接送到生产线上去生产；对于用量很少的零部件，上海通用使用了叫做"循环取货"的小技巧：每天早晨，上海通用的汽车从厂家出发，到第一个供应商那里装上准备好的原材料，然后到第二家、第三家，依次类推，直到装上所有的材料，然后再返回。通过这些方法来降低库存。

上海通用聘请一家第三方物流供应商，由他们来设计配送路线，然后到不同的供应商处取货，再直接送到上海通用，利用"牛奶取货"的方式解决了这些难题。通过"循环取货"，上海通用的零部件运输成本下降了30%以上。

资料来源：改编自"珠三角采购网"相关文章。

??? 问题与思考

1. 简述配送成本的特征有哪些?

2. 简述配送成本的构成有哪些?

3. 分析影响配送成本的因素。

4. 分析影响配送成本的策略。

5. 详细分析如何提高配送作业效率。

参考文献

1 刘联辉. 配送管理实务. 北京：中国物资出版社. 2009
2 马俊生，王晓阔. 配送管理. 北京：机械工业出版社，2008
3 彭扬. 现代物流学案例与习题. 北京：中国物资出版社，2010
4 贾争现. 物流配送中心规划与设计. 北京：机械工业出版社，2009
5 汝宜红，宋伯慧. 配送管理. 北京：机械工业出版社，2010
6 吴彩霞. 配送管理与实务. 北京：中国轻工业出版社，2005
7 姚城. 物流配送中心规划与运作管理. 广东经济出版社，2004
8 李守斌. 配送作业实务. 北京：机械工业出版社，2007
9 蒋长兵. 现代物流导论. 北京：中国物资出版社，2006
10 刘昌祺. 物流配送中心设计. 北京：机械工业出版社，2001
11 王自勤. 现代物流管理. 北京：电子工业出版社，2002
12 汝宜红. 配送中心规则. 北京：北方交通出版社，2002
13 徐天亮. 运输配送. 北京：中国物资出版社，2003
14 丁立言，张锋. 物流配送. 北京：清华大学出版社，2004
15 周全中. 现代物流技术与装备实务. 北京：中国物资出版社，2004
16 翁心刚. 物流管理基础. 北京：中国物资出版社，2002
17 李军，郭耀煌. 物流配送车辆优化调度理论与方法. 北京：中国物资出版社，2003
18 刘志强、丁鹏等. 物流配送系统设计. 北京：清华大学出版社，2004
19 汝宜红等. 配送中心规划（第二版）. 北京：北京交通出版社，2007
20 王焰. 配送中心规划与管理. 长沙：湖南人民出版社，2006

教辅产品及教师会员申请表

申请教师姓名			
所在学校		所在院系	
联系电话		电子邮件地址	
通信地址			
教授课程名称		学生人数	
您的授课对象	本科□　研究生□　MBA□　EMBA□　高职高专□　其他□		
教材名称		作者	
书号		订购册数	
您对该教材的评价			
您教授的其他课程名称		学生人数	
准备选用或正在使用的教材 （教材名称　出版社）			
您的研究方向		是否对教材翻译或改编有兴趣？	是□　否□
您是否对编写教材感兴趣？　　　　　　　　　　是□　否□			
您推荐的教材是：_____			
推荐理由：_____			

为确保教辅资料仅为教师获得，请将此申请表加盖院系公章后传真或寄回给我们，谢谢！

教师签名：

院/ 系办公室公章

地　　址：北京市崇文区龙潭路甲3号翔龙大厦B06室
　　　　　北京普华文化发展有限公司
邮　　编：100061
传　　真：（010）67120121
读者热线：（010）67129879　67129872转818
网　　址：http://www.puhuabook.com.cn
邮购电话：（010）67129872转818
编辑信箱：puhuabook810@126.com